AF748328

काशी

मोक्षदायिनी और जीवनदायिनी

notionpress.com

काशी
मोक्षदायिनी
और
जीवनदायिनी

लव कुश सिंह "विश्वमानव"

सत्यकाशी पीठ
पांचवां और अन्तिम शंकराचार्य पीठ

Notion Press

Old No. 38, New No. 6
McNichols Road, Chetpet
Chennai - 600 031

First Published by Notion Press 2020

ISBN 978-16-48995-00-2

समर्पण

यह पुस्तक समर्पित है -

उन सभी खोजी आत्माओं को,

जो सत्य की ज्योति को अपने भीतर

और संसार के हर कोने में जलाना चाहते हैं।

भारतीय संविधान के धारा-51 (ए)

नागरिक का मौलिक कर्तव्य के अनुसार

01. संविधान के प्रति प्रतिबद्धता, इसके आदर्शों, धाराओं, राष्ट्रीय ध्वज व राष्ट्रीय गान का आदर करना।
02. स्वतंत्रता के लिए संघर्ष हेतु प्रेरित करने वाले सुआदर्शों का अनुकरण करना व उन्हें चिरस्थायी बनाना।
03. भारत की सर्वोच्चता, एकता और अखण्डता की रक्षा करना तथा समर्थन करना।
04. जब भी आवश्यकता पड़े देश की रक्षा करना व राष्ट्रीय सेवाओं हेतु समर्पित होना।
05. समाज में भाई-चारें की भावना का विस्तार करना, मातृत्व भाव, धार्मिक, भाषायिक, क्षेत्रीय विभिन्नताओं में एकता कायम करना तथा नारी सम्मान आदि का ध्यान देना।
06. अपने मिश्रित संस्कृति का मूल्यांकन करना उसको स्थायित्व देना और इसकी परम्परा को कायम रखना।
07. प्राकृतिक सम्पदा की रक्षा करना जिसमें जलवायु, जंगल, झील, नदियां, जंगली जीवों व समस्त जीवों के प्रति दया का भाव सम्मिलित है।
08. वैज्ञानिक भावना को प्रोत्साहित करना, मानवीय भावनाओं के स्वरूप की परख करते रहना।
09. जन सम्पत्ति की सुरक्षा करना और हिंसा आदि का परित्याग करना।
10. व्यक्तिगत, सामूहिक गतिविधियों के प्रत्येक क्षेत्र में सर्वोच्चता हासिल करना, जिससे राष्ट्र शतत उत्थान, प्रयत्न व प्राप्ति की ओर अग्रसर होता रहे।
11. जो कि माता-पिता या अभिभावक हो, वे अपने 6 साल से 14 साल के बच्चों को शिक्षा या अन्य ऐसे सुअवसरों का लाभ उन्हें मुहैया करावें।

मूल जीवन मंत्र

"हे प्रभु, तेरे प्यार में बस दो ही बातें है। एक तो अपना कल्याण करूँ, दूसरा तुझ जैसा बन सबका कल्याण करूँ"

विषय- सूची

भाग-1: काशी (सत्व)

भाग-2: मोक्षदायिनी काशी (रज) (www.kashikatha.com)

भाग-3: जीवनदायिनी सत्यकाशी (तम) (www.satyakashi.com)

भाग-4: समष्टि धर्म दृष्टि

भाग-5: परिवर्तन

भाग-6: केन्द्र या मध्य (भारत) में पांचवां और अन्तिम सत्यकाशी पीठ

भाग-7: सत्यकाशी पीठ के कार्य

मुख पृष्ठ की व्याख्या

यह आवरण काशी की अद्वितीय द्वैत-शक्ति-**मोक्ष** और **जीवन**-को एक ही दृश्य में अत्यंत प्रभावशाली और आध्यात्मिक रूप से उभारता है।

आवरण का ऊपर का भाग सूर्यास्त की स्वर्णिम आभा में नहाई हुई काशी का दृश्य प्रस्तुत करता है-घाटों की प्राचीनता, मंदिरों की परंपरा, गंगा की शांत धारा और समय से परे बहती हुई आध्यात्मिक अनुभूति। यह दृश्य *मोक्षदायिनी काशी* का प्रतीक है-वह काशी जहाँ मृत्यु भी मुक्ति का द्वार है, जहाँ प्रत्येक श्वास अनंत की ओर ले जाती है, और जहाँ संसार का सबसे पुराना नगर स्वयं कालातीत सत्य के रूप में जीवित है।

आवरण का निचला भाग ऊपर के दृश्य के पूर्ण विपरीत, फिर भी उससे गहराई से जुड़ा हुआ है-नीले ब्रह्मांडीय जलप्रवाह में बैठी हुई ध्यानस्थ आकृति। उसके चारों ओर चमकते नक्षत्र, ऊर्जा-लहरें और 'ॐ' की अनुगूँज *जीवनदायिनी काशी* का प्रतीक बनती हैं-जहाँ केवल मोक्ष ही नहीं, बल्कि जागृति, ज्ञान, शक्ति और नवीन जीवन का प्रवाह भी निरंतर होता रहता है। यह काशी आत्मा को मुक्ति भी देती है और मनुष्य को जीवन का उच्चतम अर्थ भी सिखाती है।

"सत्यकाशी पीठ" का लाल शीर्षक कवर को एक तीव्र आध्यात्मिक केंद्र देता है-जो यह संकेत करता है कि यह ग्रंथ काशी को केवल एक धार्मिक स्थल नहीं, बल्कि सत्य, चेतना और आत्मज्ञान का विश्वकेंद्र मानकर प्रस्तुत करता है।

नीचे लिखा "पाँचवां और अन्तिम शंकराचार्य पीठ" इस पुस्तक को एक गंभीर आध्यात्मिक परंपरा और अधिकार से जोड़ता है, मानो यह केवल वर्णन नहीं बल्कि एक घोषणा और साधना-मार्ग का उद्‌घाटन हो।

समग्र रूप से यह आवरण काशी के दो शाश्वत रूपों-*मोक्षदायिनी* और *जीवनदायिनी*-को एक ऐसे सौंदर्यपूर्ण, गहन और दिव्य प्रतिमान में प्रस्तुत करता है, जो पाठक को काशी की आत्मा से जोड़ने की शक्ति रखता है।

भूमिका

काशी केवल एक नगर नहीं, वह भारतीय चेतना के सबसे प्राचीन, सबसे स्थायी और सबसे रहस्यमय केन्द्रों में से एक है। अपने आरम्भ से ही यह नगरी मोक्ष और जीवन-दोनों के चरम रूपों को समाहित करती है। एक ओर यहाँ की घाटों पर बैठा मनुष्य जन्म-मरण के जाल से मुक्ति का स्वप्न देखता है, तो दूसरी ओर इसी धरती पर जीवन की अनन्त धारा धर्म, दर्शन, तप और संस्कृति के रूप में प्रवाहित होती रहती है। यही कारण है कि काशी को "मोक्षदायिनी" के साथ-साथ "जीवनदायिनी" भी कहा गया है - वह मृत्यु से मुक्ति देती है, और जीवन को दिशा भी।

इस ग्रन्थ में काशी को उसके पारम्परिक स्वरूप से आगे बढ़ाकर उसके भूगोल, इतिहास, तत्त्वदर्शन और सत्यकाशी परम्परा से जोड़कर देखा गया है। पुस्तक में उल्लिखित नरायनपुर, रामजीपुर, कोलना, जलालपुर माफी, नैनागढ़, चूनादरी, लखनियाँ दरी, सारनाथ और श्मशान-स्थल गोपालपुर जैसे अनेक स्थान केवल भौगोलिक बिन्दु नहीं हैं-वे काशी की जीवित स्मृतियाँ हैं। लेखक का बार-बार इन स्थानों में जाना, वहाँ के आध्यात्मिक प्रसंगों का साक्षात्कार करना, और उन्हें सत्यकाशी क्षेत्र की व्यापक अवधारणा से जोड़कर प्रस्तुत करना, इस पुस्तक को अद्वितीय बनाता है। नरायनपुर के प्राचीन मन्दिर, रामजीपुर के कल्कि-अवतार और कलिकेश्वर महादेव, कोलना का राममन्दिर, नैनागढ़ की योगिनी परम्परा - ये सभी स्थल काशी की उस अदृश्य अन्तर्धारा को सामने लाते हैं जो युगों-युगों से साधना और धर्म परिवर्तन का केन्द्र रही है।

पुस्तक का एक बड़ा आयाम "सत्यकाशी" की परिकल्पना है - वह क्षेत्र जिसका उल्लेख विभिन्न अध्यायों में मिलता है और जिसे "समय के पाँचवें युग की तीर्थभूमि" कहा गया है। सत्ययोगानन्द मठ, गोपालपुर का श्मशान-क्षेत्र, तथा पंचदर्शन परम्परा के तीर्थस्थल-ये सभी काशी के आध्यात्मिक विकास का नया मानचित्र प्रस्तुत करते हैं। पुस्तक दिखाती है कि कैसे युग परिवर्तन के प्रत्येक काल में एक नया तीर्थ उदित होता है, जो समाज को नयी दिशा देता है। सत्यकाशी इसी परम्परा की नवीनतम और व्यापक अभिव्यक्ति के रूप में सामने आता है।

भूमिका का अगला आयाम काशी के विविध मंदिरों, मठों और सिद्ध-स्थलों का ऐतिहासिक-आध्यात्मिक विवेचन है। दण्डी स्वामी शिवानन्द द्वारा वर्णित चौरासी-कोस यात्रा के तीर्थ, प्राचीन सत्ययोगानन्द मठ, सुन्दरत्थ पचपेड़वा स्थान, अहिरावीर डीह बाबा, जलालपुर माफी की ऐतिहासिक पृष्ठभूमि-ये सभी स्थान काशी के बहुआयामी स्वभाव को और गहराई से समझाते हैं। इनमें कहीं तप की परम्परा जीवित है, कहीं शैव-योग की रहस्यपूर्ण शाखाएँ दिखती हैं, तो कहीं धर्म-सेवा और समाजसेवा का सुन्दर संगम। पुस्तक दर्शाती है कि काशी केवल तीर्थों का संग्रह नहीं, बल्कि सत्य, श्रद्धा और अनुभव की सतत चलती जीवित परम्परा है।

इसी क्रम में ग्रंथ यह भी स्पष्ट करता है कि काशी में "जीवनदायिनी" का स्वरूप केवल आध्यात्मिक नहीं, ऐतिहासिक और सांस्कृतिक भी है। सारनाथ के धम्मेक स्तूप, अशोक स्तम्भ, गुप्तकालीन मूर्तिकला, तथा काशी-राज्य की राजनैतिक गाथाएँ यह प्रमाणित करती हैं कि काशी ज्ञान, कला और सभ्यता की भी जन्मभूमि रही है। बुद्ध के धर्मचक्र-प्रवर्तन से लेकर शंकराचार्य की अद्वैत परम्परा तक-काशी ने मानव सभ्यता को न केवल दिशा दी बल्कि नये युग के मूल्य भी प्रदान किये।

अन्ततः यह पुस्तक बताती है कि काशी का "मोक्षदायिनी" होना मनुष्य के भीतर जागृत होने वाली वैराग्य-चेतना का प्रतीक है, और "जीवनदायिनी" होना उसके भीतर नये कर्म, नयी आशा और नयी ऊर्जा जागृत करने का संकेत। काशी मृत्यु को समाप्त नहीं करती-वह मृत्यु के भय को समाप्त करती है। काशी जीवन को

बढ़ाती नहीं-वह जीवन को अर्थ देती है। इसी गूढ़, अनन्त और शाश्वत द्वैत-अद्वैत के रहस्य को लेखक ने सत्यकाशी परम्परा और काशी के प्राचीन-आधुनिक स्वरूपों के माध्यम से अत्यन्त सहज और प्रमाणिक ढंग से प्रस्तुत किया है।

✍ लव कुश सिंह "विश्वमानव"

एक शोधक, चिंतक और मार्गदर्शक, जिन्होंने अपना जीवन *मानवता, आत्मा और नव-सृष्टि* के अध्ययन एवं लेखन को समर्पित किया है।

- प्रमुख ग्रंथ: *विश्वशास्त्र*
- दृष्टि: *नव-मनुष्य और नव-संसार का निर्माण*

भाग-1

काशी (सत्व)

शिव

तीसरी आँख (Third Eye)

योगेश्वर (ज्ञान का विश्वरूप) और भोगेश्वर (कर्मज्ञान का विश्वरूप)

ज्योतिर्लिंग: अर्थ और द्वादस (12) ज्योतिर्लिंग

ज्योतिर्लिंगों का स्थान

काशी

मोक्षदायिनी काशी और जीवनदायिनी सत्यकाशी: अर्थ व प्रतीक चिन्ह

शिव

पौराणिक वंश के मनुर्भरत वंश की उत्तानपाद शाखा में 6वें मनु चाक्षुष और वर्तमान में चल रहे 7वें मनु वैवस्वत मनु हुए और इस शाखा से ही भारतीय राजवंश चला तथा 45वें पीढ़ी के प्रजापति दक्ष पर समाप्त हुआ। सुसंगठित सभ्य समाज का गठन करने वाले पृथुवैन्य तथा प्रचेतस् उत्तानपाद शाखा में ही हुए हैं। भारतीय संस्कृति का इतिहास (पृष्ठ-93) आचार्य चतुरसेन के अनुसार-चाक्षुष मन्वन्तर में बड़ी-बड़ी घटनाएँ हुईं है। भरतवंश का विस्तार हुआ। राजा की मर्यादा स्थिर हुई। पृथुवैन्य को संसार का प्रथम राजा घोषित किया गया। राज परिषद् धारण किये गये। राज व्यवस्था आधारित की। इसी के नाम पर भूमि का नाम पृथ्वी पड़ा। इसी काल में वेद रचना आरम्भ हुई। भूमि सम की गई। कृषि का आरम्भ हुआ। नगर गांव बसाये गयें । इस वंश के राजा प्रचेतस ने जंगलों को जलाकर भूमि को साफ किया और खेती कराई।

मनुर्भरत वंश की उत्तानपाद शाखा से 36वें पीढ़ी के प्रजापति व 6वें मनु चाक्षुष मनु थे। इनके वंशज 10 पीढ़ी तक प्रजापति रहे। 46वें पीढ़ी के दक्ष इनमें से अन्तिम प्रजापति थे। स्वायंभुव मनु के तीसरी पीढ़ी में दूसरे पुत्र उत्तानपाद से दो पुत्र 1. उत्तम (उत्तमजायी पठान हो गये) व 2. ध्रुव हुये। स्वायंभुव मनु के चौथी पीढ़ी में ध्रुव से एक पुत्र श्लिष्ठ/भव्य हुये। स्वायंभुव मनु के पाँचवी पीढ़ी में श्लिष्ठ से 5 पुत्र 1. ऋभु 2. रिपुन्जय 3. वीर 4. बृकल 5. वृक हुए। स्वायंभुव मनु के छठीं से पैंतीस पीढ़ी अज्ञात है। 36वें पीढ़ी में 6वें मनु चाक्षुष मनु थे। ऐतरेय ब्राह्मण (8. 4. 1) के अनुसार चाक्षुष मनु के 6 प्रतापी पुत्र 1. अत्यराति, जानन्तिपति अर्मीनिया की अराट जाति, 2. अभिमन्यु, मन्युपुरी या सुषानगर के दो पुत्र मन्यु (मन्यु जाति ग्रीक देश) व केशी (केशीवर जाति परशिया देश) 3. सुधुम्न 4. पुर 5. तपोरत 6. उर (उर लोक, उरजन, करतार, चालडिया) के चार पुत्र इलावृत (एलामवंश ईरान), बेबिल (बेबिल जाति बेबिलोनिया), अंगिरा (अंगिरा जाति अंकारा एवं टर्की) व अंग हुए। उर के पुत्र अंगिरा को समुद्रपर्यन्त पृथ्वी का स्वामी कहा गया है। अंगिरा की राजधानी पुर थी, जिसके नाम पर पुरसिया नामक एक स्थान एलबुर्ज (ईरानी बैकुंठ) के समीप है। अंग से बेन, बेन से पृथवेन, पृथवेन से अंतरद्धान, अंतरद्धान से हविद्र्धान, हविद्र्धान से प्राचीन (वर्हिर्षि), वर्हिर्षि से पाँच पुत्र प्रचेतस दक्ष, वृष्ण, वज्र, आजब व गय हुये। इसी वंश को उमा-सती घटना में शिव ने नष्ट कर दिया था। दक्ष का अन्तिम वंश कितनी पीढ़ी तक चला इसका प्रमाण नहीं मिलता परन्तु दक्ष वंश की कन्याओं के विवाह से यह लगभग 22 पीढ़ी तक चलने का अनुमान लगाया जाता है क्योंकि आगे आने वाली पीढ़ीयों में ब्रह्मा के पुत्र मरीच, मरीच के पुत्र कश्यप, अष्टवसु धर का विवाह दक्ष वंश में ही हुआ था।

स्वायंभुव मनु से लेकर दक्ष वंश तक का काल सत्ययुग काल कहा गया। इसी दक्ष वंश के प्रजापति उर के वंशजों का एक राज्य कर्तार प्रदेश (वर्तमान कतर) में था जहाँ का राजा सर्वप्रथम विष्णु कर्तार नाम से हुआ। इस गद्दी पर बैठने वाले सभी विष्णु कर्तार कहलाये। गद्दी पर बैठने वाले पाँचवें विष्णु कर्तार के पुत्र का नाम नाभि

कर्तार, और नाभि कर्तार के पुत्र का नाम कमल कर्तार, और कमल कर्तार के पुत्र का नाम ब्रह्मा कर्तार था। विष्णु कर्तार के साम्राज्य का विस्तार प्रथम विष्णु कर्तार ने वर्तमान क्षीर सागर तथा अराल सागर तक फैलाया। इन सागरों के आस-पास नागवंशीयों तथा गरूण वंशीयों का साम्राज्य था जिसे प्रथम विष्णु ने विजित कर अपने अधीन कर लिया। ब्रह्मा कर्तार ने ही सर्वप्रथम वेदों की ऋचाओं की संरचना एवं संकलन किया।

पुराणों में विष्णु कर्तार व ब्रह्मा कर्तार ही विष्णु और ब्रह्मा के नाम से दिखाये गये हैं। शिव के बारे में आगे तथ्य मिलेंगे। इस प्रकार यह पौराणिक वंशावली चलती गई।

ब्रह्मा (ज्ञान) के 10 मानस पुत्रों 1. मन (विचार से ज्ञान प्राप्त करने वाले) से मरीचि, 2. नेत्रों (देखकर ज्ञान प्राप्त करने वाले) से अत्रि, 3. मुख (वाणी से ज्ञान प्राप्त करने वाले) से अंगिरा, 4. कान (सुन कर ज्ञान प्राप्त करने वाले) से पुलस्त्य, 5. नाभि (केन्द्र से ज्ञान प्राप्त करने वाले) से पुलह, 6. हाथ (कर्म से ज्ञान प्राप्त करने वाले) से कृतु, 7. त्वचा (स्पर्श से ज्ञान प्राप्त करने वाले) से भृगु, 8. प्राण (श्वास से ज्ञान प्राप्त करने वाले) से वशिष्ठ, 9. अँगूठे (आत्मा से ज्ञान प्राप्त करने वाले) से दक्ष तथा 10. गोद (प्रेम से ज्ञान प्राप्त करने वाले) से नारद उत्पन्न हुये। मरीचि ऋषि, जिन्हें "अरिष्टनेमि " के नाम से भी जाना जाता है, का विवाह देवी कला से हुआ। संसार के सर्वप्रथम मनु-स्वायंभुव मनु की पुत्री देवहूति से कर्दम ऋषि का विवाह हुआ था। देवी कला कर्दम ऋषि की पुत्री और विश्व का प्राचीन और प्रथम सांख्य दर्शन को देने वाले कपिल देव की बहन थी। मरीचि ऋषि द्वारा देवी कला की कोख से महातेजस्वी दो पुत्र 1. कश्यप और 2. अत्रि हुये। 1. कश्यप से सूर्य वंश और ब्रह्म वंश तथा 2. अत्रि से चन्द्र वंश का आगे चलकर विकास हुआ।

त्रेता युग के प्रारम्भ में ब्रह्मा के मारीचि नामक पुत्र के प्रथम पुत्र कश्यप (द्वितीय पुत्र अत्रि) हुए (वायु पुराण, 6. 43)। दक्ष वंश की 60 कन्याओं में से 10 कन्याओं का विवाह धर्म के साथ, 13 कन्याओं का विवाह महर्षि कश्यप के साथ, 27 कन्याओं का विवाह चन्द्रमा के साथ, 2 कन्याओं का विवाह भूत के साथ, 2 कन्याओं का विवाह अंगीरा के साथ, 2 कन्याओं (पुलोमा और कालका, इनसे पौलोम और कालकेय नाम के साठ हजार रणवीर दानवों का जन्म हुआ जो कि कालान्तर में निवातकवच के नाम से विख्यात हुए।) का विवाह कश्यप के साथ और शेष 4 कन्याओं (विनता, कद्रु, पतंगी व यामिनी) का विवाह भी तार्कष्यधारी कश्यप के साथ ही कर दिया।

भागवत पुराण, मार्कण्डेय पुराण के अनुसार महर्षि कश्यप का विवाह दक्ष वंश की 13 कन्याओं से हुआ जिनके नाम हैं-1. दिति, 2. दनु, 3. क्रोधवशा, 4. ताम्रा, 5. काष्ठा, 6. अरिष्ठा, 7. सुरसा, 8. इला, 9. मुनी, 10. सुरभि, 11. शरमा और 12. तिमिय 13. अदिति। इन 13 स्त्रीयों से 13 मानव जातियाँ बनीं और इनसे इस वंश का विस्तार होता गया। कश्यप एक गोत्र का भी नाम है। यह बहुत व्यापक गोत्र है। जिसका गोत्र नहीं मिलता उसके लिए कश्यप गोत्र की कल्पना कर ली जाती है, क्योंकि एक परम्परा के अनुसार सभी जीवधारियों की उत्पत्ति कश्यप से हुई। इन्ही से ही सृष्टि का सृजन हुआ और जिसके परिणामस्वरूप महर्षि कश्यप जी "सृष्टि के सृजक" कहलाए।

कश्यप की 13. अदिति नामक स्त्री से आदित्य (सूर्य) उत्पन्न हुए। अदिति, मनुर्भरतवंश के 45वीं पीढ़ी में उत्तानपाद शाखा के प्रजापति दक्ष की पुत्री थी (बृहद्वेता, 3. 57)। प्राचीन विश्व में प्रमुख 2 वंश 1. सूर्य वंश और 2. ब्रह्म वंश इन्हीं की सन्तानों से विकसित हुए।

प्राचीन विश्व में 2 वंश ही प्रमुख रूप से प्रचलित रहें हैं-1. सूर्य वंश और 2. चन्द्र वंश। सूर्यवंश (सूर्य उपासक) और चन्द्रवंश (चन्द्र उपासक), इन दो वंशों से ही क्षत्रियों की उत्पत्ति हुई है। सूर्यवंश के मूल पुरूष सूर्य तथा चन्द्रवंश के प्रथम पुरूष बुध दोनों के नाना मनुर्भरत दक्ष प्रजापति थे। ये दोनों आपस में मौसेरे भाई थे। इन वंशों के बीच आपस में वैवाहिक सम्बन्ध होते थे।

कश्यप-अदिति के आदित्य (सूर्य)-इनकी चार पत्नीयाँ 1. तपसी 2. संज्ञा, 3. बडवा और 4. छाया थी। चारो पत्नीयों से कुल 16 पुत्र (पत्नी संज्ञा से एक यम, पत्नी बडवा से बारह पुत्र, पत्नी तपसी से एक और पत्नी छाया से दो पुत्र) हुये।

सूर्य की पत्नी 2. संज्ञा से यम नामक पुत्र और यमी नामक पुत्री थी। यम की दो पत्नीयाँ 1. संध्या और 2. वसु थी। यम की पहली पत्नी संध्या से सांध्य (सीदीयन जाति) पुत्र हुये जिनके तीन पुत्र 1. हंस (जर्मन जाति) 2. नीप (नेपियन जाति) 3. पाल (पलास जाति)। यम की दूसरी पत्नी वसु से 8 पुत्र 1. धर 2. धुन 3. सोम 4. अह 5. अनिल 6. अनल 7. प्रत्यूष और 8. प्रभाष पैदा हुये जो अष्टवसु कहलाये। अष्टवसु धर की पत्नी उमा से महाप्रतापी पुरूष त्रयम्बक रूद्र पुत्र उत्पन्न हुए थे जिन्हें शिव की उपाधि मिली। यही रूद्र शिव शिवदान (वर्तमान सूडान) प्रदेश के राजा थे जिन्हें दक्ष ने अपनी पुत्री उमा के विवाह में दान में दिया था। यही उमा अपने पति का अपमान न सहन कर सकने के कारण अपने पिता के यज्ञ कुण्ड में कूदकर आत्मदाह कर लिया था। इस पर क्रुद्ध होकर शिव ने इस वंश का नाश ही कर दिया था और यहीं से उमा का नाम सती हो गया।

शिव गद्दी पर बैठने वाले सभी राजा शिव कहलायें। इस वंश में 12 चक्रवर्ती राजा हुये। शेष अन्य छोटे राजा थे। इस प्रकार कुल 52 साम्राज्य शिव वंश के थे। शिव वंश का साम्राज्य वर्तमान भारत का शैव पीठ, ईरान का रूद्रवर क्षेत्र, वर्तमान अफ्रीका के सूडान (शिवदान), वर्तमान उमा प्रदेश (उर्मिया झील के आस-पास का क्षेत्र), बगदाद का उत्तरी हिस्सा, कुर्दिस्तान का दक्षिणी भाग, अरब के काव्य क्षेत्र काबा तक स्थापित था। इसके अतिरिक्त एशिया माइनर सरवन प्रदेश तथा वाणासुर की राजधानी "वन" में रूद्र शिव का निवास रहा। रूद्र शिव से 11 कुल चले जिनसे द्रविण और हूण जाति का विकास हुआ।

शिव, ईश्वर का रूप हैं। हिन्दू धर्म के प्रमुख देवताओं में से हैं। वेद में इनका नाम रुद्र है। यह व्यक्ति की चेतना के अन्तर्यामी हैं। इनकी अर्धांगिनी (शक्ति) का नाम पार्वती है। इनके पुत्र स्कन्द और गणेश हैं। शिव अधिक्तर चित्रों में योगी के रूप में देखे जाते हैं और उनकी पूजा लिंग के रूप में की जाती है। भगवान शिव को संहार का देवता कहा जाता है। भगवान शिव सौम्य आकृति एवं रौद्ररूप दोनों के लिए विख्यात हैं। अन्य देवों से शिव को भिन्न माना गया है। सृष्टि की उत्पत्ति, स्थिति एवं संहार के अधिपति शिव हैं। त्रिदेवों में भगवान शिव संहार के देवता माने गए हैं। शिव अनादि तथा सृष्टि प्रक्रिया के आदिस्रोत हैं और यह काल महाकाल ही ज्योतिषशास्त्र के आधार हैं। शिव का अर्थ यद्यपि कल्याणकारी माना गया है, लेकिन वे हमेशा लय एवं प्रलय दोनों को अपने अधीन किए हुए हैं।

शिव में परस्पर विरोधी भावों का सामंजस्य देखने को मिलता है। शिव के मस्तक पर एक ओर चंद्र है, तो दूसरी ओर महाविषधर सर्प भी उनके गले का हार है। वे अर्धनारीश्वर होते हुए भी कामजित हैं। गृहस्थ होते हुए भी श्मशानवासी, वीतरागी हैं। सौम्य, आशुतोष होते हुए भी भयंकर रुद्र हैं। शिव परिवार भी इससे अछूता नहीं हैं। उनके परिवार में भूत-प्रेत, नंदी, सिंह, सर्प, मयूर व मूषक सभी का समभाव देखने को मिलता है। वे स्वयं द्वंद्वों से रहित सह-अस्तित्व के महान विचार का परिचायक हैं।

तीनों भुवनों की अपार सुंदरी तथा शीलवती गौरां को अर्धांगिनी बनाने वाले शिव प्रेतों व पिशाचों से घिरे रहते हैं। उनका रूप बड़ा अजीव है। शरीर पर मसानों की भस्म, गले में सर्पों का हार, कंठ में विषधर, जटाओं में जगत-तारिणी पावन गंगा तथा माथे में प्रलयंकर ज्वाला है। बैल को वाहन के रूप में स्वीकार करने वाले शिव अमंगल रूप होने पर भी भक्तों का मंगल करते हैं और श्री-संपत्ति प्रदान करते हैं।

सम्पूर्ण आध्यात्मिक सूक्ष्म एवम् स्थूल सिद्धान्तों को व्यक्त करने का माध्यम मात्र मानव शरीर और कर्मक्षेत्र मात्र मानव समाज ही है। साथ ही उसका मूल्यांकनकर्ता मानव का अपना मन स्तर ही है। इसलिए अवतार सम्पूर्ण सिद्धान्तों का कालानुसार व्यक्त सगुण रूप मानव शरीर ही होता है। मूल रूप से अवतार शिव-आत्मा-ईश्वर-ब्रह्म अर्थात् सार्वभौम सत्य-सिद्धान्त के अवतार होते हैं परन्तु एकात्मज्ञान अर्थात् ब्रह्मा और एकात्मध्यान अर्थात् शंकर सार्वजनिक प्रमाणित दृश्य न हो सकने के कारण विष्णु के ही अवतार के रूप में जाने जाते हैं क्योंकि एक मात्र कर्म ही मानव समाज में सार्वजनिक प्रमाणित होता है। इस एकात्मकर्म का कारण एकात्म प्रेम तथा एकात्म प्रेम का कारण एकात्मकर्म होता है।

शंकर अर्थात् एकात्मध्यान का व्यक्त रूप एकात्म समर्पण अर्थात् पार्वती है। एकात्म ध्यान का कारण एकात्म समर्पण तथा एकात्म समर्पण का कारण एकात्म ध्यान होता है। वह ध्यान जो आत्मा के लिए हो और वह

समर्पण जो ध्यान के लिए हो अर्थात् समभाव और ध्यान युक्त मानव शरीर ही शंकर का अवतार है। इस ध्यान का अर्थ काल चिन्तन है। विभिन्न कालों में विभिन्न रूपों में काल के प्रति समर्पण कराने अर्थात् एकात्मज्ञान और एकात्मकर्म की परीक्षा और परीक्षोपरान्त मार्ग प्रशस्त करने के लिए व्यक्तिगत प्रमाणित शंकर अर्थात् एकात्म ध्यान के 21 अंशावतार जाने जाते है। शिव पुराण मे शिव जी और उनके अवतार के बारे में विस्तार से लिखा है। जो निम्नवत् हैं -

अ. व्यक्तिगत प्रमाणित पूर्ण प्रत्यक्ष अवतार

01. ऋषि दधीचि के समय-"पिप्पलाद अवतार"
02. वेश्या की परीक्षा के समय-"वैश्यनाथ अवतार"
03. विश्वानर मुनि के समय-"गृहपति अवतार"
04. इन्द्र की रक्षा के लिए कश्यप मुनि के समय-"एकादश रूद्र अवतार"
05. पार्वती की परीक्षा के समय-"ब्रह्मचारी अवतार"
06. पार्वती को माँगते समय-"सुनट नर्तक अवतार"
07. पार्वती के पिता के समक्ष अपनी निन्दा के समय-"साधु अवतार"
08. पार्वती द्वारा भैरव को श्राप देने पर भैरव के स्नेह में पार्वती का शारदा रूप सहित-"महेश अवतार"
09. राजा भद्रायु की परीक्षा के लिए-"द्विजेश्वर अवतार"
10. भील आहुक-आहुका पति-पत्नी की परीक्षा के लिए-"मतिनाथ अवतार"
11. इछवाकुवंशीय श्रद्धेय की नवमी पीढ़ी में राजा नभग की परीक्षा के लिए-"कृष्ण दर्शन अवतार"
12. इन्द्र, बृहस्पति सहित अन्य देवताओं की परीक्षा के लिए-"अवधुतेश्वर अवतार"
13. विदर्भ नरेश सत्यरथ और उसकी पत्नी के मृत्यु के उपरान्त अबोध बालक के कल्याण-"भिक्षुवर्ण अवतार"
14. व्याघ्रपाद के पुत्र उपमन्यु की परीक्षा के समय-"सुरेश्वर अवतार"
15. कूर्म अवतार के समय-विषपान और देवताओं के घमण्ड को तोड़ने के लिए-"नीलकण्ठ यक्षश्रेश्वर अवतार"
16. कूर्म अवतार के समय विष्णु गणों के आतंक को समाप्त करने के लिए-"वृषभ अवतार"
17. नृसिंह अवतार के समय नृसिंह का क्रोध शान्त करने के लिए-"शरभ अवतार"
18. रामावतार के समय-"दुर्वासा अवतार"
19. रामावतार के समय-"हनुमान अवतार"
20. कृष्णावतार के समय-"विभु अश्वश्थामा अवतार"
21. अर्जुन की परीक्षा में-"किरात अवतार"

ब. सार्वजनिक प्रमाणित पूर्ण प्रेरक अवतार

वर्तमान काल में काल के प्रति समर्पण कराने अर्थात् एकात्मज्ञान और एकात्मकर्म की परीक्षा और परीक्षोपरान्त मार्ग प्रशस्त करने के लिए सार्वजनिक प्रमाणित शंकर अर्थात् एकात्म ध्यान के 22वें और अन्तिम एकमात्र पूर्णावतार निम्नवत् हैं ।

22. भोगेश्वर अवतार श्री लव कुश सिंह "विश्वमानव"

शिव निराकार हैं तो शंकर साकार रूप में प्रक्षेपित हैं। शिव अर्थात् सम्पूर्ण जगत का मूल कारण जो सर्वत्र विद्यमान है। फलस्वरूप शिव का साकार पूर्ण अवतरण रूप सम्पूर्ण ब्रह्माण्ड में व्याप्त सार्वभौम सत्य-सिद्धान्त ज्ञान से युक्त होकर जगत के अधिकतम चरित्रों को आत्मसात् करने वाला और उससे मुक्त होता है। शिव-शंकर की दृष्टि में जगत का प्रत्येक वस्तु उपयोगी ही है, न की अनुपयोगी। अर्थात् अनुपयोगी लगने वाले विषय, वस्तु, विचार इत्यादि को भी उपयोगी बना लेना महादेव शिव-शंकर का दिव्य गुण है। शिव-शंकर की पूजा हम मूर्ति, चित्र, या प्रतीक शिवलिंग के माध्यम से करते। शिव-शंकर की संस्कृति तो मात्र कल्याण की प्राथमिकता वाली संस्कृति है। शिव-शंकर के पूर्णावतार का अर्थ है-निम्नतम नकारात्मक से सर्वोच्च और अन्तिम सकारात्मक गुणों का

महासंगम। शिव-शंकर के अन्य गुणों में निःसंग रहना, एकान्तवास करना, सम्पूर्ण विश्व-ब्रह्माण्ड पर ध्यान रखना तथा विश्व के कल्याण के लिए प्रेरणा देना है। साथ ही अपनी मस्ती में मस्त इस भाँति मस्त रहना भी है जैसे न ही कोई चिन्ता है और नही कोई कार्य करना है। जबकि वह विश्व कल्याण के लिए अपने कर्तव्य पर ध्यान भी लगाये रहते हैं।

शिव-शंकर अवतार के आठ रूप और उनके अर्थ निम्नवत हैं-

01. शर्व- सम्पूर्ण पृथ्वी को धारण कर लेना अर्थात् पृथ्वी के विकास या सृष्टि कार्य में इस रूप को पार किये बिना सम्भव न होना।

02. भव- जगत को संजीवन देना अर्थात् उस विषय को देना जिससे जगत संकुचित व मृत्यु को प्राप्त होने न पाये।

03. उग्र- जगत के भीतर और बाहर रहकर श्रीविष्णु को धारण करना अर्थात् जगत के पालन के लिए प्रत्यक्ष या प्रेरक कर्म करना।

04. भीम- सर्वव्यापक आकाशात्मक रूप अर्थात् आकाश की भाँति सर्वव्यापी अनन्त ज्ञान जो सभी नेतृत्व विचारों को अपने में समाहित कर ले।

05. पशुपति-मनुष्य समाज से पशु प्रवृत्तियों को समाप्त करना अर्थात् पशु मानव से मनुष्य को उठाकर ईश्वर मानव की ओर ले जाना। दूसरे रूप में जीव का शिव रूप में निर्माण।

06. ईशान-सूर्य रूप से दिन में सम्पूर्ण संसार में प्रकाश करना अर्थात् ऐसा ज्ञान जो सम्पूर्ण संसार को पूर्ण ज्ञान से प्रकाशित कर दे।

07. महादेव-चन्द्र रूप से रात में सम्पूर्ण संसार में अमृत वर्षा द्वारा प्रकाश व तृप्ति देना अर्थात् ऐसा ज्ञान जो संसार को अमृतरूपी शीतल ज्ञान से प्रकाशित कर दे।

08. रूद्र-जीवात्मा का रूप अर्थात् शिव का जीव रूप में व्यक्त होना।

शिव-शंकर देवता व दानव दोनों के देवता हैं जबकि श्रीविष्णु सिर्फ देवताओं के देवता हैं। अर्थात् शिव-शंकर जब रूद्र रूप की प्राथमिकता में होंगे तब उनके लिए देवता व दानव दोनो प्रिय होंगे लेकिन जब उग्र रूप की प्राथमिकता में होंगे तब केवल देवता प्रिय होंगे। अर्थात् शिव-शंकर का पूर्णवतार इन आठ रूपों से युक्त हो संसार का कल्याण करते हैं। हिन्दू धर्म में भगवान शिव को अनेक नामों से पुकारा जाता है जैसे-

01. अर्धनारीश्वर- शिव और शक्ति के मिलन से अर्धनारीश्वर नाम प्रचलित हुआ।

02. भोला- भोले का अर्थ है कोमल ह्रदय, दयालु व आसानी से माफ करने वाला। यह विश्वास किया जाता है कि भगवान शंकर आसानी से किसी पर भी प्रसन्न हो जाते हैं।

03. लिंगम- यह रोशनी की लौ व पूरे ब्रह्मांड का प्रतीक है।

04. नटराज- नटराज को नृत्य का देवता मानते है क्योंकि भगवान शिव तांडव नृत्य के प्रेमी हैं।

महाशिवरात्रि

महाशिवरात्रि हिन्दुओं का एक प्रमुख त्योहार है। प्रत्येक मास की कृष्ण पक्ष की तेरहवीं तिथि को मास शिवरात्रि जबकि भगवान शिव का यह प्रमुख पर्व फाल्गुन मास की कृष्ण पक्ष की तेरहवीं तिथि की रात्रि को शिवरात्रि पर्व मनाया जाता है। माना जाता है कि सृष्टि के प्रारंभ में इसी दिन मध्यरात्रि भगवान् शंकर का ब्रह्मा से रुद्र के रूप में अवतरण हुआ था। प्रलय की वेला में इसी दिन प्रदोष के समय भगवान शिव तांडव करते हुए ब्रह्मांड को तीसरे नेत्र की ज्वाला से समाप्त कर देते हैं। इसीलिए इसे महाशिवरात्रि अथवा कालरात्रि कहा गया। इसमें आत्मा और परमात्मा का मिलन, अथवा शिव और पार्वती का विवाह, माना जाता है।

शिव-शंकर परिवार

पत्नी-पार्वती

पार्वती हिमालय की पुत्री तथा भगवान शंकर की पत्नी हैं। पार्वती की माता का नाम मेनक। था। उमा, गौरी, अम्बिका भवानी आदि भी पार्वती के ही नाम हैं।

पुत्र 1. स्कन्द

शिवजी और पार्वती के पुत्र हैं। उनका वाहन मोर है। यह देवताओं के सेनापति हैं। इनके अन्य नाम कुमार और कार्तिकेय है।

पुत्र 2. गणेश

गणेश शिवजी और पार्वती के पुत्र हैं। उनका वाहन मूषक है। गणों के स्वामी होने के कारण उनका एक नाम गणपति भी है। ज्योतिष में इनको केतु का देवता माना जाता है, और जो भी संसार के साधन हैं, उनके स्वामी श्री गणेशजी हैं। हाथी जैसा सिर होने के कारण उन्हें गजानन भी कहते हैं। गणेशजी का नाम हिन्दू मत के अनुसार किसी भी कार्य के लिये पहले मान्य है। पत्नी-दो 1. रिद्धि 2. सिद्धि (दक्षिण भारतीय संस्कृति में गणेशजी ब्रह्मचारी रूप में दर्शाये गये हैं) गणेश के पुत्र-दो 1. शुभ 2. लाभ

पूर्व पत्नी-सती

पौराणिक कथाओं मे सती को शिव की पूर्व पत्नी बोला जाता है, और राजा दक्ष की कन्या का नाम दिया जाता है मगर सती शब्द शक्ति नाम का अपभ्रंश है, शक्ति का दूसरा नाम ही सती है।

शक्ति पीठ

हिन्दू धर्म के अनुसार जहां सती देवी के शरीर के अंग गिरे, वहां वहां शक्ति पीठ बन गयी। ये अत्यंत पावन तीर्थ कहलाये। ये तीर्थ पूरे भारतीय उपमहाद्वीप पर फैले हुए हैं। पुराणों के अनुसार, सती के शव के विभिन्न अंगों से बावन शक्तिपीठों का निर्माण हुआ था। इसके पीछे यह अन्त्रतकथा है कि दक्ष प्रजापति ने कनखल (हरिद्वार) में "बृहस्पति सर्व" नामक यज्ञ रचाया। उस यज्ञ में ब्रह्मा, विष्णु, इंद्र और अन्य देवी-देवताओं को आमंत्रित किया गया, लेकिन जान-बूझकर अपने जमाता भगवान शंकर को नहीं बुलाया। शंकरजी की पत्नी और दक्ष की पुत्री सती पिता द्वारा न बुलाए जाने पर और शंकरजी के रोकने पर भी यज्ञ में भाग लेने गयीं। यज्ञ-स्थल पर सती ने अपने पिता दक्ष से शंकर जी को आमंत्रित न करने का कारण पूछा और पिता से उग्र विरोध प्रकट किया। इस पर दक्ष प्रजापति ने भगवान शंकर को अपशब्द कहे। इस अपमान से पीड़ित हो, सती ने यज्ञ-अग्नि कुण्ड में कूदकर अपनी प्राणाहुति दे दी। भगवान शंकर को जब इस दुर्घटना का पता चला तो क्रोध से उनका तीसरा नेत्र खुल गया। भगवान शंकर के आदेश पर उनके गणों के उग्र कोप से भयभीत सारे देवता और ऋषिगण यज्ञस्थल से भाग गये। भगवान शंकर ने यज्ञ कुण्ड से सती के पार्थिव शरीर को निकाल कर कंधे पर उठा लिया और दुःखी हो इधर-उधर घूमने लगे। तदनन्तर जहाँ-जहाँ सती के शव के विभिन्न अंग और आभूषण गिरे, वहाँ बावन शक्ति पीठों का निर्माण हुआ। अगले जन्म में सती ने हिमवान राजा के घर पार्वती के रूप में जन्म लिया और घोर तपस्या कर शिवजी को पुन: पति रूप में प्राप्त किया।

तंत्र चूणामणि अनुसार

पुराण ग्रंथों, तंत्र साहित्य एवं तंत्र चूड़ामणि में जिन बावन शक्तिपीठों का वर्णन मिलता है। इन बावन शक्ति पीठों के अतिरिक्त हिमाचल-प्रदेश में नयना देवी का पीठ (पंचकूला) भी विख्यात है। गुफा में प्रतिमा स्थित है। कहा जाता है कि यह भी शक्तिपीठ है और सती का एक नयन यहाँ गिरा था। इसी प्रकार उत्तराखंड के पर्यटन स्थल मसूरी के पास सुरपुंडा देवी का मंदिर (धनौल्टी में) है। यह भी शक्तिपीठ है। कहा जाता है कि यहाँ पर सती का सिर धड़ से अलग होकर गिरा था।

01. "शक्ति" अर्थात् देवी दुर्गा, जिन्हें दाक्षायिनी या पार्वती रूप में भी पूजा जाता है।

02. "भैरव" अर्थात् शिव का अवतार, जो देवी का संगी हैं।

03. "अंग या आभूषण" अर्थात्, सती के शरीर का कोई अंग या आभूषण, जो श्रीविष्णु के द्वारा सुदर्शन चक्र से काटे जाने पर पृथ्वी के विभिन्न भागों में गिरा, वह भाग पूज्य है, और शक्तिपीठ कहलाता है।

अन्य मंदिर कुछ और शक्ति पीठ मंदिर कहे जाते हैं-1. विंध्यवासिनी मंदिर, मिर्जापुर, उत्तर प्रदेश, 2. महामाया मंदिर, अंबिकापुर, छत्तीसगढ़, 3. योगमाया मंदिर, दिल्ली, महरौली, दिल्ली

तीसरी आँख (THIRD EYE)

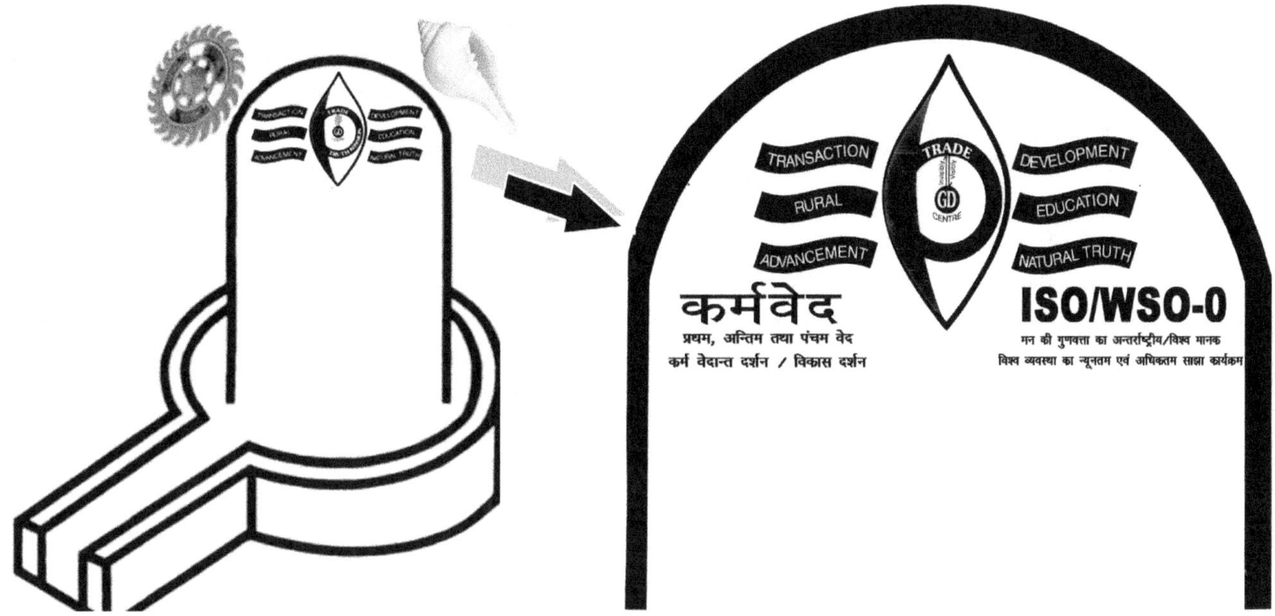

एक ही पक्ष को जानना/सुनना/देखना, एक नेत्र से देखना कहा जाता है। दूसरे पक्ष को भी जानना/सुनना/देखना, दो नेत्र से देखना कहा जाता है। दोनों पक्षों को जानना/सुनना/देखना, और संतुष्टि के लिए समन्वय स्थापित करना समन्वायात्मक दृष्टि कही जाती है जबकि संतुष्टि सहित दोनों पक्षों की शक्ति को रचनात्मकता की ओर लगा देना तीसरे नेत्र की दृष्टि कही जाती है। चूँकि यह दृष्टि रचनात्मक होती है इसलिए दोनों पक्षों को अपने विचार पर उनके ही दिशा से व्यापक विचार होता है इसलिए पक्षों को उनके अंहकार पर चोट जैसा अनुभव कराता है। उन्हें लगता है कि हमारा अस्तित्व नहीं रहा। इसी को तीसरे नेत्र से भस्म कर देना कहते हैं। पौराणिक कथाओं में नारद मुनि और शिव-शंकर द्वारा रचनात्मक विकास दर्शन के प्रयोग के अनेक घटनाएँ उपलब्ध हैं। कोई भी रचनात्मक विकास दर्शन अपने अन्दर पुराने सभी दर्शनों को समाहित कर लेता है अर्थात् उसका विनाश कर देता है और स्वयं रचनात्मक मार्गदर्शक दर्शन का स्थान ले लेता है। अर्थात् सृष्टि-स्थिति-प्रलय फिर सृष्टि। चक्रीय रूप में ऐसा सोचने वाला ही नये परिभाषा में आस्तिक और सिर्फ सीधी रेखा में सृष्टि-स्थिति-प्रलय सोचने वाला नास्तिक कहलाता है।

तीसरे नेत्र के दृष्टि सम्पूर्ण ब्रह्माण्ड में व्याप्त कर्मज्ञान की दृष्टि है। कर्मज्ञान की दृष्टि ही रचनात्मक विकास दर्शन की दृष्टि होती है। जो सभी प्रकार के विचार के उपर स्वयं को स्थापित कर लेता है। इस दृष्टि के निम्नलिखित बिन्दु है (आध्यात्मिक सत्य आधार-विस्तार के लिए "विश्वशास्त्र" अध्याय-तीन देखें)

सूत्र-1. ज्ञानातीत चक्र: चक्र -0 - धर्म ज्ञान से बिना युक्त के मुक्त अर्थात् अपना मालिक अन्य और धर्म ज्ञान से युक्त होकर मुक्त अर्थात् अपना मालिक स्वंय की स्थिति। ज्ञानावस्था से होकर यही चक्र 7 भी कहलाता है। यह स्थिति शिशु और ज्ञानी की होती है।

सूत्र-2. भौतिकवाद या भोगवाद कर्म चक्र:

चक्र-1. TRANSACTION - आदान-प्रदान चक्र। यही ज्ञानावस्था में चक्र-6 कहलाता है।

उपचक्र 1.1 - शारीरिक

उपचक्र 1.2 - आर्थिक/संसाधन
उपचक्र 1.3 - मानसिक
चक्र-2. RURAL - ग्रामीण चक्र
उपचक्र 2.1 - शारीरिक
उपचक्र 2.2 - आर्थिक/संसाधन
उपचक्र 2.3 - मानसिक
चक्र-3. ADVANCEMENT या ADAPTABILITY - आधुनिकता या अनुकूलन चक्र
उपचक्र 3.1 - शारीरिक
उपचक्र 3.2 - आर्थिक/संसाधन
उपचक्र 3.3 - मानसिक
चक्र-4. DEVELOPMENT - विकास चक्र
उपचक्र 4.1 - शारीरिक
उपचक्र 4.2 - आर्थिक/संसाधन
उपचक्र 4.3 - मानसिक
चक्र-5. EDUCATION - शिक्षा चक्र
उपचक्र 5.1 - शारीरिक
उपचक्र 5.2 - आर्थिक/संसाधन
उपचक्र 5.3 - मानसिक

सूत्र-3. आध्यात्मवाद-ज्ञान चक्र:
चक्र-6. NATURAL TRUTH - प्राकृतिक सत्य चक्र: यही चक्र अज्ञानावस्था में चक्र-1 कहलाता है।
उपचक्र-1.1 - अदृश्य प्राकृतिक अर्थात अदृश्य आत्मा
उपचक्र 1.2 - दृश्य प्राकृतिक अर्थात दृश्य आत्मा

सूत्र-4. ज्ञानातीत चक्र: चक्र -7 - RELIGION - धर्मचक्र: अपना मालिक स्वंय की स्थिति। यही अज्ञानावस्था में चक्र-0 भी कहलाता है।

इस प्रकार - to stepup TRADE through CENTRE (सभी कर्म व्यापार को सार्वभौम आत्मा केन्द्र के ज्ञान द्वारा आगे बढ़ाना) अर्थात विस्तार में to stepup Transaction, Rural, Advancement (Adoptability), Development, Education through Center for Enhancement of Natural Truth & Religious Education (सभी कर्म आदान-प्रदान, ग्रामीण, आधुनिकता-अनुकूलन, विकास, शिक्षा को प्राकृतिक सत्य और धार्मिक शिक्षा के ज्ञान द्वारा आगे बढ़ाना) हुआ अर्थात जो व्यक्ति और संस्था समभाव और निष्पक्ष में स्थित होकर सभी शारीरिक, आर्थिक व मानसिक कर्म आदान-प्रदान, ग्रामीण, आधुनिकता-अनुकूलन, विकास, शिक्षा को सदैव एक साथ करता है वही मानक व्यक्ति और संस्था कहलाता है।

किसी भी व्यक्ति (व्यष्टि मन), संस्था (समष्टि मन) और भौगोलिक क्षेत्र के लिए उपरोक्त सर्वेक्षण के आधार बिन्दु के अनुसार देखना, तीसरे नेत्र द्वारा देखना और कमी के पूर्ति हेतु रचनात्मक योजना बनाना, स्वयं की सर्वोच्चता स्थापित करते हुये अन्य को भस्म कर देने जैसा ही होता है। उपरोक्त बिन्दुओं के आधार पर सर्वेक्षण एक सत्य मानक सर्वेक्षण और रचनात्मक योजना ब्रह्माण्डीय विकास की दिशा के मुख्य धारा की ओर होता है।

योगेश्वर (ज्ञान का विश्वरूप)
और
भोगेश्वर (कर्मज्ञान का विश्वरुप)

सत्य-धर्म-ज्ञान या सार्वभौम आत्मा प्रारम्भ में अव्यक्त व्यक्तिगत प्रमाणित है तो अन्त में दृश्य सार्वभौम सत्य-सिद्धान्त का रुप लेकर ही सार्वजनिक प्रमाणित होता है। सम्पूर्ण जगत में जो भी गतिशील है, वास्तव में वह गतिशील नहीं बल्कि उसके पीछे जो सत्य-सिद्धान्त है उसके द्वारा ही सिद्धान्तानुसार गतिशील है। इस सिद्धान्त को व्यक्त करने वाला मानव ही है अर्थात् भले ही वह सिद्धान्त किसी एक व्यक्ति के माध्यम से व्यक्त होता है लेकिन वह विचार नहीं बल्कि सार्वजनिक प्रमाणित सत्य-सिद्धान्त है। इस प्रकार किसी भी विषय से जुड़ना योग है और मैं या आत्मा या ईश्वर या ब्रह्म या शिव से जुड़ना योगेश्वर है।

पाश्चात्य का समस्त कार्य प्रणाली भोग पर आधारित है। जिस प्रकार ईश्वर जीवन का एक सत्य है। इसी प्रकार भोग भी जीवन का एक सत्य है। क्योंकि कोई भी एक क्षण कर्म किये बिना नहीं रह सकता फिर कर्म होने पर भोग तो निश्चित है। इस प्रकार किसी भी विषय पर कर्म करना भोग है और मैं या आत्मा या ब्रह्म या शिव या ईश्वर से जुड़कर भोग या कर्म करना भोगेश्वर है।

योगेश्वर का अर्थ सार्वभौम अदृश्य सत्य-धर्म-ज्ञान या आत्मा का विश्वरुप है तथा भोगेश्वर का अर्थ योगेश्वर का दृश्य रुप अर्थात् सार्वभौम अदृश्य-सत्य-धर्म-ज्ञान या आत्मा का दृश्य रुप सार्वभौम कर्मज्ञान अर्थात् भोग ज्ञान अर्थात् सार्वभौम सत्य-सिद्धान्त है। योगेश्वर सार्वभौम विश्व ज्ञान का प्रतीक है तो भोगेश्वर सार्वभौम विश्व कर्मज्ञान अर्थात् सत्य जीवन प्रणाली का प्रतीक है। भोगेश्वर, योगेश्वर का ही दृश्य रुप है। भोगेश्वर में योगेश्वर समाहित है।

श्रीकृष्ण ने महाभारत में गीता उपदेश के समय अपने योगेश्वर रुप अर्थात् ज्ञान के विश्वरुप की व्याख्या कर अर्जुन को अनासक्त कर्म की ओर प्रेरित किये थे लेकिन कहीं भी उन्होंने उस कर्मज्ञान की व्याख्या नहीं की जिसके आधार पर वे धर्म की स्थापना के लिए उपलब्ध साधनों पर अपनी योजना तैयार किये अर्थात् भगवान श्रीकृष्ण में योगेश्वर रुप चरम विकसित व्यक्त अवस्था में तथा भोगेश्वर रुप चरम विकसित अव्यक्त अवस्था में था। वेदान्त की शाखाओं में कर्म वेदान्त अन्तिम शाखा है जो सबसे महत्वपूर्ण शाखा भी है जिसके बिना मानव संसाधन विकास, प्रबन्धकीय प्रशिक्षण, मानवाधिकार इत्यादि पर खर्च बढ़ता ही जायेगा और पूर्ण स्वस्थ समाज, लोकतन्त्र, उद्योग और मानव का निर्माण भी नहीं हो पायेगा। ज्ञान मार्ग से मानव को पूर्णता एवं विज्ञान के साथ उपयोगिता की आवश्यकता के कारण ही समयानुसार यह ज्ञान भोगेश्वर रुप में व्यक्त हुआ है। मानव का मानक विश्वमानव के भोगेश्वर रुप में योगेश्वर रुप चरम विकसित अव्यक्त अवस्था में तथा भोगेश्वर रुप चरम विकसित व्यक्त अवस्था में है।

भौतिकता युक्त पाश्चात्य का आध्यात्मिकता युक्त प्राच्य का सामंजस्य स्थापित कर कर्म करना ही अब इक्कीसवीं सदी और भविष्य की जीवन प्रणाली है अर्थात् भोगेश्वर रुप ही भविष्य की जीवन प्रणाली है। यदि यह सम्भव हो कि एक चेतना युक्त परमाणु स्वयं अपने इलेक्ट्रानों को घटा-बढ़ा सके तो वह परमाणु सभी तत्वों के गुणों या प्रकृति को व्यक्त करने लगेगा। ऐसी स्थिति में उस जटिल और मूल परमाणु को किसी विशेष तत्व का परमाणु निर्धारित करना असम्भव हो जायेगा। फिर उसे "एक में सभी, सभी में एक" कहना पड़ेगा अर्थात् उसकी निम्नतम् एवं सर्वोच्चतम अन्तिम स्थिति ही उसकी निर्धारण योग्य प्रकृति होगी।

मानव वह चेतना युक्त आत्मा है जो स्वयं अपने मन की उच्चता और निम्नता पर आवश्यकता एवं समयानुसार नियन्त्रण कर सकता है और सभी तरह के व्यक्तियों के गुणों या प्रकृति को व्यक्त कर सकता है। ऐसी स्थिति में उस जटिल व्यक्ति को किसी विशेष प्रकृति का व्यक्ति निर्धारण करना असम्भव हो जायेगा। फिर उसे

"एक में सभी, सभी में एक" कहना पड़ेगा अर्थात् उसकी निम्नतम पशुमानव और उच्चतम विश्वमानव स्थिति ही उसकी निर्धारण योग्य प्रकृति होगी।

जिस प्रकार अदृश्य काल से आत्मीय काल की अवस्था में स्थित भगवान श्रीकृष्ण एक जटिल और अनिर्धारण योग्य चरित्र थे, जिनको पूर्ण रुप में स्वीकार या आत्मसात् करना साधारण मानव के लिए कठिन है। सिवाय इसके कि-"एक में सभी, सभी में एक" या "एक साधारण नागरिक, एक सर्वोच्च और अन्तिम मानव"। इस प्रकार ऐसे व्यक्ति स्वयं अपने उद्देश्यों के विग्रह हो जाते हैं और स्वयं उनका जीवन मानक नहीं बन पाता सिर्फ उनका ज्ञान ही मानक होता है।

अवतारों में उपरोक्त अवस्था अवश्य विशेष रुप से पायी जाती है। जिससे वे उचित समय के आने तक स्वयं को व्यक्त नहीं होने देते और विभिन्न मन स्तर के क्रियाकलाप करते हुए वे उन क्रियाकलापों के फल से मुक्त रहकर लीला करते रहते हैं। लीला का अर्थ उन्हीं क्रियाकलापों से होता है। जो लीलाकर्ता को वास्तविक चरित्र या कर्म नहीं होता परन्तु वे अवश्य ऐसा करते हैं। क्योंकि शरीर धारण की कीमत तो चुकानी ही पड़ती है। इस प्रकार आत्मीय काल अवस्था में स्थित अर्थात् स्वयं अपनी अन्तः एवं बाह्य प्रकृति को नियन्त्रित कर उचित समय आने पर वे स्वयं व्यक्त होते हैं और व्यक्त होने तक का जीवन हँसते, खेलते हुए ध्यान से युक्त होता है। जिससे वे बखूबी दूसरों के प्रकृति को जानकर उसके कर्मानुसार फल, सलाह और सचेत करते रहते हैं। अन्ततः अपने उद्देश्यों के लिए विरोधी और समर्पण भक्ति के रुप में उनका प्रयोग करते हैं।

योगेश्वर ज्ञान (सत्य) का विश्वरूप है तो भोगेश्वर कर्मज्ञान (सत्य-सिद्धान्त) का विश्वरूप है।

ज्योतिर्लिंग: अर्थ और द्वादस (12) ज्योतिर्लिंग

शब्द कोश के अनुसार-कोई भी चीज जिसके बारे में बातचीत या विचार किया जा सके, चाहे वह वास्तविक हो या काल्पनिक, मानसिक हो या भौतिक "वस्तु" कहलाती है और तत्व शब्द का अर्थ है-सार, रहस्य, यथार्थता इत्यादि। इस आधार पर धर्म के सम्बन्ध में वस्तु तत्व का अर्थ धर्म में सर्वस्वीकृत मूत्र्त या अमूत्र्त विषय एवं धारणायें होगा। वस्तु तत्व को भाषायिक स्वरूप प्रदान कर इनके श्रेष्ठ, उचित या योग्य होने के सम्बन्ध में विभिन्न संदर्भों के अन्तर्गत वार्तालाप, संभाषण, तर्क आदि किये जा सकते हैं। अतः धर्म के वस्तु तत्व जैसे ईश्वर, मुक्ति, नियतिवाद, कर्म, स्वर्ग-नरक आदि के सम्बन्ध में भिन्न-भिन्न लेखकों ने प्रश्न उठायें हैं, प्राकल्पनायें, सिद्धान्त, व्याख्यायें, परिभाषायें एवं धारणायें प्रस्तुत की हैं।

इस आधार पर यह कहा जा सकता है कि धर्म के वस्तु-तत्व वे होते हैं जो सत्ता/अस्तित्व/अमूत्र्त को अर्थपूर्णता प्रदान करते हैं और समाज को सक्रिय चेतन आयाम प्रदान करते हैं। इन वस्तु तत्वों को समाज/समुदाय की विकासोन्मुख स्थिति, बौद्धिक वर्ग एवं जन सामान्य की स्थिति, नये मूल्यपरक दृष्टिकोण आदि को ध्यान में रखते हुए शक्तिशाली, अपूर्व बुद्धिमान व्यक्ति पुराने के स्थान पर नवीन धर्मतत्वों की स्थापना कर सकते हैं या उन्हें रूपान्तरित कर सकते हैं। अतः धर्म के वस्तु तत्व-तत्वों का निर्धारण देशकाल, परिस्थितियों के आधार पर अथवा युगानुरूप दृष्टिकोण के आधार पर किया जा सकता है। धर्म के वस्तु तत्व व्यक्ति के अपूर्व कल्पना शक्ति के द्योतक होते हैं। इनके द्वारा अमूर्त को मूर्त रूप में व्याख्यायित कर समझने का व्यावहारिक यत्न किया जाता है।

धर्म में वस्तु तत्व प्रतीक के रूप में होते हैं। ऋग्वेद में प्रतीक शब्द का प्रयोग अवयव के अर्थ में किया गया है। उपनिषद् में प्रतीक शब्द का प्रयोग मुख के लिए करते हुए कहा गया है कि जो अन्न के अक्षय भाव को जानता है, वह मुख रूप से प्रतीक के द्वारा इसका भक्षण करता है। इससे स्पष्ट होता है कि प्रतीक प्रयोग प्राचीनकाल में अवयव, मुख, अंग आदि विभिन्न अर्थों में किये जाते रहें हैं।

शब्दकोश के अनुसार सामान्यतः प्रतीक वे होते हैं जो किसी भौतिक एवं अभौतिक वस्तु का प्रतिनिधित्व करते हैं। ये संकेत, चिन्ह, लक्षण (स्वभाव), चरित्र आदि अर्थ को भी समाहित करते हैं। ये वे कृत्रिम चिन्ह या संकेत हैं जो किसी वस्तु-विचार या कल्पना को व्यक्त करते हैं। ये मानव मन का ही आविष्कार है तथा चेतन-अचेतन दोनों मनः अवस्थाओं द्वारा प्रयुक्त किये जाते हैं। अतः प्रतीक केवल मानस प्रत्यक्ष तथा कल्पना में आने वाले विचारों, भावों और अनुभूतियों के गोचर संकेत अथवा चिन्ह हैं, के रूप में भी परिभाषित किया गया है। भारतीय चिंतकों के अनुसार प्रतीक का अर्थ है-"ओर आना गा समीप पहुँचना"। ये मनुष्य को अपने साधना मार्ग अथवा सद्गुणों के विकास में अगले सोपान (सीढ़ी) तक ले जाते हैं। इनके आधार पर मनुष्य अपने ध्येय की ओर बढ़ता है किन्तु वे प्रतीक सीढ़ीयाँ उच्चतर तत्व की प्राप्ति के लिए सहायक साधन मात्र हैं, स्वयं लक्ष्य या उच्चतर तत्व नहीं। इनका प्रयोग हम मूल वस्तु को समझने के लिए करते हैं। ये सदा ही अनुभव या अवबोध से भिन्न होते हैं। प्रतीक के निम्नलिखित लक्षण होते हैं-

01. प्रतीक व चिन्ह दोनों अपने से पृथक किसी अन्य वस्तु की ओर संकेत करते हैं। ये एक दूसरे से भिन्न होते हैं, किन्तु कई बार इनमें अंतर न कर पाने के कारण इन्हें एक मान लिया जाता है। एक चिन्ह के स्थान पर दूसरे चिन्ह को स्वेच्छानुसार प्रयोग किया जा सकता है किन्तु किसी एक प्रतीक के स्थान पर अन्य प्रतीक का स्वेच्छापूर्वक प्रयोग अथवा उसकी रचना नहीं की जा सकती। प्रतीक में अपनी विशेष शक्ति अन्तर्निहित होती है।

02. प्रतीक वस्तुओं का प्रतिनिधित्व करते हुए प्रतीक्य की ओर संकेत करते हैं, उसमें सहभागी होते हैं किन्तु कभी भी प्रतीक्य का स्थान ग्रहण नहीं कर सकते है। जैसे-राष्ट्रध्वज (प्रतिनिधि) राष्ट्र की शक्ति, गौरव, मर्यादा, सम्मान में सहभागी होता है किन्तु यह सम्मान ध्वजरूपी प्रतिनिधि का नहीं वरन् उसका होता है जिसका कि वह प्रतिनिधित्व करता है।

03. इनकी सहायता से वह अदृश्य, अनुभवातीत सत्ता भी इनके सत्स्वरूप संकेत के कारण बोधगम्य हो जाती है जिसे अन्य इन्द्रियानुभविक प्रकारों से नहीं जाना जा सकता है।

04. प्रतीक की सार्थकता समाज द्वारा उनकी स्वीकृति पर निर्भर होती है। प्रतीक बनने तथा प्रतीक के रूप में समाज द्वारा स्वीकार किये जाने की प्रक्रिया साथ ही साथ होती है। यद्यपि प्रतीक सर्वप्रथम किसी के मन में उत्पन्न होते हैं और अचेतन पर निर्भर हैं फिर भी इसकी रचना व ग्राह्य सामाजिक क्रिया का परिणाम है कल्पित या मनगढ़न्त नहीं।

05. प्रतीकों में संगठनात्मक व विघटनात्मक दोनों शक्तियाँ विद्यमान रहती हैं।

प्रतीकों के ये लक्षण सामान्य प्रतीकों के साथ-साथ धार्मिक प्रतीकों में भी पायी जाती हैं। इस दृष्टि से सामान्य प्रतीकों तथा धार्मिक प्रतीकों में पर्याप्त समानता है परन्तु इस समानता के होते हुए भी धार्मिक प्रतीक सामान्य प्रतीक से भिन्न होते हैं। प्रत्येक धार्मिक प्रतीक का प्रयोजन उसकी ओर संकेत करना है जो सीमातीत है। ये ऐसे विषय को अभिव्यक्त करते हैं जो आस्था का विषय है तथा स्वरूपतः विश्व की उन वस्तुओं से परे है जिन्हें ज्ञान का विषय बनाया जा सकता है। ऐसे विषय यथा-परमसत्ता जो कि निरूपाधिक इन्द्रियातीत सत्ता है, को धार्मिक प्रतीकों के अभाव में नहीं जाता जा सकता। जबकि सामान्य प्रतीक जिन वस्तुओं की ओर संकेत करते हैं उन्हें प्रतीकों की सहायता लिये बिना भी जाना जा सकता है। परमसत्ता अनुभवातीत और अज्ञेय है अर्थात् इन्द्रियगम्य नहीं है। अतः इस परमसत्ता के सम्बन्ध में कुछ कहने के लिए विभिन्न प्रतीकों की सहायता लेनी पड़ती है। इन प्रतीकों के माध्यम से मनुष्य परमसत्ता के प्रति अपनी भावनाओं तथा अभिवृत्तियों को व्यक्त कर सकता है। इन धर्म प्रतीकों के द्वारा परमसत्ता का ज्ञान (बौद्धिक) तो नहीं हो सकता, किन्तु इनके प्रतीक के द्वारा अगम्य परमसत्ता (अन्तिम सत्ता) का सांकेतिक, अप्रत्यक्ष आभास अवश्य हो सकता है। प्रतीक इसी सत्स्वरूप के प्रति अन्तिम संलग्नता को व्यक्त करते हैं। ये हमारे कार्यों को दैवत्व से सम्बद्ध करते हैं।

धार्मिक प्रतीकों का क्षेत्र विस्तृत है। ईश्वर, देवता, इष्ट, धर्मगुरू, प्रतिमा, शब्द, सिद्धान्त, देवकथा, पवित्र वस्तुएँ, सृष्टि, स्वर्ग-नरक, पाप-पुण्य, पूजा आदि सभी धर्म में, प्रतीक रूप में व्यवहार्य हैं। गौतम बुद्ध, ईसामसीह आदि ऐतिहासिक पुरूष ही नहीं वरन् धर्म प्रतीक भी हैं। प्रतीक सभी अनुभवात्मक जगत में सत्यस्वरूप की ओर संकेत करते हैं जो कि इन्द्रियातीत है। लक्ष्य प्राप्ति होने पर प्रतीकों का कोई प्रयोजन नहीं है।

अतः कहा जा सकता है कि धर्म में जो वस्तु तत्व स्वीकार्य किये जाते हैं वे प्रतीक रूप होते हैं। चाहे वे धार्मिक उपादान (ईश्वर, आत्मा, अवतार, ईश्वर के अंश से उत्पन्न मानव, क्रास, शंख, चक्र, धर्म पुस्तकें आदि) हों या धार्मिक कृत्य चर्च, मन्दिर जाना, उपासना करना, नमाज या प्रार्थना करना, यज्ञ करना आदि। ये किसी न किसी रूप में सभी धर्मों में प्रचलित होते हैं तथा मानव आस्थाओं के परिचायक होते हैं।

साभार-"विश्व के प्रमुख धर्मों में धर्म समभाव की अवधारणा"
प्रकाशक-वैज्ञानिक तथा तकनीकी शब्दावली आयोग
मानव संसाधन विकास मंत्रालय, भारत सरकार

स्वामी विवेकानन्द के प्रतीक के सम्बन्ध में विचार-

"उन्हें (सिद्ध गुरुओं) मंत्र द्वारा शिष्यों में आध्यात्मिक ज्ञान का बीजारोपड़ करना पड़ता है। ये मंत्र क्या हैं? भारतीय दर्शन के अनुसार नाम और रुप ही इस जगत की अभिव्यक्ति के कारण हैं। मानवीय अन्तर्जगत में एक भी ऐसी चित्तवृत्ति नहीं रह सकती, जो नाम-रुपात्मक न हो। बृहत् ब्रह्माण्ड में भी ब्रह्मा, हिरण्यगर्भ या समष्टि महत् ने पहले अपने आप को नाम के, और फिर बाद में रुप के आकार में अर्थात् इस परिदृश्यमान जगत के आकार में अभिव्यक्त किया। यह सारा व्यक्त इन्द्रियग्राह्य जगत रुप है, और इसके पीछे है अनन्त अव्यक्त स्फोट। स्फोट का अर्थ-समस्त जगत की अभिव्यक्ति का कारण शब्द-ब्रह्म है। समस्त नामों अर्थात् भावों की नित्य समवायी उपादान स्वरुप यह नित्य स्फोट ही वह शक्ति है, जिससे भगवान इस विश्व की सृष्टि करते हैं। यही नहीं बल्कि भगवान पहले स्फोट रुप में परिणत हो जाते हैं और तत्पश्चात् अपने को उससे भी स्थूल इस इन्द्रियग्राह्य जगत के रुप में परिणत कर लेते हैं। इस स्फोट का एक मात्र वाचक शब्द है-"ऊँ"। और चूँकि हम किसी भी उपाय से शब्द को भाव से

अलग नहीं कर सकते, इसलिए यह "ऊँ" भी इस नित्य स्फोट से नित्य संयुक्त है। एकमेव यह "ऊँ" ही इस प्रकार सर्वभावाव्यापी वाचक शब्द है, अन्य कोई भी इसके समान नहीं। स्फोट ही सारे भावों का उपादान है, फिर भी वह स्वयं पूर्ण रुप से विकसित कोई विशिष्ट भाव नहीं है। अर्थात् यदि उन सब भेदों को, जो एक भाव को दूसरे से अलग करते हैं, निकाल दिया जाय, तो जो कुछ बचा रहता है, वही स्फोट है। इसलिए इस स्फोट को "नादब्रह्म" कहते हैं। जो वाचक शब्द उसे सब से कम विशेषभावापन्न करेगा, पर साथ ही उसके स्वरुप को यथासम्भव पूरी तरह प्रकाशित करेगा, वही उसका सबसे सच्चा वाचक होगा। और यह वाचक शब्द है-एकमात्र "ऊँ" क्योंकि ये तीनों अक्षर अ, उ और म्, जिनका एक साथ उच्चारण करने से "ऊँ" होता है, समान शब्दों के साधारण वाचक के तौर पर लिये जा सकते हैं।

भक्ति योग, राम कृष्ण मिशन

सृष्टि के पूर्व ब्रह्म शब्दात्मक बनते है, फिर ओंकारात्मक या नादात्मक होते है। तत्पश्चात् पहले कल्पों के विशेष शब्द जैसे-भूः, भुवः, स्वः अथवा गो, मानव, घट, पट इत्यादि का प्रकाश उसी ओंकार से होता है। सिद्ध संकल्प ब्रह्म में क्रमशः एक-एक शब्द के होते ही उसी क्षण उन सब पदार्थों का भी प्रकाश हो जाता है और इस विचित्र जगत् का विकास हो उठता है। अब समझे न कि कैसे शब्द ही सृष्टि का मूल है।

विवेकानन्द जी के संग में, पृष्ठ-62, राम कृष्ण मिशन

प्रतीक का अर्थ है वे वस्तुएं, जो थोड़े-बहुत अंश में ब्रह्म के स्थान में उपास्य-रूप से ली जा सकती है जो वस्तु ब्रह्म नहीं है, उसमें ब्रह्म-बुद्धि करके ब्रह्म का अनुसंधान प्रतीकोपासना कहलाता है।

योग क्या है?, पृष्ठ-48, राम कृष्ण मिशन

संसार के मुख्य धर्मों में से वेदान्त, बौद्ध धर्म और ईसाई धर्म के कुछ सम्प्रदाय बिना किसी आपत्ति के प्रतिमाओं का उपयोग करते हैं। केवल इस्लाम और प्रोटेस्टेण्ट ये ही दो ऐसे धर्म हैं जो इस सहायता की आवश्यकता नहीं मानते। फिर भी मुसलमान प्रतिमा के स्थान में अपने पीरों और शहीदों की कब्रों का उपयोग करते हैं। ईसाई और इस्लाम धर्म में जो कुछ प्रतिमा-उपासना विद्यमान है, वह उस श्रेणी की है, जिसमें प्रतीक या प्रतिमा की उपासना केवल प्रतीक या प्रतिमा रूप से होती है-ब्रह्म दृष्टि से नहीं। अतएव वह कर्मानुष्ठान के ही समान है-उससे न भक्ति मिल सकती है, न मुक्ति। इस प्रकार की प्रतिमा-पूजा में उपासक ईश्वर को छोड़ अन्य वस्तुओं में आत्मसमर्पण कर देता है और इसलिए प्रतिमा, कब्र, मन्दिर आदि के इस प्रकार उपयोग को ही सच्ची मूर्तिपूजा कहते है। पर वह न तो कोई पाप कर्म है और न कोई अन्याय-वह तो बस एक कर्म मात्र है, और उपासकों को उसका फल भी अवश्य मिलता है।

भक्तियोग पृष्ठ-51, राम कृष्ण मिशन

उस एक सार्वभौम आत्मतत्व को जानने के लिए ज्ञान सूत्रों के माध्यम से वेदों में, ईश्वर नाम (ओउम्) के माध्यम से उपनिषद् में, उस आत्मतत्व के गुणों व ब्रह्माण्डीय वस्तुओं (सूर्य, चाँद, ग्रह, नक्षत्र, तत्व इत्यादि) के गुणों के साकार निरूपण (मूर्ति) के माध्यम से पुराणों में, प्रकृति (सत्व, रज, तम, आसुरी, दैवी व उसके अन्य अंश गुणों) के माध्यम से गीता/गीतोपनिषद् में व्यक्त किया गया है। इन सभी माध्यमों सहित वर्तमान पदार्थ विज्ञान, समाज विज्ञान, राजनीति विज्ञान, शासन प्रणाली इत्यादि के माध्यम से सार्वजनिक प्रमाणित गीता अर्थात् विश्वशास्त्र में व्यक्त किया गया है।

पौराणिक साकार चरित्रों के निरूपण से ही समाज में जो पहचान बनी वह धर्म-हिन्दू धर्म कहलाया जबकि अवतारगण (सनातन समर्थक) का इनसे कोई सम्बन्ध नहीं रहा और न ही वे इनकी पूजा करते हुये दर्शाये गये। अवतारगण मात्र शिव (सार्वभौम आत्मा) और उसके प्रतीक रूप शिवलिंग तक ही सीमित रहे। क्योंकि वे जानते थे कि ये सब मात्र माध्यम हैं न कि लक्ष्य।

हिन्दू धर्म में पुराणों के अनुसार शिवजी जहाँ-जहाँ स्वयं प्रगट हुए उन बारह स्थानों पर स्थित शिवलिंगों को ज्योतिर्लिंगों के रूप में पूजा जाता है। ये संख्या में 12 है। 12 ज्योतिर्लिंगों के नाम शिव पुराण (शतरुद्र संहिता, अध्याय 42/2-4) के अनुसार हैं। जिनकी अपनी-अपनी कथाएँ भी हैं।

एक मतानुसार बारह ज्योतिर्लिंगों को बारह राशियों से जोड़कर भी देखा जाता है। ये राशियां इस प्रकार से हैं-1. मेष-सोमनाथ, 2. वृष-श्रीशैल, 3. मिथुन-महाकाल, 4. कर्क-अमलेश्वर, 5. सिंह-वैद्यनाथ, 6. कन्या-भीमशंकर, 7. तुला-रामेश, 8. वृश्चिक-नागेश, 9. धनु-विश्वेशं, 10. मकर-त्र्यम्बकं, 11. कुंभ-केदार, 12. मीन-घृष्णेशं। ये राशियां चंद्र राशि समझें।

साधारण भाषा व सार्वभौम परिभाषा के रूप में जिन शिवलिंगो की कथा पौराणिक या अवतारों की कथा से जुड़ी होती है सिर्फ वही ज्योतिर्लिंग की योग्यता रखते हैं।

ज्योतिर्लिंगों का स्थान

01. सोमनाथ- गुजरात प्रभास पाटन, सौराष्ट्र श्री सोमनाथ सौराष्ट्र, (गुजरात) के प्रभास क्षेत्र में विराजमान है। इस प्रसिद्ध मंदिर को अतीत में छह बार ध्वस्त एवं निर्मित किया गया है। 1022 ई. में इसकी समृद्धि को महमूद गजनवी के हमले से सार्वाधिक नुकसान पहुँचा था।

02. मल्लिकार्जुन- आंध्र प्रदेश कुर्नूल आन्ध्र प्रदेश प्रांत के कृष्णा जिले में कृष्णा नदी के तटपर श्रीशैल पर्वत पर श्रीमल्लिकार्जुन विराजमान जिसे दक्षिण का कैलाश कहते हैं।

03. महाकालेश्वर- मध्य प्रदेश महाकाल, उज्जैन श्री महाकालेश्वर (मध्यप्रदेश) के मालवा क्षेत्र में क्षिप्रा नदी के तटपर पवित्र उज्जैन नगर में विराजमान है। उज्जैन को प्राचीनकाल में अवंतिकापुरी कहते थे।

04. ओमकारेश्वर- मध्य प्रदेश नर्मदा नदी में एक द्वीप पर मालवा क्षेत्र में श्री ओमकारेश्वर स्थान नर्मदा नदी के बीच स्थित द्वीप पर है। उज्जैन से खण्डवा जाने वाली रेलवे लाइन पर मोरटक्का नामक स्टेशन है, वहां से यह स्थान 10 मील दूर है। यहां ओमकारेश्वर और मामलेश्वर दो पृथक-पृथक लिङ्ग हैं, परन्तु ये एक ही लिङ्ग के दो स्वरूप हैं। श्रीओमकारेश्वर लिंग को स्वयंभू समझा जाता है।

05. केदारनाथ- उत्तराखंड केदारनाथ श्री केदारनाथ हिमालय के केदार नामक श्रृङ्गपर स्थित हैं। शिखर के पूर्व की ओर अलकनन्दा के तट पर श्री बदरीनाथ अवस्थित हैं और पश्चिम में मन्दाकिनी के किनारे श्री केदारनाथ हैं। यह स्थान हरिद्वार से 150 मील और ऋषिकेश से 132 मील दूर उत्तरांचल राज्य में है।

06. श्रीभीमशंकर- महाराष्ट्र भीमशंकर श्री भीमशंकर का स्थान मुंबई से पूर्व और पूना से उत्तर भीमा नदी के किनारे सह्याद्रि पर्वत पर है। यह स्थान नासिक से लगभग 120 मील दूर है। सह्याद्रि पर्वत के एक शिखर का नाम डाकिनी है। शिवपुराण की एक कथा के आधार पर भीमशंकर ज्योतिर्लिङ्ग को असम के कामरूप जिले में गुवाहाटी के पास ब्रह्मपुर पहाड़ी पर स्थित बतलाया जाता है। कुछ लोग मानते हैं कि नैनीताल जिले के काशीपुर नामक स्थान में स्थित विशाल शिवमंदिर भीमशंकर का स्थान है।

07. श्रीकाशी विश्वनाथ- वाराणसी (उत्तर प्रदेश) स्थित काशी के श्रीविश्वनाथजी सबसे प्रमुख ज्योतिर्लिंगों में एक हैं। गंगा तट स्थित काशी विश्वनाथ शिवलिंग दर्शन हिंदुओं के लिए सबसे पवित्र है।

08. श्रीत्रयम्बकेश्वर- महाराष्ट्र त्रयम्बकेश्वर, निकट नासिक श्री त्रयम्बकेश्वर ज्योतिर्लिङ्ग महाराष्ट्र प्रांत के नासिक जिले में पंचवटी से 18 मील की दूरी पर ब्रह्मगिरि के निकट गोदावरी के किनारे है। इस स्थान पर पवित्र गोदावरी नदी का उद्गम भी है।

09. श्रीवैद्यनाथ- झारखंड देवघर जिला (झारखंड) राज्य के संथाल परगना क्षेत्र में जसीडीह स्टेशन के पास देवघर (वैद्यनाथधाम) नामक स्थान पर श्रीवैद्यनाथ ज्योतिर्लिङ्ग सिद्ध होता है, क्योंकि यही चिताभूमि है। महाराष्ट्र में पासे परभनी नामक जंक्शन है, वहां से परली तक एक ब्रांच लाइन गयी है, इस परली स्टेशन से थोड़ी दूर पर परली ग्राम के निकट श्रीवैद्यनाथ को भी ज्योतिर्लिङ्ग माना जाता है। परंपरा और पौराणिक कथाओं से देवघर स्थित श्रीवैद्यनाथ ज्योतिर्लिङ्ग को ही प्रमाणिक मान्यता है।

10. श्रीनागेश्वर- गुजरात दारुकावन, द्वारका श्रीनागेश्वर ज्योतिर्लिङ्ग बड़ौदा क्षेत्रांतर्गत गोमती द्वारका से ईशानकोण में बारह-तेरह मील की दूरी पर है। निजाम हैदराबाद राज्य के अन्तर्गत औढ़ा ग्राम में स्थित शिवलिङ्ग को ही कोई-कोई नागेश्वर ज्योतिर्लिङ्ग मानते हैं। कुछ लोगों के मत से अल्मोड़ा से 17 मील उत्तर-पूर्व में यागेश (जागेश्वर) शिवलिङ्ग ही नागेश ज्योतिर्लिङ्ग है।

11. श्रीरामेश्वर- तमिलनाडु रामेश्वरम श्रीरामेश्वर तीर्थ तमिलनाडु प्रांत के रामनाड जिले में है। यहाँ लंका विजय के पश्चात् भगवान श्रीराम ने अपने अराध्यदेव शंकर की पूजा की थी। ज्योतिर्लिंग को श्रीरामेश्वर या श्रीरामलिंगेश्वर के नाम से जाना जाता है।

12. श्रीघुश्मेश्वर- महाराष्ट्र निकट एल्लोरा, औरंगाबाद जिला श्रीघुश्मेश्वर (गिरीश्रेश्वर) ज्योतिर्लिंग को घुश्मेश्वर या घृष्णेश्वर भी कहते हैं। इनका स्थान महाराष्ट्र प्रांत में दौलताबाद स्टेशन से बारह मील दूर बेरूल गांव के पास है।

काशी

काशी, काश धातु से निष्पन्न है। काश का अर्थ है-ज्योतित होना या ज्योतित करना अर्थात् जहाँ से ब्रह्म प्रकाशित हो। जिस स्थान या नगर से ज्ञान का प्रकाश चारों ओर फैलता है उसे काशी पुरी या काशी नगर कहते हैं। ब्रह्म प्रकाशित करने वाला प्रत्येक नगर ही काशी है।

काशी क्या है? काशी सत्य का प्रतीक है। इसके सत्य अर्थ को समझने के लिए सार्वभौम सत्य-सिद्धान्त आधारित सृष्टि के उत्पत्ति से प्रलय को व्यक्त करने वाला शिव-शंकर अधिकृत कर्मवेद: प्रथम, अन्तिम तथा पंचम वेद को समझना पड़ेगा। कालभैरव जन्म कथा इसका प्रमाण है। सर्वोच्च मन सें व्यक्त यह पौराणिक कथा स्पष्ट रुप से व्यक्त करती है कि ब्रह्मा और विष्णु से सर्वोच्च शिव-शंकर हैं। चारो वेदों को प्रमाणित करने वाले शिव-शंकर हैं। चार सिर के चार मुखों से चार वेद व्यक्त करने वाले ब्राह्मण ब्रह्मा जब पाँचवे सिर के पाँचवे मुख से अन्तिम वेद पर अधिपत्य व्यक्त करने लगे तब शिव-शंकर के द्वारा व्यक्त उनके पूर्ण रुप कालभैरव ने उनका पाँचवा सिर काट डाला जिससे यह स्पष्ट होता है कि काल ही सर्वोच्च है, काल ही भीषण है, काल ही सम्पूर्ण पापों का नाशक और भक्षक है, काल से ही काल डरता है। अर्थात् पाँचवा वेद काल आधारित ही होगा। पुराणों में ही व्यक्त शिव-शंकर से विष्णु तथा विष्णु से ब्रह्मा को बहिर्गत होते अर्थात् ब्रह्मा को विष्णु के समक्ष तथा विष्णु को शिव-शंकर के समक्ष समर्पित और समाहित होते दिखाया गया है। जिससे यह स्पष्ट होता है कि शिव-शंकर ही आदि और अन्त हैं। अर्थात् जो पंचम वेद होगा वह अन्तिम वेद होगा, साथ ही प्रथम वेद भी होगा। शिव-शंकर ही प्रलय, स्थिति और सृष्टिकर्ता हैं। चूँकि वेद शब्दात्मक होते हैं इसलिए पंचम वेद शब्द से ही प्रलय, स्थिति और सृष्टिकर्ता होगा। पुराण-शास्त्र को रचने वाले व्यास हैं तो पुराण जिस कला से रची गयी है वह व्यास ही बता सकते हैं या जो शास्त्र रचने की योग्यता रखता हो। सृष्टि की उत्पत्ति और प्रलय या प्रलय और उत्पत्ति की क्रिया उसी भाँति है जैसे जन्म के बाद मृत्यु, पुनः मृत्यु के बाद जन्म अर्थात् उत्पत्ति और प्रलय या जन्म और मृत्यु एक ही विषय हैं इसलिए ही कहा जाता है कि जो प्रथम है वही अन्तिम है। कर्मवेद में सृष्टि की उत्पत्ति से प्रलय को व्यक्त किया गया है जिसके बीच सात चरण है और यही सात काशी है। यदि गिने तो प्रलय प्रथम तथा उत्पत्ति अन्तिम व सातवाँ चरण है। इस प्रकार उत्पत्ति व प्रलय अलग-अलग दिखाई पड़ते हुए भी एक हैं। सृष्टि के विकास क्रम में ही मनुष्य की सृष्टि है यह जैसे-जैसे प्राकृतिक नियम से दूर होता जाता है वह पतन की अवस्था को प्राप्त होता जाता है जिसकी निम्नतम अवस्था पशुमानव अर्थात् पूर्णतः इन्द्रिय के वश में संचालित होने वाली अवस्था है। अब यदि यह पशुमानव अवस्था चरम शिवत्व की स्थिति तक उठना चाहे तो उसे मानवीय व प्राकृतिक मूल पाँच चरणों को पार करना पड़ता है। यदि वह अन्तः जगत अर्थात् सार्वभौम सत्य ज्ञान से सृष्टि की उत्पत्ति की ओर जाता है तब वह योगेश्वर की अवस्था प्राप्त करता है। यदि वह वाह्य जगत् अर्थात् सार्वभौम सत्य-सिद्धान्त ज्ञान से सृष्टि के प्रलय की ओर जाता है तब वह भोगेश्वर की अवस्था प्राप्त करता है। योगेश्वर व भोगेश्वर एक ही हैं बस एक अवस्था में दूसरा प्राथमिकता पर नहीं होता है। इस प्रकार सृष्टि के आदि में काशी और अन्त में सत्यकाशी व्यक्त होता है। इनके बीच पाँच अन्य काशी होती हैं। इस क्रमानुसार काशी: पंचम, प्रथम तथा सप्तम काशी तथा सत्यकाशी: पंचम, अन्तिम तथा सप्तमकाशी की स्थिति में होता है। योगेश्वर अवस्था ही अदृश्य विश्वेश्वर की अवस्था है तथा भोगेश्वर अवस्था ही दृश्य विश्वेश्वर की अवस्था है जबकि दोनों एक हैं और प्रत्येक वस्तु की भाँति एक-दूसरे के दृश्य और अदृश्य रुप हैं। इसलिए ही विष्णु और शिव-शंकर को एक दूसरे का रुप कहते हैं।

सम्पूर्ण ब्रह्माण्ड की उत्पत्ति और अन्त को प्रदर्शित करते शिव अधिकृत कर्मवेद: प्रथम, अन्तिम तथा पंचम वेद में सात सत्य चक्र हैं। ये चक्र कालानुसार सात सत्य हैं जो सात काशीयों को व्यक्त करते हैं। वर्तमान काल अन्तिम सत्य चक्र अर्थात् सातवें चक्र में है। इसलिए ही सातवाँ काशी ही अन्तिम काशी है। मानव शरीर के उत्पत्ति के दो केन्द्र हैं-प्रथम मानव ब्रह्म से उत्पन्न, उसके उपरान्त मानव मानव से उत्पन्न हो रहा है। ऐसी स्थिति में मानव, ब्रह्माण्ड की उत्पत्ति की ओर से अन्त सत्य चक्र की ओर जाता है तो उसे पाँच सत्यचक्र के ज्ञान से युक्त होना पड़ता है। और उसे पाँचवे सत्य पर उत्पत्ति की दिशा में काशी (वाराणसी) और अन्त की दिशा में सत्यकाशी के सत्यचक्र

का ज्ञान होता है। जो अन्तिम है वहीं प्रथम है और जो प्रथम है वहीं अन्तिम है। इस प्रकार काशी: पंचम, प्रथम तथा सप्तम काशी तथा सत्यकाशी क्रमशः पंचम, अन्तिम तथा सप्तम काशी है। काशी और सत्यकाशी एक ही का अदृश्य और दृश्य रुप हैं। सत्यकाशी, काशी का ही विस्तार मात्र है। काशी मोक्षदायिनी मोक्षपुरी है सत्यकाशी जीवनदायिनी है क्योंकि यहाँ से जीवन शास्त्र "विश्वशास्त्र" व्यक्त हुआ है। जीवन ही मृत्यु है और मृत्यु ही जीवन है।

काशी शब्द का नाम ही कानों में सुनाई पड़ने से जिस शिवत्व का बोध होता है उससे पूरा शरीर ऐसे स्थिर, शान्त, सुन्दर, एक, सत्य, शुद्ध, ओउम, आत्मा, ब्रह्म, विश्वास, धर्म, केन्द्र या CENTRE की चरम अनुभूति से कम्पित हो जाता है जो भगवान विश्वनाथ की शिव नगरी का वास्तविक परिचय है। क्या इस अनुभूति के परे भी कोई जीवन है? क्या इस चरम आनन्द की स्थिति के उपरान्त भी आनन्द की चरम स्थिति को तलाश सकता है? क्या ऐसी स्थिति में मानव क्षण भर भी रहकर वह अपना सर्वस्व उसमें स्थित नहीं कर देगा? क्या उसे बारम्बार वह अनुभूति आकर्षित करता नहीं रहेगा? इन सब प्रश्नों का उत्तर मात्र यहीं है कि वह स्वयं शिव हो जाता है। वह उसी में विलीन हो जाता है। शिव पुराण जो हमारे भारतीय संस्कृति के धर्मग्रन्थों के श्रृंखला का एक महत्वपूर्ण धर्मग्रन्थ है। उसमें काशी का वर्णन प्राप्त होता है जिनमें सबसे प्राचीन काशी नगरी (वाराणसी) का मुख्य स्थान है। यहाँ का वातावरण अनेकों उत्थान पतन एवं घटनाओं के बावजूद भी उस शिवत्व की अनुभूति का एहसास आज भी अनुभव किया जा सकता है। लेकिन बढ़ते भौतिकता और उस शिवत्व से दूर जाती नयी पीढ़ी कितनें दिनों तक इस ऐतिहासिक नगरी की सभ्यता, परम्परा और शुद्धता को यथावत् बनाये रख पायेगी, यह दिनों-दिन अविश्वसनीय होता जा रहा है। शिक्षा, धर्म-ज्ञान और शिवत्व से जुड़ी यह नगरी वर्तमान में अपने पहचान के विषयों से धीरे-धीरे इतनी दूर हट गया है कि पुनः इसे सही अर्थों में लाना असम्भव हो चुका है। यह सत्य है कि सुधार कभी सफल नहीं हो पाता यदि सुधार चाहिए तो आवश्यक होता है कि सुधार नहीं बल्कि निर्माण हो। इस दूरदर्शी विचारों से प्रभावित होकर काशी की परम्परा को पुनः स्थापित करने हेतु निर्माण के रास्ते से वाराणसी के दक्षिण गंगा पार समाज समर्थित "सत्यकाशी" को व्यक्त किया गया है। अन्य काशी हैं-उत्तरकाशी, शिवाकाशी, दक्षिणकाशी (वैदुर्यपत्तन-बरकला केरल), छोटा काशी और गुप्त काशी।

बिना गुण के अन्य काशीयों की स्थापना तो आध्यात्मिक एवं धार्मिक दोनों दृष्टिकोण से निश्चित ही अनुचित है परन्तु गुण-धर्म से युक्त स्थान व सीमा में काशी की स्थापना अनुचित नहीं उचित है। अब जबकि पाँच मुख वाले महादेव शिव-शंकर का वेद-कर्मवेद व्यक्त हो चुका है। सभी काशीयों का व्यक्त होना भी अतिआवश्यक है। क्योंकि अनेक तीर्थस्थलों को व्यक्त करने से मनुष्य की सृष्टि में कैसे-कैसे लाभ होते हैं यह तो आप सब भली-भाँति जानते हैं। आद्य शंकराचार्य जी ने भी भारत के चारों दिशाओं में चार पीठों की स्थापना उसी लाभ के लिए किये थे। सम्पूर्ण ब्रह्माण्ड में सभी वस्तु का प्रसार हो रहा है इसलिए अब समय आ गया है कि काशी का भी प्रसार हो क्योंकि प्रसार ही जीवन है। संकुचन ही मृत्यु है। 'नयी काशी' योजना का उचित स्थान (रामनगर से पड़ाव) पर निर्माण किसी भी दृष्टि से अनुचित नहीं है। क्योंकि रामनगर में शिवभक्त और शिव के अवतार माने जाने वाले महाराजा काशी नरेश तथा पड़ाव में शिव की एक धारा- अघोर के अवधूत भगवान राम का आश्रम व समाधि स्थल है तथा काशी का सम्बन्ध सत्य-धर्म-ज्ञान से है। सृष्टि की उत्पत्ति से लेकर प्रलयकाल तक काशी का स्थान भिन्न नहीं हो सकता परन्तु काशी एक नहीं बल्कि सात काशियों का संयुक्त रूप है, जो पुराणों में वर्णित भी है और सम्पूर्ण ब्रह्माण्ड के उत्पत्ति और अन्त को प्रदर्शित करता शिव अधिकृत कर्मवेदः प्रथम, अन्तिम तथा पंचमवेद में सात सत्य चक्र भी है जो सात काशियों को व्यक्त करते हैं जिसके अनुसार काशी (वाराणसी) पंचम, प्रथम तथा सप्तम एवं (वाराणसी)-विन्ध्याचल-शिवद्वार-सोनभद्र के बीच का सत्यकाशी-पंचम, अन्तिम तथा सप्तम काशी है जो शिव-शक्ति क्षेत्र है और पौराणिक भूमि भी है। सम्पूर्ण विश्व को मार्गदर्शन देने की ज्ञान बुद्धि भी अब सत्यकाशी क्षेत्र से व्यक्त हो चुका है। काशी मोक्षदायिनी जरुर है परन्तु विश्व को जीवन देने वाली जीवनदायिनी तो सत्यकाशी ही है क्योंकि इसी क्षेत्र से जीवन शास्त्र "विश्वशास्त्र" व्यक्त हुआ है। मोक्ष तभी मिलता है जब जीवन मिलता है और जीवन तभी मिलता है जब मोक्ष मिलता है। इसलिए काशी और सत्यकाशी एक ही है अन्तर मात्र प्रसार का है। यह सत्य है

कि अदृश्य शिव अकेले रह सकते हैं परन्तु दृश्य शिव-शंकर तो शक्ति के बिना रह नहीं सकते इसका ही परिणाम है शक्ति क्षेत्र-सत्यकाशी में दृश्य शिव-शंकर का व्यक्त होना।

भविष्य पुराण से व्यक्त है कि- "ग्यारह टोपी (राष्ट्रपति) तक मतपत्रों का राज्य चलेगा इसके बाद किसी पार्टी को बहुमत प्राप्त नहीं होगा। माता-पिता, साधु-सन्त, ब्राह्मण-विद्वान अपमानित होंगे। तब भयानक युद्ध होगा। भारत पुनः अपने अस्तित्व में आकर विश्वगुरु पद पर स्थापित होगा।" वह समय तो वर्तमान में चल रहा है जो भी अपना गुण-धर्म त्यागता है वह अपमानित होने का रास्ता स्वयं निर्माण करता है। ऐसे ही अपमानित कोई भी नहीं करता बल्कि वे जिस पद जैसे- माता-पिता, साधु-सन्त, ब्राह्मण-विद्वान पर बैठे रहते हैं। उसका भी धर्म निर्वहन नहीं करते परिणामस्वरुप सत्य-धर्म-ज्ञानियों के लिए वे न तो सम्मान के योग्य होंगे न ही अपमान के। भारत पुनः अपने अस्तित्व में आकर विश्व गुरु पद पर स्थापित होगा। यह बात तो सत्य है परन्तु यह स्वतः नहीं हो जायेगा कोई न कोई तो इसका माध्यम अवश्य बनेगा और वह अन्तिम माध्यम ही शिव-शंकर के पूर्णावतार के रूप में होगा क्योंकि ब्रह्मा के पूर्णावतार श्रीराम तथा विष्णु के पूर्णावतार श्रीकृष्ण हो चुके हैं। इसलिए तीसरे नेत्र की दृष्टि से सत्यकाशी के निर्माण में काशी को ही अग्रसर होना चाहिए। यह काशी के लिए सम्मानजनक होगा।

काशी का स्थान, निर्माण, रक्षा और प्रसार महादेव विश्वेश्वर भगवान भोले शंकर के अधीन है और उनकी पहचान है-अनासक्त एकात्म ज्ञान, एकात्म कर्म एवं एकात्म ध्यान के संगम की व्यक्त अवस्था अर्थात् ऐसा सर्वोच्च और अन्तिम ज्ञान तथा कर्म जो सम्पूर्ण ब्रह्माण्ड (तीनों लोकों) के काल्याणार्थ अन्तिम रास्ता हो, समस्त विश्व एक मात्र कर्म के लिए बद्ध हो और ज्ञान से मुक्त हो। दर्शन के मुख्य तीन स्तर-अद्वैत, विशिष्टाद्वैत तथा द्वैत की स्थिति अदृश्य काल में अदृश्य तथा दृश्य काल में दृश्य की स्थिति होती है। वर्तमान समय चक्र की स्थिति दृश्य काल के दृश्य विशिष्टाद्वैत की स्थिति की ओर है। ऐसी स्थिति में सम्पूर्ण दृश्य जगत को ही सत्य मानकर व्यक्ति कार्य करते हैं। यही भौतिकवाद की स्थिति भी है। ध्यान का विषय है-शिव से काशीवासी और काशी है या काशीवासी और काशी से शिव हैं। यह भी ध्यान रहे कि व्यासजी द्वारा काशी को शाप देने के कारण विश्वेश्वर ने व्यासजी को काशी से निष्कासित कर दिया था। तब व्यासजी लोलार्क मन्दिर के आग्नेय कोण में गंगाजी के पूर्वी तट पर स्थित हुए। इस घटना का उल्लेख काशी खण्ड में इस प्रकार है-

लोलार्कादं अग्निदिग्भागे, स्वर्धुनी पूर्वरोधसि।
स्थितो ह्यद्यापि पश्चेत्सः काशीप्रासाद राजिकाम्।।

- स्कन्दपुराण, काशी खण्ड 96/201

और गंगा पार क्षेत्र से ही जीवन शास्त्र "विश्वशास्त्र" व्यक्त हुआ है। ध्यान का विषय है-शिव से काशीवासी और काशी है या काशीवासी और काशी से शिव हैं"

मोक्षदायिनी काशी और जीवनदायिनी सत्यकाशी अर्थ व प्रतीक चिन्ह

मोक्षदायिनी काशी: प्रतीक चिन्ह व अर्थ

काशी का प्रतीक विश्वेश्वर शिवलिंग है जो शिव (सार्वभौम आत्मा) और उसके प्रतीक रूप शिवलिंग है। इसे आदियोगी के नाम पर योगेश्वरनाथ ज्योतिर्लिंग भी कह सकते हैं।

जीवनदायिनी सत्यकाशी: प्रतीक चिन्ह व अर्थ

समस्त विश्व को अणु रूप में धारण करने वाले देवता को विष्णु कहते हैं और समस्त विश्व को तन्त्र रूप में धारण करने वाले देवता को शिव कहते हैं। विष्णु, सार्वभौम आत्मा सत्य के प्रतीक हैं तो शिव, सार्वभौम आत्मा सिद्धान्त के प्रतीक हैं। आत्मा, व्यक्तिगत प्रमाणित अदृश्य है तो सिद्धान्त सार्वजनिक प्रमाणित दृश्य है अर्थात् विष्णु के ही दृश्य रूप शिव हैं। सत्यकाशी के प्रतीक में विष्णु का प्रतीक शंख और सु-दर्शन चक्र समर्पित है अर्थात् विष्णु के शिव में समाहित होने का प्रतीक है। साथ ही विष्णु के नारायणास्त्र-सुदर्शन चक्र और उद्घोषक-शंख का समर्पण अहिंसा को भी व्यक्त करता है। इसे भोगेश्वरनाथ ज्योतिर्लिंग कहते हैं।

"क्या आर्थिक विकास ही विकास है? आज विकास का जो स्वरूप दिख रहा है, इसका वीभत्स परिणाम भी ग्लोबल वार्मिंग, ग्लेशियर का पिघलना, मौसम मे बदलाव आदि के रूप में सामने दिख रहा है। हमें यह देखना होगा कि विकास की इस राह में हमने क्या खोया और क्या पाया। समाज शास्त्री विमर्श कर यह राह सुझायें जिससे विकास, विविधता व लोकतंन्त्र और मजबूत बनें। विकास वह है जो समाज के अन्तिम व्यक्ति को भी लाभान्वित करे। भारत में एकता का भाव, व्यक्ति का मान होना चाहिए क्योंकि इसमें ही देश का सम्मान निहित है। समाज के लोग आगे आयें और सरकारों पर दबाव बनायें। विविधता भारत की संस्कृति की थाती है। भारत की यह संस्कृति 5000 वर्ष से अधिक पुरानी व जीवन्त है। काशी ज्योति का शहर है क्योंकि यहाँ बाबा का ज्योतिर्लिंग है। यह ज्ञान व एकता की ज्योति है। इसके प्रकाश से यह शहर ही नहीं, बल्कि पूरा देश आलोकित हो रहा है। यह शहर ज्ञान की असीम पूँजी लिए देश को अपनी ओर बुला रहा है।" ***(महात्मा गाँधी काशी विद्यापीठ, वाराणसी में भारतीय समाजशास्त्रीय सोसायटी के 40वें अधिवेशन के उद्घाटन में)***

- श्री प्रणव मुखर्जी, राष्ट्रपति, भारत

साभार - दैनिक जागरण, 30 नवम्बर, 2014

"देश विविधता से भरा है। इसमें आस्था ऐसा पहलू है जो एका बनाता है। भले ही बोली भाषा, पहनावा, संस्कृति में भिन्नता हो पर माँ गंगा के प्रति आस्था तो एक जैसी है। इसे विकास से जोड़ने का यह उपयुक्त वक्त है। काशी की इसी धरती पर आदि शंकराचार्य को अद्वैत ज्ञान मिला था। यहाँ के कण-कण में पाण्डित्य व्याप्त है जो हमें संस्कृति की ओर आकर्षित करता है। देश में भले ही विभिन्न राज्यों की अपनी संस्कृति और सम्प्रभुता है मगर काशी, देश के सभी राज्यों को अद्वैत भाव से एकता के साथ लेकर आगे बढ़ती है। देश को एकता के साथ विकास का भाव जगाने के लिए काशी की ओर देखना चाहिए।" (महात्मा गाँधी काशी विद्यापीठ, वाराणसी में भारतीय समाजशास्त्रीय सोसायटी के 40वें अधिवेशन के उद्घाटन में)

- श्री राम नाइक, राज्यपाल, उत्तर प्रदेश, भारत

साभार - दैनिक जागरण, 30 नवम्बर, 2014

"काशी के राष्ट्र गुरू बने बिना भारत जगत गुरू नहीं बन सकता। देश अतीत की तरह आध्यात्मिक ऊँचाई पर पहुँचेगा तो स्वतः आर्थिक वैभव प्राप्त हो जायेगा। इसी खासियत की वजह से इतिहास में कभी भारत सोने की चिड़िया थी।"

- श्री नरेन्द्र मोदी, प्रधानमंत्री, भारत

साभार - दैनिक जागरण, वाराणसी संस्करण, दि0 18.05.2014

"अच्छी शिक्षा, शिक्षकों से जुड़ी है। शिक्षक को हर परम्पराओं का ज्ञान होना चाहिए। हम विश्व को अच्छे शिक्षक दे सकते हैं। विगत छह महीने से पूरा विश्व हमारी ओर देख रहा है। ऋषि-मुनियों की शिक्षा पर हमें गर्व है। 21वीं सदी में विश्व को उपयोगी योगदान देने की माँग है। पूर्णत्व के लक्ष्य को प्राप्त करना विज्ञान हो या तकनीकी, इसके पीछे परिपूर्ण मानव मन की ही विश्व को आवश्यकता है। रोबोट तो पाँच विज्ञानी मिलकर भी पैदा कर देंगे। मनुष्य का पूर्णत्व, तकनीकी में समाहित नहीं हो सकता। पूर्णता मतलब जनहित। कला-साहित्य से ही होगा नवजागरण।" (बी.एच.यू, वाराणसी में)

- श्री नरेन्द्र मोदी, प्रधानमंत्री, भारत

साभार - काशी वार्ता, वाराणसी संस्करण, दि0 26 दिसम्बर, 2014

काशी

काशी, काश धातु से निष्पन्न है। काश का अर्थ है–ज्योतित होना या ज्योतित करना अर्थात् जहाँ से ब्रह्म प्रकाशित हो। जिस स्थान या नगर से ज्ञान का प्रकाश चारों ओर फैलता है उसे काशी पुरी या काशी नगर कहते हैं। ब्रह्म प्रकाशित करने वाला प्रत्येक नगर ही काशी है।

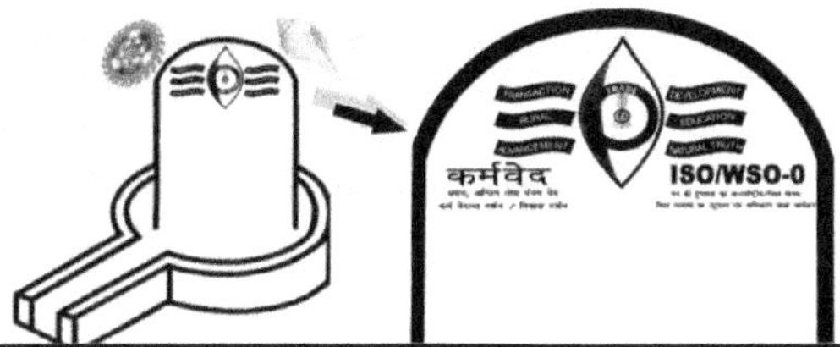

मोक्षदायिनी काशी
पंचम, प्रथम एवं सप्तम काशी

प्रतीक चिन्ह

योगेश्वर (ज्ञान का विश्वरूप)
विश्वेश्वर (योगेश्वरनाथ) : प्रथम ज्योतिर्लिंग
वाराणसी

अद्वैत वेदान्त/आत्म दर्शन

व्यक्तिगत प्रमाणित विश्वधर्म

www.kashikatha.com

जीवनदायिनी सत्यकाशी
पंचम, अन्तिम और सप्तम काशी

प्रतीक चिन्ह

भोगेश्वर (कर्मज्ञान का विश्वरूप)
भोगेश्वरनाथ : 13वाँ और अन्तिम ज्योतिर्लिंग
वाराणसी–सोनभद्र–शिवद्वार–विन्ध्याचल के बीच का क्षेत्र

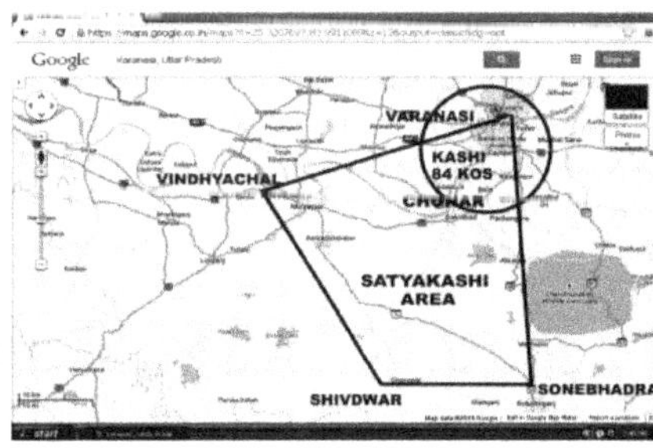

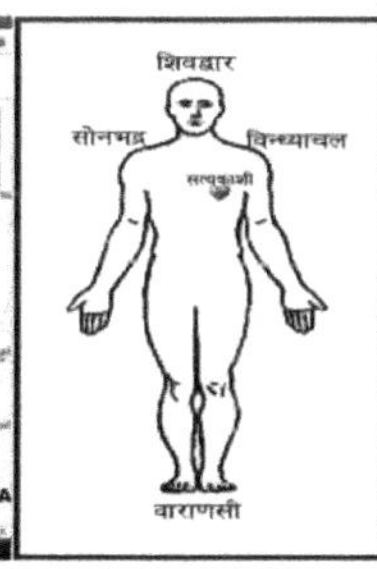

अद्वैत कर्म वेदान्त/विकास दर्शन

सार्वजनिक प्रमाणित विश्वधर्म

www.satyakashi.com

भाग-2
मोक्षदायिनी काशी (रज)
(www.kashikatha.com)

KASHI
FIFTH, FIRST & SEVENTH KASHI
काशी
पंचम, प्रथम एवं सप्तम काशी

मोक्षदायिनी काशी (वाराणसी)
पंचम, प्रथम एवं सप्तम काशी

वाराणसी का वास्तविक इतिहास शायद इतिहास के पन्नों से भी पुराना है। कहा जाता है कि वाराणसी विश्व के प्राचीन नगरों में से एक है। पुराणों के अनुसार मनु से 11वीं पीढ़ी के राजा काश के नाम पर काशी बसी। काशी, वाराणसी, अविमुक्त, आनंद–कानन और श्मशान या महाश्मशान। पुराणों और अन्य ग्रन्थों में इन नामों का उल्लेख है। महाभारत (वनपर्व) में ही पहली बार वाराणसी का एक तीर्थ के रूप में उल्लेख हुआ।

www.kashikatha.com

काशी विश्वनाथ मन्दिर

रामनगर किला

वाराणसी के गंगा घाट

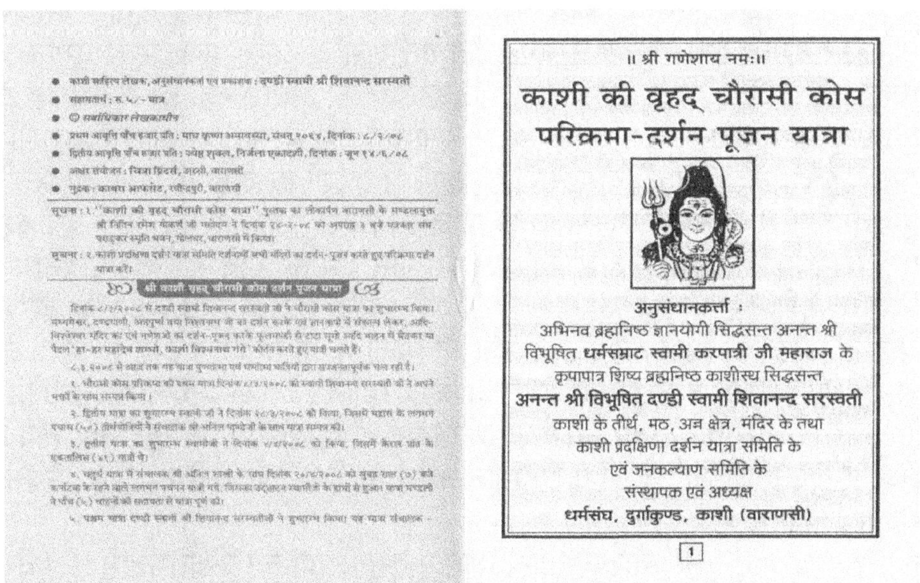

- काशी साहित्य लेखक, अनुसंधानकर्ता एवं प्रकाशक : दण्डी स्वामी श्री शिवानन्द सरस्वती

॥ श्री गणेशाय नमः॥

काशी की वृहद् चौरासी कोस परिक्रमा-दर्शन पूजन यात्रा

अनुसंधानकर्त्ता :

अभिनव ब्रह्मनिष्ठ ज्ञानयोगी सिद्धसन्त अनन्त श्री विभूषित धर्मसम्राट स्वामी करपात्री जी महाराज के कृपापात्र शिष्य ब्रह्मनिष्ठ काशीस्थ सिद्धसन्त

अनन्त श्री विभूषित दण्डी स्वामी शिवानन्द सरस्वती

काशी के तीर्थ, मठ, अन्न क्षेत्र, मंदिर के तथा काशी प्रदक्षिणा दर्शन यात्रा समिति के एवं जनकल्याण समिति के संस्थापक एवं अध्यक्ष

धर्मसंघ, दुर्गाकुण्ड, काशी (वाराणसी)

1

विश्वेश्वर (योगेश्वरनाथ) पहला ज्योतिर्लिंग क्यों?

01. शिव को आदियोगी के रूप में जाना जाता है। आदि का अर्थ प्रारम्भ अर्थात् प्रथम होता है।
02. मोक्षदायिनी काशी (वाराणसी) में यह प्राचीन काल से विराजमान है।
03. सार्वभौम आत्मा का ज्ञान सृष्टि के प्रारम्भ का ज्ञान है। प्रारम्भ अर्थात् प्रथम।
04. मोक्षदायिनी काशी (वाराणसी) में सार्वभौम आत्मा पर केन्द्रित सत्व मन से युक्त निवृत्ति मार्गी साधु-सन्त इत्यादि की प्राचीन परम्परा रही है और उस पर उन्होंने बहुत काम किया है। ये कर्म योगेश्वर की अवस्था का कर्म है।

मोक्षदायिनी काशीः पंचम, प्रथम एवं सप्तम काशी

काशी, काश धातु से निष्पन्न है। काश का अर्थ है-ज्योतित होना या ज्योतित करना अर्थात् जहाँ से ब्रह्म प्रकाशित हो। जिस स्थान या नगर से ज्ञान का प्रकाश चारों ओर फैलता है उसे काशी पुरी या काशी नगर कहते हैं। इस प्रकार ब्रह्म प्रकाशित करने वाला प्रत्येक नगर ही काशी है जिसमें से एक वाराणसी नगर है जिसका स्वरूप मोक्षदायिनी का है।

मोक्षदायिनी काशीः वाराणसी

www.kashikatha.com

प्राचीन वाराणसी

वाराणसी का वास्तविक इतिहास शायद इतिहास के पन्नों से भी पुराना है। कहा जाता है कि वाराणसी विश्व के प्राचीन नगरों में से एक है। पुराणों के अनुसार मनु से 11वीं पीढ़ी के राजा काश के नाम पर काशी बसी। वहीं, वाराणसी नाम पड़ने के बारे में अथर्ववेद में वाराणसी को वरणावती नदी से सम्बन्धित कहा गया है। वरणा से ही वाराणसी शब्द बना है। कुछ वरुणा व अस्सी नदी के बीच बसने की वजह से दोनों नदियों के नाम पर इसे वाराणसी शब्द समझते हैं। काशी के पांच नाम प्रचलित रहे हैं। काशी, वाराणसी, अविमुक्त, आनंद-कानन और श्मशान या महाश्मशान। पुराणों और अन्य ग्रन्थों में इन नामों का उल्लेख है।

प्रागैतिहासिक काल के वाराणसी के आस-पास कुछ जगहों पर प्रस्तर युग में प्रयोग किये जाने वाले औजार मिले हैं। जिससे पता चलता है कि वाराणसी व आस-पास प्रस्तर युगीन लोग भी रहते थे। आर्यों के आने के पहले वाराणसी व इसके आस-पास आदिवासियों का निवास रहा है। महाभारत (वनपर्व) में ही पहली बार वाराणसी का एक तीर्थ के रूप में उल्लेख हुआ। ईसा की तीसरी सदी से आगे वाराणसी का धार्मिक महत्व तेजी से बढ़ता गया। काशी को शिवपुरी कहा गया। पुराणों में काशी के कई राजाओं का उल्लेख है। धन्वंतरि के पौत्र दिवोदास हुए। दिवोदास के बाद वाराणसी का कई बार विध्वंस हुआ और इसे कई बार बसाया गया। अलर्क ने वाराणसी को पुनः बसाया। अलर्क दिवोदास का पौत्र था। जैन धर्म के 23वें तीर्थकर पार्श्वनाथ का जन्म यहीं हुआ था। खुदाई में मिले पुरावशेषों से पता चलता है कि ईसा पूर्व आठवीं सदी में ऊंचे स्थान पर वसाहट की शुरूआत हुई थी। राजघाट में उसी काल का मिट्टी का एक तटबंध भी मिला है जो गंगा की बाढ़ से बस्ती को बचाने के लिए बनाया गया था। काशी धार्मिक सांस्कृतिक और कला का केन्द्र रही है। धर्म के मामले में काशी हिन्दुओं की राजधानी रही है।

इस प्राचीनतम् नगरी के प्रति हिन्दुओं में आस्था कूट-कूट कर भरी है। संस्कृत के एक श्लोक में कहा गया है कि काशी सारे दुःखों को समाप्त करने वाली मोक्षदायिनी नगरी है। नैषधचरित के रचनाकार श्री हर्ष ने इस प्रकार लिखा है-

वाराणसी निविशते न वसुन्धरायां तत्र स्थितिर्मखभुआं भवने निवासः।

तत्तीर्यमुक्तवपुषामत एव मुक्तिः स्वर्गात् परं पदमुपदेतु मुदेतुकीदृक।।

अर्थात्, काशी समग्र भारत प्रतिरूप के रूप में मौजूद है। यह समस्त दुःखों को समाप्त करने वाली मोक्षनगरी है। यह इस भूमण्डल से बाहर है। यह पृथ्वी पर नहीं है। काशी अलग-अलग कालों में समय के साथ और विकसित होती गयी।

काशी संसार की सबसे पुरानी नगरी है। विश्व के सर्वाधिक प्राचीन ग्रन्थ ऋग्वेद में काशी का उल्लेख मिलता है। पुराणों के अनुसार यह आद्य वैष्णव स्थान है। पहले यह भगवान विष्णु (माधव) की पुरी थी। जहाँ श्रीहरि के आनंदाश्रु गिरे थे, वहाँ बिन्दुसरोवर बन गया और प्रभु यहाँ बिंदुमाधव के नाम से प्रतिष्ठित हुए। ऐसी एक कथा है कि जब भगवान शंकर ने क्रुद्ध होकर ब्रह्मा जी का पाँचवा सिर काट दिया, तो वह उनके करतल से चिपक गया। बारह वर्षों तक अनेक तीर्थो में भ्रमण करने पर भी वह सिर उनसे अलग नहीं हुआ। किन्तु जैसे ही उन्होंने काशी की सीमा में प्रवेश किया, ब्रह्महत्या ने उनका पीछा छोड़ दिया और वह कपाल भी अलग हो गया। जहाँ यह घटना घटी वह स्थान कपालमोचन तीर्थ कहलाया। महादेव को काशी इतनी अच्छी लगी कि उन्होंने इस पावन पुरी को विष्णु जी से अपने नित्य आवास के लिए माँग लिया। तब से काशी उनका निवास स्थान बन गई।

पौराणिक कथाओं के अनुसार, काशी नगर की स्थापना हिन्दू भगवान शिव ने लगभग 5000 वर्ष पूर्व की थी। जिस कारण यह आज एक महत्वपूर्ण तीर्थ स्थल है। ये हिन्दूओं की पवित्र सप्तपुरियों में से एक है। स्कन्दपुराण, रामायण, महाभारत एवं प्राचीनतम वेद ऋग्वेद सहित कई हिन्दू ग्रन्थों में इस नगर का उल्लेख आता है। सामान्यतः वाराणसी शहर को लगभग 3000 वर्ष प्राचीन माना जाता है। परन्तु हिन्दू परम्पराओं के अनुसार काशी को इससे भी अत्यन्त प्राचीन माना जाता है। गौतम बुद्ध (जन्म 567 ईसापूर्व) के काल में, वाराणसी काशी राज्य की राजधानी हुआ करता था। प्रसिद्ध चीनी यात्री ह्वेनत्सांग ने नगर को धार्मिक, शैक्षणिक एवं कलात्मक गतिविधियों का केन्द्र बताया है और इसका विस्तार गंगा नदी के किनारे 5 कि. मी. तक लिखा है।

पुरू कुल के राजा दिवोदास द्वारा दूसरी वाराणसी की स्थापना का उल्लेख महाभारत और अन्य ग्रन्थों में आता है। इस नगरी के बैरांट में होने की संभावना भी है। इस बारे में पंडित कुबेरनाथ शुक्ल के अनुसार बैरांट, बाण गंगा के दक्षिण (दाएं) किनारे पर है। वाम (बाएं) पर नहीं। इस प्रकार गोमती और बैरांट के बीच गंगा की धारा बाधक हो जाती है। गंगा के रास्ते बदलने, बाण गंगा में गंगा के बहने और गंगा-गोमती संगम सैदपुर (गाजीपुर) के पास होने के बारे में शुक्ल जी ने महाभारत के हवाले से बताया कि गंगा-गोमती संगम पर मार्कण्डेय तीर्थ था, जो वर्तमान में कैथी के समीप स्थित है। अतः यह कह सकते हैं कि गंगा-गोमती संगम सैदपुर के पास था तो यह महाभारत पूर्व हो सकता है, न कि तृतीय शताब्दी ईसवी के बाद का।

गार्कण्डेयस्य राजेन्द्रतीर्थमासाद्य दुर्लभ।
गोमतीगङ्गयोश्चैव सङ्गमें लोकविश्रुते।।

महाभारत

एक अन्य कथा के अनुसार पुरु कुल के महाराज सुदेव के पुत्र राजा दिवोदास ने गंगातट पर वाराणसी नगर बसाया था। एक बार भगवान शंकर ने देखा कि पार्वती जी को अपने मायके (हिमालय क्षेत्र) में रहने में संकोच होता है तो उन्होंने किसी दूसरे सिद्ध क्षेत्र में रहने का विचार बनाया। उन्हें काशी अति प्रिय लगी। वे यहाँ आ गए। भगवान शिव के सान्निध्य में रहने की इच्छा से देवता भी काशी में आकर रहने लगे। राजा दिवोदास अपनी राजधानी काशी का अधिपत्य खो जाने से बड़े दुःखी हुए। उन्होंने कठोर तपस्या करके ब्रह्माजी से वरदान माँगा-देवता देवलोक में रहें, भूलोक (पृथ्वी) मनुष्यों के लिए रहे। सृष्टिकर्ता ने एवमस्तु कह दिया। इसके फलस्वरूप भगवान शंकर और देवगणों को काशी छोड़ने पर विवश होना पड़ा। शिवजी मन्दराचल पर्वत पर चले गये परन्तु काशी से उनका मोह भंग नहीं हुआ। महादेव को उनकी प्रिय काशी में पुनः बसाने के उद्देश्य से चौसठ योगनियों, सूर्यदेव, ब्रह्माजी और नारायण ने बड़ा प्रयास किया। गणेशजी के सहयोग से अन्ततोगत्वा यह अभियान सफल हुआ। ज्ञानोपदेश पाकर राजा दिवोदास विरक्त हो गये। उन्होंने स्वयं एक शिवलिंग की स्थापना करके उसकी अर्चना की और बाद में वे दिव्य रथ पर सवार होकर शिवलोक चले गये।

गंगा तट पर बसी काशी बड़ी पुरानी नगरी है। इतने प्राचीन नगर संसार में बहुत नहीं हैं। हजारों वर्ष पूर्व कुछ नाटे कद के साँवले लोगों ने इस नगर की नींव डाली थी। तभी यहाँ कपड़े और चाँदी का व्यापार शुरू हुआ। कुछ समय उपरान्त पश्चिम से आये ऊँचे कद के गोरे लोगों ने उनकी नगरी छीन ली। ये बड़े लड़ाकू थे। उनके घरद्वार न थे, न ही अचल सम्पत्ति थी। वे अपने को आर्य यानि श्रेष्ठ व महान कहते थे। आर्यों की अपनी जातियाँ थीं। अपने कुल घराने थे। उनका अपना एक राजघराना तब काशी में भी आ जमा। काशी के पास अयोध्या में भी तभी उनका राजकुल बसा। उसे राजा इक्ष्वाकु कुल कहते थे अर्थात् सूर्यवंश। काशी में चन्द्रवंश की स्थापना हुई। सैकड़ों वर्ष काशी नगर पर भरत राजकुल के चन्द्रवंशी राजा राज करते रहे। काशी तब आर्यों के पूर्वी नगरों में से थी, पूर्व में उनके राज की सीमा से परे पूर्व के देश को अपवित्र माना जाता था।

महाभारत काल में काशी भारत के समृद्ध जनपदों में से एक था। महाभारत में वर्णित एक कथा के अनुसार एक स्वयंवर में पाण्डवों और कौरवों के पितामह भीष्म ने काशी नरेश की तीन पुत्रियों अंबा, अंबिका और अंबालिका का अपहरण किया था। इस अपहरण के परिणामरूवरूप काशी और हस्तिनापुर की शत्रुता हो गई। कर्ण ने भी दुर्योधन के लिए काशी के राजकुमारी का बलपूर्वक अपहरण किया था, जिस कारण काशी नरेश महाभारत के युद्ध में पाण्डवों की तरफ से लड़े थे। कालांतर में गंगा की बाढ़ ने हस्तिनापुर को डुबो दिया, तब पाण्डवों के वंशज वर्तमान इलाहाबाद जिले में यमुना किनारे कौशाम्बी में नई राजधानी बनाकर बस गये। उनका राज्य वत्स कहलाया और काशी पर वत्स का अधिकार हो गया।

इसके बाद ब्रह्मदत्त नाम के राजकुल का काशी पर अधिकार हुआ। उस कुल में बड़े पंडित शासक हुए और ज्ञान व पंडिताई ब्राह्मणों से क्षत्रियों के पास पहुँच गई थी। इनके समकालीन पंजाब में कैकेय राजकुल में राजा अश्वपति था। तभी गंगा-यमुना के दोआब में राज करने वाले पांचालों में राजा प्रवहण जैबलि ने भी अपने ज्ञान का डंका बजाया था। इसी काल में जनकपुर, मिथिला में विदेहों के शासक जनक हुए, जिनके दरबार में याज्ञवलक्य जैसे ज्ञानी महर्षि और गार्गी जैसी पंडिता नारियाँ शास्त्रार्थ करती थीं। इनके समकालीन काशी राज्य का राजा अजातशत्रु हुआ। ये आत्मा और परमात्मा के ज्ञान में अनुपम था। ब्रह्म और जीवन के सम्बन्ध पर, जन्म और मृत्यु पर तब देश में विचार हो रहे थे। इन विचारों को उपनिषद् कहते हैं। इसी से यह काल भी उपनिषद् काल कहलाता है।

युग बदलने के साथ ही वैशाली और मिथिला के लिच्छवियों में साधु वर्धमान महावीर हुए, कपिलवस्तु के शाक्यों में गौतम बुद्ध हुए। उन्हीं दिनों काशी का राजा अश्वसेन हुआ। इनके यहाँ पाश्र्वनाथ हुए जो जैन धर्म के 23वें तीर्थंकर हुए। उन दिनों भारत में चार राज्य मगध, कोसल, वत्स, उज्जयिनी प्रबल थे जो एक-दूसरे को जीतने के लिए आपस में बराबर लड़ते रहते थे। कभी काशी वत्सों के हाथ में जाती, कभी मगध के और कभी कोसल के। पाश्र्वनाथ के बाद और बुद्ध से कुछ पहले, कोसल-श्रावस्ती के राजा कंस ने काशी को जीतकर अपने राज्य में मिला लिया। उसी कुल के राजा महाकोसल ने तब अपनी बेटी कोसल देवी का मगध के राजा बिम्बसार से विवाह कर दहेज के रूप में काशी की वार्षिक आमदनी एक लाख मुद्रा प्रतिवर्ष देना आरम्भ किया और इस प्रकार काशी मगध के नियंत्रण में आ गई। राज के लोभ से मगध के राजा बिम्बसार के बेटे अजातशत्रु ने पिता को मारकर गद्दी छीन ली। तब विधवा बहन कोसल देवी के दुःख से दुःखी उसके भाई कोसल के राजा प्रसेनजित ने काशी की आमदनी अजातशत्रु को देना बन्द कर दिया जिसका परिणाम मगध और कोसल में युद्ध हुआ। इसमें कभी काशी कोसल के, कभी मगध के हाथ लगी। अन्ततः अजातशत्रु की जीत हुई और काशी उसके बढ़ते हुए साम्राज्य में समा गई। बाद में मगध की राजधानी राजगृह से पाटलिपुत्र चली गई और फिर कभी काशी पर उसका आक्रमण नहीं हो पाया।

भारत की सबसे बड़ी नदी करीब 2,525 किलोमीटर की दूरी तय कर गोमुख से गंगासागर तक जाती है। इस पूरे रास्ते में गंगा उत्तर से दक्षिण की ओर बहती है। केवल चुनार से वाराणसी तक में ही गंगा नदी दक्षिण से उत्तर दिशा में बहती है। यहाँ लगभग 84 घाट हैं। ये घाट लगभग 6.5 किमी लंबे तट पर बने हुए हैं। इन 84 घाटों में पाँच घाट 1.अस्सी घाट, 2.दशाश्वमेध घाट, 3.आदिकेशव घाट, 4.पंचगंगा घाट तथा 5.मणिकर्णिका घाट बहुत ही पवित्र माने जाते है। इन्हें सामूहिक रूप से "पंचतीर्थ" कहा जाता है। अस्सी घाट सबसे दक्षिण में स्थित है जबकि

आदिकेशव घाट सबसे उत्तर में स्थित है। वाराणसी में 100 से अधिक घाट हैं। शहर के कई घाट मराठा साम्राज्य के अधीनस्थ काल में बनवाए गये थे। वर्तमान वाराणसी के संरक्षकों में मराठा, शिंदे (सिंधिया), होल्कर, भोंसले और पेशवा परिवार रहे हैं। अधिकतर घाट स्नान घाट हैं। कुछ घाट अन्त्येष्टि घाट हैं जैसे मणिकर्णिका घाट, हरिश्चन्द्र घाट। कई घाट किसी कथा आदि से जुड़े हुए हैं जबकि कुछ घाट निजी स्वामित्व के भी हैं। पूर्व काशी नरेश का शिवाला घाट और काली घाट निजी सम्पदा है।

वाराणसी या काशी को हिन्दू धर्म में पवित्रतम नगर बताया गया है। यहाँ प्रतिवर्ष 10 लाख से अधिक तीर्थ यात्री आते हैं। यहाँ का प्रमुख आकर्षण काशी विश्वनाथ मन्दिर है जिसमें भगवान शिव के 12 ज्योतिर्लिंगों में से एक शिवलिंग यहाँ स्थापित है। हिन्दू मान्यतानुसार गंगा नदी सबके पाप मार्जन करती है और काशी में मृत्यु सौभाग्य से मिलती है और यदि मिल जाये तो आत्मा पुनर्जन्म के चक्र से मुक्त होकर मोक्ष पाती है। 51 शक्तिपीठ में से एक विशालाक्षी मन्दिर यहाँ स्थित है जहाँ भगवती सती की कान की मणिकर्णिका गिरी थी। वह स्थान मणिकर्णिका घाट के निकट स्थित है। हिन्दू धर्म में शाक्त मत के लोग देवी गंगा को भी शक्ति का अवतार ही मानते है। जगद्गुरू आदि शंकराचार्य ने हिन्दू धर्म पर अपनी टीका यहीं आकर लिखी थी जिसके परिणामस्वरूप हिन्दू पुनर्जागरण हुआ। काशी में वैष्णव और शैव सम्प्रदाय के लोग सदा ही धार्मिक सौहार्द से रहते आये हैं। वाराणसी बौद्ध धर्म के पवित्रतम स्थलों में से एक है और गौतम बुद्ध से सम्बन्धित चार तीर्थ स्थलों में से एक सारनाथ है। शेष तीन कुशीनगर, बोध गया और लुम्बिनी है। वाराणसी के मुख्य शहर से हटकर ही सारनाथ है। वाराणसी हिन्दुओं एवं बौद्धों के अलावा जैन धर्म के अवलंबियों के लिए भी पवित्र तीर्थ है। इसे 23वें तीर्थंकर श्री पाश्र्वनाथ का जन्मस्थान माना जाता है। वाराणसी पर इस्लाम संस्कृति ने भी अपना प्रभाव डाला है। काशी में प्राचीन काल से समय-समय पर अनेक महान विभूतियों को प्रदुर्भाव या वास होता रहा है। इनमें कुछ इस प्रकार हैं-महर्षि अगस्त्य, धन्वंतरि, गौतम बुद्ध, संत कबीर, अघोराचार्य बाबा किनाराम, रानी लक्ष्मीबाई, पाणिनी, पाश्र्वनाथ, पतंजलि, संत रैदास, स्वामी रामानन्दाचार्य, शंकराचार्य, गोस्वामी तुलसीदास, महर्षि वेदव्यास, वल्लभाचार्य। वाराणसी की संस्कृति का गंगा नदी एवं इसके धार्मिक महत्व से अटूट रिश्ता है। ये शहर सहस्रों वर्षों से भारत का, विशेषकर उत्तर भारत का सांस्कृतिक एवं धार्मिक केन्द्र रहा है। हिन्दुस्तानी शास्त्रीय संगीत का बनारस घराना वाराणसी में ही जन्मा एवं विकसित हुआ। भारत के कई दार्शनिक, कवि, लेखक, संगीतज्ञ वाराणसी में रहे हैं जिनमें तैलंग स्वामी, जयशंकर प्रसाद, आचार्य रामचन्द्र शुक्ल, गिरिजा देवी, पं० हरि प्रसाद चौरसिया, भारत रत्न उस्ताद बिस्मिल्लाह खां, मदन मोहन मालवीय (बनारस हिन्दू विश्वविद्यालय के संस्थापक), लाल बहादुर शास्त्री (भारत के पूर्व एवं द्वितीय प्रधान मंत्री), कृष्ण महाराज (तबला वादक, पद्म विभूषण), रवि शंकर (सितारवादक, भारत रत्न), सिद्धेश्वरी देवी (खयालगायिका), विकास महाराज (सरोद के महारथी), नैना देवी (खयाल गायिका), भगवान दास (भारत रत्न), समता प्रसाद (गुदई महाराज) तबला वादक पद्मश्री, मुंशी प्रेमचंद (महान लेखक) प्रमुख है। यहाँ के निवासी काशिका भोजपुरी बोलते हैं जो हिन्दी की ही एक बोली है। वाराणसी को प्रायः मन्दिरों का शहर, भारत की धार्मिक राजधानी, भगवान शिव की नगरी, दीपों का शहर, ज्ञान नगरी आदि विशेषणों से सम्बोधित किया जाता है। प्रसिद्ध अमरीकी लेखक मार्क ट्वेन लिखते है-"बनारस इतिहास से भी पुरातन है, परम्पराओं से पुराना है, किवदंतियों (लीजेन्ड्स) से भी प्राचीन है और जब इन सबको एकत्र कर दें, तो उस संग्रह से भी दोगुना प्राचीन है"

अस्सी और वरूणा के बीच में वाराणसी के बसने की कल्पना उस समय से उदय हुई जब नगर की धार्मिक महिमा बढ़ी और उसके साथ-साथ नगर के दक्षिण में आबादी बढ़ने से दक्षिण का भाग भी उसकी सीमा में आ गया। वैसे वरणा शब्द एक वृक्ष का भी नाम होता है। प्राचीनकाल में वृक्षों के नाम पर भी नगरों के नाम पड़ते थे। जैसे कोशंब से कौशांबी, रोहीत से रोहीतक इत्यादि। अतः यह सम्भव है कि वाराणसी और वरणावती दोनों ही नाम इस वृक्ष विशेष को लेकर ही पड़ा हो। वाराणसी नाम के उपरोक्त कारण से यह अनुमान कदापि नहीं लगाना चाहिए कि काशी राज्य के इस राजधानी शहर का केवल एक ही नाम था। अकेले बौद्ध साहित्य में ही इसके अनेक नाम मिलते हैं। उदय जातक में सुरूंधन (अर्थात् सुरक्षित), सुतसोम जातक में सुदर्शन (अर्थात् दर्शनीय), सोमदण्ड जातक में ब्रह्मवर्द्धन, खंडहाल जातक में पुष्पवती, युवंजय जातक में रम्म नगर (अर्थात् सुन्दर नगर), शंख जातक में

मोलिनो (अर्थात् मुकुलिनि) नाम आते हैं। इसे कासिनगर और कासिपुर के नाम से भी जाना जाता था। सम्राट अशोक के समय में इसकी राजधानी का नाम पोतलि था। यह निश्चय पूर्वक नहीं कहा जा सकता है कि ये सभी नाम एक ही शहर के थे या काशी राज्य की अलग-अलग समय पर रहीं एक से अधिक राजधानियों के नाम थे।

काशी का इतना माहात्म्य है कि सबसे बड़े पुराण स्कन्द महापुराण में काशी खण्ड के नाम से एक विस्तृत पृथक विभाग ही है। इस पुरी के बारह प्रसिद्ध नाम-काशी, वाराणसी, अविमुक्त, आनन्दकानन, महाश्मशान, रूद्रावास, काशिका, तपःस्थली, मुक्तिभूमि, शिवपुरी, त्रिपुरारिराजनगरी और विश्वनाथनगरी हैं। काशी खण्ड (26. 34) और ब्रह्म पुराण के (207) के अनुसार वाराणसी शताब्दियों तक पाँच नामों से जानी जाती रही-काशी, वाराणसी, अविमुक्त, आनन्दकानन, महाश्मशान।

01. इसका नाम काशी इसलिए है कि यह मनुष्य के निर्वाण पथ को प्रकाशित करती है अथवा भगवान शिव की परमसत्ता यहाँ प्रकाशित करती है। (स्कन्द, काशी खण्ड, 26. 67)
02. वरणा और असी नदियों के बीच स्थित होने से इसका नाम वाराणसी पड़ा। (ब्रह्म, 33. 49 और कूर्म, 1. 31. 63) जाबालोपनिषद् में कुछ विपरीत मत मिलते हैं, वहाँ अविमुक्त, वरणा और नासी का अलौकिक प्रयोग है। अविमुक्त को वरणा और नाशी के मध्य स्थित बताया गया है। वरणा त्रुटियों का नाश करने वाला और नाशी को पापों का नाश करने वाला बताया गया है। इस प्रकार काशी पाप से मुक्त करने वाली नगरी है।
03. अवि का अर्थ पाप है और काशी नगरी पापों से मुक्त है इसलिए इसका नाम अविमुक्त है। (लिंगपुराण, पूर्वाध, 92. 143)
04. भगवान शंकर को काशी (वाराणसी) अत्यन्त प्रिय है इसलिए उन्होंने इसे आनन्दकानन नाम से अभिहित किया। (स्कन्द, काशी खण्ड, 32. 111 और लिंगपुराण, 1. 91. 76)। पिनाकपाणि शम्भु ने इसे सर्वप्रथम आनन्दकानन और तदन्तर अविमुक्ति कहा। (स्कन्द, काशी खण्ड, 26. 34)
05. महाश्मशान नाम इसलिए है कि वह निधनोपरान्त मनुष्य को संसार के बन्धनों से मुक्त करने वाली है। वस्तुतः श्मशान, प्रेतभूमि शब्द अशुद्धि का द्योतक है किन्तु काशी की श्मशान भूमि को संसार में सर्वाधिक पवित्र माना गया है। दूसरी बात यह है कि श्म का तात्पर्य है-शव और शान का तात्पर्य है-लेटना। (स्कन्द, काशी खण्ड, 30. 103. 4)। प्रलय होने पर महान आत्मा यहाँ शव या प्रेत रूप में निवास करते हैं इसलिए इसका नाम महाश्मशान है।

पद्म पुराण (133. 14) के अनुसार भगवान शंकर स्वयं कहते हैं कि अविमुक्त प्रसिद्ध प्रेतभूमि है। संहारक के रूप में यहाँ रहकर मैं संसार का विनाश करता हूँ। यद्यपि सामान्य रूप में काशी, वाराणसी और अविमुक्त तीनों का प्रयोग समान अर्थ में किया गया है किन्तु पुराणों में कुछ सीमा तक इनके स्थानीय क्षेत्र विस्तार में अन्तर का भी निर्देश है। वाराणसी उत्तर से दक्षिण तक वरणा और असी से घिरी हुई है। इसके पूर्व में गंगा तथा पश्चिम में विनायक तीर्थ है। इसका आकार धनुषाकार है जिसका गंगा अनुगमन करती है। मत्स्यपुराण (184. 50-52) के अनुसार इसका विस्तार क्षेत्र ढ़ाई योजन पूर्व से पश्चिम और अर्ध योजन उत्तर से दक्षिण है। इसका प्रथम वृत सम्पूर्ण काशी क्षेत्र का सूचक है। पद्मपुराण, पाताल खण्ड के अनुसार यह एक वृत्त से घिरी हुई है जिसकी त्रिज्यापंक्ति मध्यमेश्वर से आरम्भ होकर देहली विनायक तक जाती है। यह दूरी दो योजन तक है। मत्स्यपुराण (181. 61-62), अविमुक्त उस स्थान को कहते हैं जो 200 धनुष व्यासार्ध (800 हाथ या 1200 फुट) में विश्वेश्वर के मन्दिर के चतुर्दिक विस्तृत है। काशी खण्ड में अविमुक्त को पंचकोश तक विस्तृत बताया गया है, पर वहाँ वह शब्द काशी के लिए प्रयुक्त हुआ है। पवित्र काशी क्षेत्र सम्पूर्ण अत्र्तवृत पश्चिम में गोकर्णेश से लेकर पूर्व में गंगा की मध्य धारा तथा उत्तर में भारभूत से दक्षिण में ब्रह्मेष तक विस्तृत है।

संसार के इतिहास में जितनी अधिक प्राक्कालिकता, नैरन्तर्य और लोकप्रियता काशी को प्राप्त है उतनी किसी भी नगर की नहीं है। काशी लगभग 3000 वर्षों से भारत के हिन्दूओं का पवित्र तीर्थ स्थान रही है और उनकी भावनाओं का धार्मिक केन्द्र रही है। यह परम्परागत धार्मिक पवित्रता और शिक्षा का केन्द्र रही है। हिन्दू धर्म की विचित्र विषमता, संकीर्णता तथा नानात्व और अन्तर्विरोधों के बीच यह एक सूक्ष्म श्रृंखला है जो सबको समन्वित

करती है। केवल सनातन हिन्दुओं के लिए ही नहीं बौद्धों और जैनों के लिए भी यह स्थान बहुत महत्व का है। भगवान बुद्ध ने बोध गया में ज्ञान प्राप्त होने पर सर्वप्रथम यही पर पहला उपदेश किया था। जैनियों के तीन तीर्थंकरों का जन्म यहीं हुआ था। इसे बनारस या वाराणसी भी कहा जाता है। पिछले सैकड़ो वर्षों से इसके महात्म पर विपुल साहित्य की सर्जना हुई है। पुराणों में इसका बहुत विस्तृत वर्णन मिलता है। पुराख्यानों से पता चलता है कि काशी प्राचीन काल से ही एक राज्य रहा जिसकी राजधानी वाराणसी थी। पुराणों के अनुसार क्षत्रवृद्ध नामक राजा ने काशी राज्य की स्थापना की। उपनिषदों में यहाँ के राजा अजातशत्रु का उल्लेख है जो ब्रह्म विद्या और अग्नि विद्या के प्रकाण्ड विद्वान थे। महाभारत के अनुशासन पर्व (30. 10) के अनुसार अति प्राचीन काल में काशी में धन्वन्तरि के पौत्र दिवोदास ने आक्रमण कर भद्रश्रेण्ड्य के 100 पुत्रों को मार डाला था और वाराणसी पर अधिकार कर लिया था। इससे क्रुद्ध होकर भगवान शिव ने अपने गण निकुम्भ को भेजकर उसका विनाश करवा दिया। हजारों वर्ष तक काशी खण्डहर के रूप में पड़ी रही तदुपरान्त भगवान शिव स्वयं काशी में निवास करने लगे। तब से इसकी पवित्रता और बढ़ गयी। बौद्ध धर्म के ग्रन्थों से पता चलता है कि काशी बुद्ध के युग में राजगृह, श्रावस्ती तथा कौशाम्बी की तरह एक बड़ा नगर था। वह राज्य भी था। उस युग में यहाँ वैदिक धर्म का पवित्र तीर्थ स्थान और शिक्षा का केन्द्र भी था।

काशी का धार्मिक महत्व बहुत अधिक है। महाभारत वनपर्व (84. 79. 80) के अनुसार ब्रह्महत्या का अपराधी अविमुक्त में प्रवेश करके भगवान विश्वेश्वर की मूर्ति का दर्शन करने मात्र से ही पाप मुक्त हो जाता है। और यदि वहाँ पर मृत्यु को प्राप्त होता है तो उसे मोक्ष मिलता है। अविमुक्त में प्रवेश करते ही सभी प्रकार के प्राणियों को पूर्वजन्मों के हजारों पाप क्षण मात्र में नष्ट हो जाते हैं। धर्म में आशक्ति रखने वाले व्यक्ति की काशी में मृत्यु होने पर वह दुबारा संसार को नहीं देखता। संसार में योग के द्वारा मोक्ष (निर्वाण) की प्राप्ति नहीं हो सकती किन्तु अविमुक्त में योगी को मोक्ष सिद्ध हो जाता है (मत्स्य पुराण, 185. 15-16)। कुछ स्थलों पर वाराणसी तथा वहाँ की नदियों के सम्बन्ध में रहस्यात्मक संकेत भी मिलते है। उदाहरणार्थ काशी खण्ड में असी को "इड़ा", वरणा को "पिन्गला" और अविमुक्त को "सुषुम्ना" तथा इन तीनों के सम्मिलित रूप को काशी कहा जाता है। (स्कन्द, काशी खण्ड, 512)। परन्तु लिंगपुराण का इससे भिन्न मत है इसमें असी, वरणा तथा गंगा को क्रमशः पिम्गला, इड़ा और सुषुम्ना कहा गया है।

काशी क्षेत्र में एक एक पग में एक एक तीर्थ की महत्ता है (स्कन्द, काशी खण्ड, 59. 118) और काशी की तिलमात्र भूमि भी शिवलिंग से अछूती नहीं है ऐसा काशी खण्ड के दसवें अध्याय में ही 64 शिवलिंगों का वर्णन है। हिन्दू धर्म में कहते हैं कि प्रलयकाल में भी काशी का लोप नहीं होता। उस समय भगवान शंकर इसे अपने त्रिशूल पर धारण कर लेते हैं और सृष्टि काल आने पर इसे नीचे उतार देते हैं। यहीं नहीं, आदि सृष्टि स्थली भी यही भूमि बतलायी जाती है। इसी स्थान पर भगवान विष्णु ने सृष्टि उत्पन्न करने की कामना से तपस्या करके आशुतोष को प्रसन्न किया था और फिर उनके शयन करने पर उनके नाभि-कमल से ब्रह्मा उत्पन्न हुए, जिन्होंने संसार की रचना की। अगस्त्य मुनि ने भी विश्वेश्वर की बड़ी अराधना की थी और इन्हीं की अर्चना से श्रीवशिष्ठ जी तीनों लोकों में पूजित हुए तथा राजर्षि विश्वामित्र, ब्रह्मर्षि कहलाये।

पाँच कोस परिमाण के अविमुक्त (काशी) नामक क्षेत्र को विश्वेश्वर (विश्वनाथ) संज्ञक ज्योतिर्लिंग स्वरूप मानना चाहिए। रामकृष्ण मिशन के स्वामी शारदानन्द जी द्वारा लिखित श्री रामकृष्ण लीला प्रसंग नामक पुस्तक में श्री रामकृष्ण परमहंस देव का इस विषय में प्रत्यक्ष अनुभव वर्णित है। यह दृष्टान्त बाबा विश्वनाथ द्वारा काशी में मृतक को तारकमन्त्र प्रदान करने की सत्यता उजागर करता है। मुक्तिदायिनी काशी की यात्रा, यहाँ निवास और मरण तथा दाह संस्कार का सौभाग्य पूर्वजन्मों के पुण्यों के प्रताप तथा बाबा विश्वनाथ की कृपा से ही प्राप्त होता है। पाँच कोस की काशी चैतन्य स्वरूप है इसलिए यह प्रलय के समय भी नष्ट नहीं होती। प्राचीन ब्रह्मवैवर्त पुराण में इस सन्दर्भ में स्पष्ट उल्लेख है कि अमर ऋषिगण प्रलयकाल में श्री सनातन महाविष्णु से पूछते हैं-भगवन वह छत्र के आकार की ज्योति जल के ऊपर कैसे प्रकाशित है जो प्रलय के समय पृथ्वी के डूबने पर भी नहीं डूबती? महाविष्णु जी बोले-हे ऋषियों लिंग रूप धारी सदाशिव महादेव का हमने (सृष्टि के आरम्भ में) तीनों लोकों के कल्याण के लिए

जब स्मरण किया, तब वे शम्भु एक बित्ता परिमाण के लिंग रूप में हमारे हृदय से बाहर आये और फिर वे बढ़ते हुए अतिशय वृद्धि कें साथ पाँच कोस के हो गये।

काशी क्षेत्र की सीमा निर्धारित करने के लिए पुराकाल में पंचक्रोशी मार्ग का निर्माण किया गया। जिस वर्ष अधिमास (अधिकमास या मलमास या पुरूषोत्तममास) लगता है उस वर्ष इस माह में पंचक्रोसी यात्रा की जाती है। पंचक्रोशी यात्रा मणिकर्णिका घाट से प्रारम्भ होती है। गंगा के किनारे-किनारे चलकर यात्री अस्सी घाट आते हैं। यहाँ से वे नगर में प्रवेश करते हैं। लंका, नरिया, करौंदी, आदित्य नगर, चितईपुर होते हुए यात्री प्रथम पड़ाव कन्दवा पर पहुँचते हैं। यहाँ वे कर्दमेश्वर महादेव का दर्शन पूजन करके रात्रि विश्राम करते हैं। दूसरे दिन सुबह में यात्री कन्दवा से अगले पड़ाव भीमचण्डी के लिए चलते हैं। यहाँ यात्री दुर्गा मन्दिर में दुर्गाजी की पूजा करते हैं। तीसरा पड़ाव रामेश्वर है। यहाँ शिव मन्दिर में यात्री शिव पूजा करते हैं। चौथा पड़ाव पाँचों-पण्डवा है जो शिवपुर में पड़ता है। यहाँ पाँचों पाण्डव (युधिष्ठिर, अर्जुन, भीम, नकुल तथा सहदेव) की मूर्तियाँ हैं, स्नान के लिए द्रौपदी कुण्ड है। रात्रि विश्राम के उपरान्त यात्री पाँचवें दिन अन्तिम पड़ाव कपिलधारा के लिए प्रस्थान करते हैं। यहाँ कपिलेश्वर महादेव की पूजा करते हैं। कपिलधारा से यात्रीगण मणिकर्णिका घाट आते हैं। यहाँ वे साक्षी विनायक (गणेश जी) का दर्शन करते हैं। ऐसी मान्यता है कि गणेश जी भगवान शिव के समक्ष इस बात का साक्ष्य देते हैं कि अमुक यात्री ने पंचक्रोशी यात्रा कर काशी की परिक्रमा की है। इसके उपरान्त यात्री काशी विश्वनाथ एवं काल-भैरव का दर्शन कर यात्रा संकल्प पूर्ण करते हैं। काशी परिक्रमा में पाँच की प्रधानता है। यात्री प्रतिदिन पाँच कोस की यात्रा करते हैं। पड़ाव संख्या पाँच है। परिक्रमा पाँच दिनों तक चलती है।

काशी में विश्वनाथ के पूजनोपरान्त तीर्थ यात्री को पाँच अवान्तर तीर्थों-दशाश्वमेध, लोलार्क, केशव, बिन्दुमाधव तथा मणिकर्णिका का भी परिभ्रमण करना आवश्यक है (मत्स्य पुराण)। वाराणसी के पास गंगा की धारा सीधी उत्तर की ओर बहती है इसलिए यहाँ की पवित्रता का और अधिक महात्म्य है। दशाश्वमेध घाट तो शताब्दीयों से अपनी पवित्रता के लिए ख्यातिलब्ध है। काशी खण्ड (अध्याय 52,56,68) के अनुसार दशाश्वमेध का पूर्व नाम रूद्रसर है किन्तु ब्रह्मा ने यहाँ दस अश्वमेध यज्ञ किये जिससे इसका नाम दशाश्वमेध हो गया। मणिकर्णिका (मुक्ति क्षेत्र) काशी का सर्वाधिक पवित्र तथा वाराणसी के धार्मिक जीवन क्रम का केन्द्र है। इसके आरम्भ के सम्बन्ध में एक रोचक कथा है-विष्णु ने अपने चिन्तन से यहाँ एक पुष्कर्णी का निर्माण किया और लगभग 50 हजार वर्षों तक वे यहाँ घोर तपस्या करते रहे। इससे शंकर प्रसन्न हुए और उन्होंने विष्णु के सिर को स्पर्श किया जिससे उनका एक मणिजड़ित कर्णभूषण सेतू के जल में गिर पड़ा। तभी से इस स्थल को मणिकर्णिका कहा जाने लगा। काशी खण्ड के अनुसार निधन के समय सज्जन मनुष्यों के कान में भगवान शंकर तारक मन्त्र फूँकते है इसलिए यहाँ स्थित मन्दिर का नाम तारकेश्वर है।

यहाँ पंचगंगा घाट भी है। पुराणों के अनुसार यहाँ किरणा, धूतपापा, गंगा, यमुना और सरस्वती का पवित्र सम्मेलन हुआ है। यद्यपि इनमें दो अब अदृश्य है। काशी खण्ड (59, 118-133) के अनुसार जो व्यक्ति इस पंचानद संगम स्थल पर स्नान करता है वह इस पंचभौतिक शरीर से मुक्त होकर वापस इस संसार में नहीं आता है। यह पाँच नदियों का संगम विभिन्न युगों में विभिन्न नामों से अभिहित किया गाया था। सत्ययुग में धर्ममय, त्रेता में धूतपातक, द्वापर में बिन्दु तीर्थ तथा कलियुग में इसका नाम पंचनद पड़ा।

इसके अतिरिक्त काशी के कुछ अनु तीर्थ भी प्रमुख हैं। इनमें ज्ञानवापी, दुर्गाकुण्ड का दुर्गा मन्दिर, काशी के कोतवाल कुत्ता वाहन वाले भैरवनाथ मन्दिर का नाम उल्लेखनीय है।

स्कन्द पुराण के काशी खण्ड (85, 112-113) में यह उल्लेंख है कि काशी से उत्तर में धर्म क्षेत्र सारनाथ विष्णु का निवास स्थान है जहाँ उन्होंने बुद्ध का रूप धारण किया था। सारनाथ, काशी से 7 मील पूर्वोत्तर में स्थित बौद्धों का प्रचीन तीर्थ है। ज्ञान प्राप्ति के पश्चात भगवान बुद्ध ने अपना प्रथम उपदेश यहीं दिया था। यहीं से उन्होंने "धर्म चक्र प्रवर्तन" प्रारम्भ किया था। जहां भगवान बुद्ध ने अपना प्रथम प्रवचन दिया था। इसमें उन्होंने बौद्ध धर्म के मूलभूत सिद्धान्तों का वर्णन किया था। यहाँ चौखण्डी स्तूप भी स्थित है जहाँ बुद्ध अपने प्रथम शिष्यों से (लगभग 5वीं शताब्दी ईसापूर्व) मिले थे। वहाँ एक अष्टभुजी मीनार बनवायी गयी थी। अशोक-पूर्व स्तूपों में से कुछ ही शेष हैं,

जिनमें से एक धामेक स्तूप यहीं अब भी खड़ा है, हालांकि अब उसके मात्र आधारशिला के अवशेष ही शेष हैं। यहाँ पर सारंगनाथ महादेव का मन्दिर भी है जहाँ श्रावण मास में हिन्दुओं का मेला लगता है। सारनाथ, जैन तीर्थ भी है। जैन ग्रन्थों में इसे सिंहपुर कहा गया है। सारनाथ की दर्शनीय वस्तुए अशोक का चतुर्मुख सिंह स्तम्भ, भगवान बुद्ध का मन्दिर, धम्मेख स्तूप, चौखण्डी स्तूप, राजकीय संग्रहालय, जैन मन्दिर, चीनी मन्दिर, मूलगंध कुटी और नवीन विहार हैं। मुहम्मद गोरी ने इसे नष्ट-भ्रष्ट कर दिया था। सन् 1905 में पुरातत्व विभाग ने यहाँ खुदाई का काम प्रारम्भ किया उसी समय बौद्ध धर्म के अनुयायीयों और इतिहास के विद्वानों का ध्यान इधर गया। वर्तमान में सारनाथ लगातार विकास की ओर है।

बौद्धकाल में काशी

बौद्ध से पहले काशी एक स्वतंत्र समृद्ध राष्ट्र था। इस दौरान यहां के राजाओं का उपाधि नाम ब्रह्मदत्त था। जिसका उल्लेख जातक कथाओं मिलता है। महाभारत में भी इसकी चर्चा की गयी है। (शतं वै ब्रह्मदत्तानाम) पालि बौद्ध ग्रन्थों में काशी जिले की राजधानी वाराणसी की गणना भारत के प्रसिद्ध नगरों में की गयी है। वाराणसी अपने आकर्षक कपड़ों के लिए प्रसिद्ध थी। यहां के बुने कपड़ों को सबसे अच्छा माना जाता था। काशी चंदन के लिए भी जानी जाती थी। बुद्ध के समय में काशी व्यापारिक दृष्टि से काफी विकसित थी। यहां से तक्षशिला तक सीधा व्यापार होता था। काशी में घोड़े तथा हाथियों का बड़ा बाजार भी लगता था। बौद्ध धर्म के प्रचार के लिए वाराणसी का काफी महत्व था। यवन सेना ने आक्रमण के दौरान वाराणसी में पड़ाव डाला था।

ज्ञान प्राप्त होने के बाद बुद्ध ने यहीं पर पंचवर्गीय भिक्षुओं को अपना पहला उपदेश दिया था। पंचवर्गीय भिक्षुओं समेत बुद्ध के साठ साथियों का पहला संघ वाराणसी में ही बना था। सारनाथ में बौद्ध धर्म व संघ स्थापित किया गया। बौद्ध धर्म का प्रचार-प्रसार करने के लिए सारनाथ में बौद्ध केन्द्र स्तूप बौद्ध मंदिरों का भव्य निर्माण कराया गया।

मौर्यकाल में काशी

बौद्ध निर्वाण (483 ई0 पूर्व) से लगभग सवा दो सौ साल बाद सम्राट अशोक (272-232 ई0 पूर्व हुए) कलिंग युद्ध में हुए नर संहार के बाद हुए हृदय परिवर्तन से सम्राट अशोक का ध्यान बुद्ध के बताये रास्तों पर गया। बौद्ध धर्म से प्रेरणा लेकर अशोक ने सारनाथ में धर्मराजिका स्तूप, अशोक स्तंभ और धम्मेख स्तूप का निर्माण करवाया। अशोक का बनवाया गया धर्मराजिका स्तूप नष्ट हो गया है। काशीराज चेतसिंह के दीवान बाबू जगत सिंह ने धर्मराजिका स्तूप को गिराकर उसके मसाले का प्रयोग कर बनारस में जगतगंज मोहल्ला बसाया। धर्मराजिका स्तूप का छह बार विस्तार और संस्कार हुआ था। अशोक निर्मित मूल स्तूप का व्यास 13.49 मीटर था। स्तूप पूरी तरह से बारहवीं सदी में समाप्त हो गया। कन्नौज काशी के गाहड़वाल शासक गोविन्द चंद की रानी ने सारनाथ में धर्मचक्र जिन विहार बनवाया। इसी के नजदीक दो प्रस्तर मूर्तियां भी मिली हैं। एक मूर्ति लाल पत्थर से बनी है। जबकि दूसरी मूर्ति धर्म चक्र प्रवर्तन मुद्रा में भगवान बुद्ध की है। यह मूर्ति गुप्तकालीन बेहतरीन कलाकृति का सर्वश्रेष्ठ उदाहरण है। सारनाथ में भग्न अशोक स्तम्भ भी मिला है। स्तंभ पर तीन लेख भी हैं। धम्मेख स्तूप वहां बना है। जहां बुद्ध धर्म चक्र प्रवर्तन करते थे। स्तूप का व्यास 28.35 मीटर, ऊँचाई 39.01 मीटर है।

शुंग वंश में काशी

मौर्य काल के अंत के बाद शुंग वंश ने अपनी जड़ें स्थापित कर लिया। वाराणसी के राजघाट के काशी रेलवे स्टेशन को बढ़ाने के लिए खुदाई की गयी। खुदाई में पुरानी वस्तुएं मिट्टी की मुद्राएं मिली थी। जिसे भारत कला भवन और इलाहाबाद म्यूनिसिपल म्यूजियम में सुरक्षित रखा गया है। खुदाई में मिली प्राचीन मुद्राओं पर यूनानी देवी देवताओं की आकृतियां और राजाओं के सिर छपे हुए हैं। इन मुद्राओं से पता चलता है कि वाराणसी और पश्चिम के व्यापारिक सम्बंध रहे हैं।

कुषाण काल

ईसा की प्रथम सदी के उत्तरार्द्ध में वाराणसी पर कुषाण का आधिपत्य था। इस दौरान काशी व्यावसायिक दृष्टि से काफी समृद्ध हुआ। व्यापारिक क्रिया कलाप बढ़ गये थे। इस काल में बौद्ध धर्म का प्रभाव ज्यादा था। इसके साथ ही शैव धर्म का भी प्रभाव बढ़ रहा था। मान्यता है कि भार शिवों ने दस अश्वमेध यज्ञ करके गंगा में जिस स्थान पर स्नान किया वही स्थान बाद में दशाश्वमेध घाट कहलाया।

गुप्त काल में काशी

गुप्त काल के दौरान वाराणसी में बौद्ध और शैव धर्म का प्रचार-प्रसार तेजी से हो रहा था। इसी समय प्रसिद्ध चीनी यात्री फाह्यान वाराणसी (401-410ई0) में आया था (गंगा के किनारे होता हुआ वह वाराणसी पैदल ही आया था।) वाराणसी में वह ऋषिपतन मिगदाय (सारनाथ) भी गया। गायघाट के पास ईसा की पांचवी सदी कार्तिकेय की एक बहुत पुरानी मूर्ति मिली थी। जो इस समय बी0एच0यू0 स्थित भारत कला भवन में सुरक्षित है। गुप्त काल में सारनाथ अपने चर्मोत्कर्ष पर रहा। इस दौरान यह स्याल कला का प्रमुख केन्द्र हो गया।

गुप्त राजाओं का वाराणसी से काफी अच्छा सम्बन्ध था। गुप्त राजा श्री गुप्त ने सारनाथ में विहार के पास ही मंदिर बनवाया। साथ ही बौद्ध भिक्षुओं के गुजर-बसर के लिए 24 ग्राम दान में दिया था। वाराणसी के समीप भीतरी से गुप्त सम्राट स्कन्दगुप्त का विक्रमादित्य का सम्बन्ध बनारस से काफी गहरा था। आज का गाजीपुर उस समय वाराणसी में ही शामिल था। यहां के भीतरी स्थान को गुप्तों का पैतृक गांव समझा जाता हैं।

हर्षवर्धन काल में काशी

हर्षवर्धन काल में वाराणसी काफी आकर्षक जगह थी। यहां की जलवायु बेहद संतुलित होती थी। फसलें काफी बढ़िया उत्पन्न होती थीं। चारों तरफ हरियाली रहती थी। इसी काल में चीनी यात्री ह्यूनत्सांग वाराणसी आया था। उसने अपने यात्रा वृत्तांत में लिखा कि बनारस जिला 4000 ली0 (800 मील) के गिर्द में था। इसकी राजधानी गंगा तट के पश्चिमी तट पर स्थित थी। शहर में मुहल्ले सटे हुए थे। इस दौरान आबादी घनी थी। लोग धनवान हुआ करते थे। साथ ही शिष्ट और शिक्षा के प्रति जागरूक थे। ज्यादातर लोग कई मतों को मानने वाले थे। बौद्ध धर्मानुयायी काफी कम थे। वाराणसी में तीस बौद्ध विहार थे। शहर में सौ से ज्यादा देवमंदिर थे। मंदिरों के खंड व छज्जे नक्काशीदार पत्थर व लकड़ी के बने थे। मंदिर के चारो तरफ काफी संख्या में पेड़ लगे थे। साथ ही स्वच्छ पानी का स्रोत भी वहां रहता था। एक मंदिर में देव की कांसे की 100 फीट ऊंची मूर्ति थी। जो लोगों को काफी आकर्षित करती थी। इस काल में ज्यादातर मंदिर शैव थे। वहीं, सारनाथ आठ भागों में विभाजित था। उसके चारो तरफ प्राचीर निर्मित था। प्राचीर के भीतर दो सौ ऊँचा चैत्य था। साथ ही बौद्ध विहार के पश्चिम में स्तूप था। इसकी ऊँचाई 300 फीट थी। इसकी कुर्सी पर बहुमूल्य वस्तुएं सजायी गयी थी।

गहड़वाल काल में काशी

ग्यारहवीं सदी के अंतिम दशक में गहड़वाल वंश शुरू हुआ। इस वंश का संस्थापक चंद्रदेव था। गहड़वाल शासक गोविन्दचन्द्र ने उत्तर प्रदेश व बिहार में अपना राज्य स्थापित कर लिया था। इस दौरान उसकी राजधानी कन्नौज के साथ-साथ काशी भी थी। गोविन्द चन्द एक योग्य और पराक्रमी राजा था। बाद में उसका पुत्र विजय चंद्र गद्दी पर बैठा। तत्पश्चात् जयचंद काशी कन्नौज का राजा बना। 1194 में शहाबुद्दीन और कुतुबुद्दीन की सेना ने साझा हमला कर जयचंद को मार दिया। मुस्लिम सेना ने जमकर वाराणसी में लूट मचाई। गहड़वालों के शासन के दौरान काशी व्यापार की दृष्टि से काफी बड़ी बाजार थी। वाराणसी में बजाज, जौहरी और सुगन्धित द्रव्यों के व्यापार सम्पन्न थे। इस काल में दूसरे प्रदेशों के पण्डित वाराणसी में आकर स्थाई निवास करने लगे थे। साथ ही मोक्ष प्राप्ति की आशा में साधु सन्यासी भी यहां आना शुरू कर दिये। इस दौरान काशी विद्या का भी प्रमुख केन्द्र

बन गयी। काशी में वेद, पुराण स्मृतियों धर्म की शिक्षा दी जाती थी। इसी काल में वाराणसी में अनेक तीर्थों की स्थापना हुई। काशी देश की प्रमुख तीर्थ क्षेत्र बन गयी। प्राचीन काल में वाराणसी में प्रमुख रूप से अविमुक्तेश्वर की पूजा होती थी। जिनका नाम बाद में बदलकर विश्वेश्वर कर दिया गया।

मुगलकाल में बनारस

1526 में मुगल शासन का उदय हुआ। मुगल वंश की स्थापना बाबर ने की। बाबर ने 1528 व 1529 में अवध को जीता। इस युद्ध में वाराणसी पर उसकी नजर गयी। बाबर ने वाराणसी जीतकर 934 हिजरी में अपने सिपहसालार जलालुद्दीन खां शर्की को कुछ सेना के साथ यहां रख दिया। मुगल शासक हुमायूं ने चुनार का किला जीतने के बाद वाराणसी में कुछ समय के लिए डेरा डाला। हुंमायू ने भाग कर चौखण्डी में छिप कर शरण ली थी। जिससे उसकी जान बची अकबर (हुंमायू का बेटा) ने सन् 1588 में उसी स्मृति में चौखण्डी के ऊपरी भाग (शिखर) को बनवाया। उपरी भाग तक पहुँचने के लिए पैदल मार्ग है।माना जाता है कि इस घटना को यादगार बनाने के लिए राजा टोडरमल के पुत्र गोवरधन ने चौखंडी स्तूप पर 996 हिजरी में एक अठपहला गुम्बद का निर्माण करवाया। करीब 16 वर्षों तक वाराणसी पर शेरशाह व उसके पुत्र का अधिकार था। 1556 ई0 में मुगल शासक अकबर गद्दी पर बैठा। 1565 ई0 में अकबर बनारस आया। इस दौरान बनारस में अशांति फैली हुई थी। अकबर ने अपनी बुद्धिमत्ता का परिचय देते हुए यहां शांति स्थापित किया। लेकिन अकबर के जाने के बाद एक बार फिर स्थिति बदतर हो गयी। दोबारा अकबर फिर बनारस आया। इस बार उसने शहर को लूटने की आज्ञा दी। अकबर के शासन काल में राजा टोडरमल का बनारस से काफी सम्बन्ध रहा। विश्वनाथ का मंदिर उन्हीं के सहयोग से 1585 के आस-पास नारायण दत्त ने बनवाया था। उन्होंने ही 1589 में शिवपुर में द्रौपद्री कुंड की भी स्थापना की थी। महल हवेली बनारस में देहात अमानत, जाल्हूपुर और शिवपुर में। इस दौरान ब्राह्मणों की जमींदारी थी। जहांगीर के समय में काशी में 1623 ई0 के करीब जबर्दस्त प्लेग फैला था। उसी दौरान तुलसीदास की मृत्यु हुई थी। इसी काल में अंग्रेजी यात्री राल्फ फिच बनारस आया था। उसके अनुसार उस वक्त बनारस में कपड़े का व्यापार उन्नति पर था। शहर में ज्यादातर हिन्दू ही रहते थे जो मूर्ति पूजक थे। इस काल में हिन्दुओं को मरने के बाद या तो जला दिया जाता था या पानी में बहा दिया जाता था। विधवायें अपने पति के मरने के बाद सती हो जातीं या उनके सिर मूंड़ दिये जाते थे। विवाह के बाद गंगा में दूल्हा-दुल्हन का पूजन ब्राह्मण कराते थे। उस समय बनारस के बहुत सारे घाट कच्चे थे। अकबर व जहांगीर के काल में राजा मान सिंह ने भी बनारस में कई घाट और मंदिरों का निर्माण कराया था। माना जाता है कि मान सिंह ने एक दिन में 1000 मंदिर बनवाने की ठान ली। ऐसे में कई सारे पत्थरों पर मंदिरों के नक्शे खोद दिये गये। मानसिंह के बनवाये घाटों में से सबसे प्रसिद्ध मान मंदिर घाट है। इसी काल में गोस्वामी तुलसीदास का प्रादुर्भाव हुआ था। इस दौरान काशी का मध्य भाग जिसे अन्तर्गृही कहा जाता था, वैदिक धर्मावलम्बियों की यहां बस्ती थी। लोलार्क कुण्ड और त्रिलोचन घाट काशी के नेत्र समझे जाते थे। मणिकर्णिका तीर्थ काशी का सबसे प्रसिद्ध तीर्थ था। धार्मिक प्रवृत्ति के लोग पंचकोशी यात्रा भी करते थे। माना जाता है कि अयोध्या में 1574 ई0 में शुरू हुआ रामचरित मानस का लेखन कई वर्षों बाद काशी के भदैनी के पास समाप्त हुआ। इसी काल में बनारस में केदारघाट पर कुमारस्वामी के मठ की भी स्थापना हुई।

औरंगजेब काल में काशी

औरंगजेब कट्टर मुसलमान शासक था। गद्दी पर बैठते ही उसने हिन्दुओं की आस्था मंदिरों को निशाना बनाया जिसका असर काशी के मंदिरों पर भी पड़ा। इस दौरान कई मंदिरों को औरंगजेब की आज्ञा से तोड़ दिया गया। साथ ही काशी के निर्माणाधीन करीब 76 मंदिर गिरा दिये गये थे। सांस्कृतिक संस्थाओं को नष्ट कर दिया गया। औरंगजेब ने ही बनारस में विश्वनाथ मंदिर को गिरवा कर वहां ज्ञानवापी मस्जिद बनवा दिया। यह घटना 1669 के आस-पास की है। इस दौर में यहां काशी करवट कुंआ भी था। जिसमें दूर-दूर से यात्री आकर मुक्ति पाने की कामना से जान दे देते थे।

ब्रिटिश काल में काशी

मीर रूस्तम अली

सन् 1730 ई0 के आस-पास सआदत खां अवध के नवाब बनाये गये। बनारस को मीर रूस्तम अली को सौंपा गया। उसने बनारस का लोकप्रिय बुढ़वा मंगल चलाया। साथ ही इसने घाटों का भी निर्माण कराया।

महाराजा मंशा राम (सन् 1737-1740)

मीर रूस्तम अली के बाद मनसा राम हुए।

महाराजा बलवन्त सिंह (सन् 1740-1770)

मनसा राम के बाद महाराजा बलवंत सिंह। सन् 1750 के आस-पास इन्होंने रामनगर के किले का निर्माण कराया। महाराजा बलवंत सिंह का मराठों से भी अन-बन रही हालांकि बाद में मेल-जोल हो गई। बलवंत सिंह के शासन काल में बनारस अस्थिर था। जनता कई तरह के करों से परेशान थी। अपराध भी खूब हुए।

महाराजा चेत सिंह (सन् 1770-1780)

बलवंत सिंह के बाद बनारस की बागडोर राजा चेत सिंह के हाथों में चली गयी। इसी दौरान मार्कहम वाराणसी का रेजीडेन्ट नियुक्त हुआ। अपने कार्यकाल के दौरान चेतसिंह को काफी परेशानियों से गुजरना पड़ा। कंपनी के खिलाफ साजिश रचने की जानकारी होने पर वारेन हेस्टिंग्स ने चेतसिंह को सबक सिखाने का निश्चय किया। 14 अगस्त 1781 को वारेन हेस्टिंग बनारस आया। यहां वह माधोदास सामिया। (वर्तमान स्वामी बाग, कबीर बाग में रूका) काफी संघर्ष के बाद चेतसिंह को पदच्युत कर दिया गया।

महाराजा महीप नारायण सिंह (सन् 1781-1794)

हेस्टिंग्स ने रामनगर के सिंहासन पर महाराजा बलवंत सिंह के नाती महीपनारायण सिंह को बैठाया। इस समय अपराध काफी बढ़ गया। लोगों की मांग पर हेस्टिंग ने अली इब्राहिम खां को फौजदारी अदालत का मुख्य न्यायाधीश नियुक्त किया। इसके साथ ही काशी 1770 ई0 में ईस्ट इंडिया कम्पनी के अधीन हो गयी। सन् 1784 में बनारस और आस-पास के क्षेत्र में भीषण अकाल पड़ी। लोग दाने-दाने के लिए तरस गये थे। भुखमरी और बीमारी से लोगों का जीना दुश्वार था।

महाराजा उदीत नारायण सिंह (सन् 1794-1835)

इसके बाद महीपनारायण के पुत्र उदितनारायण सिंह गद्दी पर आसीन हुए। अंग्रेजों ने इनका अधिकार काफी सीमित कर दिया। पुत्र नहीं होने पर इन्होंने अपने भाई के पुत्र ईश्वरी प्रसाद नारायण सिंह को दत्तक पुत्र बना लिया।

महाराजा ईश्वरी नारायण सिंह बहादुर (सन् 1835-1889)

राजा ईश्वरी प्रसाद नारायण सिंह ने बनारस की गद्दी 1835 में सम्भाली। इनके दरबार में भी नौ रत्न थे। इन्होंने संस्कृत, फारसी के ग्रन्थों का प्रकाशन भी कराया। 1889 में इन्हेंने खुद का पुत्र नहीं होने पर नरनारायण सिंह के पुत्र प्रभुनारायण सिंह को दत्तक पुत्र बना कर राज्य दे दिया।

महाराजा प्रभु नारायण सिंह (सन् 1889-1931)

राजा प्रभुनारायण सिंह 1889 को बनारस राजा बने। ये संस्कृत, उर्दू और फारसी के विद्वान थे। साथ ही बलवान भी थे। 1911 में दिल्ली दरबार में इन्हें सम्मानित करते हुए हिजहाइनेस की उपाधि दी गयी। प्रभुनारायण सिंह ने प्रजा को सुविधाएँ देने के लिए चिकित्सालय, कुंए, पोखरे, कर्मनाशा पर बांध बनवाया (इन्हेंने रामनगर में इण्टर कालेज खोला) साथ ही काशी हिन्दू विश्वविद्यालय की स्थापना में मदन मोहन मालवीय जी का सहयोग किया।

महाराजा आदित्य नारायण सिंह (सन् 1931-1939)

इसके बाद इनके पुत्र आदित्य नारायण सिंह गद्दी पर बैठे। लेकिन 1939 में इनकी असमय मृत्यु हो गयी।

महाराजा डा0 विभूति नारायण सिंह (सन् 1939-1947)

इसके बाद राजा विभूतिनारायण सिंह जो कि आदित्य नारायण सिंह के दत्तक पुत्र थे। गद्दी पर बैठे। विभूति नारायण सिंह हिन्दी, संस्कृत और अंग्रेजी के विद्वान थे। भारत के स्वतंत्र होने पर रियासतों के विलय करने के प्रस्ताव पर 15 अक्टूबर 1948 राज्य को भारतीय संघ में मिला दिया गया। इस दौरान रामबाग में एक समारोह भी हुआ। डा0 विभूति नारायण सिंह भारतीय स्वतन्त्रता पूर्व अन्तिम नरेश थे। 25 दिसम्बर, सन् 2000 में डा0 विभूति नारायण सिंह की मृत्यु उपरान्त तीन पुत्रियों और एक पुत्र में से एक मात्र पुत्र अनन्त नारायण सिंह ही काशी नरेश हैं और इस परम्परा के वाहक बनें।

स्वतंत्रता आन्दोलन में बनारस

1869 में दयानंद सरस्वती काशी आये। उन्होंने पुरातनपंथी हिन्दुओं के आचार्यों-माधव व आनन्द से कई विषयों में शास्त्रार्थ किया। 1898 में डॉ0 भगवानदास ने ऐनी बेसेन्ट के साथ मिलकर सेन्ट्रल हिन्दू स्कूल की नींव डाली। 1905 में महत्वपूर्ण घटना काशी में हुई। गोपाल कृष्ण गोखले की अध्यक्षता में भारतीय राष्ट्रीय कांग्रेस का अधिवेशन हुआ। अधिवेशन में लाजपत राय, मदनमोहन मालवीय जैसे लोग शामिल हुए थे। पूरे भारत के साथ काशी के लोगों में भी अंग्रेजों के खिलाफ गुस्सा था। अंग्रेजी सरकार के विरोध में 1908 में काशी के युवा बंगाली छात्रों ने एक क्लब शुरू किया। इस क्लब को रेवोल्युशनरी पार्टी का सहयोग मिला था।

1909 में भिनगा नरेश उदय प्रताप सिंह जू देव ने उदय प्रताप कालेज की स्थापना की। 1916 में मदन मोहन मालवीय ने काशी हिन्दू विश्वविद्यालय की स्थापना की। 1921 में स्वतंत्रता के लिए गांधी जी ने असहयोग आंदोलन शुरू कर दिया। इस आंदोलन में मदनमोहन मालवीय, शिवप्रसाद गुप्त और डॉ0 भगवानदास की मौजूदगी ने काशी विद्यापीठ में राजनीतिक कार्यकर्ताओं की खूब जुटान होती थी। 1930 में नमक सत्याग्रह में भी काशी सक्रिय रही। 10 अप्रैल को कांग्रेस कार्यकर्ताओं ने विशाल समूह के साथ मिलकर नमक बनाया। कई जगह जन सभाएँ हुई। आंदोलन में बहुत से लोग गिरफ्तार हुए। 1932 में गांधी जी की गिरफ्तारी के बाद लोगों में अंग्रेजों के खिलाफ आक्रोश काफी बढ़ गया। इस दौरान जमकर सरकार विरोधी प्रदर्शन हुए नारे भी लगे। जनाक्रोश को दबाने के लिए जिला प्रशासन ने वाराणसी कांग्रेस कमेटी को अवैध घोषित करते हुए धारा 144 लगा दी। कुछ जगह लाठी चार्ज भी हुआ। प्रशासन ने कई लोगों को गिरफ्तार किया। बहुतों पर मुकदमे भी चले। 1935 में हुए चुनाव में वाराणसी की 5 सीटों में दो कांग्रेस, दो मुस्लिम लीग और एक निर्दलीय को मिली। 1941 में गांधी जी के नेतृत्व में सत्याग्रह शुरू हो गया। इस दौरान वाराणसी में करीब 500 लोगों ने गिरफ्तारी दी। 1942 में भारत छोड़ो प्रस्ताव पारित होने पर लोगों ने जमकर आंदोलन में भाग लिया। काशी हिन्दू विश्वविद्यालय के छात्रों ने हड़ताल कर शहर के मुख्य मार्गों से जुलूस निकाला। आन्दोलन गहराता जा रहा था। छात्रों ने कई सरकारी कार्यालयों पर तिरंगा लहरा दिया। आंदोलन को रोकने के लिए पुलिस ने अंधाधुंध फायरिंग की। जिसमें कई लोग मारे गये तो कई घायल हो गये। लेकिन आंदोलन की आग कम होने की बजाय बढ़ती गयी। इस दौरान पुलिस ने काशी हिन्दू विश्वविद्यालय की घेराबंदी कर मालवीय जी और तत्कालीन कुलपति डॉ0 राधाकृष्णन के बंगलों को घेर लिया। विश्वविद्यालय में महीनों

पुलिस बल तैनात रही। कई गांव जला दिये गये। साथ ही गांव वालों की सम्पत्ति भी जबरन ले ली गयी। 15 अगस्त 1947 को स्वतंत्रत होने पर तथा रामनगर रियासत विलय होने पर वाराणसी जिला वर्तमान रूप में सामने आया।

बनारस के दार्शनिक

भारतीय दर्शन में बनारस के दार्शनिकों का सदैव ही महत्वपूर्ण योगदान रहा है तथा इन दार्शनिकों की सुदीर्घ परम्परा रही है। समकालीन भारतीय संस्कृति को प्रभावित करने वाले दार्शनिक जिनका सम्बन्ध बनारस से रहा उनकी संक्षिप्त सूची इस प्रकार है-भारत रत्न डॉ0 भगवानदास (12 जनवरी 1869-18 सितम्बर 1958), महामहोपाध्याय पं0 गोपीनाथ कविराज, आचार्य नरेन्द्र देव (1889-1956), पद्मभूषण डॉ0 बी0एल0 आत्रेय, डॉ0 गंगानाथ झा, वागीश शास्त्री, टी0 आर0 वी0 मूर्ति, प्रो0 नन्द किशोर देवराज, प्रो0 अशोक कुमार चटर्जी, प्रो0 रमाकान्त त्रिपाठी, प्रो0 एन0एस0एस0 रमन, प्रो0 रघुनाथ गिरि।

बनारस के संत-सन्यासी

रामानन्द (1299-1411), कबीर (1398-1518 ई0), तैलंगस्वामी (1607-1887 ई0), स्वामी विशुद्धानन्द सरस्वती (1820-1899 ई0), स्वामी करपात्री जी (1907-1982 ई0), देवरहवा बाबा (1910-1990 ई0)

बनारस की शिक्षा संस्थाएँ

अठ्ठारहवीं सदी में काशी में गुरू निःशुल्क विद्यार्थियों को पढ़ाते थे। साथ ही विद्यार्थियों के रहने और भोजन की भी व्यवस्था करते थे। इस कार्य में होने वाले खर्च में महाजन और राजा सहायता करते थे। अठ्ठारहवीं सदी में अंग्रेजों ने बनारस संस्कृत कालेज खोलने पर विचार किया। वाराणसी में तीन सार्वजनिक-बनारस हिन्दू विश्वविद्यालय, सम्पूर्णानन्द संस्कृत विश्वविद्यालय और महात्मा गाँधी काशी विद्यापीठ तथा एक मानित विश्वविद्यालय सेन्ट्रल इंस्टीट्यूट आफ तिबेतियन स्टडीज है। वाराणसी में बहुत से निजी एवं सार्वजनिक संस्थान हैं जहाँ हिन्दू धार्मिक शिक्षा की व्यवस्था है। प्राचीन काल से ही लोग यहाँ दर्शनशास्त्र, संस्कृत, खगोलशास्त्र, सामाजिक विज्ञान एवं धार्मिक शिक्षा आदि के ज्ञान के लिए आते रहें हैं। भारतीय परम्परा में प्रायः वाराणसी को सर्वविद्या की राजधानी कहा गया है। नगर में एक जामिया सलाफिया भी है जो सलाफी इस्लामी शिक्षा का केन्द्र है।

बनारस के साहित्यकार

दमोदर पंडित, कबीर दास, संत रैदास या रविदास, तुलसीदास, गोकुलनाथ, गोपीनाथ, कृष्णलाल शिष्य मनियार सिंह, सुखलाल कायस्थ, जानकी प्रसाद, धनीराम, रामसहाय, गणेश बन्दीज्य, रघुनाथ बंदीजन, घनश्याम शुक्ल, ऋषिनाथ, ठाकुर बद्रीजन, कवीन्द्राचार्य सरस्वती, कुवरि, गजराज उपाध्याय, पराग, अम्बिकादत्त व्यास, श्री दीनदयाल गिरि, गोपालचन्द्र गिरिधरदास, राजा शिव प्रसाद "सितारे हिन्द", श्रीयुत गोकुलचन्द्र, श्रीयुत राम शंकर व्यास, देवकीनन्दन खत्री, श्रीयुत नकछेदी तिवारी, बाबू राधाकृष्णदास, जगन्नाथदास "रत्नाकर", लाला भगवानदीन, डॉ0 श्यामसुन्दरदास, श्रीयुत बाबू कृष्णचन्द्र, आचार्य क्षितिमोहन सेन, महान उपन्यासकार मुंशी प्रेमचंद्र, हरिकृष्ण जौहर, विजयानन्द त्रिपाठी, आचार्य रामचन्द्र शुक्ल, आचार्य श्री केशव प्रसाद मिश्र, पण्डित श्री कृष्ण शुक्ल, देवनारायण द्विवेदी, अम्बिका प्रसाद गुप्त, निहाल चन्द वर्मा, जयशंकर प्रसाद, रामचन्द्र वर्मा, बज्ररत्न दास अग्रवाल, सॅवल जी नागर, रायकृष्णदास, कवि पुष्कर, दुर्गा प्रसाद खत्री, सत्यजीवन वर्मा "भारतीय", पाण्डेय बेचन शर्मा "उग्र", डॉ0 पीताम्बर दत्त बड़थ्वाल, विनोद शंकर व्यास, चन्दशेखर पाण्डेय, बजरंगबली गुप्त विशारद, वाचस्पति पाठक, रघुनन्दन प्रसाद शुक्ल "अटल", विश्वनाथ प्रसाद मिश्र, हजारी प्रसाद द्विवेदी, पण्डित सीताराम चतुर्वेदी, डॉ0 रामअवध द्विवेदी, करूणापति त्रिपाठी, पद्मानारायण आचार्य, बेनी राम श्री माली, गणेश प्रसाद सिंह "मानव", डॉ0 शिवनारायण श्रीवास्तव, गीतकार सुरेन्द्र कुमार श्रीवास्तव, लालधर त्रिपाठी "प्रवासी", पण्डित गंगाधर मिश्रा, हर्षनाथ,

डॉ0 किशोरी लाल गुप्त, त्रिलोचन शास्त्री, शम्भू नाथ सिंह, कुशवाहा कांत, प्रो0 बच्चन सिंह, लोकनाथ श्रीवास्तव, डॉ0 विजयशंकर मल्ल, भोलाशंकर व्यास, पारसनाथ मिश्र सेवक, देवनाथ पाण्डेय "रसाल", श्री ठाकुर प्रसाद सिंह, चन्द्रबली सिंह, कुसुम चतुर्वेदी, श्यामकृष्णदास, सुधाकर पाण्डेय, शिवप्रसाद सिंह, द्विजेन्द्र नाथ मिश्र "निर्गुण", भोजपुरी कवि पण्डित चन्दशेखर मिश्र, चन्दशेखर मिश्र, डॉ0 श्याम तिवारी, त्रिभुवन सिंह, महेन्द्र शंकर "अधीर", गोविन्द प्रसाद श्रीवास्तव, पुरुषोत्तम अग्रवाल, मोहन लाल तिवारी, हीराला तिवारी, डॉ0 कमल गुप्त, दयाशंकर शुक्ल "फक्कड़ काशिकेय", विजय कुमार शाह, लालजी सिंह, श्री ब्रह्मदेव मधुर, सुदामा पाण्डेय धूमिल, श्रुतिनाथ मिश्र, शुकदेव सिंह, प्रेम किशोर पाण्डेय, वासुदेव सिंह, शम्भू नाथ त्रिपाठी, मृत्युंजय कुमार नारायण, विश्वनाथ प्रसाद, पण्डित नाथ तिवारी, रामवृक्ष मिश्र "बहाल", रामदास "अकेला", मोहम्मद सलीम राही, घनश्याम गुप्त, सुषमा पाल, जय प्रकाश वागी, भाष्कर पाठक

बनारस के पत्रकार

राजा शिवप्रसाद सितारे हिन्द, भारतेन्दु हरिश्चन्द्र, बाबूराव विष्णु पराड़कर, मुंशी प्रेमचन्द, मदन मोहन मालवीय, कृष्णदेव प्रसाद गौड़ (बेढ़ब बनारसी), पाण्डेय बेचन शर्मा "उग्र", रामचन्द्र वर्मा, गंगाप्रसाद गुप्त, पं0 गंगाशंकर मिश्र, मुकुन्दीलाल श्रीवास्तव, पण्डित माधव प्रसाद मिश्र, सम्पादकाचार्य लक्ष्मण नारायण गर्दे, गोविन्दशास्त्री "दुग्वेकर", दुर्गाप्रसाद खत्री, रामकृष्ण रघुनाथ खाडिलकर, पं0 रघुनंदन प्रसाद शुक्ल "अटल", मनोरंजन कांजिलाल, विद्याभास्कर, रमापति राय शर्मा, पं0 कमला प्रसाद अवस्थी "अशोक", पं0 कमलापति त्रिपाठी, पं0 देवनारायण द्विवेदी, आचार्य पं0 सीताराम चतुर्वेदी, पं0 दिनेशदत्त झा

काशी विश्वनाथ मन्दिर

काशी विश्वनाथ मन्दिर 12 ज्योतिर्लिगों में से एक है। यह मन्दिर पिछले कई हजारों वर्षों से वाराणसी में स्थित है। काशी विश्वनाथ मन्दिर का हिन्दू धर्म में एक विशिष्ट स्थान है। ऐसा माना जाता है कि एक बार इस मन्दिर के दर्शन करने और पवित्र गंगा में स्नान कर लेने से मोक्ष की प्राप्ति होती है। इस मन्दिर में दर्शन के लिए आदि शंकराचार्य, रामकृष्ण परमहंस, स्वामी विवेकानन्द, स्वामी दयानन्द, गोस्वामी तुलसीदास सभी का आगमन हुआ है। पहले सम्राट अकबर ने इस मन्दिर को बनवाने की अनुमति दी थी। बाद में औरंगजेब ने सन् 1669 में इसे तुड़वा दिया और ज्ञानवापी नामक सरोवर के स्थान पर एक मस्जिद बनवा दिया। वर्तमान मन्दिर का निर्माण महारानी अहिल्याबाई होल्कर द्वारा सन् 1780 में करवाया गया था। बाद में महाराजा रंजीत सिंह द्वारा सन् 1853 में 1000 कि. ग्रा. शुद्ध सोने द्वारा मढ़वाया गया। चीनी यात्री ह्वेनसांग के अनुसार उसके समय में 100 मन्दिर थे और एक मन्दिर में 100 फुट ऊँची तांबे की मूर्ति थी किन्तु दुर्भाग्यवश विधर्मियों द्वारा काशी के सहस्त्रों मन्दिर ध्वस्त कर दिये गये और उनके स्थान पर अपने धर्म स्थानों को निर्माण कर दिया। उस समय के प्रसिद्ध शासक औरंगजेब ने काशी का नाम मुहम्मदाबाद रख दिया था मगर यह चल नहीं पाया और काशी में फिर से मन्दिर बनने लगे। शिवलिंग को यात्रियों के सुविधानुसार यत्र-तत्र स्थापित किया जाता रहा है (त्रिस्थलीसेतु, पृष्ठ-208)। अस्पृस्यता का जहाँ तक प्रश्न है, त्रिस्थली सेतु पृष्ठ-183 के अनुसार अन्त्यजों के द्वारा लिंग स्पर्श किये जाने में कोई दोष नहीं है क्योंकि विश्वनाथ जी प्रतिदिन ब्रह्मबेला में मणिकर्णिका घाट पर गंगा स्नान करके प्राणियों द्वारा ग्रहण की गयी अशुद्धियों को धो डालते हैं।

रामनगर

काशी, विश्व की सबसे प्राचीन जीवंत नगरी, महादेव की नगरी, मोक्ष नगरी महाश्मसान ऐसे तमाम विभूषणों से विभूषित है। महामहोपाध्याय पंडित गोपीराज कविराज काशी को "निजबोध रूपा की संज्ञा देते हैं। दरअसल कण-कण में शंकर से तात्पर्य कण-कण से ज्ञान प्राप्त करने को लेकर है। अपनी चारों दिशाओं में उस संस्कृति का विकास करना जिसका सम्बन्ध मानव के विकास से है। वाराणसी के महत्व को रेखांकित करता है।

जहाँ एक ओर शहर का उत्तरी भाग काशी के शैव पक्ष को परिभाषित करता है, वहीं दूसरी ओर काशी का दक्षिणी भाग रामनगर के रूप में सनातन वैष्णव पक्ष को अंगीकार करता है। काशी के उपनगर के रूप में प्रसिद्ध रामनगर कला, सुन्दरता और इतिहास की स्मृतियों का अद्वितीय संगम है। इस इतिहास को जानना स्वयं को जानने जैसा है। इस दृष्टि से यह एक कोशिश है कि रामनगर की भव्यता पर एक रोशनी पड़ सके हालांकि यह हमेशा अपर्याप्त होगा क्योंकि यहां कि विविधताओं ने इसे इतना गहरा और व्यापक रूप दे दिया है कि इसे सीमाबद्ध करना अत्यन्त दुरूह है। यह प्रयास एक शुरूआत भर है। रामनगर के समृद्ध विरासत से यह एक छोटा अंश भर है, पर यह अंश भी बहुत व्यापक है, गहरा है, अर्थपूर्ण है।

रामनगर की उत्पत्ति के सम्बन्ध में प्राप्त अनुश्रुतियों, ग्रंथों तथा ऐतिहासिक प्रमाणों के अनुसार रामनगर का इतिहास करीब पाँच हजार साल पुराना है। रामनगर के इतिहास को दो भागों में बाँटा जा सकता है जिसमें से पहला प्राचीन रामनगर के रूप में तथा दूसरा रामनगर में दुर्ग निर्माण के बाद का आधुनिक स्वरूप। महर्षि वेदव्यास की तपस्थली के रूप में प्रसिद्ध प्राचीन रामनगर घाट के किनारे की एक बस्ती के रूप में था, जहाँ पर शहर का एक धनाढ्य वर्ग जौहरी, सेठ के रूप में रहता था। रामनगर की ऐतिहासिकता का प्रमाण एक महत्वपूर्ण उत्खनन से भी स्पष्ट होता है जब सन् 2006 में आर्कियोलॉजिकल सर्वे ऑफ इण्डिया ने रामनगर के साहित्यनाका क्षेत्र में गंगा किनारे स्थित उड़िया घाट पर खुदाई करायी तो वहाँ से छठी शताब्दी ईसा पूर्व अवशेष मिले, जिसमें एन0 बी0 पी0 नार्दन ब्लैक पोट्री (काले मृदभाण्ड) मिले जिसका प्रयोग प्राचीन काल में बहुत सम्पन्न लोग करते थे। रामनगर का वर्तमान अस्तित्व सन् 1750 में नगरी व्यवस्था के रूप में प्रकट हुआ, जब राजा बलवंत सिंह ने रामनगर दुर्ग का निर्माण कराया। इस प्रकार काशी राजघराने का प्रादुर्भाव हुआ। वाराणसी 18वीं शताब्दी में स्वतन्त्र काशी राज्य बन गया था और बाद के ब्रिटीश शासन के अधीन ये प्रमुख व्यापारिक और धार्मिक केन्द्र रहा। 1910 में ब्रिटीश प्रशासन ने वाराणसी को एक नया भारतीय राज्य बनाया और रामनगर को इसका मुख्यालय बनाया किन्तु इसका अधिकार क्षेत्र कुछ नहीं था। काशी नरेश (काशी के महाराजा) वाराणसी शहर के मुख्य सांस्कृतिक संरक्षक एवं सभी धार्मिक क्रियाकलापों के अभिन्न अंग हैं। आज भी काशी नरेश नगर के लागों में सम्मानित हैं। यहाँ के लोग इन्हें भगवान शिव के अवतार के रूप में मानते हैं। रामनगर वाराणसी जिला का एक तहसील है जो वाराणसी नगर के पूर्वी गंगा तट पर स्थित है। रामनगर में एक किला है जिसे रामनगर किला कहते हैं। और ये यहाँ के राजा काशी नरेश का आधिकारिक और पैतृक आवास है जिसे काशी नरेश राजा बलवंत सिंह ने उत्तम चुनार के बलुआ पत्थर से 18वीं शताब्दी में करवाया था। तब से ये राजाओं का आवास है। किला मुगल स्थापत्य शैली में नक्काशीदार छज्जों, खुले प्रागंण और सुरम्य गुम्बजदार मण्डपों से सुसज्जित बना है। काशी नरेश का एक अन्य महल चेत सिंह महल है जिसे शिवाला घाट के निकट महाराजा चेत सिंह ने बनवाया था। यहीं महाराजा चेत सिंह को ब्रिटीश अधिकारी ने 200 से अधिक सैनिकों के संग मार गिराया था। आधुनिक काशी राज्य वाराणसी का भूमिहार ब्राह्मण राज्य बना है। भारतीय स्वतन्त्रता उपरान्त सभी रजवाड़ों के समान काशी नरेश ने भी अपनी सभी प्रशासनिक शक्तियाँ छोड़ कर मात्र एक प्रसिद्ध हस्ती की भाँति रहना आरम्भ किये। वर्तमान स्थिति में ये मात्र एक सम्मान उपाधि रह गयी है। काशी नरेशों की सूची इस प्रकार है-मंशा राम (सन् 1737-1740), बलवन्त सिंह (सन् 1740-1770), चेत सिंह (सन् 1770-1780), महीप नारायण सिंह (सन् 1781-1794), उदीत नारायण सिंह (सन् 1794-1835), ईश्वरी नारायण सिंह बहादुर (सन् 1835-1889), प्रभु नारायण सिंह (सन् 1889-1931), आदित्य नारायण सिंह (सन् 1931-1939), डॉ0 विभूति नारायण सिंह (सन् 1939-1947)। डा0 विभूति नारायण सिंह भारतीय स्वतन्त्रता पूर्व अन्तिम नरेश थे। इसके बाद 15 अक्टुबर, 1948 को राज्य भारतीय संघ में मिल गया। सन् 2000 में डा0 विभूति नारायण सिंह की मृत्यु उपरान्त तीन पुत्रियों और एक पुत्र में से एक मात्र पुत्र अनन्त नारायण सिंह ही काशी नरेश हैं और इस परम्परा के वाहक हैं।

काशीराज विभूति नारायण सिंह, काशीराज परम्परा के अन्तिम राजा थे। धर्म निष्ठ, कर्म निष्ठ, स्वाध्याय प्रेमी, शास्त्र में पूर्ण निष्ठावान थे। प्रारम्भ जीवन से अवसान तक महाराज विभूति नारायण सिंह ने तपस्वी जीवन का पूर्ण पालन किया। सन् 1949 में राज्य विलीनीकरण के बाद लोगों में एक निराशा की लहर उठी जिससे लगा कि

अब रामलीला बन्द हो जायेगी क्योंकि राज परम्परा समाप्त हो रही है। किन्तु महाराजा विभूति नारायण सिंह ने अपने मनोयोग, कर्मयोग व सतत् उद्यम से कोई अभाव नहीं होने दिया तथा रामलीला का सुचारू संचालन किया बल्कि पूर्व के राजाओं के अभाव को भी दूर किया इसके लिए इन्हें राजा कहें या संत कहें, यह विवेचन करना कठिन है। राजसी सुख-सुविधा के बावजूद एक संत की भांति त्रिकाल संध्या, स्नानादिक और तप के साथ शरीर को तप्त करते रहे। हरिद्वार का जल पीना, गंगाजल से बना भोजन करना, पूर्ण शाकाहारी जीवन व्यतीत करना महाराज काशी नरेश के विशिष्ट जीवन लक्षण को दर्शाते हैं।

संस्कार सम्पन्न मानव के विकास हेतु यह आवश्यक है कि मानव जहाँ निवास करे वहाँ पर जलाशय व देवालय उपस्थित हो। भारत स्तर पर अगर भौगोलिक तौर पर देखा जाए तो रामनगर अपनी चारों दिशाओं में स्वतंत्र चौमुहानी के साथ इस विशेषता से सुसज्जित है। पूर्व दिशा में "पम्पासर" स्थान पर एक सरोवर के साथ दो हनुमान मंदिर द्वितीय सरोवर लंका स्थित हनुमान मंदिर तथा रामेश्वर जी का मंदिर, वहीं से 1 किलोमीटर आगे कष्टहारिणी मंदिर व एक सरोवर स्थित है। दक्षिण दिशा में रामनगर चौक से 3 किलोमीटर दूर स्थित बाला त्रिपुर सुन्दरी मंदिर व सरोवर स्थित है। पश्चिम दिशा की ओर माँ गंगा स्वतः विराजमान हैं तथा विभिन्न देवमंदिर स्थित हैं। उत्तर दिशा में दुर्गा मंदिर व रामबाग सरोवर रामनगर की इस विशेषता को पूर्ण करते हैं।

रामनगर का महात्म्य महर्षि वेदव्यास के तप स्थलों के रूप में विदित है। त्रिकोण की संरचना में वेदव्यास के स्थान से जितनी दूरी पर दुर्गा मन्दिर है, ठीक उतनी ही दूरी पर बाबा कीनाराम के द्वारा स्थापित वेदव्यास मंदिर है, जो रामनगर किले के अन्दर स्थित है। जिसे साधारण जनता छोटा वेदव्यास के नाम से जानती है। वास्तव में वेदव्यास की यह सबसे प्राचीन मूर्ति है। व्यासजी द्वारा काशी को शाप देने के कारण विश्वेश्वर ने व्यासजी को काशी से निष्कासित कर दिया था। तब व्यासजी लोलार्क मन्दिर के आग्नेय कोण में गंगाजी के पूर्वी तट पर स्थित हुए। इस घटना का उल्लेख काशी खण्ड में इस प्रकार है-

लोलार्कादं अग्निदिग्भागे, स्वर्घुनी पूर्वरोधसि।
स्थितो ह्यद्यापि पश्चेत्सः काशीप्रासाद राजिकाम्।।

-स्कन्दपुराण, काशी खण्ड 96/201

काशीखण्डोक्त लोलार्क कुण्ड से दक्षिण दिशा की ओर टीला-शिखर पर आदि वेदव्यास का स्थान है। काशी खण्ड के प्रमाण से ही यह सिद्ध होता है कि इस परिक्षेत्र में अतिप्राचीन मेला होता था जो अब समाप्तप्राय है (मघा नक्षत्र युक्ता पूर्णिमा)। माघ महीने में लगने वाला यह मेला वर्तमान में राजकीय व्यवस्था के अभाव से अब समाप्त है। कहा जाता है कि शिव द्वारा वेदव्यास को वरदान था कि काशीवास का पुण्य तभी प्राप्त होगा जब माघ महीने में वेदव्यास का दर्शन किया जाये। इस दर्शन द्वारा एक वर्ष काशीवास का पुण्य प्राप्त होता है। यह मेला मात्र मेला न होकर दूर-दराज के आये लोगों के बीच आध्यात्मिक एवं सांस्कृतिक आदान-प्रदान का एक मंच होता था। किले में स्थित वेदव्यास मंदिर के दर्शन के पश्चात हजारों लोग तालाब में स्नान कर बगीचों व तालाबों के किनारे भोजन कर पुनः वेदव्यास का दर्शन करते थे इस दौरान तालाबों के किनारों पर सैकड़ों दुकानें लगती थीं। जो लोगों की आजीविका तथा राजस्व का एक साधन थे।

नगर के महात्म्य के सम्बन्ध में एक महात्मा का कथन है कि वैसे तो रामनगर के सभी स्थान पूर्ण देवत्व को प्राप्त हैं। सभी स्थान तंत्रोक्त व कर्मकाण्ड से प्रतिष्ठित हैं परन्तु रामलीला स्थल-सुतीक्षण आश्रम पर निवास के दौरान उन्हें श्रीराम, लक्ष्मण, जानकी का प्रत्यक्ष दर्शन प्राप्त हुआ। इसी प्रकार श्री त्रिवेणी दत्त "विद्यार्थी" जी ने रामेश्वरम् मंदिर में शिव स्थापना के समय में राम-लक्ष्मण के दर्शन प्राप्ति की पुष्टि की है। रामनगर की भूमि पर यदि साधक, साधना करे तो उसे निश्चित ही देवत्व की प्राप्ति होंगी। व्यास काशी क्षेत्र की कुल सीमा करीब15 किलोमीटर के व्यास में है, जो छोटा मीरजापुर, पटनवाँ, हमीदपुर, जिवनाथपुर, रामनगर से साहुपुरी तक विस्तृत है।

काशी (वाराणसी) के रामनगर किले में और व्यास नगर (रामनगर व मुगलसराय के बीच) में वेदव्यास का मन्दिर है जहाँ माघ में प्रत्येक सोमवार मेला लगता है। गुरू पूर्णिमा (आषाढ़ मास पूर्णिमा) का प्रसिद्ध पर्व व्यास जी की जयंती के उपलक्ष्य में मनाया जाता है। पुराणों तथा महाभारत के रचयिता महर्षि का मन्दिर व्यासपुरी में

विद्यमान है जो काशी से 5 मील की दूरी पर पूर्व स्थित है। महाराज काशी नरेश के रामनगर दुर्ग के पश्चिम भाग में भी व्यासेश्वर की मूर्ति विराजमान है

सुमेरू मंदिर

देवी भागवत में सुमेरू पर्वत का वर्णन है। पर्वत के पश्चिम दिशा में मणिद्वीप तालाब का वर्णन है। इसके चारों तरफ चार पुरियाँ है। जिसमें नैऋत्य कोण में विष्णु का बैकुण्ठ, वायव्य कोण में कुबेर का अल्कापुरी, इशान कोण में शंकर का कैलाश, आग्नेय कोण में इन्द्र की अमरावती है। दक्षिण दिशा में इन्द्र का नन्दन वन है। सुमेरू पर्वत पर ही रात्रि में समस्त देवता विश्राम करते हैं। रामनगर स्थित सुमेरू मंदिर दुर्गा मंदिर के नाम से जाना जाता है। यह मंदिर अपनी विशिष्ट स्थापत्य कला के लिए उल्लेखनीय है। सुमेरू मंदिर पर शैव, वैष्णव, शाक्त सभी देवताओं का अवतार, भाव चित्रित है। सतयुग से लगायत द्वापर तक सम्पूर्ण अवतार का चित्रण मंदिर की भित्तियों पर किया गया है।

बाला त्रिपुर सुन्दरी मन्दिर

तीनों लोक-अंतरिक्ष, मृत्युलोक तथा नागलोक में जो परम सुन्दर है उसे त्रिपुर सुन्दरी कहा जाता है। जिसकी उपमा न दी जा सके वह त्रिपुर सुन्दरी दस महाविद्या में से एक प्रमुख महाविद्या के रूप में है। इन्हीं का नाम बाला त्रिपुर सुन्दरी, पीताम्बरा, कामाक्षी, ललिता भी है। रामनगर दुर्ग से आग्नेय कोण में इस मंदिर की स्थापना की गयी। आग्नेय कोण में स्थापना इसलिए क्योंकि शक्ति का स्थान अग्निकोण में है। कर्मकाण्ड व तंत्र विद्या में भी शक्ति का स्थान आग्नेय कोण ही है। इस मंदिर में चौसठ योगिनी का भी वर्णन है।

जनकपुर मंदिर

जनकपुर मंदिर की स्थापना सन् 1806 में बनारस स्टेट की कन्या उमा बबुई द्वारा कराया गया। पत्थर के नक्काशीदार खम्भों पर अवस्थित यह मंदिर श्रीराम विवाह के कोहबर की झाँकी के लिए विश्व प्रसिद्ध है। इस मंदिर पर ही रामलीला के राम विवाह एवं धनुष यज्ञ का मंचन होता है। मंदिर के गर्भ गृह में श्रीराम समेत चारों भाईयों एवं उनकी पत्नियों का एक साथ दर्शन पूरे विश्व में अन्यत्र कहीं नहीं है।

वेदव्यास मंदिर (साहुपुरी)

संभवतः यह मंदिर 18वीं शताब्दी में बना है। वेदव्यास की तपः स्थली होने के कारण यहाँ पर व्यास मेले का आयोजन होता है। व्यास मेला प्राचीन समय से ही मनाया जाता है। मेले के उद्देश्य में मात्र भ्रमण व निवास ही नहीं, बल्कि व्यास परिक्षेत्र से आध्यात्मिक सुख एवं पुण्य प्राप्ति भी है। मंदिर की प्रमुख विशेषता में यहाँ गर्भगृह में स्थित शिवलिंग हैं। यहाँ शिवलिंग प्रतिवर्ष अपने आकार में कुछ बढ़ जाते हैं।

काशीराज ग्रंथालय सरस्वती भण्डार

काशीराज ग्रंथालय अति प्राचीन है इसकी शुरूआत ईश्वरी प्रसाद नारायण सिंह ने किया था। बाद में जिसका संचालन विभूति नारायण सिंह के कार्यकाल तक हुआ। इस ग्रंथालय में अनेक दुर्लभ पुस्तकों का भण्डार है। वर्तमान में प्रशासकीय अक्षमताओं के चलते यह बंद पड़ा है।

पुराण प्रकाशन

किले में पुराण प्रकाशन की स्थापना पुरूषोत्तम शर्मा चतुर्वेदी ने की थी, जो की मेयो कॉलेज, अजमेर में विभागाध्यक्ष थे। यहीं पर विभूति नारायण सिंह अध्ययन कर रहे थे। पढ़ाई समाप्त होने के बाद जब विभूति नारायण सिंह कॉलेज से विदाई ले रहे थे उसी दिन श्री चतुर्वेदी भी सेवानिवृत्त हुए। विभूति नारायण सिंह के साथ ही

पुरूषोत्तम शर्मा चतुर्वेदी भी रामनगर किले में आ गये। यहाँ उन्होंने प्रेस मशीन लगवाई जिसमें अभावग्रस्त बच्चों को कम्पोजिंग करना सिखाया तथा उन्हें पढ़ने योग्य बनाया। यहाँ से कई दुर्लभ ग्रन्थ व पुराणों पर टीका भी लिखी गयी।

दुर्गा मन्दिर (रामनगर)

रामनगर किले से लगभग दो किमी की दूरी पर स्थित दुर्गा मंदिर काशी नरेश महाराज बलवन्त सिंह के शासनकाल में निर्मित अद्‌भुत कृति है। विविध शैलीगत विशेषताओं के इस मंदिर में राजस्थान उड़ीसा मुगल क्षेत्रीय आदि शिल्प गत विशेषताओं के साथ ही शिल्प के कुछ अनूठे प्रयोग भी देखे जा सकते हैं। इसे सुमेरू मंदिर के नाम से भी जाना जाता है। इस मंदिर का निर्माण काशी राज परिवार के द्वितीय राजा बलवंत सिह (1740-1760) के द्वारा प्रारम्भ कराया गया परन्तु उनके जीवन काल में यह पूर्ण न हो सका। कालान्तर में महाराजा चेतसिंह ने मन्दिर के कलश आदि भाग का निर्माण कार्य कराया। यह मंदिर एक परकोटे के मध्य स्थित है। परकोटे के चारों ओर बुर्जनुमा कक्ष बने हैं। मन्दिर के सम्मुख एक तालाब है। मुख्य प्रवेश द्वार के दोनों ओर बंगाल शैली के झोपड़ीनुमा गृह बने है जो वर्तमान में आवास हेतु उपयोग होते हैं। प्रवेश द्वार के सामने ही एक ऊँची जगति पर दुर्गा मंदिर बना है। मंदिर की जगति पर दो भागों में विभिन्न सोपानों द्वारा प्रवेश किया जाता है। इस मंदिर की तल छन्द योजना में केवल वर्गाकार गर्भगृह है जिसमें चारों दिशाओं से प्रवेश द्वार बने है। उत्तर-दक्षिण एवं पश्चिम दिशा में बने द्वारों का उपयोग प्रवेश हेतु होता हैं परन्तु पूर्व दिशा में निर्मित द्वार पाषाण निर्मित है, जो अलंकरण व संयोजन के संतुलन हेतु निर्मित हैं। मुख्य प्रवेश द्वार पश्चिमाभिमुख है। चारों प्रवेश द्वारों के आगे मुखमण्डप का निर्माण हुआ है जो अलंकृत स्तंभों पर आधारित हैं प्रवेश द्वार के तोरण स्तंभों पर नृत्यरत मयूर की आकृतियां है। मंदिर का तोरण भाग इस्लामिक वास्तु से प्रभावित मेहराबनुमा अलंकरण युक्त है। पश्चिम द्वार पर गणेश, रिद्धि और सिद्धि देवियों के साथ अंकित किये गये हैं। चारों प्रवेश द्वार पर गणेश की पद्मासीन मूर्तियां उत्कीर्ण हैं। मंदिर के पूर्वी भित्ति पर जगन्नाथ सुभद्रा और बलभद्र की मूर्ति उत्कीर्ण है। दुर्गा मन्दिर के इस मूर्ति का उदाहरण पुरी के जगन्नाथ मूर्ति की आधार पर बना है। ऐसे भी उल्लेख और अनुभुतियाँ है कि यह मन्दिर एक वैष्णव मंदिर है। यहीं से रामनगर की रथयात्रा की प्रारम्भ होती है। मंदिर की वर्गाकार संरचना और उड़ीसा शैली के पीढ़ादेउल प्रकार के शिखर इसकी विशिष्टता है। इसका उदाहरण परशुरामेश्वर मंदिर भुवनेश्वर (उड़ीसा) से ले सकते हैं। जहाँ एक ओर मंदिर के प्रत्येक द्वार राजाओं पर दो-दो द्वारपालों के हाथ में दण्ड कमण्ड, कमल, शंख का अंकन इसे वैष्णव सम्प्रदाय से जोड़ता है वहीं पश्चिमी द्वार के सामने सिंह, उत्तरी द्वार के सामने गरूड़, एवं दक्षिणी द्वार के सामने नन्दी का अंकन इसे एक साथ शाक्त, वैष्णव, एवं शैव धर्म के प्रभाव को स्पष्ट करता है। प्रवेश द्वार के सिरदलों पर बने मेहराब तथा उनमें लगी अलंकृत घुड़ियां गुगल वास्तु रो प्रभावित हैं तो पश्चिमी द्वार राजाओं तथा सिरदल एवं पटों पर बनी मयूर की सर्पहारी तथा नृत्यरत आकृतियां गुजरात एवं राजस्थान की शिल्प अलंकरण शैली दर्शाती है। प्रवेश द्वारों पर बछड़ा सहित गाय का अंकन विशेष है जो कुषाण काल से लेकर गुप्तकाल तक अधिक प्रचलित रहा। मन्दिर के मण्डोवर पर उत्कीर्ण गजारूढ़ सिंह की आकृतियां अस्वाभाविक एवं काल्पनिक हैं। पंखधारी अस्वाभाविक सिंह आकृतियां शासकों के साम्राज्य विस्तार व शक्ति की सूचक है। ऐसा अंकन खजुराहों के मंदिरों पर बने गजधर एवं सिंह ब्याल आकृतियों को प्रतिबिम्बित करता है। प्राचीन भारतीय मंदिरों में प्रवेश द्वार पर गंगा व यमुना देवियों का अंकन गुप्त काल से मध्यकला के बीच देखा जाता है। इसमें मकरारूढ़ देवी गंगा एवं कच्छपारूढ़ देवी यमुना की मूर्तियां बनती है परन्तु रामनगर में प्रवेश द्वार के सिरदल पर देवियों को वाहनों पर बैठे दिखाया गया है। साथ ही देवी सरस्वती की उपस्थिती भी शैलीगत भिन्नता है। तीनों देवियों की एक साथ उपस्थिती का उदाहरण ऐलोरा में देखा जा सकता है। इसी प्रकार दक्षिणी भित्ति पर उत्कीर्ण नर-नारायण की चतुर्भुजी मूर्ति काशी में अद्वितीय है। ऐसी मूर्ति का प्रारम्भिक अंकन देवगढ़ के दशावतार मंदिर पर मिलता है। दक्षिणी भित्ति पर ही मल्लयुद्ध का एक सुन्दर दृश्य है। जो काशी के मनोरंजन के लोकप्रिय अंश को प्रस्तुत करती है। मंदिर के वरण्ड भाग पर उत्कीर्ण अप्सरा मूर्तियां संगीत विद्या का प्रतीक है। इनके हाथों में वीणा, सितार, सारंगी, शहनाई, संतूर, वायलिन, मृदंग,

सरोद, तबला, ढ़ोलक, बासुरी आदि वाद्ययंत्र काशी के संगीत महत्व को दर्शाते है। वहीं वेशभूषा में लम्बा चोंगा, सिलवरों वाला पायजामा, ओढ़नी के साथ माथे पर बिंदी, मस्तक पर मुकुट के साथ पंखधारी राजस्थानी प्रभाव वाली आकृतियां सम्भवतः मणिकर्णिका के शिव मंदिर पर बनी आकृतियों से प्रभावित है जिन्हें जोधपुर के शिल्पियों द्वारा बनाया गया।

मंदिर के उत्तर पूर्वी कोना (ईशान कोण) पर स्थित माता छिन्न मस्तिका देवी का मन्दिर इस अद्‌भुत मंदिर को और भी भव्यता प्रदान करता है। वर्तमान में प्रतिदिन सुबह-शाम होने वाली आरती तथा शंख घण्टा, घड़ियाल की ध्वनि के साथ मातारानी की जय का उद्‌घोष सम्पूर्ण वातावरण को द्विव्यता प्रदान करता है।

रामलीला

दक्षिण-पूर्व एशिया के इतिहास में कुछ ऐसे प्रमाण मिलते हैं जिनसे ज्ञात होता है कि इस क्षेत्र में प्राचीन काल से ही भगवान राम के जीवन चरित्र का मंचन रामलीला का प्रचलन था। इस क्षेत्र के विभिन्न देशों में रामलीला के अनेक नाम और रूप हैं। इन्हें मुख्य रूप से दो वर्गों "मुखौटा" और "छाया" रामलीला में विभाजित किया जा सकता है। इण्डोनेशिया और मलेशिया में खेली जाने वाली लाखोन, कंपूचिया की ल्खोनखोल तथा म्यांमार में मंचित होने वाली यामप्वे मुखौटा रामलीला के उदाहरण हैं। मुखौटों के माध्यम से प्रदर्शित की जाने वाली रामलीला को थाईलैण्ड में खीन कहा जाता है। पुतलियों की छाया के माध्यम से प्रदर्शित की जाने वाली रामलीला, जावा तथा मलेशिया की वेयांग और थाईलैण्ड की नंग काफी मशहूर है। भारत के अलग-अलग क्षेत्रों में भी रामलीला के अलग-अलग रंग हैं। वर्तमान समय में कुछ रामलीला समितियाँ तो इन्टरनेट के माध्यम से इसका विश्व स्तर पर प्रचार भी कर रहीं हैं।

कहा जाता है कि रामलीला की शुरूआत वर्ष 1621 ई0 में रामचरितमानस के रचयिता गोस्वामी तुलसीदास की प्रेरणा से हुई। इसी वर्ष वाराणसी के अस्सी घाट पर गोस्वामी तुलसीदास ने एक नाटक के रूप में रामलीला का विमोचन किया था और धीरे-धीरे यह वाराणसी के प्रत्येक क्षेत्र में प्रारम्भ हो गया। कहा जाता है कि काशीराज उदित नारायण सिंह (सन् 1794-1835) की महारानी के एक ताने से ही रामनगर का रामलीला की शुरूआत हुई है। बात यह थी कि उस समय में अब के मीरजापुर के बरईपुर में भोनू और बिट्ठल साहू नाम के दो व्यवसायी गाँव में रामलीला करवाते थे और काशीराज प्रतिदिन देखने जाते थे। एक बार धनुष यज्ञ की लीला में महाराजा को देर हो गई। आयोजकों ने महाराजा की प्रतिक्षा न करते हुये धनुष तुड़वा दिया। यह बात रास्ते में ही महाराजा को पता चल गई और वे वापस रामनगर किले चले गये। वे खुद की उपेक्षा से उदास थे। महारानी के पूछने पर जब उन्होंने सारी बात बतायी तो महारानी ने ताना मारा कि वे दोनों बनिया होकर रामलीला करा सकते हैं और आप महाराज होकर नहीं। इसके बाद काशी नरेश ने हर वर्ष रामलीला करवाने का संकल्प लिया था। उन्होंने किले में ही रामलीला शुरू करा दी। बाद में रामबाग में लीला होने लगी। इसके बाद 4 किलोमीटर के परिक्षेत्र में लीलास्थलों का चयन और शोधन किया गया और अयोध्या, जनकपुर, लंका, पंचवटी, पम्पासर, चित्रकूट आदि स्थान बनाये गये। रामनगर की विश्व प्रसिद्ध रामलीला 22 दिनों में पूरी होती है जो अनन्त चतुर्दशी से प्रारम्भ होकर शरद पूर्णिमा तक चलता है। रामनगर की रामलीला का उपक्रम सुमेरू मंदिर से प्रारम्भ होकर सुमेरू मंदिर पर ही विश्राम होता है। जो जपाख्य क्रम से जप का नियम है रावण जन्म से शुरू होकर यह रामलीला उपवन बिहार के प्रसंग के साथ समाप्त होती है। अनुश्रुतियों के अनुसार यह रामलीला सन् 1806 में प्रारम्भ हुई तथा लगभग 27 वर्ष तक किले में ही सम्पन्न होती रही। रामलीला के अभ्युदय के लिए अनेक प्रयास किये गये, जिसमें दूर-दराज के संतों महात्माओं को बुलाया गया। उन्हें मार्ग व्यय, भोजन सुविधा, आवास का प्रबन्ध भी किया गया। करीब 200 वर्षों से यह रामलीला वर्तमान में यथारूप विभिन्न शोधित स्थलों पर मंचित की जाती है। करीब 4 किलोमीटर के परिक्षेत्र में स्थित स्थान यथा-अयोध्या, जनकपुरी, चित्रकूट, पंचवटी, लंका आदि नामों से प्रसिद्ध हैं।

रामनगर में विशिष्ट व्यक्तियों के क्रम में महर्षि वेदव्यास के बाद गोस्वामी तुलसीदास जी का भी उल्लेख आता है जिन्होंने तपोवन नामक स्थान पर वेदव्यास की स्वामी भक्ति में कुछ समय के लिए तप किया था।

जैसा कि पूर्व में उल्लेख है, रामनगर सम्भ्रान्तों का नगर था। राजा द्वारा स्वयं सम्भ्रान्त लोगों को बसाया गया। जिस प्रकार मुगलों के दरबार में नवरत्नों की भूमिका थी उसी प्रकार काशीराज दरबार में सप्तर्षि का उल्लेख है, जिसमें मुख्य रूप से काष्ठ जिह्वा स्वामी, पंडित रामनिरंजन स्वामी, हरिहर प्रसाद सिंह चौधरी, राजा रघुराज सिंह, बंधन पाठक जी, स्वयंवर प्रसाद पाण्डेय आदि थे। इनके सतत् योगदान का उदाहरण वर्तमान में भी चल रही विश्व प्रसिद्ध रामलीला है। राजतंत्र के समानता वाले परिवारों में हरिशंकर प्रसाद "हजारी", रणबहादुर सिंह, ब्रिटिश काल में पदस्थ व सम्मानित बिना वेतन मजिस्ट्रेट हरिनारायण तिवारी इत्यादि थे। सन् 1963 में रामलीला के संचालन के लिए एक समिति का गठन हुआ था जिसमें-

सभापति- झारखण्डी प्रसाद नारायण सिंह

उप सभापति- हजारी सूरत प्रसाद शुक्ल

मंत्री- महावीर प्रसाद

सदस्य- बृजबिहारी लाल (स्टेट कलेक्टर), चौधरी झुन्नी सिंह, श्री नारायण जी तिवारी, राजकिशोर दास जी, पंडित सुखनन्दन जी तिवारी, बाबू मुन्नी लाल अग्रवाल। थानाध्यक्ष, लक्ष्मण झा, पेशकार, मुंशी भवानी प्रसाद जी थे।

काशी (वाराणसी)-घटना क्रम की दृष्टि में

मार्क ट्वेन ने लिखा है कि "वाराणसी इतिहास से भी प्राचीन है, परम्परा की दृष्टि से भी अतिशय प्राचीन है और मिथकों से कहीं अधिक प्राचीन है और यदि तीनों (इतिहास, परम्परा और मिथक) को एक साथ रखा जाए तो यह उससे दोगुनी प्राचीन है।" प्रस्तुत है अतीत के आईने में झाँकते हुए काशी से जुड़ी प्रमुख तिथियों एवं घटनाओं का विवरण-

द्वापर युग -काशी के राजा शौन हौत्र थे जिनके तीसरी पीढी में जन्मे दिवोदास भी काशी के राजा हुये।

9वीं सदी, ई0पू0-शंकराचार्य की काशी-यात्रा और "शंकरदिग्विजय" तथा "ब्रह्मसू-भाष्य" की रचना।

816 ई0पू0 -आदि जगदगुरू शंकराचार्य का काशी में आगमन हुआ।

800 ई0पू0 -राजघाट (वाराणसी) में प्राचीनतम बस्ती और मिट्टी के तटबंध के पुरावशेष

8वीं सदी ई0पू0 -तेईसवें जैन तीर्थंकर पार्श्वनाथ का काशी में जन्म।

7वीं सदी ई0पू0 -काशी एक स्वतंत्र महाजनपद।

625 ई0पू0 -काशी सारनाथ में सर्वप्रथम भगवान बुद्ध ने बौद्धधर्म का उपदेश दिया था।

405 ई0पू0 -चीनी यात्री फाह्यान का काशी में आगमन हुआ।

340 ई0पू0 -सम्राट अशोक की वाराणसी-यात्रा। सारनाथ में अशोक-स्तंभ और धम्मेख तथा धर्मराजिक स्तूपों की स्थापना।

1 ई0 से 300 ई0-राजघाट के पुरावशेषों के आधार पर वाराणसी के इतिहास में समृद्धि का काल।

सन् 302 -मणिकर्णिका घाट का निर्माण हुआ था

सन् 580 -पचगंगा घाट का निर्माण हुआ।

12वीं सदी -काशी पर गहड़वालों का शासन। गहड़वाल नरेश गोविन्दचंद्र के राजपंडित दामोदर द्वारा तत्कालीन लोकभाषा (कोसली) में उक्तिव्यक्ति प्रकरण की रचना। गोविंदचंद्र की रानी कुमारदेवी ने सारनाथ में विहार बनवाया। गहड़वाल युग में काशी के प्रधान देवता अविमुक्तेश्वर शिव की विश्वेश्वर में तब्दीली।

सन् 1193 -काशीराज जयचंद की मृत्यु।

सन् 1194 -कुतुबुद्दीन का काशी पर आक्रमण हुआ, जिसने विष्णु-मंदिर को तोड़कर ढाई कंगूरे की मस्जिद बनवा दी।

सन् 1194 व 1197-काशी पर शहाबुद्दीन और कुतुबुद्दीन ऐबक के हमले। काशी की भारीलूट। गहड़वालों का अंत।

सन् 1248 -दूसरी बार मुहम्मद गोरी का आक्रमण हुआ।

सन् 1393 -माघ शुक्ल पूर्णिमा को काशी में रविदास का जन्म हुआ।

सन् 1516 -फरवरी माह में चैतन्य महाप्रभु का काशी में आगमन हुआ, जहाँ पर ठहरे थे वह स्थान चैतन्य वट के नाम से प्रसिद्ध है।

सन् 1526 -बाबर ने इब्राहीम लोदी को पराजित करने के बाद काशी पर भी आक्रमण किया।

सन् 1531 -बनारस व सारनाथ में हुमायूं का डेरा।

सन् 1538 -बनारस पर शेरशाह की चढ़ाई।

सन् 1553 -सिख सम्प्रदाय के प्रथम गुरु श्री गुरूनानक देव जी का काशी आगमन हुआ और काशी में कई वर्ष तक ठहरे थे। यह स्थान आज गुरुबाग के नाम से प्रसिद्ध है।

सन् 1565 -काशी पर बादशाह अकबर का कब्जा।

सन् 1583-91 -प्रथम अंग्रेज यात्री रॉल्फ फिच की वाराणसी-यात्रा।

सन् 1584 -काशी में ज्ञानवापी स्थित प्राचीन विश्वेश्वर मन्दिर का निर्माण दिल्ली सम्राट अकबर के दरबारी राजा टोडरमल के द्वारा हुआ।

सन् 1585 -राजा टोडरमल और नारायण भट्ट की मदद से विश्वनाथ मंदिर का पुननिर्माण।

सन् 1600 -राजा मान सिंह द्वारा काशी में मानमंदिर और घाट का निर्माण।

सन् 1623 -सोमवंशी राजा वासुदेव के मंत्री नरेणु रावत के पुत्र श्री नारायण दास के दान से काशी में मणिकर्णिका घाट स्थित चक्रपुष्करणी तीर्थ का निर्माण हुआ।

सन् 1642 -विंदुमाधव मन्दिर (प्रथम) का निर्माण जयपुर के राजा जयसिंह द्वारा हुआ।

सन् 1656 -दारा शिकोह की बनारस यात्रा।

सन् 1666 -औरंगजेब की आगरा-कैद से भागकर छत्रपति शिवाजी कुछ दिन काशी में ठहरे।

सन् 1669 -औरंगजेब के आदेश से विश्वनाथ मंदिर गिरा कर उसके स्थान पर ज्ञानवापी की मस्जिद उठा दी गई। बिंदुमाधव का मन्दिर भी गिराकर वहां मस्जिद बनाई गई।

सन् 1669 -औरंगजेब के समय में उसकी आज्ञा से ज्ञानवापी का विश्वेश्वर मन्दिर तोड़ा गया।

सन् 1669 -छत्रपति शिवाजी आगरे के किले से औरंगजेब को चकमा देकर कैद से निकल कर सीधे काशी आये। यहाँ आकर पंचगंगा घाट पर स्नान किया।

सन् 1673 -काशी में औरंगजेब द्वारा बेनी माधव का मन्दिर तोड़ा गया।

सन् 1699 -आमेर के महाराज सवाई जयसिंह ने काशी में पंचगंगा घाट पर राम मन्दिर बनवाया था।

सन् 1714 -गंगापुर ग्राम में कार्तिक कृष्ण पक्ष में काशीराज महाराज बलवन्त सिंह का जन्म हुआ।

सन् 1725 -काशी राज्य की स्थापना।

सन् 1734 -नारायण दीक्षित पाटणकर का वाराणसी आगमन उन्होंने यहां कई घाट बनवाए।

सन् 1737 -महाराजा जयसिंह नें मानमन्दिर वेधशाला का निर्माण कराया।

सन् 1740 -बलवन्त सिंह के पिता श्री मनसाराम का देहावसान हो गया।

सन् 1741-42 -गंगापुर में तत्कालीन काशीराज द्वारा दुर्ग का निर्माण कराया गया।

सन् 1737 -सवाई जयसिंह द्वारा मानमंदिर-वेधशाला की स्थापना।

सन् 1747 -राजा बलवन्त सिंह ने चन्देलवंशी राजा को पराजित कर विजयगढ़ पर अधिकार किया।

सन् 1752 -काशीराज बलवंत सिंह द्वारा रामनगर किले का निर्माण।

सन् 1754 -महाराज बलवन्त सिंह ने पलिता दुर्ग पर विजय पाया।

सन् 1755 -बंगाल, नागौर राज्य की रानी भवानी के द्वारा पंचक्रोशी स्थित कर्दमेश्वर महादेव के सरोवर का निर्माण हुआ।

सन् 1756 -रानी भवानी ने भीमचण्डी के सरोवर का निर्माण करवाया।

सन् 1770 -21 अगस्त को महाराज बलवन्त सिंह का स्वर्गवास हुआ।

सन् 1770-81 -काशी पर महाराज चेतसिंह का शासन था।
सन् 1777 -महारानी अहिल्याबाई ने विश्वनाथ मंदिर का नवनिर्माण कराया।
सन् 1781 -16 अगस्त को काशी में शिवाला घाट पर अंग्रेजी सेना से राजा चेत सिंह के सिपाहियों का संघर्ष हुआ। यह विद्रोह राजभक्त नागरिकों द्वारा मारे गये।
सन् 1781 -अगस्त में काशी की देश भक्त जनता की क्रांति से भयभीत होकर वारनेहेस्टिंग्स जनाने वेश में नौका द्वारा चुनार भाग गया।
सन् 1781-94 -काशी राज्य पर महाराज महीप नारायण का राज्य था।
सन् 1785 -काशी में महारानी अहिल्या बाई द्वारा विश्वनाथ मन्दिर का निर्माण हुआ।
सन् 1787-95 -जोनाथन डंकन बनारस के रेजिडेंट।
सन 1787 -काशी में प्रथम बार भूमि का बन्दोबस्त मिस्टर डंकन साहब के द्वारा हुआ जो डंकन बन्दोबस्त के नाम से जाना जाता है।
सन् 1791 -वाराणसी में संस्कृत पाठशाला (अब संस्कृत विश्वविद्यालय) का प्रस्ताव जोनाथन डंकन ने रखा था।
सन् 1794 -काशी राजकीय संस्कृत विद्यालय (क्वींस कालेज) की स्थापना।
सन् 1802 -बनारस की पहली पक्की एवं मुख्य सड़क दालमण्डी, राजादरवाजा, काशीपुरा, औसानगंज होते हुये जी. टी. रोड तक बनाई गई।
सन् 1814 -बनारस में लार्ड हेस्टिंग्स का आगमन और दरबार।
सन् 1816 -पश्चिम बंगाल के राजा जयनारायण द्वारा रेवड़ी तालाब मुहल्ले में अंग्रेजी भाषा के प्रथम विद्यालय "जयनारायण हाईस्कूल" (वर्तमान में यह इण्टर कालेज) की स्थापना।
सन् 1818 -काशी के अस्सी मुहल्ले में रानी लक्ष्मीबाई का जन्म हुआ।
सन् 1820 -वर्तमान न्यायालय भवन (कलेक्ट्री कचहरी) का निर्माण हुआ।
सन् 1822 -जेम्स प्रिंसेप ने बनारस का सर्वेक्षण किया।
सन् 1825 -बाजीराव पेशवा द्वितीय ने कालभैरव मन्दिर का निर्माण कराया।
सन् 1827 -फारसी शायर मिर्जा गालिब का काशी में आगमन, जो वर्तमान घुघरानी गली में ठहरे थे।
सन् 1828 -ज्ञानवापी के खंडित सरोवर की रक्षा हेतु ग्वालियर रानी बैजबाई ने एक कूप बनवाया।
सन् 1828-29 -जेम्स प्रिंसेप द्वारा बनारस की जनगणनाय कुल आबादी-1,80,000
सन् 1830 -विश्वेश्वरगंज स्थित गल्ला मण्डी (अनाज की सट्टी) का निर्माण हुआ।
सन् 1835 -काशीराज महाराज ईश्वरी नारायणसिंह राज्य पर बैठे तथा 1889 में उनका स्वर्गवास।
सन् 1839 -पंजाब के महाराजा रणजीत सिंह के द्वारा काशी विश्वनाथ मन्दिर के कलश पर स्वर्ण-पत्र-चढ़ाया
सन् 1845 -बनारस का पहला सप्ताहिक समाचार पत्र "बनारस" प्रकाशित हुआ।
सन् 1853 -वाराणसी कैंट रेलवे स्टेशन का निर्माण पूरा हुआ।
सन् 1866 -काशी म्यूनिसिपल बोर्ड (नगर पालिका) की स्थापना हुई।
सन् 1867 -काशी में प्रथम बार चुंगी (कर) लगी।
सन् 1869 -22 अक्टूबर को काशी में स्वामी दयानन्द सरस्वती का आगमन हुआ। दुर्गा कुण्ड पर राजा माधव सिंह बाग में विद्वानों से शास्त्रार्थ हुआ।
सन् 1872 -कमिश्नर सी. पी. कारमाइकल के नाम पर ज्ञानवापी में लाइब्रेरी की स्थापना।
सन् 1875 -कुँवर विजयनगरम् श्री गजपति सिंह के द्वारा टाउनहाल का निर्माण हुआ। जिसका उद्‌घाटन सन् 1876 में प्रिस ऑफ वेल्स के द्वारा हुआ।
सन् 1880-87 -राजघाट पुल (डर्फिन ब्रिज) का निर्माण हुआ।
सन् 1882 -नागरी प्रचारिणी सभा पुस्तकालय एवं बंग साहित्य पुस्तकालय की स्थापना।
सन् 1882 -काशी में गंगा की अधिक बाढ़ हुई थी। कोदई-चौकी तक नावें चली थीं।

सन् 1885	-काशी में कांग्रेस कमेटी की स्थापना हुई। इसकी प्रथम बैठक रामकली चौधरी के बाग में हुई थी। जिसके सदस्य डॉ0 छन्नू लाल, बसीउद्दीन मुख्तार, मु0 माधोलाल, उपेन्द्रनाथ, वृन्दावन वकील थे।
सन् 1887	-राजघाट स्थित गंगा पर रेल-सड़क पुल का उद्घाटन।
सन् 1888	-काशी यात्रा के लिये स्वामी विवेकानन्द का आगमन हुआ।
सन् 1889-31	-काशी राज्य पर महाराज प्रभुनारायण सिंह का राज्य था।
सन् 1890	-भेलुपुर स्थित जल संस्थान का महारानी विक्टोरिया के पौत्र प्रिंस एलबर्ट विक्टर द्वारा शिलान्यास।
सन् 1891	-सारनाथ में अनागारिक धर्मपाल द्वारा महाबोधि संस्था स्थापित हुई।
सन् 1892	-14 नवम्बर को तत्कालीन संयुक्त प्रांत के गवर्नर द्वारा भेलुपुर जल संस्थान का उद्घाटन।
सन् 1893	-"काशी नागरी प्रचारिणी सभा" की स्थापना।
सन् 1897	-पादरी जानसन के द्वारा काशी में गिरजाघरों का निर्माण हुआ। प्रथम-सिगरा, दूसरा-गोदौलिया का।
सन् 1898	-आर्यभाषा पुस्तकालय की स्थापना।
सन् 1904	-तत्कालीन काशी नरेश की अध्यक्षता में काशी हिन्दू विश्वविद्यालय के स्थापना के लिये पहली बैठक हुई।
सन् 1910	-काशी में हिन्दी साहित्य सम्मेलन की स्थापना हुई।
सन् 1910	-सारनाथ संग्रहालय का निर्माण कराया गया।
सन् 1916	-पं0 मदन मोहन मालवीय के प्रयासों से काशी हिन्दू विश्वविद्यालय की स्थापना।
सन् 1918	-काशी में प्रथम सिनेमा घर का निर्माण बैजनाथ दास शाहपुरी द्वारा बांसफाटक पर मदन थियेटर के नाम से हुआ।
सन् 1920	-काशी विद्यापीठ की स्थापना।
सन् 1920	-महात्मा गांधी काशी में आये और तीन दिनों तक ठहरे।
सन् 1921	-10 फरवरी को गांधी जी का पुनः काशी आगमन हुआ। तीसरी बार 1921 में उन्होंने विद्यापीठ का शिलान्यास किया।
सन् 1925	-26 दिसम्बर को काकोरी षडयन्त्र के सम्बन्ध में वाराणसी में अनेक लोगों को गिरफ्तार किया गया। इसमें काशी के राजेन्द्र लाहिड़ी को फाँसी दी गयी।
सन् 1928	-वाराणसी में बिजलीकरण।
सन् 1931	-जून मे प्रथम बार नेता जी सुभाषचन्द्र बोस का आगमन हुआ। दशाश्वमेध स्थित चितरंजन दास पार्क में अभिमन्यु दल द्वारा मान पत्र दिया गया। टाउनहाल के मैदान में नव जवान भारत सभा की ओर से एक सभा हुई।
सन् 1933-34	-रिक्शे की सवारी की शुरुआत "दी रेस्टोरेंट" के मालिक बद्री बाबू ने की।
सन् 1934	-13 जनवरी को काशी में भूकम्प आया।
सन् 1934	-28 दिसम्बर को राजा बलदेव दास बिड़ला के दान से सारनाथ में एक धर्मशाला का निर्माण हुआ।
सन् 1937	-"भारतमाता मन्दिर" का महात्मा गांधी द्वारा उद्घाटन।
सन् 1939	-काशी राज्य में प्रजा की माँग पर काशी नरेश श्री महाराज आदित्य नारायण सिंह ने प्रजा परिषद की घोषणा की।
सन् 1940	-राजघाट (वाराणसी) के उत्खनन की शुरूआत।
सन् 1948	-15 अक्टूबर को बनारस राज्य का भारतीय संघ में विलय हुआ।
सन् 1956	-बुद्ध-पूर्णिमा के दिन "बनारस" को अधिकृत रूप से पुराना "वाराणसी" नाम दिया गया।
सन् 1964	-तुलसी मानस मन्दिर (दुर्गाकुण्ड के पास) का निर्माण हुआ।
सन् 1986	-काशी में हरिश्चन्द्र घाट पर प्रथम शवदाह गृह स्थापित किया गया।

काशी (वाराणसी) में श्री कृष्ण

महाभारत काल में काशी भारत के समृद्ध जनपदों में से एक था। महाभारत में वर्णित एक कथा के अनुसार एक स्वयंवर में पाण्डवों और कौरवों के पितामह भीष्म ने काशी नरेश की तीन पुत्रियों अंबा, अंबिका और अंबालिका का अपहरण किया था। इस अपहरण के परिणामरूवरूप काशी और हस्तिनापुर की शत्रुता हो गई। कर्ण ने भी दुर्योधन के लिए काशी के राजकुमारी का बलपूर्वक अपहरण किया था, जिस कारण काशी नरेश महाभारत के युद्ध में पाण्डवों की तरफ से लड़े थे। कालांतर में गंगा की बाढ़ ने हस्तिनापुर को डुबो दिया, तब पाण्डवों के वंशज वर्तमान इलाहाबाद जिले में यमुना किनारे कौशाम्बी में नई राजधानी बनाकर बस गये। उनका राज्य वत्स कहलाया और काशी पर वत्स का अधिकार हो गया।

काशी (वाराणसी) में भगवान बुद्ध

स्कन्द पुराण के काशी खण्ड (85, 112-113) में यह उल्लेंख है कि काशी से उत्तर में धर्म क्षेत्र सारनाथ विष्णु का निवास स्थान है जहाँ उन्होंने बुद्ध का रूप धारण किया था। सारनाथ, काशी से 7 मील पूर्वोत्तर में स्थित बौद्धों का प्रचीन तीर्थ है। ज्ञान प्राप्ति के पश्चात भगवान बुद्ध ने अपना प्रथम उपदेश यहीं दिया था। यहीं से उन्होंने "धर्म चक्र प्रवर्तन" प्रारम्भ किया था। जहां भगवान बुद्ध ने अपना प्रथम प्रवचन दिया था। इसमें उन्होंने बौद्ध धर्म के मूलभूत सिद्धान्तों का वर्णन किया था। यहाँ चौखण्डी स्तूप भी स्थित है जहाँ बुद्ध अपने प्रथम शिष्यों से (लगभग 5वीं शताब्दी ईसापूर्व) मिले थे। वहाँ एक अष्टभुजी मीनार बनवायी गयी थी। अशोक-पूर्व स्तूपों में से कुछ ही शेष हैं, जिनमें से एक धामेक स्तूप यहीं अब भी खड़ा है, हालांकि अब उसके मात्र आधारशिला के अवशेष ही शेष हैं। यहाँ पर सारंगनाथ महादेव का मन्दिर भी है जहाँ श्रावण मास में हिन्दुओं का मेला लगता है। सारनाथ, जैन तीर्थ भी है। जैन ग्रन्थों में इसे सिंहपुर कहा गया है। सारनाथ की दर्शनीय वस्तुएं अशोक का चतुर्मुख सिंह स्तम्भ, भगवान बुद्ध का मन्दिर, धम्मेख स्तूप, चौखण्डी स्तूप, राजकीय संग्रहालय, जैन मन्दिर, चीनी मन्दिर, मूलगंध कुटी और नवीन विहार हैं। मुहम्मद गोरी ने इसे नष्ट-भ्रष्ट कर दिया था। सन् 1905 में पुरातत्व विभाग ने यहाँ खुदाई का काम प्रारम्भ किया उसी सगय बौद्ध धर्म के अनुयायीयों और इतिहास के विद्वानों का ध्यान इधर गया। वर्तमान में सारनाथ लगातार विकास की ओर है।

काशी (वाराणसी) में स्वामी विवेकानन्द

वाराणसी के वीरेश्वर महादेव की अराधना से प्राप्त होने के कारण, माता ने वीरेश्वर नाम दिया और प्रेम से "विले" पुकारती, परन्तु पिता ने नरेन्द्रनाथ नाम दिया। सन् 1886 ई0 में अपने गुरू रामकृष्ण परमहंस के स्वर्गवास के उपरान्त भारत भ्रमण के लिए निकले जिसमें वे सबसे पहले वाराणसी आये और गोलघर में दामोदर दास के धर्मशाला में रूके थे। सिधिया घाट पर स्नान के दौरान उनका सामना बंगाली ड्योढ़ी के बाबू प्रमदा दास मिश्रा से हुआ और वे उनके घर गये। सन् 1889 ई0 में स्वामी विवेकानन्द वाराणसी में बाबा विश्वनाथ और माँ अन्नपूर्णा का आशीर्वाद लेने आये थे। वहाँ उन्होंने प्रतिज्ञा की थी कि या तो आदर्श की उपलब्धि करूँगा, नहीं तो देह का ही नाश कर दूँगा। फिर वे इलहाबाद चले गयें वहाँ से वे गाजीपुर गये जहाँ वे वहाँ के प्रसिद्ध संत पावहारी बाबा से मिले। स्वामी जी पुनः 1890 ई0 में काशी आये। स्वामी जी ने काशी में गंगा घाट व देवालयों के अलावा संत-महात्माओं से सम्पर्क किया। तैलंग स्वामी और स्वामी भास्करानन्द से खास मुलाकात किये। सन् 1893 ई0 में शिकागो धर्म सभा सम्बोधन के उपरान्त सन् 1902 के जनवरी-फरवरी माह में वे पुनः काशी आये। स्वामी विवेकानन्द ने वाराणसी कैण्ट से रविवार, 9 फरवरी, 1902 को स्वामी स्वरूपानन्द को लिखित पत्र में लिखा था-

"बौद्ध धर्म और नव हिन्दू धर्म के सम्बन्ध के विषय में मेरे विचारों में क्रांतिकारी परिवर्तन हुआ है। उन विचारों को निश्चित रुप देने के लिए कदाचित् मैं जिवित न रहूँ परन्तु उसकी कार्य प्रणाली का संकेत मैं छोड़ जाऊँगा और तुम्हें और तुम्हारे भातृ-गणों को उस पर काम करना होगा।"-(पत्रावली भाग-2, पृष्ठ-310) उस समय स्वामी जी अर्दली बाजार स्थित गोपाल विला (वर्तमान में एल. टी. कालेज) में ठहरे थे। स्वास्थ ठीक न होने के कारण वे वापस बेलूर मठ चले गये जहाँ वे 4 जुलाई 1902 को महासमाधि में लीन हुये थे। वाराणसी में लक्सा स्थित श्री रामकृष्ण मिशन सेवाश्रम और अद्वैत आश्रम के साथ नदेसर क्षेत्र के मिन्ट हाउस में आदम कद प्रतिमा लगी है जो स्वामी विवेकानन्द की याद सदैव दिलाता है।

काशी (वाराणसी) में लव कुश सिंह "विश्वमानव"

जिस प्रकार वर्तमान व्यावसायिक-समाजिक-धार्मिक इत्यादि मानवीय संगठन में विभिन्न पद जैसे प्रबन्ध निदेशक, प्रबन्धक, शाखा प्रबन्धक, कर्मचारी, मजदूर इत्यादि होते हैं उसी प्रकार यह सम्पूर्ण ब्रह्माण्ड एक ईश्वरीय संगठन है जिसमें सभी अपने-अपने स्तर व पद पर होकर जाने-अनजाने कार्य कर रहें हैं। प्रत्येक व्यक्ति की अपनी बुद्धि-ज्ञान-चेतना-ध्यान इत्यादि गुण ही उसके कार्य का फल देती है जिसका जिम्मेदार वह व्यक्ति स्वयं होता है न कि ईश्वरीय संगठन का वह सार्वभौम सत्य-सिद्धान्त। मानवीय संगठन का विचार हो या ईश्वरीय संगठन का सार्वभौम सत्य-सिद्धान्त यह दोनों ही कर्मचारी के लिए मार्गदर्शक नियम है। जिस प्रकार कोई मानवीय संगठन आपके पूरे जीवन का जिम्मेदार हो सकता है उसी प्रकार ईश्वरीय संगठन भी आपके पूरे जीवन का जिम्मेदार हो सकता है। जिसका निर्णय आपके पूरे जीवन के उपरान्त ही हो सकता है परन्तु आपके अपनी स्थिति के जिम्मेदार आप स्वयं है। जिस प्रकार मानवीय संगठन में कर्मचारी समर्पित मोहरे की भाँति कार्य करते हैं उसी प्रकार ईश्वरीय संगठन में व्यक्ति सहित मानवीय संगठन भी समर्पित मोहरे की भाँति कार्य करते हैं, चाहे उसका ज्ञान उन्हें हो या न हो। और ऐसा भाव हमें यह अनुभव कराता है कि हम सब जाने-अनजाने उसी ईश्वर के लिए ही कार्य कर रहें हैं जिसका लक्ष्य है-ईश्वरीय मानव समाज का निर्माण जिसमें जो हो सत्य हो, शिव हो, सुन्दर हो और इसी ओर विकास की गति हो।

श्री लव कुश सिंह "विश्वमानव" का जीवन सार्वभौम सत्य-सिद्धान्त का सत्य और नाम-रूप-गुण-कर्म के जीवन्त उदाहरण है। प्रकृति के तीन गुण सत्व-रज-तम हैं। विश्वमन का विखण्डन होकर इन तीन गुणों से युक्त ही ब्रह्माण्ड की वस्तुएँ हैं। विखण्डन और संलयन फिर विखण्डन प्रकृति का नियम है। विखण्डन से अलग-अलग वस्तुएँ व्यक्त होती हैं जबकि संलयन से वस्तुओं का एकीकरण होता है। एकीकरण की दिशा में विकास होने से सत्व-रज-तम तीनों का संक्रमणीय-गुणात्मक-संकलनीय विकास होता है जब अन्तिम अवतार की बात है तो निश्चित रूप से सभी विचार धाराओं से उपर उठकर अन्तिम सत्य का ही प्रकटीकरण होगा। सत्व, ज्ञान का प्रतीक और श्वेत रंग का है जिससे सभी प्रकार की सुखात्मक अनुभूति होती है। रजस क्रिया प्रेरक है जो वस्तुओं को भी उत्तेजित करता है, इसका रंग लाल है। तमस अज्ञान या अंधकार का प्रतीक है जो निष्क्रियता और जड़ता का द्योतक है। इसका रंग काला है। ये तीनों गुण प्रकृति के अलावा विश्व की प्रत्येक वस्तु में अन्तर्भूत है। इसलिए प्रकृति तथा विश्व की सभी वस्तुओं को त्रिगुणात्मक कहा जाता है। लेकिन किसी वस्तु में कोई एक गुण तो किसी अन्य वस्तु में अन्य गुण प्रबल होता है।

रज मार्ग के पुनर्जन्म मार्ग से श्री लव कुश सिंह "विश्वमानव" का जीवन स्वामी विवेकानन्द के अगले कड़ी के लिए इस प्रकार सिद्ध होता है कि स्वामी विवेकानन्द के ही कार्यों को आगे बढ़ाने व पूर्ण करने के लिए सार्वभौम सत्य-सिद्धान्त ने श्री लव कुश सिंह "विश्वमानव" की रचना की है। जिसके व्यक्तिगत व सार्वजनिक प्रमाणित अनेक उदाहरण है जिसका उल्लेख "विश्वशास्त्र" में विस्तार से है। स्वामी विवेकानन्द, अपने चिरशान्ति में लीन 4 जुलाई 1902 के मात्र 4 माह 25 दिन पूर्व वाराणसी में थे और जिस अर्दली बाजार में वे रूके थे उसी अर्दली

बाजार में श्री लव कुश सिंह "विश्वमानव" ने विश्वबन्धुत्व के शासनिक प्रक्रिया के अनुसार स्थापनार्थ "प्राकृतिक सत्य मिशन" की स्थापना की थी।

सत्व के शिव मार्ग से, चन्द्रवंशीय कूर्म क्षत्रिय (चन्देल वंश), जिस वंश का राज कभी प्राचीन समय में काशी पर हुआ करता था, में जन्म लेने वाले श्री लव कुश सिंह "विश्वमानव" का सम्बन्ध वाराणसी से प्राकृतिक रूप से ही जुड़ा रहा। ऐसा नहीं कि वाराणसी से खुद को जोड़ने के लिए कहीं बाहर से वे वाराणसी आये हों। पहली बार उनके पिता ने लगभग 5 वर्ष की अवस्था में ज्योतिर्लिंग काशी विश्वनाथ के दर्शन कराने सन् 1972 में लाये थे। फिर सन् 1981 में श्री लव कुश सिंह "विश्वमानव" के शरीर में हुए मुख्य तीन रोग (1. मई-जून, सन् 1981 में-कान के अन्दर से मांस का बढ़ना, 2. मई-जून, सन् 2000 में-नाभि का बढना, 3. सन् 2006 में बायें पैर में घाव) में से पहले का इलाज गोदौलिया स्थित डा0 एस. नाथ के ई. एन. टी अस्पताल में सफलता पूर्वक हुआ था। इसी दौरान उनके पिता जी ने उन्हें असीघाट से लेकर राजघाट तक गंगा किनारे पैदल यात्रा भी कराये। फिर उसी वर्ष कक्षा-11 वीं में काशिराज द्वारा स्थापित प्रभुनारायण राजकीय इण्टर कालेज, रामनगर, वाराणसी में शिक्षा हेतु प्रवेश हुआ। उस समय उनकी उम्र लगभग 14 वर्ष थी। अध्ययन के दौरान उन्हें रामनगर किले में चित्रकला प्रतियोगिता के लिए विद्यालय की ओर से भी जाने का अवसर मिला था जहाँ उस समय महाराज काशी नरेश श्री विभूति नारायण सिंह एवं कुँवर अनन्त नारायण सिंह के भी दर्शन के अवसर प्राप्त हुये थे। 2 वर्ष रामनगर में अध्ययन के दौरान गोलाघाट स्थित स्व. एस. एस. लाल के मकान में किराये पर रहना हुआ। जिनके छोटे पुत्र राकेश रंजन श्रीवास्तव उनके सहपाठी थे और वर्तमान में वे दिल्ली में एम. बी. बी. एस. डाक्टर हैं। रामनगर से शिक्षा पूर्ण होने के उपरान्त उनका प्रवेश सन् 1983 में श्री हरिश्चन्द्र स्नातकोत्तर महाविद्यालय, मैदागिन, वाराणसी में बी. एस. सी (बायोलाजी) में हुआ और वे सन् 1985 में लगभग 17 वर्ष 6 माह की अवस्था में परीक्षा उत्तीर्ण किये जो हो सकता हो यह एक रिकार्ड ही बन गया हो। चाहे साहित्यकार हरिश्चन्द्र के अर्थों में हो या सत्यवादी राजा हरिश्चन्द्र के अर्थों में श्री लव कुश सिंह "विश्वमानव" का कार्य दोनों को सत्य शक्ति का आधार ही प्रदान करता है। सन् 1987 में 6 माह का कम्प्यूटर पाठ्यक्रम तारा इन्स्टीट्यट, टकसाल बिल्डिंग, नदेसर, वाराणसी से पूर्ण करने के बाद आगे का कम्प्यूटर पाठ्यक्रम पूरा करने के लिए नई दिल्ली जाने के बाद सन् 1988 में पुनः कम्प्यूटर प्रोग्रामर के रूप में टकसाल बिल्डिंग, नदेसर, वाराणसी ही आ गये और लगभग 1 वर्ष तक इमलाक कालोनी, नदेसर में रहकर नौकरी किये। फिर उसके बाद अपनें जन्म स्थान बेगूसराय (बिहार) चले गये। फिर वाराणसी में व्यापारिक आगमन सन् 2004 में हुआ और अर्दली बाजार में चौरा माता मन्दिर के सामने सन् 2007 तक रहे और तब से वाराणसी को केन्द्र बनाकर आना-जाना लगातार बना रहा। सन् 2011 में काशीराज परिवार के कुवर अनन्त नारायण सिंह के भांजे व डा0 अशोक सिंह के पुत्र के विवाह में शामिल होने का अवसर भी प्राप्त हुआ और बारात के साथ कुशीनगर की यात्रा भी हुई।

तम मार्ग से, जिसका उल्लेख "विश्वशास्त्र" में विस्तार से है।

जग के सत्य हैं तीन नाम, लवकुश, कृष्ण और राम ।
तम, रज और सत्व के ये परिणाम। शंकर, विष्णु और ब्रह्मा के समान ।
समझो इनको मिलेगा पूर्ण ज्ञान।

moralrenew.com

काशी (वाराणसी) में कल्कि अवतार मन्दिर

01. श्री कल्कि अवतार मन्दिर, श्री दुर्गा मन्दिर परिसर, दुर्गा कुण्ड, वाराणसी (उ0प्र0)
02. श्री कल्कि अवतार मन्दिर, अन्न क्षेत्र, काशी, वाराणसी (उ0प्र0)
03. श्री कल्कि अवतार मन्दिर, बड़ी शीतला माँ, दशाश्वमेध घाट, काशी, वाराणसी (उ0प्र0)
04. श्री कल्कि अवतार मन्दिर, श्री काशी विश्वनाथ मन्दिर, वटवृक्ष, वाराणसी (उ0प्र0)
05. श्री कल्कि अवतार मन्दिर, किला घाट, रामनगर वाराणसी (उ0प्र0)

काशी चौरासी कोस यात्रा

दण्डी स्वामी शिवानन्द सरस्वती जी बीसवीं शताब्दी के सुविख्यात सन्त धर्म सम्राट स्वामी हरिहरानन्द सरस्वती स्वामी करपात्री जी महाराज (सन् 1902-1982) के कृपापात्र शिष्य हैं और आपने सनातन धर्म के प्रचार-प्रसार में युगान्तकारी योगदान किया है। दण्डी स्वामी शिवानन्द जी का जन्म सन् 1932 ई0 में माघ शुक्ल बसन्त पंचमी, सरस्वती जन्मोत्सव के दिन प्रातः 7 बजे काशी के मणिकर्णिका घाट पर हुआ। दण्डी स्वामी शिवानन्द सरस्वती जी के बचपन का नाम शिवनारायण उपाध्याय था। इनके पिता अयोध्या हनुमानगढ़ी के रहने वाले थे। पिता का नाम भोला नाथ व माता का नाम उमा देवी था। सन् 1948 में इन्होंने करपात्री जी से दीक्षा ग्रहण की। स्वामी शिवानन्द सरस्वती जी ने अपने अथक परिश्रम से काशी की वृहद चौरासी कोस यात्रा की खोज की है। रूद्र प्रताप गौतम जी ने अपनी पुस्तक "काशी यात्रा" में लिखा है कि मुगल शासन काल में लुप्त हुई अनेक यात्रा के समान यह यात्रा भी लुप्त हो गई थी। चौरासी कोस परिक्रमा दर्शन यात्रा स्वामी शिवानन्द जी प्रतिवर्ष फाल्गुन शुक्ल प्रतिपदा के दिन प्रातः 8 बजे अपने भक्तों के साथ करते हैं।

यह यात्रा फूलमण्डी, ज्ञानवापी से चलकर मणिकर्णिका घाट में स्नान करने के बाद प्रारम्भ होती है। पंचगंगा घाट से नौका द्वारा गंगा पार कर सेमरा, बखरा, व्यासपुर होते हुए वेदव्यास नगर, चाँदी तारा गाँव पहुँचेंगे। यह प्रथम पड़ाव है। दुर्गा जी, रामबाग दर्शन करके बालत्रिपुरी सुन्दरी देवी, रतनबाग, का दर्शन करते रामनगर उद्योग कारखाना जीवनाथपुर, पटनवाँ, गोपालपुर, भवानीपुर, नारायणपुर होते हुए विष्णुधाम, वैकुण्ठपुर मीरजापुर में दूसरा पड़ाव है। फिर वैकुण्ठपुर से शिवशंकरी धाम में दर्शन करते हुए कैलहट, जमुई बाजार, पावर हाउस के पश्चिम राजकीय डिग्री कालेज होते हुए आचार्य जी के मन्दिर में तीसरा पड़ाव वल्भाचार्य धाम है। फिर चुनार घाट होते हुए खानपुर, पाहों गाँव होते हुए कछवाँ बाजार में दाहिने तरफ पोखरा और हनुमान जी के मन्दिर में चौथा पड़ाव हनुमानधाम है। हनुमान धाम से कछवाँ रोड, कपसेठी कालिका बाड़ा होते हुए कालिकाधाम में पाँचवाँ पड़ाव है। यहाँ कुआँ और कुण्ड विद्यमान है। अनेई, यज्ञशाला होते हुए नकटी सिद्धेश्वरी भवानी में छठाँ पड़ाव है। फिर देवधूरा चेहरा, विन्दा सूरही गाँव खालिशपुर, रेलवे फाटक, चारा फैक्ट्री के दक्षिण बगल से सिन्धौरा बाजार रामबाबा आश्रम में इण्टर कालेज के पास सिद्ध हनुमान मन्दिर में पशुपति धाम में सातवाँ पड़ाव है। फिर सिन्धौरा से भरतपुर, जगदीशपुर वेला होते हुए हरिहरपुर करपात्री नगर में आठवाँ पड़ाव है। हरिहरपुर से धरहरा, राजबाड़ी मार्कण्डेय महादेव होते हुए गंगा किनारे राम मन्दिर मार्कण्डेश्वर धाम में नौवाँ पड़ाव है। नौका द्वारा गंगा पार करके टाण्डा, नाथूपुर, मजदहा, लक्ष्मणपुर में लक्ष्छू बाबा के दर्शन करके मन्दिर से दक्षिण से पूर्व नारद गाँव, परासी नहर, मोहरगंज, प्रभुपुर होते हुए सकलडीहाँ पोखरा महेश्वर शंकर जी के मन्दिर में दसवाँ पड़ाव है। सकलडीहा से अलीनगर जाने वाली सड़क से कुचमन रेलवे फाटक पार कर इण्डियन आयल, अलीनगर, गोधना त्रिमुहानी से गोधना गाँव होते हुए गोरी गाँव अमरनाथधाम नागेश्वर जी के मन्दिर में ग्यारहवाँ पड़ाव है। फिर जीवनाथपुर होते हुए रतनबाग में बाल त्रिपुरसुन्दरी मन्दिर का पुनः दर्शन करें। यह मन्दिर चौरासी कोस यात्रा का केन्द्र बिन्दु है। रतन बाग से रामनगर किला होते हुए सामने घाट। नगवाँ एवं असी से दो मार्ग हैं। एक असी घाट से होते हुए एवं दूसरा

गली-गली से केदारेश्वर होते हुए। दशाश्वमेध सड़क से विश्वनाथ गली में साक्षी विनायक के दर्शन करके अन्नपूर्णा विश्वनाथ आदि के दर्शन करके ज्ञानवापी में नन्दी के पास व्यास गद्दी पर संकल्प छोड़कर यात्रा पूर्ण होती है।

काशी (वाराणसी) के विषय में अधिक जानकारी के लिए
दण्डी स्वामी शिवानन्द सरस्वती द्वारा रचित पुस्तकें पढ़े-

01. काशी की महिमा
02. काशी मोक्ष निर्णय
03. काशी का इतिहास
04. वाराणसी प्रदक्षिणा यात्रा
05. पंचकोशी यात्रा
06. काशी दर्शन
07. काश्यां मरणान्मुक्ति
08. काशी में सिद्ध शिवलिंगों का चमत्कार
09. काशी में सोमवार से रविवार तक के वार यात्रा
10. काशी का लघु माहात्म्य
11. काशी की वार्षिक यात्रा
12. काशी की पंचकोशी यात्रा महात्म्य
13. काशी में प्रत्येक तिथि के दिन के एक वर्ष तक नेम से दर्शन यात्रा महात्म्य,
14. काशी गौरव
15. वाराणसी महात्म्य
16. काशी दिव्य दर्शन
17. काशी का महात्म्य
18. कामधेनु कलि काशी पंचकोशी माहात्म्य
19. लोलार्क कुण्ड दर्शन स्नान महिमा
20. काशी खण्डोक्त काशी दर्शन
21. काशी की चौरासी कोस परिक्रमा यात्रा, दर्शन-पूजन माहात्म्य
22. काशी वैभव
23. काशी दर्शन
24. काशी रहस्य भाषा टीका हिन्दी
25. शिव रहस्य हिन्दी भाषा टीका

पुस्तक प्राप्ति का स्थान -

1-करपात्री धाम मठ, केदारघाट, वाराणसी (उ0प्र0)
2-काशी विश्वेश्वर (व्यक्तिगत) मन्दिर, मीरघाट, चौखम्बा संस्कृत भवन, वाराणसी (उ0प्र0)
3-संकठा प्रसाद, कचौड़ी गली, चौक, वाराणसी (उ0प्र0)

सोनभद्र

काशी के दक्षिण में अप्रतिम सौन्दर्य सम्पदा, सोन सरिता सिंचित सोनभद्र जनपद पुरासम्पदा की दृष्टि से भी अत्यन्त समृद्ध है। मानव की उत्पति, क्रमिक विकास के सभी सोपानों को अपने गर्भ में समेटे यह भू–भाग विरासतीय समृद्धि का अद्वितीय उदाहरण माना जा सकता है, जहाँ परम्परा के अनवरत–प्रवाह संग विकास का भी मणिकांचन योग दिखाई देता है।

दैनिक जागरण
वैज्ञानिकों ने कार्यशाला में सिद्ध किया फासिल्स की प्रामाणिकता

अगोरी किला

विजयगढ़ किला

मुक्खा जल प्रपात

रेणुकेश्वर महादेव मन्दिर

राधा–कृष्ण मन्दिर

सोनभद्र

सोनभद्र जनपद का सृजन 4 मार्च 1989 को किया गया। इसका भौगोलिक क्षेत्रफल 7388. 80 वर्ग किमी है जो 23.52 और 25.32 उत्तरी अक्षांश तथा 82.72 एवं 83.33 पूरबी देशांतर के मध्य में स्थित है। इसकी सीमा बिहार, झारखण्ड, मध्यप्रदेश व छत्तीसगढ़ से मिलती है। जनपद का 54 प्रतिशत भूभाग वन है। इसकी तीन तहसीलें राबर्ट्सगंज, दुद्धी व घोरावल हैं। जनपद में कुल 8 विकासखण्ड है। जाड़े के दिनों में तापमान 10 से 20 डिग्री सेल्सियस तक रहता है जबकि गर्मी में 21 से 40 डिग्री सेल्सियस तक रहता है। यहाँ औसत वर्षा 1134 मिमी आंकी गयी है। सोनभद्र का मुख्यालय सोनभद्र नगर (राबर्ट्सगंज) है।

काशी के दक्षिण में अप्रतिम सौन्दर्य सम्पदा, सोन सरिता सिंचित सोनभद्र जनपद पुरासम्पदा की दृष्टि से भी अत्यन्त समृद्ध है। मानव की उत्पति, क्रमिक विकास के सभी सोपानों को अपने गर्भ में समेटे यह भू-भाग विरासतीय समृद्धि का अद्वितीय उदाहरण माना जा सकता है, जहाँ परम्परा के अनवरत-प्रवाह संग विकास का भी मणिकांचन योग दिखाई देता है। सोन, कर्मनाशा, चन्द्रप्रभा, रिहन्द, कनहर, बिजुल, रेणु, घाघरा, बेलन आदि सरिताओं से सिंचित और अनेक सुरम्य जल-प्रपातों के कल-कल से निनादित, 250.52" से 250.32" उ0 अ0 तथा 820. 72" से 830.33" पू0 दे0 के मध्य स्थित, लगभग 7388. 80 वर्ग कि0मी0 के क्षेत्रफल में विस्तृत इस जनपद की सीमा बिहार, झारखण्ड, मध्यप्रदेश और छत्तीसगढ़ से मिली हुई हैं। हेमेटाइट, चूना, कोयला, एल्युमिनियम, सीमेन्ट, डोलामाइट, माइका आदि खनिज सम्पदा युक्त यह धरा, पलास, ऑवला, पियार (चिरौंजी), महुआ, आम, जामुन, बेल जैसे बृक्षों, बेर, बॉस, अइलाइन और चकवड़ आदि वनस्पतियों से भी भरी पड़ी है। यह वन सम्पदा न केवल तेंदुआ, भालू, सुअर, हिरण, बारहसिंगा, साँभर, नीलगाय, भेड़िया, सियार, लंगूर, तीतर, बटेर, बनमुर्गी, गोह, अजगर और सर्प आदि जीव-जन्तुओं की जीवन रेखा है वरन कोल, बैगा, चैरो, गोड़, पनिका, धाँगर, धरकार, बँसवार और खरवार जैसी जनजातियों की जीवन शैली का भी महत्वपूर्ण अंग है जो अपने साथ अनेक सांस्कृतिक विरासत को सजीव बनाये रखे हैं ।

प्राकृतिक कन्दराओं और जंगली परिवेश से सम्पन्न यह क्षेत्र प्रागैतिहासिक मानव की गतिविधियों का केन्द्र बना। जिसका प्रमाण इस क्षेत्र में व्यापक रुप से विस्तृत गुहा शैल चित्रों में देखा जा सकता है। थिरकते शैलचित्र तत्कालीन मानवीय आवास के ही साक्ष्य नहीं हैं अपितु लोक जीवन, धार्मिक विश्वासों के साथ समग्र जीवन धारा का निदर्शन प्रस्तुत करते हैं। जनपद सोनभद्र के पुरातात्विक सर्वेक्षण से लगभग 250 से अधिक स्थल प्रकाश में आयें हैं, जो पुरासम्पदा की दृष्टि से महत्वपूर्ण हैं।

इनमें प्रमुख रुप से अगण्डवा, अगोसी, आमडिह, अथौना, बगौरा, बघेलारायपुर, बैजनाथ, बार, बरैला, बर्दिया, बरहदा, भगवास, भरहरी, भवन, विजयगढ़, चुर्क, घनबल, घरसन्दा, देवगढ़, गौकुण्ड़ा, घोड़मंगर, गोचरा, गोरारी, गोठानी, गोठी बाँध, गुरेत, जानर, कन्धरा, कऊआखोह, खजुरी, किरवाघाट, कुरारी, लसदा, महवा, मन्दरा, मतहवा, मऊकला एवं मऊखुर्द, मुक्खादरी, मुसहा, पगिया, पकरहत, पंचमुखी पहाड़, परवनियान, राजानल का टीला, रनकी, रतहरा, सहिजन कला, सतद्वारी, शिवद्वार, शिवपुर, सिंगरहा, तेनुआ, और उपाढ़ी आदि विशेष उल्लेखनीय है। उपर्युक्त स्थानों से पुरापाषाण काल से प्रारंभ कर मध्य काल तक के अवशेष प्राप्त हुए हैं। जिनके अध्ययन एवं विश्लेषण से इस क्षेत्र की मानवीय गतिविधियों के प्रारम्भ और क्रमिक विकास की जानकारी प्राप्त होती है।

इस क्षेत्र में प्रागैतिहासिक मानव के साक्ष्य उसके द्वारा उपयोगित पाषाण उपकरणों तथा-हैण्डेक्स, क्लीवर, फ्लेक, स्क्रेपर, ब्लेड, और लघु पाषाण उपकरणों के साथ-साथ व्यापक पैमाने पर प्राप्त शैल चित्रों के रूप में प्राप्त होते हैं। कऊआखेड, गोछरा, पंचमुखी, मुक्खादरी, धधरौल, निकरिका, सूगापॉख, झरियानाला, कुपिहवा और कण्डाकोट से प्रागैतिहासिक गुहा चित्र प्राप्त हुए है। इन चित्रों के अन्तर्गत मानव आकृतियाँ तथा पशु-पक्षी का अंकन विभिन्न मुद्राओं में किया गया हैं। मानव आकृतियों में नृत्यरत, आखेटरत, युद्धरत, पटेवा और काँवर धारी, नौका चालन, फल संग्रही तथा काम-भावना युक्त आदि प्रमुख है। पशु-पक्षियों का चित्रांकन भी व्यापक स्तर पर

किया गया है। जिसमें हिरण, गौण्डा, हाथी, तेंदुआ, वाराह, वन्य-महिष, वृषभ, गाय, अश्व, नीलगाय, साही, गोह, मंगर, श्वान, मत्स्य, सारस, बगुला, तीतर आदि प्रमुख है।

प्राप्त साक्ष्यों के आधार पर ऐसा प्रतीत होता है कि प्रस्तर युगीन जीवन-धारा लम्बे समय तक इस क्षेत्र में चलती रही और दीर्घ काल तक इस क्षेत्र में आदिवासियों का प्रभुत्व रहा। परन्तु इसके सामान्तर कृषि आधारित, अपेक्षाकृत विकसित संस्कृति के साक्ष्य भी प्राप्त होते हैं। प्रस्तर युगीन जीवन शैली के बाद ही संस्कृतियों के साक्ष्य राजा नल का टीला, भगवास और नईडीह के उत्खनन से प्रकाश में आयें हैं।

उतरी आक्षांश 250.42" पूर्वी देशान्तर 830.19" पर स्थित "राजानल का टीला" सोनभद्र जनपद मुख्यालय से लगभग 29 कि0मी0 पूर्व दिशा में कर्मनाशा नदी के बायें तट पर अवस्थित हैं। यहाँ पर किये गये पुरातात्विक उत्खनन से चार सांस्कृतिक जमावों के साक्ष्य प्रकाश में आये है।

प्रथम काल	-पूर्व लौह काल	-ई0पू0 1700-ई0पू0 1300
द्वितीय काल	-प्रारम्भिक लौह काल	-ई0पू0 1300-ई0पू0 700
तृतीय काल	-उ0 कृ0 मा0 मृद्भाण्ड काल	-ई0पू0 700-ई0पू0 200
चतुर्थ काल	-गुप्त एवं गुप्तोतर काल	

पूर्व लौह कालीन मानव, लाल रंग, कृष्ण-लोहित, कृष्ण-लेपित, तथा धूसर रंग के मृद्पात्रों का प्रयोग करता था। यदा-कदा ये पात्र विभिन्न अभिप्रायों से चित्रित भी होते थे। घास-फूस की बनी अण्डाकार व गोलाकार झोपड़ियों में निवास करने वाला मानव अस्थि और पाषाण निर्मित उपकरणों का प्रयोग कृषि व आखेट हेतु करता था। लौह कालीन जीवन पद्धति में परिवर्तन के विशेष साक्ष्य के रुप में लौह धातु का प्रादुर्भाव होता है और शेष गतिविधियाँ पूर्व की भाँति ही जारी रहती है। लौह निर्मित विभिन्न प्रकार के उपकरणों यथा-चाकू, वाणाग्र, छेनी, भालाग्र की प्राप्ति इस काल की विशेष उपलब्धि है। विकास के तृतीय चरण में उत्तरी कृष्ण मार्जित मृदभाण्ड जैसी विशिष्ट पात्र परम्परा का प्रयोग किया जाने लगता है। पूर्ववर्ती चरणों की सभी परम्पराएँ किंचित परिवर्तन के साथ निरन्तर चलती रहती है। चतुर्थ काल में केवल लाल रंग के मृद्पात्र ही प्रचलन में रह जाते हैं, इनके साथ चूल्हें, प्रस्तर-मनके, गेंद। गोली, चुड़ियाँ, पक्की मिट्टी के मनके, शतरंज की गोटें, वृषभ मृण मूतियां, ताम्र अंजन शलाका, चूड़िया, छल्ले, काँच की चूड़ियाँ भी महत्वपूर्ण पुरासाक्ष्य हैं।

गुप्तोत्तर काल से मध्य काल तक के पुरातात्विक अवशेष सोनभद्र जनपद में व्यापक पैमाने पर प्रस्तर मूतियों, वास्तुखण्डों, ताम्रपत्र तथा अभिलेख के रूप में प्राप्त हुए हैं। प्रस्तर मूतियों में प्रमुख रूप से शैव, अन्धकान्तक शिव, गजान्धकासुर शिव, रावणानुग्रह, अर्द्धनारीश्वर, उमामाहेश्वर, कल्याण सुन्दर, गौरी, पार्वती, गणेश, नरसिंही, ब्राह्मणी, कुबेर, कृष्णा,-लीला फलक, रामकथा फलक, हनुमान पिचास के साथ-साथ युगलिया प्रतिमा, महावीर तथा शांतिनाथ की प्रतिमा इस क्षेत्र की धार्मिक परम्परा के साथ विपुल शिल्प-वैभव की सूचक मानी जा सकती हैं। पंचायतन देव पट्ट, चन्द्रशाला युक्त शुकनाश, अलंकृत उत्तरंग और द्वारशाखा स्तम्भों की प्रभूत संध्या में प्राप्ति उन्नत वास्तु वैभव का आभास कराती है।

इसके अतिरिक्त सोढ़रीगढ़ दुर्ग, विजयगढ़, मऊ कला ग्राम से प्राप्त शांतिनाथ प्रतिमा, लेख, सेमिनार से प्राप्त पाण्डुवर्मा के ताम्रपत्र लेख से नरवर्मा, और लक्ष्मण वर्मा जैसे राजाओं के नाम के साथ मुनी संजीव नन्दी, रोहित गिरी, सद्वरी पथक, भनकालिका ग्राम, शिलासूत्रधार दमेक आदि नामोल्लेख तत्कालीन भौगोलिक, राजनैतिक और धार्मिक स्थिति का ज्ञान भी कराते हैं।

सोनभद्र जनपद से प्राप्त प्रस्तर शिल्पों के अध्ययन विश्लेषण से प्रतीत होता है कि गुप्तोतर काल में इस क्षेत्र में प्रतिमा निर्माण की अपनी स्वतंत्र शैली थी। शतद्वारी ग्राम के निवासी श्री शरदा सिंह द्वारा पूजित-स्थापित काले रंग के पत्थर पर निर्मित प्रतिमा पर छेनी के स्पष्ट देखें जा सकते हैं, जो स्थानीय निर्माण व शिल्पगत विशेषता के सूचक माने जा सकते हैं। संभवतः स्थानीय रूप से उपलब्ध पाषाण पर कलाकारों ने निजी शिल्पगत विशेषता के साथ अपनी श्रद्धा को मूर्त रुप में हमारे समक्ष है।

जनपद सोनभद्र की विपुल पुरा-सम्पदा की सुरक्षा एवं संरक्षा हेतु उ0प्र0 राज्य पुरातत्व विभाग द्वारा दो स्थलीय संग्रहालयों का निर्माण शिवद्वार व मऊकला गाँव में किया गया है। जिसमें वर्तमान में 150 से अधिक कलाकृतियां संग्रहित हैं।

अनपरा, ओबरा में तापीय विद्युतगृह स्थित हैं जबकि शक्तिनगर व बीजपुर में एन. टी. पी. सी. की इकाइयां स्थित हैं। रिहन्द डैम से भी बिजली का उत्पादन होता है। इन कुल इकाइयों में लगभग 7000 मेगावाट विद्युत का उत्पादन हो रहा है। आदित्य बिरला ग्रुप की इकाई हिण्डालको ने एल्युमुनियम उत्पादन द्वारा विश्व में अपना स्थान बनाया है। अन्य प्राइवेट उद्योगों में कनोरिया केमिकल, हाइटेक कार्बन प्लाण्ट व डाला-ओबरा में लगभग 150 स्टोन क्रशर इकाइयां स्थित हैं। यहाँ धांगर, बैगा, कोल, खरवार, घसिया इत्यादि आदिवासी जातियाँ भी निवासी करती हैं, जिनका प्रमुख लोकनृत्य करमा है।

सोन परिपथ

एक महत्वपूर्ण पर्यटन परिपथ है जो शिवद्वार से प्रारम्भ होकर सलखन पर समाप्त होता है। 70 किलोमीटर के इस मार्ग पर प्राकृतिक, पुरातात्विक, ऐतिहासिक, स्थापत्य, भू-वैज्ञानिक धरोहर, धार्मिक स्थल व अभ्यारण्य स्थित है। परिपथ पर राजकुमारी चन्द्रकान्ता के प्रेम के किस्सों व तिलिस्म के लिये प्रसिद्ध विजयगढ़ दुर्ग, शिव प्रतिमाओं के विविध स्वरूप, मानव सभ्यता के विकास के गवाह आदिमानवों द्वारा बनाये गये गुफाचित्र, प्राकृतिक परिवर्तनों के एक सौ चालीस करोड़ वर्ष के साक्षी फासिल्स (जिवाश्म), आजादी के मतवालों की तीर्थस्थली व स्वतंत्रता आन्दोलन का केन्द्र बिन्दु शहीद उद्यान, मुक्खा फाल के झरने की कल-कल और वन्य जीव विहार में कुलाचें भरते कृष्ण मृग व चिंकारा, प्रणय और शौर्य का प्रतीक वीर लोरिक पत्थर, सांप्रदायिक सौहार्द की अप्रतिम मिसाल मीरान शाह की मजार, सोनघाटी के विहंगम दृश्य और गौतम बुद्ध की मूर्तियाँ स्थित हैं। निश्चित रूप से अद्भुत, विस्मयकारी, रोमांचकारी व आस्था से भरी है सोन परिपथ की यात्रा जिसे आप एक दिन में भी पूरी कर सकते हैं।

सोन संस्कृति

सोन संस्कृति की पौराणिक पृष्ठभूमि वैदिककालीन सभ्यता की पराकाष्ठा परक ऐतिहासिकता से सम्बद्ध है। अमरकण्टक से पटना तक की महानद सोन की यात्रा एक सशक्त व जीवन्त सांस्कृतिक जन-जीवन की अभिव्यक्ति है। माँ दुर्गा की असुरों की संहार परक प्रस्तुति से परित्राण प्राप्त करने का गौरव प्राप्त करने वाले आदिम वनवासियों की एक लम्बी जनसंख्या का बिखराव महानद सोन के तटवर्ती क्षेत्रों में रहा है। सोनभद्र की धरती मूलतः आध्यात्मिकता से जुड़ी रही है और इस आध्यात्मिक धरती ने अनेक ऋषियों, महर्षियों, परिव्राजकों, साधुओं, सन्यासिंयों व सिद्ध सम्प्रदायों को आकृष्ट किया। सन्त परम्पराओं का एक महत्वपूर्ण परिव्रजन इस क्षेत्र में हुआ जिसमें शैव व शाक्त प्रमुख थे। शैव सम्प्रदाय से जुड़े अघोर तन्त्र ने इसे बहुत सराहा और इसे अपनी कर्मभूमि बना लिया। शाक्तों में माँ दुर्गा के उपासकों ने इसे तान्त्रिक सिद्धियों का गढ़ माना। पर्वत, गुफाओं ओबराओं में तन्त्र साधना जगी, वहीं सोन के तटीय स्थलों पर तटीय स्थलों पर सिद्धियाँ व श्मशान पूजन व भैरव की अनेक अर्चनाएँ की गईं। यही नहीं प्रेत सिद्धियों से लेकर श्मशान भैरवी की कृपा प्राप्त करने के लिए साधकों का जमघट लगा रहता था। भगवान का पशुपात रूप जो नेपाल में पूजित रहा वह इस क्षेत्र में गोप पूजन के रूप में प्रचलित रहा। सोन के तट पर शव छेदन क्रिया की भी प्रशिक्षा आयुर्वेद के जिज्ञासुओं को दी जाती थी। शवों को सोन के जल में सुलाकर पत्थरों की ओट देकर यह क्रिया की जाती थी। धाराओं के प्रवाह से माँस कट-कट कर गिरता जाता था, जिसे मछलियाँ वगैरह खा लेती थीं, अस्थियों का ढाँचा व नसें आदि शेष रह जाती थीं, जिससे अध्ययनपरक कार्य चलता था। सम्पूर्ण सोन क्षेत्र माँ दुर्गा की आध्यात्मिक भक्ति में लीन रहा है परन्तु छोटी-बड़ी सभी बस्तियों में शिव मन्दिर भी मिलते हैं। शैव तन्त्र से प्रभावित अघोर तन्त्र शव-साधना में सिद्धहस्त था और शव में इकार की प्राण

प्रतिष्ठा का जीवन्त रूप शिव को दे देना इनकी अलौकिक साधना का चरमोत्कर्ष है। अघोरपन्थी नाम के पश्चात् "राम" का प्रयोग करते थे। इस क्षेत्र में सवर्ण वर्ग में प्रायः ब्राह्मण वर्ग भी राम का प्रयोग अपने नाम में करता है।

उत्तर भारत से आने वाले सिद्ध-सम्प्रदायों में कनफटे व लोरिक पहनने वाले सिद्ध सन्तों का विशेष महत्व था, जिसमें इस क्षेत्र में पाशुपात तन्त्र के महान साधक लोरिक का नाम विशेष है, जिसने अपनी तान्त्रिक सिद्धियों से अनेक कौशल उदाहरण के रूप में छोड़ दिया। योगिराज भर्तृहरि भी इस क्षेत्र में आये थे लेकिन लोरिक की अलौकिक सिद्धियों के आगे उनकी एक न चली और वे गंगा पार चुनार तक ही प्रभावित कर सके। यहाँ प्रस्तुत है सोनभद्र क्षेत्र के कुछ धार्मिक, आध्यात्मिक, ऐतिहासिक स्थल का परिचय।

1. फासिल्स (जिवाश्म) पार्क

वाराणसी-शक्तिनगर मार्ग पर सोनभद्र के मुख्यालय राबर्टसगंज से 12 किलोमीटर पर सलखन में फासिल्स पार्क स्थित है जो अमेरिका के येलो स्टोन नेशनल पार्क से बड़ा है। यह पार्क 25 हेक्टेयर में स्थित है। 23 अगस्त, 2001 को समाचार पत्र में प्रकाशित होने के बाद यह चर्चित हुआ। पूरे विश्व से सन् 2002 में 42 वैज्ञानिकों ने इसका अध्ययन कर पुष्टि की। प्राप्त फासिल्स से यह सिद्ध होता है कि सलखन में 150 मिलीयन वर्ष पहले समुद्र हिलोरे लेता था। 8 अगस्त, 2002 को तत्कालीन जिलाधिकारी द्वारा इस पार्क का उद्घाटन किया गया।

सोनभद्र फासिल्स पार्क ना सिर्फ जीवन प्रारम्भ के प्रमाण उपलब्ध कराये बल्कि अमेरिका के विश्व विख्यात यलोस्टोन नेशनल पार्क को बौना साबित किया। डार्विन के "विकासवाद" के सिद्धान्त को पुष्ट करते इस फॉसिल पार्क की पहचान तो 1933 में ही अंग्रेज वैज्ञानिक जॉन आडन ने कर ली थी पर सात दशक बाद भी हम इस धरोहर को संजो ना सके। 23 अगस्त 2001 को विजय शंकर चतुर्वेदी को इस बारे में रिपोर्ट प्रकाशित हुई तो भारत सहित पूरे विश्व ने इसे जाना। 9 मई 2002 को विंध्याचल मण्डलायुक्त ने इसे संरक्षित करने के निर्देश दिये। 8 अगस्त 2002 को तत्कालीन जिलाधिकारी भगवान शंकर ने "सोनभद्र फॉसिल्स पार्क" का विधिवत उद्घाटन किया। उद्घाटन के बाद से ही वैज्ञानिकों, शोधार्थियों, छात्र-छात्राओं के लिए यह पार्क सपने सच होने के जैसा रहा। विश्वविख्यात भू-वैज्ञानिक जे हाफमैन (कनाडा) 5 दिसम्बर 2005 को यहां पहुचे तो उनकी खुशी का ठिकाना ना रहा, लगभग नाचते हुए उन्होंने कहा कि इससे खुबसूरत और स्पष्ट फॉसिल्स पूरे विश्व में कहीं नहीं है। अमेरिका से आयी दो महिला वैज्ञानिकों मिस पोर्टर व डॉ0 लिण्डा ने बताया कि सलखन के फॉसिल्स 150 करोड़ वर्ष पुराने व परिपक्व है जबकि यलोस्टोन (अमेरिकन अभी निर्माण प्रक्रिया में है)। 1 जून 2004 को सभी समाचार पत्रों की खबरों ने सोनभद्र को एक बार पुनः सुर्खियों में ला दिया। अगोरी क्षेत्र के बड़गवाँ गाँव में एक ओर फॉसिल्स पार्क चिन्हित कर लिया गया। सोनभद्र फॉसिल्स पार्क पर पुस्तक लिख रहे वैज्ञानिक डॉ0 मुकुन्द शर्मा व पत्रकार-विजय शंकर चतुर्वेदी ने इसकी खोज की जिसे जिला प्रशासन ने "जटाशंकर फॉसिल्स पार्क" का नाम दिया। फॉसिल्स के खजाने में वृद्धि के साथ ही सोनभद्र भूवैज्ञानिकों के लिए समृद्ध धरोहर हो गया। उत्तर प्रदेश सरकार द्वारा इन पार्कों को राष्ट्रीय भूवैज्ञानिक धरोहर घोषित करने के लिए केन्द्र सरकार को प्रस्ताव भेजा गया है।

फॉसिल्स शब्द की उत्पत्ति लैटिन शब्द "फॉसिलस" से बना है जिसका अर्थ "खोदकर प्राप्त की गई वस्तु" होता है। हिन्दी में इसे जीवाश्म (जीव़ाश्म = पत्थर) कहते हैं। पृथ्वी पर किसी समय जीवित रहने वाले अति प्राचीन सजीवों के परिरक्षित अवशेषों या उनके द्वारा चट्टानों में छोड़ी गई छापों को जो पृथ्वी की सतहों या चट्टानों की परतों में सुरक्षित पाये जाते हैं, जीवाश्म कहलाते हैं। जीवाश्म से कार्बनिक विकास का प्रत्यक्ष प्रमाण मिलता है। इसके अध्ययन को जीवाश्म विज्ञान या पेलेन्टोलॉजी कहते हैं। सलखन व बरगवां (सोनभद्र) के फॉसिल्स शैवाल निर्मित है जो "स्ट्रैमेटोलाइट" कहलाते हैं। वैज्ञानिक डॉ0 मुकुन्द शर्मा के अनुसार सोनभद्र के फॉसिल्स आरम्भिक जीव-जगत के अंग नील हरित शैवाल (ब्लूग्रीन एल्गी या साइनो बैक्टिरिया) तथा समुद्री जल में घुले कैल्शियम व वातावरण के कार्बनडाई आक्साइड के अंतक्रिया के परिणाम स्वरूप बनने वाली संरचनाएं हैं।

पुराणों में उल्लेख है कि अगस्त ऋषि ने कैमूर विन्ध्य क्षेत्र में ही समुद्र को सोख लिया था पर इसकी प्रमाणिकता पर संदेह था। फॉसिल्स की उपलब्धता को इस संदेह को मिटा दिया। फॉसिल्स के क्षय और विघटन से

बचने के लिए यह आवश्यक है कि वह अवसादों से तुरन्त ढंक जाना चाहिए। जलवासी जीवों में फॉसिल्स की सम्भावना इसलिए अधिक होती है क्योंकि अवसादन जल में ही ज्यादा होता है। इसमें भी ऐसे जलीय अवसादों में जिनका निर्माण समुद्र के गर्भ में होता है बहुत बड़ी संख्या में जीव अवशेष पाये जाते हैं, क्योंकि समुद्र ही ऐसा स्थल है जहाँ अवसादन सबसे अधिक व सतत मात्रा में होता रहता है। वैज्ञानिकों के अनुसार सलखन फॉसिल्स का निर्माण समुद्र में हुआ था। इस तथ्य ने सोनभद्र में समुद्र होने के बहस कर वैज्ञानिक मुहर लगा दी।

इण्टरनेशनल सोसाइटी ऑफ लाइफ के दक्षिण एशियाई सदस्य डॉ. बी0सी0 तिवारी (देहरादून) के अनुसार सलखन जीवन उत्पत्ति व विकास का उत्कृष्ट उदाहरण है। भारत में सात जीवश्मों को राष्ट्रीय भू-वैज्ञानिक स्मारक का दर्जा प्राप्त है।

2. अगोरी किला

शैव और शाक्त का समन्वित रूप सोनभद्र में अनादिकाल से ही पनपा, फला और उत्कर्ष को प्राप्त हुआ। अघोर साधना इसका जीवन्त उदाहरण है। आज भी अगोरी किला, जिसकी स्थापना मठ के रूप में 467 विक्रमी सम्वत् में अघोरभद्र अघोरी ने सोन, रेणु और विजुल नदी के संगम पर की थी, अघोर पन्थ के जीवन्तता का प्रतीक है। अगोरी, गोठानी, पंचमुखी, गौरीशंकर, कण्डाकोट प्रभूति के देवल शिव और शक्ति के समन्वित रूप को विकसित करते हैं। अघोरभद्र ने गोठानी ग्राम में शिव-शक्ति केन्द्र स्थापित कर शिवपीठ बनाया। उन्होंने ही कुण्डारिका शक्तिपीठ की स्थापना की, जिसे कुण्डवासिनी कहते हैं। सम्वत् 735 विक्रमी में अगोरी से अघोरियों का प्रभुत्व समाप्त हो गया। अघोर परम्परा के अनुयायी प्रसिद्ध सन्त बाबा कीनाराम की तपस्थली विन्ध्य पर्वत श्रृंखला में अमिलाधाम नाम से है। कण्डाकोट में महर्षि कीनाराम के स्मृति में "सन्त कीनाराम महाविद्यालय" की स्थापना हुई है।

3. विजयगढ़ किला

विजयगढ़ किला सोनभद्र के जिला मुख्यालय राबर्टसगंज 15 से 20 किलोमीटर की दूरी पर चुर्क या चतरा के रास्ते से आगे स्थित है। इस किले के मार्ग में ही धंधरौल बाँध व गुप्तकाशी के प्रसिद्ध मऊ स्थित शिवधाम बौद्ध विहार भी स्थित है।

कहते हैं कि पुरातन काल में दैत्यशिल्पी द्वारा इस किले का निर्माण कराया गया था। इस किले पर लम्बे समय तक खरवार राजाओं का अधिपत्य रहा। बाद में यह काशी नरेश चेत सिंह के स्वामित्व में आ गया। वर्षों तक इस दुर्ग के जरिये विजयगढ़ स्टेट पर चलने वाली हुकूमत को अंग्रेजों के आक्रमण ने खत्म कर दिया लेकिन यहाँ का तिलस्मि उनके लिए राज ही बना रहा। यही कारण रहा कि यहाँ से गुप्त स्थान के लिए सुरंग से होकर चेत सिंह आसानी से निकल गये और अंग्रेज अफसर हाथ मलते रह गये। तब से लेकर अब तक इस किले का तिलस्मि राज ही बना हुआ है। बताते हैं कि किले के अन्दर छिपे कथित खजाने और अन्दर बने नगर के रास्ते के खोज के लिए तमाम प्रयास किये गये लेकिन अद्दश्य शक्तियों ने आगे बढ़ने नहीं दिया। पिछले अनेक वर्षों से दुर्ग के ऊपर स्थित रामसरोवर तालाब से जल लेकर हजारों कांवरिया सावन महीने में यहाँ से 65 किलोमीटर दूर पैदल विश्व प्रसिद्ध शिवद्वार धाम जाते हैं।

बाबू देवकीनन्दन खत्री ने इसी दुर्ग के ऊपर स्थित रामसरोवर तालाब के तट पर स्थित पेड़ों की छांव में बैठकर "चन्द्रकांता संतति" उपन्यास की रचना की थी। इसी उपन्यास पर चन्द्रकांता टी. वी. धारावाहिक बना था जिसकी नायिका चन्द्रकांता इसी किले से सम्बन्धित थी।

4. रिहन्द बाँध

180 वर्ग मील में फैला यह बाँध गोविन्द वल्लभ पन्त के नाम से जाना जाता है जो पिपरी नामक स्थान पर स्थित है। यह वाराणसी से शक्तिनगर मार्ग पर स्थित है। यह सन् 1954 से 1964 ई0 के समय में बनाया गया

था। यह 934 मीटर लम्बा व 91 मीटर ऊँचा है। उत्तर प्रदेश के सोनभद्र जिले में पिपरी में स्थित एक ठोस गुरुत्वाकर्षण बांध है, इसका जलाशय क्षेत्र मध्य प्रदेश और उत्तर प्रदेश की सीमा पर है। यह रिहंद नदी पर है जो सोन नदी की सहायक है। इस बांध का पकड़ क्षेत्र उत्तर प्रदेश, मध्य प्रदेश और छत्तीसगढ़ में फैला हुआ है, जबकि यह नदी के नीचे की ओर स्थित बिहार में सिंचाई के पानी की आपूर्ति करता है। बांध के निर्माण के परिणामस्वरूप लगभग 100,000 लोगों का स्थानांतरण हुआ। बांध के पकड़ क्षेत्र में कई सुपर थर्मल पावर स्टेशन स्थित हैं। इस बाँध के पानी से 6 टरबाइनों द्वारा 300 मेगावाट का जल विद्‌युत का भी उत्पादन होता है। इस बाँध के किनारे-किनारे पर दर्जनों थर्मल पावर उत्पादन इकाई लगायी गई हैं जिनसे बिजली का उत्पादन होता है। भारतीय मुद्रा के 100 रूपये के नोट पर कभी इसका चित्र छपा होता था।

5. मारकुण्डी

सोनभद्र जनपद में लुम्बिनी-दुद्धि राजमार्ग पर स्थित मारकुण्डी पर्वत महामुनि मार्कण्डेय की तपस्थली है जो आज भी मार्कण्डेय पुराण के 9000 श्लोकों का साक्षी है। सोनभद्र के वयोवृद्ध साहित्यकार पं0 रामजी पाण्डेय "विमल" ने अपने साहित्य "सोनांचल" में लिखा है कि-"अघोरेश्वर भगवान शिव का वरदान प्राप्त कर अपनी अल्पायुता के सम्वर्द्धन की कामना से तपस्यार्थ मार्कण्डेय ऋषि जिस पर्वत क्षेत्र पर तपस्या द्वारा शिव का आशीर्वाद प्राप्त किये वह पर्वत क्षेत्र कालान्तर में मारकुण्डी नाम से विख्यात हुआ। इसी स्थान पर मार्कण्डेय ऋषि ने मार्कण्डेय पुराण का प्रणयन किया और प्रत्यावर्तन के समय वाराणसी ने निकट मार्कण्डेय महादेव की प्रतिस्थापना भी की थी।"

6. मुक्खा जल प्रपात

विजयगढ़ रियासत से निकलकर बेलन नदी घोरावल व शिवद्वार के मध्य से प्रवाहित होती हुई प्रयाग की तमसा (टोंस) नदी में विलीन होती है। इसी बीच में मुक्खा जल प्रपात स्थित है जो सैकड़ों फीट ऊँचा है। जहाँ यहाँ एक ओर फैली प्राकृतिक सुषमा एवं अपार वन-सम्पदा दर्शनार्थियों को आकर्षित करती है, वहीं चट्टानों पर अंकित चित्रों के सहारे इतिहास की तह खोलने में सहायता प्राप्त होती है। बेलन संस्कृति भारत में अपना महत्वपूर्ण स्थान रखती है। इसी सलिला के तटवर्ती क्षेत्र से कला का इतिहास प्रारम्भ होता है। यह स्थान जो कभी चामुण्डा मन्दिर, शिकारगाह और कमलेश्वरी देवी के नाम से जाना जाता था वह आज अपनी स्वतन्त्र अस्मिता के कारण जनपद ही नहीं अपितु उत्तरी भारत में मुक्खा दरी के नाम से जाना जाता है। शिकारगाह के ठीक उत्तर स्थित शैलाश्रित गुहाचित्रों की अपनी एक आद्वितीय सुषमा किसी भी सैलानी को मदमस्त कर देती है।

7. रेणुकेश्वर महादेव मन्दिर

जिला मुख्यालय से 65 किमी दूर, यह मंदिर रेणुकुट में स्थित है। यह मंदिर हिंडाल्को परिवार द्वारा बनाया और खूबसूरती से बनाए रखा गया है। यहां भगवान शिव अपनी पत्नी पार्वती के साथ हैं। बहुत प्रवेश द्वार पर एक भव्य सूर्य मंदिर है। यह मंदिर असंख्य भक्तों, आगंतुकों और पर्यटकों के लिए सबसे पसंदीदा है।

8. माँ कुण्डवासिनी शक्तिपीठ

महादेवी कुण्डवासिनी का प्राचीन मन्दिर सोनभद्र जनपद के प्राचीन अगोरी-बड़हर राज्य के चतरवार और देवगढ़ की सीमा को बाँटती हुई महानद सोन के दक्षिण में स्थित है। इस स्थान का नाम "कुड़ारी" है। महामाया कुण्डवासिनी के दिव्य धाम का तन्त्र साधना में महत्वपूर्ण स्थान है। यहाँ शिवद्वार, कड़िया, गौरीशंकर, कण्डाकोट, गोठानी तीर्थ स्थानों को मिलाकर षडकोण की स्थिति कुड़ारी के अतिरिक्त कहीं नहीं है। इस क्षेत्र में एक त्रिकोण कुड़ारी, कड़िया एवं कण्डाकोट के मध्य बनता है जो ककार के साथ क्रमशः कुण्डवासिनी, कमलेश्वरी एवं गिरिजा अर्थात् शक्ति प्रधान त्रिकोण है, तो दूसरा त्रिकोण शिवद्वार, गौरीशंकर एवं गोठानी के मध्य बनता है जो शिव-शक्ति

पीठ का रूप है। कुण्डवासिनी धाम के पूर्व सेमिया-घोरिया के सन्निकट सोन का पुहकरिणी घाट पूर्वकाल में पुष्करिणी तीर्थ के रूप में विकसित था। यहाँ स्नान कर श्रद्धालु भक्त कुष्ठ रोग से निदान प्राप्त करते थे। पौराणिक पृष्ठभूमि में कुण्डवासिनी देवी का षोणाक्षी नाम से स्मरण किया गया है। यहाँ सती का दक्षिण नितम्ब गिरा था। देवी यहाँ "नर्मदा" या "षोणाक्षी" कहलाती हैं और शिव "भद्रसेन"। कुड़ारी के थोड़ी ही दूर पर सोनभद्र में रेणु और विजुल नाम की दो नदियों का संगम होता है जहाँ षोणाक्षी के अधीश्वर भद्रसेन शिव शोभनाथ विद्यमान हैं। इस शक्तिपीठ स्थान पर चैत्र नवरात्र से लेकर आषाढ़ तक प्राचीनकाल से ही मेला लगता है।

9. धंधरौल बाँध

जनपद के प्रमुख ऐतिहासिक स्थल विजयगढ़ किले की तलहटी रामपुर बरकोनिया थाना क्षेत्र में स्थित धंधरौल बांध के बहुआयामी उपयोग को देखते हुए इसे सोनभद्र के साथ ही मीरजापुर जिले की भी जीवन रेखा कहा जाए तो गलत नहीं होगा। बांध से निकलने वाली घाघर नहर से न सिर्फ दोनों जनपदों के हजारों किसान अपने खेतों की सिंचाई करते हैं, बल्कि आसपास के सैकड़ों गांवों का भू-गर्भ जल स्तर बरकरार रखने सहित गर्मी के मौसम में पशु-पक्षियों के लिए भी बांध की उपयोगिता अहम है। धंधरौल बांध भारत का सबसे पुराना बांध है इस बांध का निर्माण सन् 1917 में किया गया था और इसी बांध से घाघर नदी भी निकली हुई है। बांध का कैचमेंट एरिया तकरीबन 800 वर्ग किमी में फैला हुआ है। चारों तरफ पहाडों से घिरा ये बांध बहुत ही खूबसूरत लगता है।

10. राधाकृष्ण मन्दिर

सोनभद्र जनपद के मुख्यालय से 60 किलोमीटर दूर शक्तिनगर मार्ग पर स्थित रेनुकूट के मुर्धवा ग्राम में मार्ग पर राधाकृष्ण मन्दिर स्थित है। इस मन्दिर का निर्माण चुनार क्षेत्र के जलालपुर निवासी बाबा कृष्णानन्द व गांगपुर निवासी स्वामी विद्यानन्द जी द्वारा हुआ है। सोनभद्र के तमाम प्रांतों से सटे होने के कारण इस मंदिर की काफी मान्यता है। इसके बाद नगर उंटारी स्थित 32 मन के सोने के वंशीधर के मंदिर को भी महत्व मिलता है। हालांकि मुर्धवा स्थित इस मंदिर को देखने के लिए मध्य प्रदेश, झारखंड, छत्तीसगढ़ समेत प्रदेश के कई शहरों के लोग जन्माष्टमी पर दर्शन के लिए यहां उमड़ते हैं।

11. ज्वाला देवी मन्दिर

ज्वालादेवी मंदिर,शक्तिनगर में स्थित, यह मंदिर जिला मुख्यालय से 113 किमी दूर है। मंदिर उत्तर प्रदेश, मध्य प्रदेश, झारखंड, छत्तीसगढ़ और बिहार से जुड़ा हुआ है। इसका महत्व और धार्मिक मूल्य विंध्याचल धाम के बराबर माना जाता है। यह एक पुराना अष्टग्रही मंदिर है और भारत के 51 शक्तिपीठों में से एक है। माना जाता है कि पुराना मंदिर 1000 साल पुराना है। पुराने मंदिर का निर्माण गहरवाल गाँव के राजा उदित नारायण सिंह ने करवाया था। नया मंदिर पुराने की जगह बनाया गया है। ऐसा माना जाता है कि मां सती भवानी की जीभ यहां गिर गई थी, यही कारण है कि पीठ को सिधपीठ की श्रेणी में आने वाले ज्वालामुखी नाम दिया गया है। यह सम्मान, भक्ति और साधना की सर्वोच्च पीठों में से एक है। हर नवरात्रि में भारी भीड़ को आकर्षित करने वाला एक बड़ा त्योहार आयोजित किया गया है। वह कटोच राजपूतों, भाटिया, धडवाल और मीसुरिया लोगों की कुलदेवी, पारिवारिक देवी के रूप में वंदित हैं।

12. अमिला भवानी धाम

अमिला भवानी धाम, ओबरा डिवीजन की तारिया रेंज की पहाड़ियों में 77 किमी की दूरी पर स्थित है। लोगों को इस जगह के लिए बहुत सम्मान है। स्थानीय निवासियों के अलावा बिहार, मध्य प्रदेश और झारखंड आदि जैसे आसपास के राज्यों के भक्त बड़े समूहों में यहां हैं।

13. पंच मुखी महादेव

पंच मुखी महादेव, चुर्क, पहाड़ी पर स्थित, जिला मुख्यालय से 3 किमी दूर हैं। ऐसा कहा जाता है कि पंचमुखी (पांच प्रमुख भगवान शिव) पांचवीं शताब्दी में दिखाई दिए। निचली पहाड़ियों पर गुफा चित्रों और नक्काशी से भरी हुई हैं जो बताती हैं कि यह जगह जनजातियों ने, उन्होंने अपनी संस्कृति और परंपरा के अनुरूप कलात्मक तरीके से अपनी इच्छाओं और भावनाओं को दर्ज किया होगा। यहां सोलह ऐसी ऐतिहासिक गुफाएं हैं जो बड़ी संख्या में पर्यटकों और भक्तों को आकर्षित करती हैं।

14. नल राजा

विजयगढ़ के साथ जिला मुख्यालय को जोड़ने के रास्ते पर स्थित है। यह मौ गांव के आसपास जिला मुख्यालय से 15 किमी की दूरी पर स्थित है। यहां भगवान बुद्ध की एक अतिरिक्त बड़ी मूर्ति के साथ कई अन्य मूर्तियों के साथ सहस्र शिव की एक भव्य और शानदार मूर्ति है।

15. शिवद्वार

यह प्राचीन लेकिन उत्कृष्ट शिव मंदिर जिला मुख्यालय से लगभग 40 किमी उत्तर-पश्चिम और घोरवाल से 10 किमी दूर है। इस शानदार शिव मंदिर में प्रवीण मुद्रा में शिव और पार्वती की चौंकाने वाली ब्लैक स्टोन मूर्ति है जो कि 3 फीट ऊंची है। ऐसा लगता है कि यह शिव साधना के लिए एक महत्वपूर्ण जगह हो सकती है। शिवरात्रि मुख्य त्यौहार है और इस अवसर पर बड़ी भक्तों को आकर्षित करती है। सावन के दौरान कांवारियाँ द्वारा जलाभिषेक की एक परंपरा है। लोग वहां पर भगवान शिव की पूजा करने के लिए देश के विभिन्न हिस्सों से आते हैं। पुरातात्विक विभाग द्वारा संचालित एक संग्रहालय है जिसमें आस-पास के क्षेत्रों से एकत्रित कई मूर्तियां हैं।

16. हनुमान मंदिर, झिंगरदाह

अनपरा, महावीर हनुमान का यह शानदार मंदिर प्राचीन और वास्तुकला में भव्य है। यह जिला मुख्यालय से 116 किमी दूर है, भक्तों और पर्यटक की बड़ी संख्या को आकर्षित करता है।

17. वैष्णों देवी मन्दिर

सोनभद्र जनपद के मुख्यालय से शक्तिनगर मार्ग पर डाला के पास आधुनिक समय में नवनिर्मित वैष्णों देवी मन्दिर स्थित है। यह मन्दिर कटरा, जम्मू में स्थित वैष्णों मन्दिर का प्रतिरूप है।

18. सर्वजीत साधना भवन, मुर्धवा, रेनुकूट

चुनार क्षेत्र के ग्राम शेरपुर निवासी स्व0 सर्वजीत सिंह के तीन पुत्र स्व. शिव मन्दिल सिंह, स्व0 राम मन्दिल सिंह "नारद जी" एवं श्री हर मन्दिल सिंह के निवास पर स्थित है- "सर्वजीत साधना भवन"। स्व0 राम मन्दिल सिंह "नारद जी" के बड़े पुत्र श्री सिया राम सिंह, श्री लव कुश सिंह "विश्वमानव" के मित्र, सहपाठी व सहयोगी हैं जहाँ उन्होंने "विश्वशास्त्र" के मूल सूत्र सन् 1998 से 2001 में लिखे थे।

इस स्थान पर सार्वभौम विचार को प्रदर्शित करता एक हनुमान मन्दिर स्थापित किया गया है। जो श्री सिया राम सिंह जी के शिव के अवतार हनुमान जी के प्रति अनन्त श्रद्धा को दर्शाता है।

शिवद्वार

सोनभद्र जनपद में लुम्बिनी–दुद्धि राजमार्ग से 39 किलो मीटर दूर पश्चिम–दक्षिण दिशा में अवस्थित शिवद्वार भगवान शिव की आदि नगरी है। इसकी सोनभद्र के इतिहास में अहम भूमिका रही है।

इसका धार्मिक, ऐतिहासिक, सांस्कृतिक एवं राजनैतिक महत्व अक्षुण्ण है। यहाँ पर बौद्धकालीन अवशेष तथा खण्डहर भी विद्यमान हैं। सन् 1966–67 ई0 में यहाँ पर एक विशाल ताम्रपत्र मिला था जिसकी लिपि पढ़ी नहीं जा सकी। आजकल यह दिल्ली के राष्ट्रीय संग्रहालय में विद्यमान है।

शिवद्वार में अवस्थित शिव–शिवा की संयुक्त प्रतिमा प्राचीनकाल से ही जीवन्त रूप में देव, दनुज, यक्ष, गन्धर्व, किन्नर तथा नर सभी के द्वारा पूज्य रही है। इसकी धार्मिक प्रतिष्ठा इसे द्वितीय काशी की गरिमा प्रदान करती है। इसे ही मीरजापुर गजेटियर में गुप्तकाशी की संज्ञा से अभिकल्पित किया गया है।

शिवद्वार

सोनभद्र जनपद में लुम्बिनी-दुद्धि राजमार्ग से 39 किलो मीटर दूर पश्चिम-दक्षिण दिशा में अवस्थित शिवद्वार भगवान शिव की आदि नगरी है। इसकी सोनभद्र के इतिहास में अहम भूमिका रही है।

इसका धार्मिक, ऐतिहासिक, सांस्कृतिक एवं राजनैतिक महत्व अक्षुण्ण है। यहाँ पर बौद्धकालीन अवशेष तथा खण्डहर भी विद्यमान हैं। सन् 1966-67 ई0 में यहाँ पर एक विशाल ताम्रपत्र मिला था जिसकी लिपि पढ़ी नहीं जा सकी। आजकल यह दिल्ली के राष्ट्रीय संग्रहालय में विद्यमान है।

शिवद्वार का पूर्वकालीन नाम अयोध्यापति सम्राट शिवि की सम्प्रभुता का प्रतीक होने के कारण शिविगढ़ था और सम्प्रति शोढ़रीगढ़ के रूप में विद्यमान खण्डहर रूपी अवशेष उनकी कचहरी के ही हैं।

कैमूर पर्वत श्रृंखला में तपस्यालीन भस्मासुर की भक्ति पर प्रसन्न होकर उमा-महेश्वर ने जिस स्थान पर वर प्रदान किया वह स्थान आज भी "वरदिया" नाम से इस क्षेत्र में विद्यमान है। भस्मासुर के भय से तीनों लोकों का भ्रमण करने के पश्चात् शिव जिस स्थान पर छिपे उस स्थान को "वर-कन्हरा" कहा जाता है। इसी कन्हरा या कन्दरा से भगवान विष्णु ने मोहिनी का रूप धारण कर भस्मासुर को ऐसा नचाया कि वह स्वयं भस्म हो गया। आज भी कन्हरा में विष्णु का नयनाभिराम विग्रह दशावतार सहित विद्यमान है। गौतम भार्या अहिल्या के साथ छल करने के कारण गौतम ऋषि के श्राप द्वारा इन्द्र के शरीर में सहस्र भग हो गये। शाप से मुक्ति हेतु इन्द्र ने इसी शिवद्वार में भगवान शिव की अराधना की और पुनः पूर्ववत सुन्दर शरीर को प्राप्त किये। जिस स्थान ने इन्द्र के भगों का वहन किया वह "भगवाही" के नाम से प्रसिद्ध हुआ जिसे अब "भगाही" कहा जाता है। आद्वितीय और दुर्लभ भक्त बैजू अहीर से बैजनाथ हो जाने का स्थान भी शिवद्वार से 2 किलो मीटर पश्चिम "बैजनथवाँ" नाम से है। भैरव शिव के प्रमुख गण हैं। महाँव की भैरव मूर्ति, जो सन् 1990 ई0 में चोरी हो गई, जिससे इस क्षेत्र की भैरव साधना का एक जीवन्त अध्याय समाप्त हो गया।

शिवद्वार की शिव-पार्वती की संयुक्त प्रतिमा मोती महतो नाम के व्यक्ति को 1305 फसली में हल चलाते समय प्राप्त हुई थी और उनके द्वारा ही सर्वप्रथम मन्दिर का निर्माण हुआ। कालान्तर में बहुरिया अविनाश कुँअरि द्वारा भव्य मन्दिर का निर्माण अपने स्वर्गीय पति भूतपूर्व जमींदार बाबू जगत बहादुर सिंह गहरवार की स्मृति में कराया गया। तत्पश्चात् श्री श्री 1008 श्री स्वामी हरिचैतन्य ब्रह्मचारी जी महाराज (टीकरमाफी) की अध्यक्षता में बद्रीकाश्रम के शंकराचार्य के द्वारा सन् 1985 ई0 में वैदिक रीति से पुनः प्राण प्रतिष्ठा की गई। सावन माह में यहाँ काँवरियों की जलाभिषेक हेतु भीड़ लग जाती है। यहाँ मीरजापुर के बरियाघाट से गंगा जल लेकर लगभग 67 किलोमीटर तथा विजयगढ़ दुर्ग के ऊपर स्थित रामसरोवर तालाब से जल लेकर 65 किलोमीटर दूर पैदल यहाँ आते हैं। सन् 1986 ई0 से काँवर पद्धति को पुनः प्रारम्भ कराने का श्रेय सन् 1965 में जन्में श्री परमेश्वर दयाल श्रीवास्तव को जाता है जिनकी प्रेरणा से वर्तमान में यहाँ लाखों काँवरियां आते हैं।

मन्दिर के उत्तर शोढ़रीगढ़ है जो पूर्वकाल में सुन्दरीगढ़ के रूप में था, के ध्वस्त खण्डहर अपने इतिहास को व्यक्त करता है। जिसका सम्बन्ध चरणाद्रिगढ़ (चुनार) और अवन्तिका (उज्जयिनी) से था। यह क्षेत्र कभी मगध, कभी कौशाम्बी तो कभी काशी, तो कभी अयोध्या राज्य के अधीपत्य में रहा। सुन्दरीगढ़ 84 ग्रामों के सुरम्य परिक्षेत्र में अगोरी राज्य की शक्तिशाली छावनी एवं सशक्त क्षत्रपों की गरिमा से मण्डित था। 84 ग्रामों का सुरम्य क्षेत्र सुसंस्कृति एवं सभ्यता का परिचायक था, जिसके अवशेष आज भी आसपास के गांवों में विद्यमान हैं। अगोरी राज्य के अस्तित्व में आने के पूर्व यह समस्त क्षेत्र विजयगढ़ रियासत के अन्तर्गत था।

शिवद्वार त्रिकोणीय तान्त्रिक साधना के लिए जगत विख्यात था और साधना की राजधानी था। शिव का शिवा के साथ रमण करना ही सृजन का प्रतीक है। शिवद्वार में अवस्थित शिव-शिवा की संयुक्त प्रतिमा प्राचीनकाल से ही जीवन्त रूप में देव, दनुज, यक्ष, गन्धर्व, किन्नर तथा नर सभी के द्वारा पूज्य रही है। इसकी धार्मिक प्रतिष्ठा इसे

द्वितीय काशी की गरिमा प्रदान करती है। इसे ही मीरजापुर गजेटियर में गुप्तकाशी की संज्ञा से अभिकल्पित किया गया है।

शिवद्वार क्षेत्र में अनेक साहित्यकार भी हुए जिनमें दसवीं शताब्दी के कवि योगेश्वर, इनके समकालिन छित्तप, चित्तप और दाक्षिणात्य। बान्धवगढ़ाधिपति महाराजा रामचन्द्र जूदेव के पुत्र युवराज वीरभद्रदेव जिनका जन्म सम्वत् 1610 अर्थात् 1554 ई0 में हुआ था। वीरभद्रदेव संस्कृत भाषा के उच्च कोटि के विद्वान थे। इनकी विद्वता का प्रमाण इनका ग्रन्थ "कन्दर्पचूड़ामणि" है। बाबू रणजंय प्रताप बहादुर सिंह, जिनका जन्म सन् 1820 ई0 में हुआ था। बाबू साहब राधा-माधव की त्रिलोक मोहिनी छवि के परम रसिक भक्त-कवि थे।

शिवद्वार के विषय में अधिक जानकारी के लिए पढ़ें-

"शिवद्वार"-लेखक जितेन्द्र कुमार सिंह "संजय"

पुस्तक प्राप्ति का स्थान

1. **"चन्द्रकुटी", देवगढ़, शिवद्वार, सोनभद्र (उ0प्र0) पिन-231010**

2. **बुक स्टाल, रोडवेज बस स्टैण्ड, राबर्टसगंज, सोनभद्र (उ0प्र0)**

विन्ध्य पर्वत, क्षेत्र और धाम

विन्ध्य पर्वत क्षेत्र, भारत वर्ष की सभी पर्वत क्षेत्र में सबसे लम्बी एवं विस्तृत श्रृंखला है जो कि भारत के बिहार, उत्तर प्रदेश, सम्पूर्ण मध्य प्रदेश एवं महाराष्ट्र आदि राज्यों तक अपनी अनुपम छटा विखेरती है। इसकी चौड़ाई लगभग 1050 किलोमीटर तथा ऊँचाई 300 मीटर है। इसकी श्रृंखलाएँ भारत को गंगा के मैदान एवं दक्षिण के पठार को विभक्त करती है। यह क्षेत्र अपने प्राकृतिक सौन्दर्य, वन्य जीवन, कल–कल निनाद करते झरने और इठलाती नदियाँ, गुफाएँ और भित्तचित्रों विभिन्न घटनाओं एवं गाथाओं से परिपूर्ण ऐतिहासिक किलों के साथ ही विभिन्न धार्मिक स्थलों एवं शक्तिपीठों को अपने आँचल में समेटे हुए है। सम्पूर्ण विन्ध्य क्षेत्र में शाक्त साधकों, सिद्धों, तान्त्रिकों आदि की एक लम्बी परम्परा रही हैं। विन्ध्य पर्वत क्षेत्र का एकान्त इन सिद्ध साधकों को सर्वदा ऊर्जा देता रहा है।

सृजन की प्रतीक मातृ शक्ति और विनाश के प्रतीक भगवान शंकर हैं। विन्ध्याचल में इन्हीं दो मन्दिरों की प्रधानता है। विन्ध्य क्षेत्र जैसा पावन सिद्धपीठ, शक्तिपीठ व मणिद्वीप स्थल पूरे ब्रह्माण्ड में दूसरा नहीं है क्योंकि यहाँ जगत जननी माँ विन्ध्यवासिनी स्वयं विराजमान हैं, जो अनन्त ब्रह्माण्ड नायिका हैं।

लगभग 32. 8 लाख वर्ग किलोमीटर क्षेत्रफल में फैले विश्व के 7वें सबसे बड़े देश भारत का मानक समय विन्ध्यक्षेत्र से ही तय होता है। पुराणों के अनुसार रावण ने भी इसे मानक समय स्थल मानकर यहाँ शिवलिंग की स्थापना की थी।

विन्ध्य पर्वत, क्षेत्र और धाम

विन्ध्य पर्वत क्षेत्र, भारत वर्ष की सभी पर्वंत क्षेत्र में सबसे लम्बी एवं विस्तृत श्रृंखला है जो कि भारत के बिहार, उत्तर प्रदेश, सम्पूर्ण मध्य प्रदेश एवं महाराष्ट्र आदि राज्यों तक अपनी अनुपम छटा विखेरती है। इसकी चौड़ाई लगभग 1050 किलोमीटर तथा ऊँचाई 300 मीटर है। इसकी श्रृंखलाएँ भारत को गंगा के मैदान एवं दक्षिण के पठार को विभक्त करती है। यह क्षेत्र अपने प्राकृतिक सौन्दर्य, वन्य जीवन, कल-कल निनाद करते झरने और इठलाती नदियाँ, गुफाएँ और भित्तचित्रों विभिन्न घटनाओं एवं गाथाओं से परिपूर्ण ऐतिहासिक किलों के साथ ही विभिन्न धार्मिक स्थलों एवं शक्तिपीठों को अपने आँचल में समेटे हुए है। सम्पूर्ण विन्ध्य क्षेत्र में शाक्त साधकों, सिद्धों, तान्त्रिकों आदि की एक लम्बी परम्परा रही हैं। विन्ध्य पर्वत क्षेत्र का एकान्त इन सिद्ध साधकों को सर्वदा ऊर्जा देता रहा है। यह क्षेत्र प्राचीन आर्यावर्त का मध्य बिन्दु भी था। प्राचीन भारत में हिमालय पर्वत तथा विन्ध्य पर्वत के मध्य के भूभाग को आर्यावर्त के नाम से जाना जाता है तथा विन्ध्य पर्वत के दक्षिण भाग का नाम दक्षिणावर्त या दक्षिणपथ था। विन्ध्य क्षेत्र भारतीय इतिहास की अनेक छोटी-बड़ी घटनाओं का साक्षी रहा है।

अपने लिए तो सभी जीते हैं लेकिन महानता के उच्च शिखर पर वही पहुँचता है जिसने अहं का नाश कर समाज व विश्व कल्याण के साथ गुरू के आदेशों को महत्व दिया। विन्ध्य पर्वत विश्व कल्याण की सर्वोपरि भावना के साथ ही गुरू आदेश पालन की प्रेरणा दे रहा है। जो युगों-युगों से गुरू के आदेश का पालन कर रहा है और विश्व कल्याण के लिए एक बार झुका तो फिर झुका ही रह गया। इसलिए इस पर्वत पर आदिशक्ति माँ विन्ध्यवासिनी के साथ दैवीय शक्तियाँ विराजमान हैं। पुराणों के अनुसार जिस पर्वत पर माँ विन्ध्यवासिनी विराजमान हैं वही विन्ध्याचल पर्वत है। एक बार विन्ध्य पर्वत को सूर्य से ईर्ष्या हो गई। क्योंकि सूर्य सुमेरू पर्वत की परिक्रमा करते लेकिन विन्ध्याचल पर्वत की नहीं। इस पर विन्ध्याचल पर्वत ने ब्रह्मा जी की घोर तपस्या की और वरदान हासिल कर लिया। वरदान मिलने के बाद विन्ध्य पर्वत ने अपना आकार इतना बढ़ा लिया कि सूर्य देवता भी छिप गये। पूरी दुनिया में हाहाकार मच गया, अँधेरा छा गया। देवी-देवता सभी त्राहि-त्राहि करने लगे। जब सबको मालूम हुआ कि विन्ध्याचल पर्वत अगस्त मुनि को अपना गुरू मानते हैं तो सब ने जाकर अगस्त मुनि से अपनी पीड़ा बतायी। देवताओं की बात सुनकर अगस्त विन्ध्याचल पर्वत से मिलने निकल पड़े। गुरू को सामने देखकर विन्ध्याचल पर्वत साष्टांग की मुद्रा में पूरब से पश्चिम की ओर लेट गया। विन्ध्याचल पर्वत के लेटते ही पूरी धरती से अँधेरा गायब हो गया। अगस्त मुनि ने कहा मैं दक्षिण की तरफ जा रहा हूँ, जब तक लौट कर न आऊँ तब तक यूँ ही झुके रहना। अगस्त मुनि एक बार जो गये तो फिर लौटकर वापस नहीं आये और विन्ध्याचल पर्वत आज भी झुका हुआ है।

जिस प्रकार अद्वैतवादी निराकार ब्रह्म की कल्पना करते हैं, वैष्णव उसी ईश्वर को विष्णु के रूप में, शैव उसी को शिव के रूप में, शौर्य सूर्य के रूप में, गाणपत्य उसी को गणपति के रूप में पूजते हैं। ठीक उसी प्रकार शाक्त सम्प्रदाय के लोग माँ को विन्ध्यवासिनी, चण्डी और दुर्गा महाशक्ति को ईश्वर के रूप में शारदीय नवरात्र में उपासना करते हैं। जिस प्रकार अयोध्या साकेतपुरी का, वृन्दावन गोलोक का, काशी शिवनगरी का प्रतिनिधित्व करता है उसी प्रकार विन्ध्यधाम इस ब्रह्माण्ड पर मणिद्वीप का प्रतिनिधित्व करता है। जो दिव्य और अलौकिक शक्तियों से परिपूर्ण होने के कारण मनुष्य को ही नहीं बल्कि देवताओं को भी यहाँ आने और माँ की शक्ति में लीन हो जाने के लिए विवश करता है। यही कारण है कि आदि-अनादि काल में सृजन, पालन और संहार के देवता ब्रह्मा, विष्णु और महेश ने मणिद्वीप के रहस्य को जानने के लिए मणिद्वीप में प्रवेश किया और माँ की ज्योति में लीन हो गये और त्रिदेवीयों के पुकार के उपरान्त बाहर निकले और अपने सृजन, पालन और संहार के कार्य में लग गये।

तीर्थराज प्रयाग और भगवान शंकर की नगरी के मध्य और पतित पावनी भगीरथी गंगा के दक्षिण तट पर स्थित पवित्र विन्ध्य धाम शिव-शक्ति के उपासना का अद्‌भुत केन्द्र है। यहाँ स्थित शिवालयों का उल्लेख पुराणों में भी वर्णित है। मान्यता है कि भगवान श्रीराम ने भी वन गमन के समय इस नगर को कृतार्थ किया था। यहाँ रामबाग बसाया था जो आज भी नगर का एक प्रसिद्ध मोहल्ला है। सृजन की प्रतीक मातृ शक्ति और विनाश के

प्रतीक भगवान शंकर हैं। विन्ध्याचल में इन्हीं दो मन्दिरों की प्रधानता है। विन्ध्य क्षेत्र जैसा पावन सिद्धपीठ, शक्तिपीठ व मणिद्वीप स्थल पूरे ब्रह्माण्ड में दूसरा नहीं है क्योंकि यहाँ जगत जननी माँ विन्ध्यवासिनी स्वयं विराजमान हैं, जो अनन्त ब्रह्माण्ड नायिका हैं। पुराणों के अनुसार पूरे विश्व में कुल 108 शक्तिपीठ और 12 सिद्धपीठ स्थल हैं जो 1. कांचीपुर में कामाक्षी, 2. मलयगिरी में भ्रामरी, 3. केरल में कौमाणी, 4. बंगदेश में सुंदरी देवी, 5. नेपाल में महेश्वरी, 6. गया में मंगलावती, 7. करबीर में महालक्ष्मी, 8. मालवा में महाकाली, 9. प्रयाग में ललिता देवी, 10. अनर्थ प्रदेश में अम्बा देवी, 11. वाराणसी में विशालाक्षी और 12. विन्ध्याचल में विन्ध्यवासिनी हैं। जिसमें माँ विन्ध्यवासिनी का धाम प्रधान है। महाराज दक्ष पुत्री देवी सती के शरीर छोड़ने के बाद भगवान शिव ने उनके शरीर को लेकर जब ताण्डव किया था तो सती के अलग-अलग अंग 108 स्थानों पर गिरे थे। जहाँ-जहाँ ये अंग गिरे वह शक्तिपीठ के रूप में जाने गये। माँ सती के शरीर के पीठ का हिस्सा विन्ध्यधाम में गिरा था।

देवी भागवत पुराण के अनुसार द्वापर युग में जब देवकी व वसुदेव कारागार में बंद थे और एक के बाद एक अपने पुत्रों की मौत से दुखी थे तो उन्होंने अपने पुरोहित महर्षि गर्ग से अपनी पीड़ा बतायी। जिस पर उन्होंने विन्ध्य पर्वत पर जाकर चण्डी पाठ (दुर्गा सप्तशती पाठ-700 श्लोकों का मंत्र संग्रह) किये जाने का सुझाव दिया था। अपने यजमानों के कारागार में बंद होने के कारण महर्षि गर्ग ने स्वयं अपने यजमानों की कामना पूर्ति के लिए विन्ध्य पर्वत पर आकर चण्डी पाठ किये परिणामस्वरूप योगमाया प्रकट हुईं। श्रीमद्भागवत् के दशम् स्कन्ध के अध्याय दो के अनुसार जब द्वापर युग में कंस का अत्याचार निरंतर बढ़ने लगा तो देवों ने देवी से इस संकट से मुक्त कराने की प्रार्थना की और साथ ही साथ निवेदन किया कि वे व्रज में आकर गोपी-ग्वालों के मध्य नंद के यहाँ रोहिणी के गर्भ से अवतरित हों। इस पर देवी ने सोचा कि रोहिणी के गर्भ में तो स्वयं शेष सिथत हैं, अतएव इन्हें यशोदा के गर्भ से अवतरित होना पड़ा। उधर कंस के कारागार में देवकी के गर्भ से श्रीकृष्ण अवतरित होते हैं। इन्हें लेकर वसुदेव भादो की भरी यमुना को पार करके गोकुल आते हैं। वहाँ कृष्ण को रखकर तथा यशोदा के पास से योगमाया को लेकर मथुरा में कंस के पास उपस्थित होते हैं। कंस अट्ठहास करता हुआ, बालिका को उठाकर ज्योंहि पृथ्वी पर पटकता है, देवी आकाश में जाकर स्थित हो कहतीं हैं-"कंस तुम्हारा संहारकर्ता यहीं कहीं अवतरित हो चुका है।" इतना कहने के पश्चात् देवी विन्ध्य पर्वत पर वास करने के निमित्त आ जाती हैं और महासरस्वती अष्टभुजा के नाम से जानी जाती हैं। वाममार्गी साधना का केन्द्र माँ तारा देवी मन्दिर भी यहाँ स्थित है जहाँ देश भर से तान्त्रिक, साधना के लिए आते हैं। इस स्थान से चंद कदमों की दूरी पर स्थित भैरव कुण्ड भी है। यही पर श्रीयंत्र भी है। खासकर बंगाली साधकों का यहाँ नवरात्रि शुरू होते ही जमावाड़ा लग जाता है। तान्त्रिकों के लिए यहाँ त्रिकोण महायंत्र की स्थापना है जो लघु त्रिकोण और बृहद् त्रिकोण दो रूपों में है। माँ विन्ध्यवासिनी देवी के मूल पीठ माँ का पश्चिमाभिमुख मन्दिर, सामने की तरफ बिन्दु रूप भगवान शंकर, बाएँ भाग दक्षिण दिशा में उत्तराभिमुख उध्वमुखी माँ काली और उत्तर पश्चिम में पूर्वाभिमुख माँ भगवती सरस्वती हैं जो लघु त्रिकोण कहलाता है। रजगुणमयी महालक्ष्मी माँ विन्ध्यवासिनी देवी के दर्शन करने के बाद काली खोह स्थित तमोगुणमयी माँ काली देवी और महासरस्वती माँ अष्टभुजा देवी धाम की यह पूरी यात्रा बृहद् या महात्रिकोण के नाम से प्रसिद्ध है। माँ विन्ध्यवासिनी देवी धन यानि एंश्वर्य, माँ काली देवी तन और माँ अष्टभुजा देवी मन की देवी हैं। त्रिकोण यात्रा में संकटमोचन, आनन्द भैरव, सिद्धनाथ भैरव, कपाल भैरव के भी दर्शन होते हैं।

माँ विन्ध्यवासिनी की मूर्ति अतिप्राचीन है। इस मूर्ति विग्रह में शरीर सौष्ठव का अभाव है तथा यह काले प्रस्तर की निर्मित है। इस प्रकार की मूर्तियाँ लगभग 2000 वर्ष प्राचीन मानी गई है। काशी राज्य अन्तर्गत कांतिपुर एक रियासत थी जिसके राजा दानवेन्द्र राय की अगाध श्रद्धा माँ विन्ध्यवासिनी में थी। माँ विन्ध्यवासिनी का वर्तमान मन्दिर निर्माण कई स्तरों से गुजरते हुए अपने वर्तमान स्वरूप को प्राप्त हुआ है। ज्ञात सूत्रों के अनुसार मूल मन्दिर का निर्माण राजा दानवेन्द्र राय ने कराया था। बुन्देलखण्ड के राजा छत्रसाल की भी कुल देवी माँ विन्ध्यवासिनी थी। राजा छत्रसाल ने भी मन्दिर के बाहरी हिस्से के निर्माण कार्य में सहयोग किया था। माँ के गर्भगृह में महाराजा विजयानगरम् ने चाँदी का बना हुआ सिंहासन स्थापित कराया था। सिखों के 10वें गुरू गुरूगोविन्द सिंह जी भी माँ के दरबार में आ चुके हैं तथा महाराष्ट्र के पेशवा बालाजी बाजीराव भी बुन्देलखण्ड जाते समय अपनी सेना के साथ

यहाँ आये थे। माँ विन्ध्यवासिनी देवी के अनेक नाम हैं जिनमें एक कजला देवी भी है। सर्वप्रथम जब मीरजापुर में कजली गायन आरम्भ हुआ तो गायन के पूर्व जो स्तुति की जाती थी उसमें कजला देवी का नाम लिया जाता था। इसी कारण से वर्षाकाल में गायी जाने वाली गीतों की पंक्तियों को कजली कहा जाने लगा।

छानबे क्षेत्र

वयोवृद्ध साहित्यकार पं0 रामजी पाण्डेय "विमल" ने अपनी कृति "सोनांचल" में मीरजापुर के पश्चिम स्थित छानबे क्षेत्र के सम्बन्ध में लिखा है कि-"सुरम्य वन घाटियों का एलबम सोनभद्र का आवरण पृष्ठ अपनी एक विशिष्ट पौराणिकता संजोए हुये है। पुराकाल में दक्ष प्रजापति की यज्ञशाला छानबे क्षेत्र (मीरजापुर) में पार्वती के दग्ध शरीर को लेकर भगवान शिव ने ताण्डव किया था जिसके परिणामस्वरूप सती के अंग अनेक स्थानों पर गिरे थे जो शक्तिपीठ कहलाये। वहाँ से क्षुब्ध व कुपित, विक्षिप्त भगवान शिव दक्षिणांचल में प्रवेश किये। प्रवेश द्वार (आधुनिक शिवद्वार) और पर्वत मालाओं को लाँघते हुए अघोर क्षेत्र (अगोरी क्षेत्र) में प्रवेश किये, चोपन के निकट अगोरी की पहाड़ियों में भगवान शिव ने अज्ञातवास किया"

विन्ध्यक्षेत्र से तय होता है भारत का मानक समय

लगभग 32.8 लाख वर्ग किलोमीटर क्षेत्रफल में फैले विश्व के 7वें सबसे बड़े देश भारत का मानक समय विन्ध्यक्षेत्र से ही तय होता है। जहाँ से भारत देश का मानक समय तय होता है वह स्थान मीरजापुर-इलाहाबाद राष्ट्रीय राजमार्ग पर अमरावती चौराहे से पश्चिम की ओर स्थित है। यहाँ इण्डियन स्टैण्डर्ड टाइम का बोर्ड भी लगा है। गर्व होता है कि देश का मानक समय माँ विन्ध्यवासिनी धाम से तय होता है। पुराणों के अनुसार रावण ने भी इसे मानक समय स्थल मानकर यहाँ शिवलिंग की स्थापना की थी। विन्ध्यधाम के समीप उत्तर तरफ स्थित प्राचीन विन्ध्येश्वर महादेव में आज भी प्रत्येक दिन पूजा होती है। विशेषज्ञों के अनुसार 82 डिग्री 30 मिनट पूर्वी देशान्तर को भारत का मानक देशान्तर यामोत्तर माना गया है। यह काल्पनिक रेखा उत्तर प्रदेश के मीरजापुर जनपद के विन्ध्यक्षेत्र से होकर दो ध्रुवों के बीच से गुजरती है। मानक समय का निर्धारण किसी देश के पूरब-पश्चिम के विस्तार के औसत केन्द्रीय भाग से गुजरने वाली मानक देशांतर के आधार पर किया जाता है। पंचांग में भी विन्ध्य क्षेत्र को मानक मानकर ही समय की गणना होती है। ऋषिकेश पंचांग के अनुसार मीरजापुर से 1 मिनट 32 सेकण्ड पूर्व देशांतर पर वाराणसी स्थित है।

भाग-3
जीवनदायिनी सत्यकाशी (तम)
(www.satyakashi.com)

SATYAKASHI
FIFTH, FINAL & SEVENTH KASHI
सत्यकाशी
पंचम, अन्तिम और सप्तम काशी

जीवनदायिनी सत्यकाशी
पंचम, अन्तिम और सप्तम काशी

काशी, काश धातु से निष्पन्न है। काश का अर्थ है–ज्योतित होना या ज्योतित करना अर्थात् जहाँ से ब्रह्म प्रकाशित हो। जिस स्थान या नगर से ज्ञान का प्रकाश चारों ओर फैलता है उसे काशी पुरी या काशी नगर कहते हैं। ब्रह्म प्रकाशित करने वाला प्रत्येक नगर ही काशी है।

अनिवर्चनीय कल्कि महाअवतार का लीला भूमि क्षेत्र और "विश्व शिक्षा पाठ्यक्रम" सहित "विश्वशास्त्र" का प्रकाशन क्षेत्र।

www.satyakashi.com

वाराणसी–सोनभद्र–शिवद्वार–विन्ध्याचल के बीच का क्षेत्र

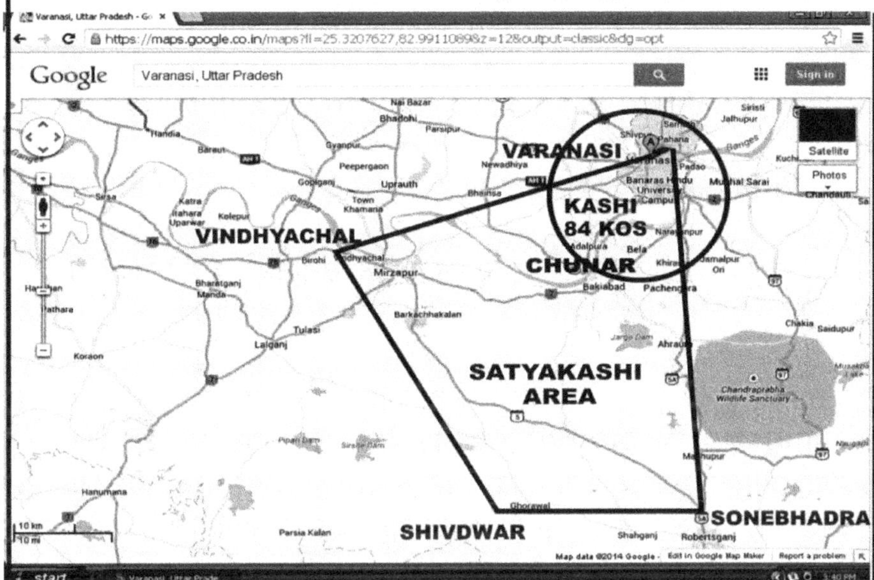

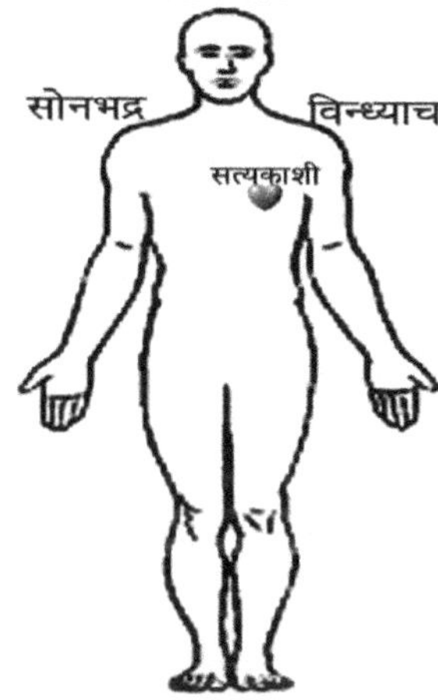

मीरजापुर

चुनार (चरणाद्रिगढ़)

सत्यकाशी व भारत माता का हृदय क्षेत्र

विश्वशास्त्र–द नॉलेज ऑफ फाइनल नॉलेज

भोगेश्वरनाथ-13वाँ और अन्तिम ज्योतिर्लिंग क्यों?

01. प्रत्येक मास में कृष्ण पक्ष की तेरहवीं तिथि की रात्रि मास शिवरात्रि तथा फाल्गुन मास की कृष्ण पक्ष की तेरहवीं तिथि की रात्रि महाशिवरात्रि कहलाती है। मनुष्य के जन्म के बारहवीं तिथि के संस्कार को बरही तथा शरीर से मुक्त होने के तेरहवीं तिथि के अन्तिम संस्कार को तेरहवीं कहते हैं अर्थात् तेरह का अंक शिव-शंकर का प्रतीक है। तब तेरहवां ज्योतिर्लिंग कहाँ है? क्योंकि केवल द्वादस ज्योतिर्लिंग ही हम सब जानते हैं, इस तेरहवें ज्योतिर्लिंग की स्थापना ही सत्यकाशी तीर्थ का महत्व है।

02. जीवनदायिनी सत्यकाशी से सार्वभौम आत्मा पर केन्द्रित सत्व मन से युक्त प्रवृत्ति मार्गी पाँचवें अवतार-वामन अवतार का अवतरण हुआ था। सत्व मन से युक्त प्रवृत्ति मार्ग भोगेश्वर की अवस्था है।

03. जीवनदायिनी सत्यकाशी से सार्वभौम आत्मा पर केन्द्रित सत्व मन से युक्त प्रवृत्ति मार्गी दसवें और अन्तिम अवतार-कल्कि अवतार का अवतरण हुआ है। सत्व मन से युक्त प्रवृत्ति मार्ग भोगेश्वर की अवस्था है। अन्तिम अवतरण से अन्तिम भोगेश्वर का अवतरण है।

04. अन्तिम अवतार-लव कुश सिंह "विश्वमानव" स्वयं आश्विन, शुक्ल पक्ष के त्रयोदशी (तेरहवीं) तिथि को जन्म ग्रहण किये हैं।

जिस प्रकार शिव भक्त रावण से जुड़ी घटना के कारण ज्योतिर्लिंग श्री वैद्यनाथ स्थापित है और सातवें अवतार श्रीराम से जुड़ी ज्योतिर्लिंग श्री रामेश्वर है। उसी प्रकार श्री लव कुश सिंह "विश्वमानव" से जुड़ा है-13वाँ और अन्तिम ज्योतिर्लिंग-भोगेश्वरनाथ। जिसकी प्रतिकात्मक स्थापना वे माँ शीतला धाम, अदलपुरा के ठीक पूर्व दिशा में गंगा नदी के बीच जहाँ गंगा दो भागों में बँटी हुई हैं, वहीं कर चुके हैं। 13वाँ और अन्तिम ज्योतिर्लिंग-भोगेश्वरनाथ को व्यक्त करने की श्री लव कुश सिंह "विश्वमानव" की योग्यता यह है कि उन्होंने कश्मीरी शैव तन्त्र व पाशुपत दर्शन से जीवन जीते हुए शिव तन्त्र का जीवनदायिनी शास्त्र कर्मवेद: प्रथम, अन्तिम तथा पंचम वेद समाहित-"विश्वशास्त्र-द नालेज आफ फाइनल नालेज" की रचना सत्यकाशी क्षेत्र से ही की है जो आध्यात्मिक एवं दार्शनिक विरासत के आधार पर एक भारत-श्रेष्ठ भारत तथा भारत को दृश्य काल में विश्वगुरू पद प्राप्त करने की योजना का सर्वोच्च प्रवृत्ति मार्ग का शास्त्र है और जिसकी रचना मोक्षदायिनी काशी: वाराणसी के गंगा पार व्यास क्षेत्र से हुआ है प्रमाण स्वरूप-

व्यासजी द्वारा काशी को शाप देने के कारण विश्वेश्वर ने व्यासजी को काशी से निष्कासित कर दिया था। तब व्यासजी लोलार्क मन्दिर के आग्नेय कोण में गंगाजी के पूर्वी तट पर स्थित हुए। इस घटना का उल्लेख काशी खण्ड में इस प्रकार है-

लोलार्कादं अग्निदिग्भागे, स्वर्धुनी पूर्वरोधसि।
स्थितो ह्यद्यापि पश्चेत्सः काशीप्रासाद राजिकाम्।।

-स्कन्दपुराण, काशी खण्ड 96/201

जीवनदायिनी सत्यकाशी-पंचम, अन्तिम और सप्तम काशी

(काशी (वाराणसी)-सोनभद्र-शिवद्वार-विन्ध्याचल के बीच का क्षेत्र)

काशी, काश धातु से निष्पन्न है। काश का अर्थ है-ज्योतित होना या ज्योतित करना अर्थात् जहाँ से ब्रह्म प्रकाशित हो। जिस स्थान या नगर से ज्ञान का प्रकाश चारो ओर फैलता है उसे काशी पुरी या काशी नगर कहते हैं। इस प्रकार ब्रह्म प्रकाशित करने वाला प्रत्येक नगर ही काशी है जिसमें से एक वाराणसी-विन्ध्याचल-शिवद्वार-सोनभद्र के बीच का क्षेत्र है जिसका स्वरूप जीवनदायिनी का है क्योंकि यहाँ से जीवनदायिनी "विश्वशास्त्र" व्यक्त हुआ है।

सार्वभौम सत्य-सिद्धान्त और समाज समर्थित सत्यकाशी योजना जिसका क्षेत्र है-वाराणसी-विन्ध्याचल-शिवद्वार-सोनभद्र के बीच का भगवान विष्णु और भगवान शिव से जुड़ा क्षेत्र। जो धर्मक्षेत्र से व्यापक सार्थक एवं पौराणिक आधारों पर प्रश्न करता है कि-क्यों काशी नरेश होते हुए भी उनका किला काशी शहर में नहीं? क्यों देवकी के आठवें पुत्र कृष्ण के बदले में पुत्री को कंस ने मारना चाहा तो वह विन्ध्य पर्वत पर आ बसीं? क्यों समष्टि (समाज या सार्वजनिक) धर्म के स्थापनार्थ विष्णु के पाँचवे अवतार वामन अवतार ने जब राजा बलि से तीन पग जमीन मांगा तब अवतार ने पहला पग चुनार क्षेत्र में ही रखा जिसके कारण इसका पुराना नाम चरणाद्रिगढ़ था? क्यों ब्रह्मलीन श्री श्री 1008 सत्ययोगानन्द उर्फ भुईधरा बाबा (भगवान रामकृष्ण की अगली कड़ी) ने सदी का सबसे लम्बा (दि0 13. 11. 97 से 22. 06. 98 तक) तथा अदृश्य काल का अन्तिम यज्ञ-विष्णु महायज्ञ और ज्ञानयज्ञ चुनार क्षेत्र में ही आयोजित किये? क्यों विश्व का अन्तिम शास्त्र "विश्वशास्त्र" इसी क्षेत्र से व्यक्त हुआ? क्यों विश्वव्यापी धर्म स्थापना (समष्टि धर्म स्थापना) पाँचवें अवतार वामन अवतार के बाद पुनः इस क्षेत्र से प्रारम्भ हो रहा है।

उपरोक्त प्रश्नों का जबाब भी सत्यकाशी योजना के जन्मदाता गण व्यापकता के साथ देते हैं। भौतिकवादी काशीवासीयों से मुक्त-शिवभक्त काशी नरेश की सत्यता के लिए प्रकृतिक चक्र द्वारा इनका किला काशी शहर में नहीं जिससे वे अन्त में अन्तिम काशी-सत्यकाशी के सत्यकाशी नरेश भी कहलायें। चुनार क्षेत्र पाँचवें अवतार वामन के चरणों से एक श्राप द्वारा ग्रसित हो चुका था कि इस क्षेत्र में जन्म लेने वाले व्यक्ति की चाहें जितना भी समष्टि (समाज) धर्म के लिए प्रयत्न क्यों न करें वे व्यष्टि (व्यक्तिगत) धर्म से अधिक न उठ सकेंगे। जब तक की इस क्षेत्र से बाहर जन्म लेकर कोई पुनः समष्टि धर्म स्थापनार्थ नहीं आ जाता। यह सब इसलिए है कि प्राकृतिक चक्र द्वारा विकसित और सन्तुलित क्षेत्र जो वाराणसी-विन्ध्याचल-शिवद्वार-सोनभद्र के बीच स्थित है। बस यहीं है पुराणों में वर्णित सात काशीयों में अन्तिम काशी-सत्यकाशी। यदि काशी (वाराणसी), शिवाकाशी, उत्तरकाशी और दक्षिण काशी (वैदुर्यपत्तन, बरकला, केरल प्रदेश) को मुख्य काशी माना जाय तो सत्यकाशी पंचम काशी है। और दो काशीयों को और सम्मिलित किया जाता है तो सत्यकाशी सप्तम काशी होगी इस प्रकार शिव पुराण में वर्णित सात काशीयों में सत्यकाशी पंचम, अन्तिम तथा सप्तम काशी होगी।

इस प्रकार हम देखते हैं कि आध्यात्मिक, सार्थक, दूरदर्शी, प्रमाणित, पौराणिक, समाज समर्थित काशी की परम्परा का पालन करते हुए सत्यकाशी योजना है। जबकि लक्ष्य एक व्यापक जनसमुदाय को एक नयी दिशा द्वारा संरक्षण, विकास और आजिविका प्रदान करना है। इसलिए उचित स्थान पर इसका निर्माण आवश्यक है।

सत्यकाशी क्षेत्र से व्यक्त हुये मुख्य विषय

01. द्वापर युग में आठवें अवतार श्रीकृष्ण द्वारा प्रारम्भ किया गया कार्य "नवसृजन" के प्रथम भाग "सार्वभौम ज्ञान" के शास्त्र "गीता" के बाद कलियुग में शनिवार, 22 दिसम्बर, 2012 से काल व युग परिवर्तन कर दृश्य काल व पाँचवें युग का प्रारम्भ, व्यवस्था सत्यीकरण और मन के ब्रह्माण्डीयकरण के लिए दसवें और अन्तिम अवतार-कल्कि महावतार श्री लव कुश सिंह "विश्वमानव" द्वारा व्यक्त द्वितीय और अन्तिम भाग "सार्वभौम कर्मज्ञान" और "पूर्णज्ञान का पूरक शास्त्र", "विश्वशास्त्र: द नालेज आफ फाइनल नालेज" के रूप में व्यक्त हुआ।

02. जिस प्रकार सुबह में कोई व्यक्ति यह कहे कि रात होगी तो वह कोई नई बात नहीं कह रहा। रात तो होनी है चाहे वह कहे या ना कहे और रात आ गई तो उस रात को लाने वाला भी वह व्यक्ति नहीं होता क्योंकि वह प्रकृति का नियम है। इसी प्रकार कोई यह कहे कि "सतयुग आयेगा, सतयुग आयेगा" तो वह उसको लाने वाला नहीं होता। वह नहीं भी बोलेगा तो भी सतयुग आयेगा क्योंकि वह अवतारों का नियम है। सुबह से रात लाने का माध्यम प्रकृति है। युग बदलने का माध्यम अवतार होते हैं। जिस प्रकार त्रेतायुग से द्वापरयुग में परिवर्तन के लिए वाल्मिकि रचित "रामायण" आया, जिस प्रकार द्वापरयुग से कलियुग में परिवर्तन के लिए महर्षि व्यास रचित "महाभारत" आया। उसी प्रकार प्रथम अदृश्य काल से द्वितीय और अन्तिम दृश्य काल व चौथे युग-कलियुग से पाँचवें युग-स्वर्णयुग में परिवर्तन के लिए शेष समष्टि कार्य का शास्त्र "विश्वशास्त्र" सत्यकाशी क्षेत्र जो वाराणसी-विन्ध्याचल-शिवद्वार-सोनभद्र के बीच का क्षेत्र है, से भारत और विश्व को अन्तिम महावतार श्री लव कुश सिंह "विश्वमानव" द्वारा मानवों के अनन्त काल तक के विकास के लिए व्यक्त किया गया है।

03. कारण, अन्तिम महावतार श्री लव कुश सिंह "विश्वमानव" और "आध्यात्मिक सत्य" आधारित क्रिया "विश्वशास्त्र" से उन सभी ईश्वर के अवतारों और शास्त्रों, धर्माचार्यों, सिद्धों, संतों, महापुरूषों, भविष्यवक्ताओं, तपस्वीयों, विद्वानों, बुद्धिजिवीयों, व्यापारीयों, दृश्य व अदृश्य विज्ञान के वैज्ञानिकों, सहयोगीयों, विरोधीयों, रक्त-रिश्ता-देश सम्बन्धियों, उन सभी मानवों, समाज व राज्य के नेतृत्वकर्ताओं और विश्व के सबसे बड़े लोकतन्त्र के संविधान को पूर्णता और सत्यता की एक नई दिशा प्राप्त हो चुकी है जिसके कारण वे अधूरे थे।

अपने-अपने धर्म शास्त्र-उपनिषद्-पुराण इत्यादि का अध्ययन करें कहीं ऐसा तो नहीं कि-

1. काल के प्रथम रूप अदृश्य काल से दूसरे और अन्तिम दृश्य काल का प्रारम्भ।
   - इसलिए कि अधिकतम व्यक्ति व समाज का मन दृश्य विषयों पर केन्द्रित है।
2. मनवन्तर के वर्तमान 7वें मनवन्तर वैवस्वत मनु से 8वें मनवन्तर सांवर्णि मनु का प्रारम्भ।
   - इसलिए कि सावर्णि मनु के "सार्वभौम" गुण का प्रयोग कर श्री लव कुश सिंह "विश्वमानव" व्यक्त हैं।
3. अवतार के नवें बुद्ध से दसवें और अन्तिम अवतार-कल्कि महावतार का प्रारम्भ।
   - इसलिए कि आधुनिक युग के लिए एकीकरण व मानकीकरण के सभी प्रणाली व्यष्टि व समष्टि के लिए संयुक्त एवं अन्तिम रूप से कल्कि अवतार द्वारा व्यक्त है।
4. युग के चौथे कलियुग से पाँचवें युग स्वर्ण युग का प्रारम्भ।
   - इसलिए कि युग परिवर्तन के लिए कल्कि अवतार का आगमन हो चुका है।
5. व्यास और द्वापर युग में आठवें अवतार श्रीकृष्ण द्वारा प्रारम्भ किया गया कार्य "नवसृजन" के प्रथम भाग "सार्वभौम ज्ञान" के शास्त्र "गीता" से द्वितीय अन्तिम भाग "सार्वभौम कर्मज्ञान", पूर्णज्ञान का पूरक शास्त्र", लोकतन्त्र का "धर्मनिरपेक्ष धर्मशास्त्र" और आम आदमी का "समाजवादी शास्त्र" द्वारा व्यवस्था सत्यीकरण और मन के ब्रह्माण्डीयकरण और नये व्यास का प्रारम्भ।
   - इसलिए कि नया और अन्तिम शास्त्र "विश्वशास्त्र" प्रकाशित हो चुका है।

यदि ऐसा नहीं तो-

1. तुम्हारे शास्त्रों में दिये वचन और शास्त्र झूठे हो जायेंगे। 2. तुम्हारे भविष्यवक्ताओं की भविष्यवाणीयाँ झूठी हो जायेंगी। 3. तुम्हारे युग और काल गणना झूठे हो जायेंगे। 4. तुम्हारे अवतार-ईशदूत-ईशपुत्र-पुनर्जन्म सिद्धान्त झूठे हो जायेंगे।

मीरजापुर

स्थानीय मान्यताओं के अनुसार मीरजापुर, राजा नान्नेर द्वारा स्थापित किया गया था और पूर्व में यह शहर पर्वत पुत्री गिरिजा के नाम पर गिरिजापुर के नाम से जाना जाता था लेकिन ब्रिटीश विजय के उपरान्त इसे मीरजापुर के नाम से जाना जाने लगा। मीरजापुर, बनारस राज्य का अंग था। प्रशासनिक दृष्टि से मीरजापुर जनपद को चार तहसील चुनार, लालगंज, सदर और मड़िहान में बाँटा गया।

www.satyakashi.com

वाराणसी–सोनभद्र–शिवद्वार–विन्ध्याचल के बीच का क्षेत्र

घण्टा घर

पक्का घाट

ओझला पुल

कंतित शरीफ

विण्ढ़म फाल

तारकेश्वर महादेव

मीरजापुर

मीरजापुर, भारत के उत्तर प्रदेश राज्य का एक शहर और जिला मुख्यालय है, जो जिला सोनभद्र, चन्दौली, वाराणसी, संत रविदास नगर भदोही और इलाहाबाद जिले से घिरा हुआ है। इस जिले का नाम शासक मिर्जा के नाम पर रखा गया है। ब्रिटीश सरकार द्वारा कब्जा कर लेने के बाद इस नगर का नाम इसके पूर्व शासक के नाम पर रख दिया गया। स्थानीय मान्यताओं के अनुसार मीरजापुर, राजा नान्नेर द्वारा स्थापित किया गया था और पूर्व में यह शहर पर्वत पुत्री गिरिजा के नाम पर गिरिजापुर के नाम से जाना जाता था लेकिन ब्रिटीश विजय के उपरान्त इसे मीरजापुर के नाम से जाना जाने लगा। जबकि शोधकर्ताओं में नाम के लिए अभी भी शोध जारी है कि "मीरजा" होगा या "मिर्जा"।

मीरजापुर, बनारस राज्य का अंग था। सन् 1775 ई0 में इसकी प्रभुसत्ता अवध के नबाब कादीर द्वारा ईस्ट इण्डिया कम्पनी को सौंप दी गई। किन्तु इसका प्रबन्धात्मक प्रशासन सन् 1794 ई0 तक काशी नरेश के जमींदार के अन्दर ही बना रहा। 27 अक्टुबर, 1794 को राजा महीप नारायण सिंह से सन्धि के शर्तों के अनुसार अपने नियंत्रण को तत्कालीन गर्वनर जनरल को हस्तान्तरित कर दिया गया। सन् 1861 ई0 तक इलाहाबाद से अलग होकर यह जनपद अपने वर्तमान युग में प्रतिष्ठित हुआ। अप्रैल, 1998 में इस जनपद के दक्षिणी और पूर्वी भाग को अलग करते हुए सोनभद्र जनपद का सृजन किया गया। प्रशासनिक दृष्टि से मीरजापुर जनपद को चार तहसील चुनार, लालगंज, सदर और मड़िहान में बाँटा गया। विकास की गतिविधियों को संचालित करने के लिए 12 विकास खण्ड मीरजापुर शहर, कोन, छानबे, मझवां, पहाड़ी, सीखड़, नरायनपुर, जमालपुर, मड़िहान, राजगढ़ और हलियां बनाया गया। जनपद में 106 न्याय पंचायत, 763 ग्राम पंचायत, 1987 राजस्व गाँव जिसमें 265 गैर आबादी वाले गाँव सम्मिलित हैं। 14 जून 1997 से मीरजापुर मण्डल का सृजन किया गया जिसमें सन्त रविदास नगर भदोही, सोनभद्र तथा मीरजापुर जनपद सम्मिलित हैं। वर्तमान में मीरजापुर मण्डल का नाम बदलकर विन्ध्य मण्डल कर दिया गया है। मीरजापुर जिले की कुल भूमि 4.55 लाख हेक्टेयर है। इसमें कृषि योग्य जमीन मात्र 2. 11 लाख के लगभग है। सिंचाई तो मात्र 1.33 लाख हेक्टेयर की हो पा रही है। 2.33 लाख हेक्टेयर जमीन बंजर होकर परती पड़ी हुई है।

पर्यटन की दृष्टि से मीरजापुर काफी महत्वपूर्ण जिला माना जाता है। यहाँ की प्राकृतिक सुन्दरता और धार्मिक वातावरण बरबस लोगों का ध्यान अपनी ओर खींचती है। इसके दर्शनीय स्थल चुनारगढ़, सक्तेशगढ़, बिलखरा, खमरिया, बावनघाट, कुण्ड, ओझलापुल, भर्ग राजाओं के अवशेष, रामगया घाट पर बीच गंगा में स्थित स्तम्भ, हलिया उपरौंध में अर्धनिर्मित शिला महल, मीरजापुर नगर का घण्टाघर व पक्काघाट व अनके मन्दिर तथा प्राकृतिक पर्यटन स्थल में टांडा जल प्रपात, विन्ढम झरना, खजूरी बाँध, सिरसी बाँध, लखनियां दरी, चूना दरी, सिद्धनाथ की दरी, जरगो बाँध इत्यादि हैं जिनमें से कुछ के वर्णन इस प्रकार हैं-

1. तारकेश्वर महादेव

विन्ध्याचल के पूर्व में स्थित तारकेश्वर महादेव की कथा पुराणों में मिलता है। मन्दिर के समीप एक कुण्ड स्थित है। माना जाता है कि तारक नामक असुर ने मन्दिर के समीप एक कुण्ड खोदा था। भगवान शिव ने ही तारक का वध किया था। इसलिए उन्हें तारकेश्वर महादेव भी कहा जाता है। कुण्ड के समीप काफी सारे शिवलिंग स्थित हैं। पौराणिक कथा के अनुसार भगवान विष्णु ने तारकेश्वर के पश्चिम दिशा की ओर एक कुण्ड खोदा था और भगवान शिव के मन्दिर का निर्माण किया था। इसके अतिरिक्त, ऐसा भी कहा जाता है कि तारकेश्वर देवी लक्ष्मी का निवास स्थल है। देवी लक्ष्मी यहाँ अन्य रूप में देवी सरस्वती के साथ वैष्णवी रूप में निवास करती हैं।

2. शिवपुर

पौराणिक कथा के अनुसार भगवान श्रीराम चन्द्र ने अपने पिता दशरथ का श्राद्ध विन्ध्याचल क्षेत्र में ही किये थे। इस जगह पर भगवान श्रीराम ने भगवान शिव की प्रतिमा की स्थापना की थी। इसी कारण यह मन्दिर रामेश्वर तथा स्थान शिवपुर के नाम से जाना जाता है। लक्ष्मण जी ने भी यहाँ शिवलिंग की स्थापना की जिसे लक्ष्मणेश्वर कहा जाता है।

3. सीताकुण्ड

अष्टभुजा मन्दिर के पश्चिम दिशा की ओर सीता जी ने एक कुण्ड खुदवाया था। उस समय से इस जगह को सीता कुण्ड के नाम से जाना जाता है। कुण्ड के समीप ही सीता जी ने भगवान शिव की स्थापना की थी जिसे सीतेश्वर कहते हैं। साथ ही रामकुण्ड भी है।

4. कांतित शरीफ

ख्वाजा इस्माइल चिस्ती का मकबरा, कांतित शरीफ में स्थित है। प्रत्येक वर्ष हिन्दू व मुस्लिम दोनों मिलकर उर्स का पर्व मनाते हैं। मकबरे के समीप ही मुगल काल का एक मस्जिद स्थित है जो काफी लम्बी है। जिसके कारण इसे लोग पहलवान मस्जिद के नाम से जानते हैं।

5. पुण्यजल नदी

मीरजापुर और विन्ध्याचल शहर के बीच बहने वाली नदी को पुण्यजल अथवा ओझल के नाम से जाना जाता है। कहा जाता है कि जिस प्रकार सभी यज्ञों में अश्वमेघ यज्ञ और सभी पर्वतों में हिमालय पर्वत प्रसिद्ध है उसी प्रकार सभी तीर्थ में ओझल सबसे प्रमुख मानी जाती है। इस नदी का जल, गंगा नदी के जल के समान ही पवित्र है। यह जगह देवी काली, महालक्ष्मी, महासरस्वती और तारकेश्वर महादेव मन्दिर से घिरी है।

6. गुरूद्वारा गुरू दा बाघ

मीरजापुर स्थित गुरूद्वारा गुरू दा बाघ काफी प्रमुख गुरूद्वारों में से है। इस गुरूद्वारे का निर्माण दसवें सिख गुरू गोविन्द सिंह की याद में करवाया गया था। यह शहर से लगभग 5 किलोमीटर की दूरी पर स्थित है।

7. काशी हिन्दू विश्वविद्यालय का दक्षिणी परिसर

2700 एकड़ का काशी हिन्दू विश्वविद्यालय का यह परिसर मीरजापुर जनपद के बरकछा नामक जगह पर स्थित है जो सोनभद्र मार्ग पर पहाड़ी पर लगभग 10 किलोमीटर पर स्थित हैं। यहाँ भी वाराणसी के मुख्य परिसर की भाँति व्यवस्थाएँ विकसित हो रहीं हैं। यह परिसर भी एक स्वतन्त्र विश्वविद्यालय जैसी क्षमता रखता है। जिसके सम्बन्ध में डा0 कर्ण सिंह, प्रख्यात चिंतक व काशी हिन्दू विश्वविद्यालय, वाराणसी, उ0प्र0, भारत के चांसलर भी बोल चुके हैं कि-"विश्व एक परिवार है न कि बाजार। भारतीय मानको में गुरू-शिष्य परम्परा की अवधारणा को मजबूती देने की जरूरत है। शैक्षणिक संस्थानों में नई चेतना, विचारधारा निकालनी होगी जिससे सामाजिक व राष्ट्रीय उत्थान को बल मिले। शान्ति, मूल्यों की शिक्षा ही आज की आवश्यकता है। महामना की सोच मानवीय मूल्य के समावेश वाले युवाओं के मस्तिष्क का विकास था, चाहे वह इंजिनियर हो, विज्ञान या शिक्षाविद्। यहाँ के छात्र दुनिया में मानवीय मूल्य के राजदूत बनें ताकि देश में नम्बर एक बना बी. एच. यू. अब दुनिया के लिए आदर्श बने। इस विश्वविद्यालय सरीखा दूसरा कोई उत्कृष्ट संस्थान ही नहीं जहाँ संयुक्त राष्ट्र संघ द्वारा यूनेस्को चेयर फार पीस एंड इंटरकल्चर अंडरस्टैण्डिंग की स्थापना हुई। विश्वविद्यालय का दक्षिणी परिसर मुख्य परिसर की सिर्फ कापी भर नहीं है, बल्कि यह तो भविष्य में नये विश्वविद्यालय का रूप लेगा।"(दैनिक जागरण, वाराणसी, दि0 26-12-2010)

चुनार (चरणाद्रिगढ़)—01
सत्यकाशी व भारत माता का हृदय क्षेत्र

काशी (वाराणसी) और विन्ध्य क्षेत्र के बीच स्थित होने के कारण चुनार क्षेत्र भी ऋषियों—मुनियों, महर्षियों, राजर्षियों, संत—महात्माओं, योगियों, सन्यासियों, साहित्यकारों इत्यादि के लिए आकर्षण के योग्य क्षेत्र रहा है।

"समाज" शब्द का जन्मदाता पाँचवें अवतार—बामन अवतार का क्षेत्र चुनार क्षेत्र है। जिसके कारण ही चुनार का प्रचीन नाम चरणाद्रिगढ़ था। फादर कामिल बुल्के के शोध ग्रन्थ "राम कथा : उद्भव और विकास" के अनुसार कवि वाल्मीकि की तपस्थली चुनार ही है इसलिए कहीं—कहीं इसे चाण्डालगढ़ भी कहा गया है।

www.satyakashi.com

वाराणसी—सोनभद्र—शिवद्वार—विन्ध्याचल के बीच का क्षेत्र

उत्तरमुखी गंगा घाट

योगीराज भर्तृहरि समाधि, चुनार किला

सोनवा मण्डप, चुनार किला

शाह कासिम सुलेमानी का दरगाह

महाप्रभु गोस्वामी विट्ठलनाथ जी

जरगो बाँध

भण्डारी देवी

लखनियाँ दरी

चुनार (चरणाद्रिगढ़)–02

सत्यकाशी व भारत माता का हृदय क्षेत्र

www.satyakashi.com

वाराणसी–सोनभद्र–शिवद्वार–विन्ध्याचल के बीच का क्षेत्र

सिद्धपीठ दुर्गा खोह

परमहंस स्वामी अड़गड़ानन्द आश्रम

सिद्धनाथ की दरी

माँ शिवशंकरी धाम

माँ शीतला धाम

ऊँश्री अहिरावीर डीह

श्री नये वीर

श्री विष्णु मन्दिर, वैकुण्ठपुर

विश्वशास्त्र–द नॉलेज ऑफ फाइनल नॉलेज

चुनार एवं चुनार क्षेत्र

मीरजापुर जनपद के चार तहसील चुनार, लालगंज, सदर और मड़िहान में से एक तहसील चुनार है जो जिला मुख्यालय से 33 किलोमीटर और वाराणसी-कन्याकुमारी राष्ट्रीय राजर्माग संख्या-7 पर वाराणसी से 42 किलोमीटर पर स्थित है। दिल्ली-हावड़ा रेल लाईन पर यह मुगलसराय और इलाहाबाद के बीच स्थित है। चुनार तहसील के अन्तर्गत जनपद के 12 विकासखण्ड में से जमालपुर, नरायनपुर, सीखड़ और आधे राजगढ़ विकासखण्ड का क्षेत्र और दो नगरपालिका क्षेत्र अहरौरा और चुनार प्रशासनिक कार्य के अन्तर्गत आता है।

काशी (वाराणसी) और विन्ध्य क्षेत्र के बीच स्थित होने के कारण चुनार क्षेत्र भी ऋषियों-मुनियों, महर्षियों, राजर्षियों, संत-महात्माओं, योगियों, सन्यासियों, साहित्यकारों इत्यादि के लिए आकर्षण के योग्य क्षेत्र रहा है। प्राचीन काल में सोनभद्र सम्मिलित मीरजापुर व चुनार क्षेत्र सभी काशी के ही अभिन्न अंग थे। चुनार प्राचीन काल से आध्यात्मिक, पर्यटन और व्यापारिक केन्द्र के रूप में स्थापित है। गंगा किनारे स्थित होने से इसका सीधा व्यापारिक सम्बन्ध कोलकाता से था और वनों से उत्पादित वस्तुओं का व्यापार होता था। चुनार किला और नगर के पश्चिम में गंगा, पूर्व में पहाड़ी जरगो नदी, उत्तर में ढाब का मैदान तथा दक्षिण में प्राकृतिक सुन्दरता का विस्तार लिए विन्ध्य पर्वत की श्रृंखलाएँ हैं जिसमें अनेक जल प्रपात, गढ़, गुफा और घाटियाँ हैं।

सतयुग में एक विचित्र स्थिति उत्पन्न हो गयी, हुआ यह कि एक प्रतापी, धर्मपरायण, प्रजावत्सल, सेवाभावी, दानवीर, सौम्य, सरल यानी सर्वगुण सम्पन्न राजा हुआ-बलि। लोग इसके गुण गाने लगे और समाजवादी राज्यवादी होने लगे। राजा बलि का राज्य बहुत अधिक फैल गया। समाजवादियों के समक्ष यानी मानवजाति के समक्ष एक गम्भीर संकट पैदा हो गया कि अगर राज्य की अवधारणा दृढ़ हो गयी तो मनुष्य जाति को सदैव दुःख, दैन्य व दारिद्रय में रहना होगा क्योंकि अपवाद को छोड़कर राजा स्वार्थी होंगे, परमुखपेक्षी व पराश्रित होंगे अर्थात् अकर्मण्य व यथास्थिति वादी होंगे यह भयंकर स्थिति होगी परन्तु समाजवादी असहाय थे। राजा बलि को मारना संभव न था और उसके रहते समाजवादी विचारधारा का बढ़ना सम्भव न था। ऐसी स्थिति में एक पुरूष की आत्मा अदृश्य प्राकृतिक चेतना द्वारा निर्मित परिस्थितियों में प्राथमिकता से वर्तमान में कार्य करना, में स्थापित हो गयी। वह राजा बलि से थोड़ी सी भूमि समाज या गणराज्य के लिए माँगा। चूँकि राजा सक्षम और निश्चिंत था कि थोड़ी भूमि में समाज या गणराजय स्थापित करने से हमारे राज्य पर कोई प्रभाव नहीं पड़ेगा। इसलिए उस पुरूष को राजा ने थोड़ी भूमि दे दी। जिस पर उस पुरूष ने स्वतन्त्र, सुखी, स्वराज आधारित समाज-गणराज्य स्थापित किया और उसका प्रभाव धीरे-धीरे बढ़ता गया और वह राजा बलि के सुराज्य को भी समाप्त कर दिया और समाज या गणराज्य की स्थापना की गयी। चूँकि यह पुरूष बौना अर्थात् छोटे कद का तथा स्वभाव और ज्ञान में ब्राह्मण गुणों से युक्त था इसलिए कालान्तर में इसे "समाज" शब्द का जन्मदाता वामन अवतार का नाम दिया गया। ध्यान देने योग्य है कि प्रथम अवतार-मत्स्य ने समाज की रक्षा शुद्ध रूप से साध्य अर्थात् गणराज्य या समाज को साधन अर्थात् जनता का सहयोग प्राप्त कर की थी। दूसरा और तीसरा अवतार-कूर्म और बाराह ने साध्य को साधन अर्थात् जनता के दोनों विचारों के समुदाय में समन्वय स्थापना कर की थी। चौथे-नृसिंह अवतार ने सीधे असुरों के राजा का वध कर ही साध्य अर्थात् गणराज्य या समाज की स्थापना की थी क्योंकि तब तक असुरों के एक राजा ही हुआ करते थे और राजा के वध के बाद नये राजा के अनुसार ही प्रजा का भी वही विचार होता था जो राजा का होता था। पाँचवें-वामन अवतार ने राजा के सहयोग से ही उसके सुराज्य को समाप्त करने के लिए साधन का प्रयोग कर साध्य की प्राप्ति की। राजा बलि द्वारा इस अवतार को दी गई भूमि का क्षेत्र ही वर्तमान का उ0प्र0 के मीरजापुर जनपद का चुनार क्षेत्र है। जिस पर इस अवतार के कार्य का प्रथम चरण प्रारम्भ हुआ था जिसके कारण ही चुनार का प्रचीन नाम चरणाद्रिगढ़ था। जहाँ आज भी मूल मानव जाति कूर्मि का बाहुल्य हैं। पाँचवें अवतार तक अव्यक्त ऐकेश्वर वाद का ही अधिकतम प्रभाव समाज पर रहा।

चूँकि गणराज्य स्थापना का पहला चरण (आदि चरण) का क्षेत्र यह चुनार क्षेत्र ही था इसलिए इसका नाम चरणाद्रि पड़ा जो कालान्तर में चुनार हो गया। पहला चरण जिस भूमि पर पड़ा वह चरण के आकार का है। हमारे प्राचीन भूगोलविज्ञानियों ने अपने सर्वेक्षणों से यह पता लगा लिया कि विन्ध्य की सुरम्य उपत्यका में स्थित यह पर्वत मानव के चरण के आकार का है। विन्ध्य पर्वत श्रृंखला के इस पहाड़ी पर ही हरिद्वार से मैदानी क्षेत्र में बहने वाली गंगा का और विन्ध्य पर्वत की श्रृंखला से पहली बार संगम हुआ है जिस पर चुनार किला स्थित है। अनेक स्थानों पर वर्णन है कि श्रीराम यहीं से गंगा पार करके वनगमन के समय चित्रकूट गये थे। फादर कामिल बुल्के के शोध ग्रन्थ "राम कथा: उद्भव और विकास" के अनुसार कवि वाल्मीकि की तपस्थली चुनार ही है इसलिए कहीं-कहीं इसे चाण्डालगढ़ भी कहा गया है। इसे पत्थरों के कारण पत्थरगढ़, नैना योगिनी के तपस्थली के कारण नैनागढ़, भर्तृहरि के कारण इसे भर्तृहरि की नगरी भी कहा जाता है।

चुनार क्षेत्र के पत्थर और चीनी मिट्टी की कलाकृतियाँ प्रसिद्ध हैं। राजा-रजवाड़ों के समय चुनार के पत्थरों की काफी माँग थी। राजाओं द्वारा बनवाये गये किले व घाट इसके प्रमाण हैं। लगभग 3000 वर्ष पूर्व गुप्त साम्राज्य में भी इन पत्थरों का जमकर प्रयोग हुआ। चक्रवर्ती सम्राट अशोक द्वारा निर्मित "अशोक स्तम्भ" इसका उदाहरण है जिसका एक भाग सारनाथ (वाराणसी) के संग्रहालय में आज भी रखा हुआ है। काशी (वाराणसी) व मीरजापुर के घाटों व मन्दिरों का निर्माण भी यहीं के पत्थरों से हुआ है। वाराणसी स्थित सारनाथ बौद्ध मन्दिर, भारत माता मन्दिर व सम्पूर्णानन्द संस्कृत विश्वविद्यालय भी इसके प्रमाण हैं। भारत का संसद भवन-नई दिल्ली, रामकृष्ण मिशन का बेलूड़ मठ का मन्दिर व लखनऊ में बन रहे अनेक स्मारक चुनार के पत्थरों से ही बने हैं। क्षेत्र में सीमेण्ट फैक्ट्री भी स्थित है।

1. चुनार किला

सन् 1029 ई0 में कन्नौज के राजा सहदेवा ने इस किले को अपना राजधानी बनाया और पहाड़ के कन्दरा में नैनाजोगिनी की मूर्ति स्थापित की, जिससे इसका एक नाम नैनागढ़ भी पड़ा। राजा सहदेवा के दो बेटे थे- छोटक और इन्दु और एक बेटी सोनवा थी। राजा सहदेवा ने प्रतिज्ञा की थी कि जो मेरे साथ युद्ध में जीतेगा उसी से मैं अपनी बेटी का विवाह करूँगा। 52 राजा हारकर इस किले में कैद हुये और अंत में महोबा के राजा जासन के पुत्र उदल ने राजा सहदेवा के बेटे छोटक को कैद तथा इन्द्र को मारकर अपने भाई आल्हा से सोनवा का विवाह कराया और सोनवा को महोबा ले गया। किले में सोनवा का मण्डप अब भी है।

ऐतिहासिक दृष्टि से मिर्जापुर का चुनार किला काफी समृद्ध रहा है। किले को देखने से भारतीय इतिहास के अतीत को जानने का बेहतरीन मौका मिलता है। मिर्जापुर शहर से करीब 35 किलोमीटर पूर्व दिशा की ओर गंगा नदी के किनारे चुनार किला स्थित है। मैदानी जमीन से 80 से 175 फीट ऊँचाई पर स्थित इस किले का खास आकर्षण इसकी बनावट एवं विशालता है। पत्थर की ऊँची-ऊँची दीवारें किले की मजबूती की कहानी बयां करती है। यह किला प्राचीन भारतीय शैली का गवाह रहा है। प्राचीन काल में इस स्थान का नाम चरणाद्री नैनागढ़ के रूप में भी जाना जाता है। इस किले का निर्माण विक्रमादित्य ने अपने भाई भर्तृहरी के लिए बनवाया था। मुस्लिम शासन काल के दौरान यह किला गंगा के पूर्वी भाग की सीमा रक्षक था।

यह किला पहले बनारस राज्य के अधीन हुआ उसके बाद 12वीं सदी में पृथ्वीराज चौहान, ज्वालासेन और शहाबुद्दीन गौरी (1194 ई0) के बाद 1206 ई0 में जब शाह कुतुबुद्दीन ऐबक सिंहासन पर बैठा तो उस ने सहदेव जमालुद्दीन को यहाँ का राज्यपाल नियुक्त किया। 1266 ई0 में जब गयासुद्दीन बलवन सिंहासन पर बैठा तब मिर्जा महमूद बेग यहाँ का राज्यपाल बना। सन् 1333 ई0 में स्वामी राजा चन्देल के अधिकार में यह किला आने के कारण इसे चन्देलगढ़ भी कहा गया है। सन् 1488 ई0 से सन् 1528 ई0 तक यह किला राजा वीर सिंह और वीरभान सिंह के पास रहा। सन् 1529 ई0 में जब बनारस राज्य बाबर के अधिकार में आया तो वह अपनी सेना को इस किले में रखा। उस समय किले के चारो ओर जगंल और जंगली जानवर रहते थे। जानवरों ने उसकी सेना के अनेक सिपाहीयों को भी मारा था। आगरा में बाबर की मृत्यु के बाद सन् 1530 ई0 में शेरशाह सूरी ने इस किले पर

अधिकार जमाया और किले में कुछ निर्माण भी कराये। जब हुमायूँ को दिल्ली में खबर मिली तो वह अपनी सेना लेकर चुनार के किले पर चढ़ाई कर दी और 6 महीने तक युद्ध होता रहा। शेरशाह सूरी ने हुमायूँ को हरा दिया। सन् 1545 ई0 में शेरशाह सूरी के मरने के बाद यह किला हुमायूँ के दिल्ली राज्य के अधिकार में आया। सन् 1556 ई0 में जब हुमायूँ मरा तब अकबर नाबालिग था जिसके कारण उसके मंत्री बैरम खां को दिल्ली का शासन दिया गया। अकबर ने इस किले का एक दरवाजा बनवाया जिस पर हिजरी सन् 981 खुदा हुआ है। यह दरवाजा अब पानी घाट कहलाता है। अकबर के बाद जहांगीर, शाहजहां और औरंगजेब भी इस किले के अधिपति बने। जहांगीर ने सन् 1605 ई0 में नबाब इफितारखां को यहाँ का राज्यपाल बनाया। सन् 1658 ई0 में जब औरंगजेब दिल्ली के सिंहासन पर बैठा तब उस ने मिर्जा बहराम को यहाँ का राज्यपाल बनाया और उसके माध्यम से किले में एक मस्जिद बनवाया जो अभी भी है। सन् 1713 ई0 में फारूख सियर, 1719 ई0 में मुहम्मद शाह के बाद 1760 ई0 में यह किला नबाब शुजाउद्दौला के अधिकार में आया। 1764 ई0 में अंग्रेज मेजर मुनरो अपनी सेना लेकर इस किले पर चढ़ाई कर दिया परन्तु असफल रहा। 1765 ई0 में अंग्रेज जनरल कारनिक ने इस किले पर चढ़ाई की परिणामस्वरूप जनरल कारनिक और नबाब शुजाउद्दौला में समझौता हुआ। सन् 1768 ई0 में यह अंग्रेजों के अधीन हो गया।

सन् 1947 ई0 में भारत देश के स्वतन्त्रता प्राप्ति के साथ यह भारत सरकार के अधीन हो गया। देश विभाजन के पश्चात् कश्मीरी शरणार्थी यहाँ अनकों वर्ष तक रहे। इसके उपरान्त 1950 ई0 में बंगाल की विधवाएँ यहाँ आयीं। सन् 1966 ई0 में यहाँ पी. ए. सी. की 28वीं वाहिनी रहने लगी जो वर्तमान तक हैं।

इस किले का अधिकांश प्रयोग युद्ध बन्दियों, युद्ध सामग्री निर्माण, सेना छावनी इत्यादि के लिए ही किया गया। कहा जाता है कि यहाँ से अनेक सुरंगे निकलकर दूर-दूर तक जाती है। इस किले के रहस्यमय कथाओं के कारण ही सुप्रसिद्ध उपन्यासकार देवकीनन्दन खत्री ने "चन्द्रकान्ता" उपन्यास की रचना की जिस पर चर्चित दूरदर्शन धारावाहिक भी बन चुका है।

किले में भर्तृहरि की समाधि, समाधि के सम्बन्ध में बाबर का हुक्मनामा, औरंगजेब का हुक्मनामा, सोनवा मण्डप, शेरशाह सूरी का शिलालेख, अनेक अरबी भाषा में लिखे शिलालेख, आलमगीरी मस्जिद, बावन खम्भा व बावड़ी, जहांगीरी कमरा, रनिवास, मुगलकालीन बारादरी, तोपखाना व बन्दी गृह, लाल दरवाजा, वारेन हेस्टिंग का बंगला, बुढ़े महादेव मन्दिर इत्यादि किले के उत्थान-पतन की कहानियाँ कहती हैं।

किले के पिछले हिस्से में भर्तृहरि का समाधि स्थल स्थित है। जिसमें चार द्वार है। वर्तमान में इस हिस्से में धार्मिक कार्यक्रम होते हैं। इसी सोनवा मंडप हिस्से में एक सुरंग भी है जिसमें से राजकुमारी "सोनवा" गंगा नदी में स्नान करने जाती थी। सोनवा मंडप भवन 28 खंभों पर खड़ा है, जो भारतीय वास्तुकला का बेहतरीन उदाहरण प्रस्तुत करता है। इसी के पास एक गहरा कुआं भी स्थित है। कहा जाता है कि इस कुएं का जल-स्रोत गंगा से मिला हुआ है। कभी-कभी राजकुमारी सोनवा इसके जल से भी स्नान करती थी। इसी स्थान पर वारेन हेस्टिंग का बंग्लो भी है जिसे चुनार किले में प्रवेश सुबह 10 से दोपहर 2 बजे तक होता है।

2. चुनार नगर

चुनार किले से लगा हुआ ही चुनार नगर है जिसकी भौगोलिक स्थिति बड़ी आकर्षक है। नगर के चारों ओर नदी-नाले, पर्वत-जंगल, झरने, तालाब आदि की बहुतायत है। चुनार नगर उतना ही प्राचीन है जितना चुनार किला। दोनों की स्थापना व विकास साथ-साथ चलता रहा है। चुनार नगर क्षेत्र के ऐतिहासिक स्थलों में रौजा इफतियार खां, गंगेश्वरनाथ, आचार्य कूप, कदम रसूल, शाह कासिम सुलेमानी का दरगाह, गदाशाह, मुहम्मदशाह, बच्चूशाह, नवलगीर, सूरदास, बालूघाट के भगवान वामन अवतार, भैरो जी, चक्र देवी, आनन्दगिर का मठ, राघो जी के महाबीर, गंगाराम का स्थल, गुरू नानक की संघत, गोसाई साहब का मठ, सतीवाड़, हजारी की हवेली, टेकउर के टिकेश्वर महादेव का श्रीचक्र त्रिकोण, अंग्रेजों का कब्रिस्तान इत्यादि के अपने-अपने इतिहास हैं।

(अ) शाह कासिम सुलेमानी का दरगाह

यह शाह कासिम सुलेमानी का मकबरा है जो अकबर और जहाँगीर के समकालीन थे। यह चुनार किले के दक्षिण तरफ गंगा किनारे 30 बीघे के क्षेत्र में स्थित है। दूर-दूर से लोग फरियाद लेकर यहाँ बाबा के दरगाह में हाजिरी लगाने के लिए हिन्दू-मुसलमान दोनों आते हैं। कहते हैं कि यहाँ मिन्नत मानने वाले की मुराद जरूर पूरी होती है। यहाँ वर्ष में दो बार मेला लगता है। मेला जमादेउल अव्वल की 17वीं से 19वीं तारीख (अक्टुबर-नवम्बर) को उर्स के अवसर पर तथा दूसरी बार हिन्दी के चैत्र महीने के प्रत्येक बृहस्पतिवार को। 5वें जुमेरात का मेला "धोबिया मेला" के नाम से विख्यात है। इसमें हिन्दुओं की संख्या अधिक होती है। उर्स के मौके पर चिश्तियों की दरगाह की भाँति यहाँ कौव्वाली और गाने-बजाने का कार्यक्रम नहीं होता। मकबरा स्थान पर खलीफा की नियुक्ति होती है जिन्हें सज्जादा नशीन कहा जाता है और पदवी "दीवाना" होती है। दरगाह के प्रबन्धक इसी पदवी से सम्मानित होते हैं। वर्तमान में सैयद अताउर्रहमान दीवाना इस स्थान के वर्तमान खलीफा हैं।

शाह कासिम सन् 956 हिजरी (1539 ई0) में पेशावर (पाकिस्तान) के पास बद्री नदी के निकटवर्ती गांव के अफगान वंश में पैदा हुए थे। जहाँ उनके अनेक चमत्कार विख्यात हैं। इनके पूर्वज सुलेमान पर्वत के भूखण्ड के निवासी थे इसी कारण इन्हें सुलेमानी कहा जाता है। इनके पूर्वज भी संत थे। शाह कासिम 27 वर्ष की उम्र में 7 वर्ष के लिए तीर्थ करने के उद्देश्य से निकल पड़े। बाबा मक्का, मदीना, करबला, बगदाद, बसरा, नजफ, यरूशलम और सीरिया में ह्यूमा तक गये। ह्यूमा इनके पीर-ए-मुर्शीद (आध्यात्मिक गुरू) का स्थान था इसलिए वहाँ दो बार गये और 13 महीने रहकर अपने पीर की सेवा की।

अकबर के बाद जब जहाँगीर गद्दी पर बैठा और अपने पुत्र खुसरो का दमन करने के लिए लाहौर गया तो उसे बताया गया कि संत उसके पुत्र का समर्थक है। जहाँगीर ने इस बात का विश्वास करके इनके पास एक थाल में हथकड़ी तथा दूसरे में तलवार रखकर भेजा। खून-खराबे से दूर संत ने हथकड़ी कबूल की। इस प्रकार संत को बन्दी बनाकर हिजरी 1015 (सन् 1606) ई0 में चुनार के लिए रवाना किया गया। बंदी संत की टोली जब चुनार पहुँची तो इन्होंने एक सेवक से मिट्टी के पात्र में जल लाने को कहा। जल लाते समय पात्र सेवक के हाथ से गिरकर टूट गया। यह देखकर संत ने कहा कि उनके जीवन के अन्तिम क्षण निकट हैं और उनकी समाधि चुनार में ही बनेगी। बाद में उनका कथन सत्य निकला। चुनार के किले में उन्होंने अनेक चमत्कार किये जिससे सम्राट को यकीन हुआ कि ये अराजकता के प्रचारक नहीं हैं बल्कि पहुँचे हुये संत हैं। बाद में जहाँगीर ने इनसे मिलने की अनुमति चाही लेकिन संत ने इन्कार कर दिया। किले के भैरोबुर्ज से एक दिन इन्होंने एक तीर छोड़ा और शिष्यों को आदेश दिया कि तीर जहाँ गिरे वहीं इन्हें दफन किया जाये। तीर पहले उस स्थान पर गिर रहा था, जहाँ बस्ती थी। तब संत ने कहा "टुक और" अर्थात् थोड़ा और आगे। कहते हैं तीर थोड़ा और आगे जाकर गिरा और उसी स्थान पर मकबरा बना। बाद में इस स्थान का नाम टिकौर हो गया।

बाबा साहेब की मृत्यु हिजरी 1016 (सन् 1607) ई0 के जमादेउल अव्वल की 19वें दिन हुई थी। उनका शव 6 माह तक सुरक्षित रखा गया था। जहाँ शव सुरक्षित रखा गया था वह कमरा आज भी उनके पुत्र मुहम्मद वासिल की समाधि के निकट है। संत का आज का मकबरा उनके पुत्र मुहम्मद वासिल ने बनवाया था। बाद में जहाँगीर ने 30 बीघा भूमि कर मुक्त इस दरगाह को दी थी। फिर शाहजहाँ ने 50 बीघा जमीन तथा बादशाह फरूखसियार ने बेगपुर गाँव अनुदान मे देकर दरगाह के खर्च की स्थायी व्यवस्था दी। आगे चलकर संत के पुत्रों तथा पौत्रों की समाधियाँ भी यहीं बनी। यहीं दरगाह में बहादुरशाह जफर के पुत्र जहांदार शाह की बीबी की कब्र भी है। संत सुलेमानी की दो स्त्रियाँ खदीजा बीबी और माही बीबी थी। मुहम्मद वासिल की माँ खदीजा बीबी की मृत्यु संत को बंदी बनाने के पूर्व लाहौर में ही हो चुकी थी किन्तु मुहम्मद कबीर की माँ माही बीबी चुनार आयीं और मृत्योपरान्त यही दफन की गयीं। संत के ज्येष्ठ पुत्र कबीर की समाधि कन्नौज में है।

(ब) आचार्य कूप और विट्ठल महाप्रभु

काशी चौरासी कोस यात्रा के अन्तर्गत यह वल्ल्भाचार्य धाम भी है। शंकराचार्य के अद्वैत मत के पश्चात् द्वैत, द्वैताद्वैत, विशिष्टाद्वैत, शुद्धद्वैत आदि का प्रवर्तन हुआ। इसके बाद वल्लभाचार्य ने पुष्टि मार्ग की अवधारणा की। पुष्टि में भगवान के अनुग्रह को विशेष महत्व दिया गया तथा कहा गया कि भगवान के पोषण (पुष्टि) के अभाव में जीव को मुक्ति नहीं मिल सकती। वल्लभ सम्प्रदाय के जनक तथा पुष्टि मार्ग का प्रसार करने वाले वल्लभाचार्य जी ने पृथ्वी की तीन बार प्रदक्षिणा की थी। अपने अन्तिम प्रदक्षिणा में जब वे चुनार से गुजर रहे थे तब यहीं विट्ठलनाथ जी का जन्म विक्रम सम्वत् 1572 में पौष कृष्ण नवमी को हुआ। वल्लभाचार्य की ससुराल वाराणसी स्थित तैलंग ब्राह्मण मधुमंगल जी के यहाँ महालक्ष्मी जी से हुयी थी। अपने पृथ्वी परिक्रमा के अवसर पर वल्लभाचार्य ने 84 स्थानों पर भगवान का परायण किया था। इन स्थानों को महाप्रभु की बैठक कहा जाता है। इस दृष्टि से चुनार की पावनभूमि को दोहरा महत्व प्राप्त है क्योंकि यहाँ महाप्रभु की बैठक भी है और यहीं महाप्रभु विट्ठलनाथ का अवतरण भी हुआ था। इस स्थान को "चरणाट्धाम" कहते हैं।

वल्लभाचार्य जी का जब देहान्त हुआ था तब विट्ठलनाथ जी मात्र 15 वर्ष के थे। तब विट्ठलनाथ जी के ज्येष्ठ भ्राता गोपीनाथ जी को सम्प्रदाय का आचार्य बनाया गया। कुछ समय उपरान्त उनका भी निधन हो गया। अपने छोटी सी उम्र में ही विट्ठलनाथ जी ने काफी अध्ययन कर लिये थे और उन्हें आचार्य बनाया गया। कम समय में ही उनकी कीर्ति पूरे देश में फैल गयी। गुसाई विट्ठलनाथ जी की आगे चलकर दो विवाह हए। प्रथम पद्मावती जी से हुआ और इनसे 6 पुत्र और 4 पुत्रियों की प्राप्ति हुई। दूसरे विवाह से मात्र एक पुत्र घनश्याम जी हुए।

विट्ठलनाथ जी हिन्दी, संस्कृत और ब्रजभाषा के प्रकाण्ड विद्वान और दार्शनिक थे। उनकी विद्वता से प्रभावित होकर कई देश के प्रतापी राजा-महाराजा उनके शिष्य बन गये। टोडरमल और बीरबल भी उनके समर्थक माने जाते थे। कहा जाता है कि उनके उपदेश से प्रभावित होकर अकबर ने गोकुल और ब्रज में गोवध पर प्रतिबन्ध लगा दिया था। उन्होंने 4 दर्जन से अधिक ग्रन्थों की रचना की। विट्ठलनाथ जी ने अष्टछाप नामक संगठन भी बनाया था जिसमें सूरदास, कुम्भनदास, परमानन्ददास, श्रीकृष्णदास, गोविन्द स्वामी, नन्दादास, छीत स्वामी और चतुर्भुजदास थे। अपने पिता की भाँति इन्होंने पूरे देश में 28 बैठकें स्थापित कीं जिसमें 16 ब्रज में, 8 गुजरात में और 4 अन्य स्थानों पर स्थित हैं। पौष मास में यहाँ प्राकट्य महोत्सव होता है जिसमें सारे देश से लोग भाग लेने आते हैं। वाराणसी से हजारों लोग इसमें सम्मिलित होते हैं इस अवसर पर चुनार लघुकाशी का रूप ले लेता है।

विट्ठलनाथ जी का जब जन्म हुआ तब वल्लभाचार्य जी यात्रा में थे, उन्हें नवजात शिशु के साथ यात्रा पर जाना कष्टप्रद लगा। वल्लभाचार्य ने पुत्र को एक डोलची में रखकर एक कूप में लटका दिया और भगवान भरोसे छोड़कर आगे निकल गये। यात्रा से लौटकर उन्होंने देखा कि कुँए के मुंडेर पर एक मधुमक्खी का छत्ता लगा है जिसमें शहद की एक-एक बूँद नीचे डोलची में रखे पुत्र के मुख पर गिर रहा है और बालक पूर्ण स्वस्थ और आनन्दित है। तभी से इस स्थान को जन्म स्थान होने का गौरव प्राप्त है। सम्प्रदाय के लोगों ने कुँए को पक्का बनवाकर उस का नाम "आचार्य कूप" रख दिया। आस-पास धर्मशाला और पक्का तालाब बनवाकर उस जगह बाग लगवा दिये। सावन के हर रविवार को यहाँ स्नान का मेला लगता है।

वि. सं. 1642 को 70 वर्ष की आयु में वे सदेह श्रीनाथ जी के स्वरूप में लीन हो गये। इसके बाद उनके ज्येष्ठ पुत्र गिरधरलाल जी उनके कार्यों को आगे बढ़ाये।

3. चुनार क्षेत्र

चुनार क्षेत्र के अन्तर्गत जमालपुर, नरायनपुर, सीखड़, राजगढ़ का क्षेत्र और नगरपालिका क्षेत्र अहरौरा तथा चुनार आता है। सम्पूर्ण चुनार क्षेत्र का ऐतिहासिक, प्राकृतिक, धार्मिक व आध्यात्मिक महत्व अति विशाल और समृद्ध है। इनमें से कुछ निम्नलिखित हैं।

(अ) जरगो बाँध

जरगो बाँध मीरजापुर-वाराणसी (काशी)-राबर्ट्सगंज (सोनभद्र) के त्रिभुज के केन्द्र में पहाड़ियों के बीच में स्थित है जो तीनों शहर से लगभग 50 किमी की दूरी पर है। जरगो बाँध सन् 1950 से 1958 के दौरान रु0 1,21,36,700. 00 की लागत से निर्मित हुआ है। जिसका मुख्य लाभ सिंचाई व मत्स्य पालन के क्षेत्र में है। जरगो बाँध द्वारा मीरजापुर के 3150 एकड़, चन्दौली के 33744 एकड़ तथा गाजीपुर के 17691 एकड़ अर्थात् कुल 64585 एकड़ की सिंचाई होती है। जरगो बाँध में 143.0 वर्ग किलोमीटर (55 वर्ग मील) से वर्षा का जल एकत्रित होता है। तथा स्थिर जल का झील क्षेत्र 31.2 वर्ग किमी (12 वर्ग मील) है। सिंचाई के लिए उपयोगी जल 5005 लाख क्यूबिक फीट तथा अनुपयोगी जल 320 लाख क्यूबिक फीट है। मिट्टी द्वारा बने बाँध की कुल लम्बाई 8 किमी 240 मीटर (5 मील 800 फीट) है। जिसकी अधिकतम ऊँचाई लगभग 30 मीटर (100 फीट) है। जल निकासी के लिए 30 फीट की ऊँचाई और 15 फीट की चौड़ाई के 12 गेट है। जो दो स्थानों पर 8 और 4 की संख्या में बनाये गये हैं। जिससे 70400 क्यूबिक फीट प्रति सेकेण्ड की गति से जल निकल सकता है। जल का अधिकतम स्तर 323 फीट समुद्रतल (एस0 एल0), झील का अधिकतम स्तर 322 फुट समुद्र तल (गेट से) है। अनुपयोगी जल का स्तर 282 फीट समुद्रतल है। जरगो बाँध का पूर्ण क्षेत्र 1,97,000 एकड़ है तथा कृषि योग्य क्षेत्र 1,28,050 एकड़ है। जरगो बाँध के नहरों की लम्बाई लगभग 244.8 किमी (153 मील) है।

जरगो बाँध को मध्य प्रदेश से आने वाली बाण सागर परियोजना के नहरों से जोड़ा जा रहा है। इस प्रकार वर्षा जल पर आधारित इस बाँध में जल की स्थिरता सुनिश्चित हो जायेगी।

यहाँ सन् 1996 से लव कुश सिंह "विश्वमानव" अक्सर ही आते रहते हैं।

(ब) बेचूवीर धाम

वाराणसी-शक्तिनगर मार्ग पर अहरौरा बाजार से लगभग 14 किलोमीटर की दूरी पर, जरगो बाँध के दक्षिण घने पहाड़ों एवं जंगलों के बीच बेचूवीर धाम स्थित है। लगभग 300 वर्ष पूर्व बेचू यादव गुलरिहां गाँव के निवासी थे। यह गाँव सन् 1952 में जरगो बाँध बनने से समाप्त हो गया। उस समय यह पूरा क्षेत्र पहाड़ी और घनघोर जंगल का क्षेत्र था। बेचू यादव अपनी विधवा माँ, पत्नी और छोटे भाई के साथ वहाँ रहते और गाय-भैंस चराया करते थे। साथ ही वे पहलवान और अनन्य शिव भक्त भी थे। जगंल में रहने के कारण वे जगंली हिंसक जानवरों से लड़ने में भी कुशल थे। एक बार जरगो नदी के दक्षिण तरफ एक हिंसक शेर आ गया था जो जानवरों के साथ दो चरवाहों को भी मार डाला था। माँ की आज्ञा से वे शेर से लड़ने चले गये। शेर के साथ उनका युद्ध कार्तिक मास अष्टमी से लेकर कार्तिक मास दशमी तक चलता रहा और तीसरे दिन शेर ने दम तोड़ दिया। बेचू यादव इस युद्ध में काफी घायल हो गये जिसकी सूचना गाँव वालों को उनके पालतू कुत्ते ने दिया। गाँव वालों के सामने वे भी दम तोड़ दिये और उन्हें उनके कहने के अनुसार वहीं दफन कर दिया गया।

जंगल महाल के बजाहुर नदी के किनारे प्राचीन समय में बेचूवीर की चौरी स्थित थी। साधकों द्वारा व्यवस्था व सुविधा की दृष्टि से बरही गाँव में लाकर चौरी बनाकर स्थापित कर दिया गया जहाँ बेचू यादव के वंशज ही पूजा करते आ रहे हैं। बेचूवीर धाम सहित चारों दिशाओं में प्रेत बाधा निवारण के लिए विभिन्न देवी-देवताओं के स्थान हैं। बेचूवीर धाम के दक्षिण-पूर्व की ओर बरहिया माता का स्थान है। इन्हें खोरियाडीह भी कहते हैं। बेचूवीर के पश्चिम टेड़वा के पहाड़ में टेड़ुआ खोह है जिसमें तालाब होने की बात कही जाती है। इसी स्थान पर ढेसुर के प्राचीन वृक्ष में सात परियों और एक वीर का भी स्थान है। बेचूवीर धाम के दक्षिण तरफ एक प्राचीन नीम के वृक्ष में नर

पहलवान और मोहिनी माता का निवास स्थान है। बेचूवीर धाम में पिछले 300 वर्षों से कार्तिक अष्टमी से लेकर कार्तिक एकादशी तक चार किलोमीटर क्षेत्र में मेला लगता है। इस मेले में उत्तर प्रदेश के विभिन्न जिलों के अलावा मध्य प्रदेश, बिहार, पश्चिम बंगाल, महाराष्ट्र, हिमाचल प्रदेश सहित अन्य प्रदेशों से लाखों लोग आते हैं। लोगों के अनुसार इस मेले में प्रेत निस्तारण, संतानोत्पत्ति अथवा मनोवांछित फल प्राप्ति के लिए लगातार 5 बार आना पड़ता है। इस मेले के दर्शन से यह अनुभव होगा कि जंगल की संस्कृति और कबीले की जिन्दगी कैसी रही होगी?

यहाँ सन् 1986 में लव कुश सिंह "विश्वमानव" आये थें।

(स) भण्डारी देवी

वाराणसी-शक्तिनगर मार्ग पर अहरौरा बाजार से उत्तर दिशा में 3000 फिट ऊँचे पर्वत पर माँ भण्डारी देवी का मन्दिर स्थित है। जहाँ दूर-दूर से भक्त दर्शन करने आते हैं। मन्दिर के पास ही एक तालाब है जिसके बारे में लोगों की मान्यता है कि देवी जी यहीं नित्य स्नान करने आती हैं। भक्तजन इसे गंगा की तरह पवित्र मानते हैं। यहीं पर्वतों की चट्टानों पर कुछ पद चिन्ह भी है जिन्हें देवी माँ का पद चिन्ह माना जाता है। मन्दिर के नीचे विशाल आँगन होने की बात कही जाती है लेकिन चट्टानों के खिसक जाने के कारण अन्दर जाने के सभी मार्ग बन्द हो चुके हैं। अहरौरा से दक्षिण-पूर्व स्थित राजा कर्णपाल सिंह का पर्वत है। जनश्रुति है कि यहीं माँ भण्डारी देवी का मायका है। सावन के महीने में माँ देवी मायके में रहती हैं। इस महीने के बाद भक्तजन उन्हें किर्तन-भजन के साथ मन्दिर ले आते हैं। पुरातात्विक दृष्टि से माँ भण्डारी देवी पर्वत का विशेष महत्व है। मन्दिर के उत्तर तरफ थोड़ी दूर पर पुरातत्व विभाग ने एक स्थान को सुरक्षित कर रखा है। इसके अन्दर पत्थरों पर अज्ञात लिपियों में कुछ लिखा हुआ है।

यहाँ सन् 2003 में लव कुश सिंह "विश्वमानव" आये थें।

(द) लखनियाँ दरी

वाराणसी-शक्तिनगर मार्ग पर अहरौरा बाजार से लगभग 8 किलोमीटर की दूरी पर लखनियाँ दरी स्थित है। बाबू देवकीनन्दन खत्री की रचना "चन्द्रकान्ता" का प्रेरणास्रोत यही क्षेत्र रहा है। लखनियाँ दरी सहित, मानिकपुर गाँव के समीप की पहाड़ी का कमरा तथा जंगल महाल, बरही क्षेत्र के अनेक स्थान आज भी चन्द्रकान्ता की कथा की याद दिलाते हैं। लखनियाँ दरी के भित्ति चित्रों के निर्माण का काल 400 वर्ष पूर्व बताया जाता है। कुछ लोगों ने इसे मुगलकालीन बताया है। लखनियाँ दरी के सम्बन्ध में कहावत है कि एक राजकुमार अपनी पत्नी और अंगरक्षकों के साथ लखनियाँ में नदी पार कर रहा था। उसी समय अचानक बाढ़ आ गई जिसमें सभी बह गये। रानी ने अपने पति की प्राण रक्षा के लिए प्रयत्न किया परन्तु वह असफल रही। पति की मृत्यु के बाद दुःखी रानी ने मृत्यु का वरण करने से पूर्व एक अत्यन्त सुरक्षित गुफा की दीवार पर अपने खून से कुछ भित्ति चित्रों का निर्माण कर दिया। कहा जाता है कि उसी स्थान पर रानी ने अपने प्राण त्याग दिये। आज भी इस स्थान के ऊपर सती माता का एक चौरी स्थित है। पास में ही झलरिया दरी भी एक महत्वपूर्ण साधना स्थली है। इस क्षेत्र में आज भी खतरनाक जंगली जानवरों की बहुलता है।

यहाँ सन् 2002 में लव कुश सिंह "विश्वमानव" आये थें।

(य) चूना दरी

लखनियाँ दरी के पास ही चूना दरी स्थित है। चूना दरी के लिये वाहन का रास्ता नहीं है। भौगोलिक दृष्टि से डोगिया जलाशय व अहरौरा जलाशय के निर्माण के पूर्व यह एक खतरनाक नदी मानी जाती थी। बरसात के दिनों में इसमें काफी उफान होता था। चूना दरी को डोगिया जलाशय द्वारा और लखनियाँ दरी को हाईचैनल तथा अहरौरा जलाशय द्वारा नियंत्रित कर सिचाई के उपयोग में लिया गया है।

(र) गुरूद्वारा बाग

श्री गुरू तेगबहादुर जी का यह गुरूद्वारा, वाराणसी-शक्तिनगर मार्ग पर 40 किलोमीटर की दूरी पर मीरजापुर जिले के अहरौरा में स्थित है। यह गुरूद्वारा नौंवे सिख गुरू तेगबहादुर को समर्पित है। यह गुरूद्वारा, गुरूद्वारा बाग साहिब के नाम से प्रसिद्ध है। माना जाता है कि 1666 में वाराणसी की यात्रा के दौरान गुरू जी इस जगह पर आए थे। 1742 में प्रकाशित पवित्र गुरू ग्रन्थ साहिब की हस्तलिपि आज भी यहाँ संरक्षित है। इसके अतिरिक्त हाथ से लिखी हुई पोथी, जिस पर गुरू गोविन्द सिंह के हस्ताक्षर हैं, मौजूद है। यह पोथी लोगों के सामने केवल गुरू तेग बहादुर और गुरू गोविन्द सिंह की जयंती पर ही प्रदर्शित की जाती है।

(ल) सिद्धपीठ दुर्गा खोह

दुर्गा खोह चुनार से 2 किलोमीटर दक्षिण की ओर राजगढ़ सड़क पर स्थित है। इसी मार्ग पर सक्तेशगढ़, जौगढ़, परमहंस स्वामी अड़गड़ानन्द आश्रम और सिद्धनाथ की दरी है। काशी खण्ड के अनुसार दैत्य दुर्ग के तप पर प्रसन्न होकर ब्रह्मा ने उसे अजेय होने का वर दिया था। इस शक्ति को प्राप्त कर दुर्ग दैत्य ऋषियों, मुनियों तथा देवीयों को कष्ट देने लगा। देवों ने शिव से रक्षा की गुहार की। शिव ने देवी पार्वती से दुर्ग का वध करने का अनुरोध किया। तब देवी पार्वती ने अपनी शक्ति से कालरात्रि को सुन्दर स्त्री के रूप में प्रकट करके दैत्यों के पास भेजा। दुर्ग ने आदेश दिया कि इसे मेरे पास ले आओ। दैत्यों ने ज्योंहि कालरात्रि को पकड़ना चाहा कि वे उनके दीर्घश्वास से भस्म हो गये। इस दृश्य को देखकर दुर्ग अपनी विशाल सेना लेकर कालरात्रि से युद्ध करने चल दिया। कालरात्रि तब चुनार स्थित इसी विन्ध्य पर्वत की श्रृंखला पर देवी पार्वती के पास आ गयीं। उसी समय दैत्य दुर्ग भी अपनी सेना लेकर यहाँ आया। देवी ने सहस्र भुजा धारण कर दुर्ग एवं उसकी सेना का संहार किया। दुर्ग का वध करने के कारण देवी को दुर्गा नाम दिया गया।

दुर्गाखोह पहुँचने के लिए सीढ़ियों से उतरना पड़ता है। जहाँ सिढ़ियाँ समाप्त होती हैं वहीं देवी के प्रकट होने का वर्णन है। मन्दिर के प्रांगण में पहुँचते ही बाँयी ओर अपने समय के सिद्ध-साधक कवल गिरि की समाधि है। इन्होंने यहाँ जिवित समाधि ली थी। दुर्गा खोह का वर्तमान स्वरूप दो भागों में विभाजित है। घाटी के इस पार देवी का प्राचीन प्राकट्य स्थल है और उस पार पर्वत खण्ड पर वर्तमान मन्दिर। वर्षा काल में एक छोटा सा जल प्रपात घाटी में गिरता है जो कुण्ड से घाटीयों में होते हुए गंगा में मिल जाता है। इस कुण्ड के निर्माण के सम्बन्ध में कहा जाता है कि दुर्ग के वध के पश्चात् यहाँ इतना रूधिर बहा कि इससे यहाँ एक कुण्ड बन गया। कहा जाता है कि त्रेतायुग में श्रीराम ने वनगमन के समय इधर से जाते समय शारदीय नौरात्रि में देवी दुर्गा की पूजा की थी। द्वापरयुग में राजा सुरथ ने यहाँ चैत्र नवरात्र में मन्दिर बनवाया और पहाड़ पर स्थित प्रतिमा को मन्दिर में स्थापित किया। राजा सुरथ रूधिर से भरे कुण्ड को देखकर दुर्गा को बलि प्रिय समझा और अनेको जीव की बलि यहाँ दी थी। श्रीराम के कारण शारदीय नौरात्रि व राजा सुरथ के कारण चैत्र नवरात्र का महत्व होने से दोनों नवरात्रि में यहाँ दर्शनार्थीयों की विशेष भीड़ रहती है। वैसे सावन माह तथा मंगलवार को दर्शनार्थीयों का आना-जाना सदैव लगा रहता है।

यहाँ सन् 1979 से लव कुश सिंह "विश्वमानव" अक्सर ही आते रहते हैं।

(व) परमहंस स्वामी अड़गड़ानन्द आश्रम

महर्षि व्यास द्वारा रचित और श्रीकृष्ण के मुख से व्यक्त गीता के उसी मनस्तर पर स्थित होकर उसकी व्याख्या "यथार्थ गीता" से व्यक्त करने वाले संत श्री स्वामी अड़गड़ानन्द जी का यह आश्रम है जो जरगो नदी के उद्गम स्थल सिद्धनाथ की दरी से दो किलोमीटर पहले जरगो नदी के किनारे स्थित है। आश्रम चुनार से 20 किलोमीटर दक्षिण की ओर राजगढ़ मार्ग पर स्थित है। यह आश्रम प्रारम्भ में एक किले का खण्डहर था जो विजयपुर राज्य के अधीन था। स्वामी जी ने राजा शक्ति सिंह द्वारा निर्मित इस किले को विजयपुर की रानी को एक नारियल भेजकर प्राप्त किया। भक्तों के परिश्रम और ईश्वरीय कृपा से यहाँ अद्भुत तथा मनोहारी आश्रम का निर्माण हुआ। स्वामी जी द्वारा व्यक्त "यर्थाथ गीता", गीता की अन्तिम यथार्थ व्याख्या है अर्थात् इससे अच्छी व्याख्या अब

सम्भव नहीं है। गुरू पूर्णिमा के अवसर पर यहाँ लाखों भक्त आते हैं। स्वामी जी "विश्वगौरव" सम्मान से विभूषित हैं। संत श्री स्वामी अड़गड़ानन्द जी यहाँ से पूर्व सती अनुसूईया आश्रम, चित्रकूट (सतना, म0प्र0) तथा जगतानन्द आश्रम, बरैनी, कछवां (मीरजापुर, उ0¬प्र0) में थे।

सन् 1997 में जब सक्तेशगढ आश्रम का निर्माण कार्य चल रहा था तब मेरे दो मामा (श्री बैजनाथ सिंह एवं श्री महंगी सिंह, निवासी-बकियाबाद, दोनों चचेरे भाई) के साथ लव कुश सिंह "विश्वमानव" आये थें।

(ष) सिद्धनाथ की दरी

सिद्धनाथ की दरी चुनार से 20 किलोमीटर दक्षिण की ओर राजगढ़ मार्ग पर स्थित है। यहाँ के प्राकृतिक जल प्रपात को देखने और उसमें क्रिड़ा के लिए दूरदराज से प्रत्येक दिन सैकडों लोग यहाँ आते हैं। सार्वजनिक अवकाश के दिन यह संख्या हजारों में पहुँच जाती है। यहाँ 300 फिट की ऊँचाई से गिरने वाला जल ही जरगो नदी का जल है। जनश्रुति के अनुसार बहुत पहले यहाँ एक सिद्ध पुरूष हुआ करते थे, उन्हीं के नाम से इसे सिद्धनाथ की दरी कहते हैं।

यहाँ सन् 1997 से लव कुश सिंह "विश्वमानव" अक्सर ही आते रहते हैं।

(ह) सिद्धनाथ धाम "धुईं बाबा"

क्षेत्रवासियों के अनुसार सैकड़ों वर्ष पूर्व एक संत चुनार क्षेत्र के भरेहटा गांव के पश्चिम की ओर और जरगो नदी के पूर्वी तट पर कुटी बनाकर रहा करते थे। कुटी के सामने वे धूनी (हवन कुण्ड) बना रखे थे जिसमें हमेशा आग जलती रहती थी। एक बार जरगो नदी में बाढ़ आ गया। गांव के कई बच्चे उसमें स्नान कर रहे थे जिसमें से एक बच्चा डूब गया। बच्चे के शव को जब गांव वाले घर जाने लगे तो संत ने धूनी के पास लिटाने के लिए कहा। शव को धूनी के पास लिटाने के बाद उसमें प्राण आ गये और बच्चा जिवित हो गया था। उसके बाद संत वहाँ से हमेशा के लिए कहीं चले गये। तब से अब तक उस धूनी की आग कभी नहीं बुझायी जाती। इस धाम को सिद्धनाथ धाम या धुईं बाबा धाम के नाम से जानते हैं। यहाँ वर्ष भर मुण्डन संस्कार, विवाह, हवन-पूजन का कार्यक्रम चलता रहता है और धूनी की राख से पीड़ित जनों के कष्ट दूर किये जाते हैं। बाबा में आस्था रखने वाले भक्त और समाजसेवी गणों द्वारा यहाँ धर्मशाला, हैण्डपम्प, कुँआ, पानी की टंकी इत्यादि जन सुविधाओं का निर्माण कराया गया है।

यहाँ उम्र 14 वर्ष तक लव कुश सिंह "विश्वमानव" को अनेकों बार चैत्र नवरात्र में उनकी माँ दशनार्थ लाया करती थीं।

(क) सत्ययोगानन्द मठ

विश्व ऐतिहासिक सत्यकाशी: पंचम, अन्तिम तथा सप्तम काशी का वह स्थल (राष्ट्रीय राजमार्ग-7 पर वाराणसी-काशी: पंचम, प्रथम तथा सप्तम काशी से 18 कि. मी. तथा 1 कि. मी गंगा किनारे) श्मशान घाट, गोपालपुर, जहाँ ब्रह्मलीन श्री श्री 1008 सत्ययोगानन्द "भुईधराबाबा" (भगवान राम-कृष्ण परमहंस की अगली कड़ी) ने ब्रह्म या ईश्वर के अन्तिम, भगवान विष्णु के दसवें अन्तिम कल्कि तथा भगवान शंकर के बाईसवें और अन्तिम भोगेश्वर सार्वजनिक प्रमाणित पूर्ण प्रेरक संयुक्त पूर्णावतार श्री लव कुश सिंह "विश्वमानव" (स्वामी विवेकानन्द की अगली पूर्ण ब्रह्म की अन्तिम कड़ी) को धर्म क्षेत्र के भोग द्वारा व्यक्त करने के लिए सदी के सार्वाधिक लम्बे बृहस्पतिवार, 13 नवम्बर, 1997 से सोमवार, 22 जून, 1998 (आसाढ़ मास शिवरात्रि) तक तथा अदृश्य काल (व्यक्तिगत प्रमाणित) के अन्तिम अदृश्य महायज्ञ-विष्णु महायज्ञ और ज्ञान यज्ञ का आयोजन किये थे। यज्ञ प्रारम्भ होने के 21 वें दिन बुधवार, 3 दिसम्बर 1997 को आयोजक एवम् संचालनकर्ता सत्ययोगानन्द जी के ब्रह्मलीन होने के पश्चात् छठें दिन सोमवार, 8 दिसम्बर, 1997 को श्री लव कुश सिंह "विश्वमानव" व्यक्त हुये और स्वामी विवेकानन्द के सम्मान में उनके शिकागो वकृतता के दिन उम्र 30 वर्ष 7 माह 29 दिन अर्थात् यज्ञ अवधि के 7 दिन

पूर्व सोमवार, 15 जून, 1998 को उतना ही उम्र पूर्ण करने के पश्चात् मंगलवार, 16 जून, 1998 से सोमवार, 22 जून, 1998 तक धर्म, धर्मनिरपेक्ष, सर्वधर्मसमभाव, प्राच्य, पाश्चात्य, राज्यक्षेत्र, धर्मक्षेत्र और समाजक्षेत्र में एकता, काल परिवर्तन, हिन्दू, वर्तमान एवं भविष्य की आवश्यकता, सत्य चेतना आधारित 21वीं सदी के विश्व प्रबन्ध के सूत्र अर्थात् कर्मवेदीय सार सूत्र व्याख्या, विश्व और भोगेश्वर रूप, नवयुग के लिए घोषणा, यज्ञ की पूर्णाहूति, दृश्यकाल (सार्वजनिक प्रमाणित) के लिए प्रथम और अन्तिम दृश्य महायज्ञ-प्रकृतिक सत्य मिशन तथा पंचम, अन्तिम तथा सप्तम काशी: सत्यकाशी निर्माण के लिए विश्व ऐतिहासिक व्याख्यान व्यक्तिगत रूप से दिये थे। इसी स्थान पर विश्वमानव के अप्रत्यक्ष सम्बन्ध कर्मगुरू ब्रह्मलीन श्री श्री 1008 सत्ययोगानन्द "भुईधराबाबा" की समाधि भी है। जिनके समाधि स्थल के साथ ही श्री लव कुश सिंह "विश्वमानव" का समाधि स्थल सुनिश्चित व उनके द्वारा घोषित है, यहीं पर "सत्ययोगानन्द मठ ट्रस्ट" की स्थापना की गई है।

(ख) सीखड़

मीरजापुर जनपद के चुनार तहसील का सीखड़ विकास खण्ड चुनार नगर से पश्चिम दिशा में गंगा उस पार का क्षेत्र है। सीखड़ क्षेत्र के पूर्व में गंगा नदी है जिसके उस पार चुनार का ऐतिहासिक किला है। दक्षिण में भी गंगा बहती है जिसके उस पार विन्ध्य पर्वत श्रेणियाँ है। उत्तर में काशी (वाराणसी) का क्षेत्र है तथा पश्चिम में जनपद का विकास खण्ड मझवां का क्षेत्र है। सीखड़ का वास्तविक नाम "श्रीखण्ड" था जिसे अंग्रेजों ने अपनी भाषा में सीखर कर दिया जो बाद में सीखड़ हो गया। सीखड़ का उल्लेख विभिन्न ऐतिहासिक पुस्तकों "आइने अकबरी", "तैमूर वंश", "वृहत्तर भारत", "शिव पुराण" एवं आल्हा उदल की रचनाओं में भी मिलता है। सीखड़ की स्थापना किसने की इसके सम्बन्ध में दो मान्यता है-

पहले मत के अनुसार सीखड़ को भर्तृहरि के शिष्यों ने बसाया था। उन्होंने इसके नाम पर ही अर्थात् लक्ष्मी का क्षेत्र रखा था। शिष्यों ने जब इसे बसाया था तब इस क्षेत्र में जल भरा रहता था जिसके बीचो-बीच एक ऊँचा टीला बनाया। इस पर खड़े होने के बाद उनकी दृष्टि जहाँ तक गयी, उस पूरे क्षेत्र का नाम "कृयात" रखा गया जो वर्तमान में इस क्षेत्र के परगने का नाम है जिसका अर्थ भी लक्ष्मी का क्षेत्र है। इस टीले पर ही शिष्यों ने साधना स्थल भी बनाया। इस टीले का भग्नावशेष आज भी है जिस पर वर्तमान में आदर्श कन्या इण्टर कालेज खुल चुका है।

दूसरे मत के अनुसार उक्त टीले का निर्माण राजा नवल किशोर सिंह ने अपना राजमहल बनाने के उद्देश्य से किया था। कहा जाता है कि इस टीले का निर्माण रावण की लंका के तर्ज पर किया गया था। राजा नवल सिंह ने इस टीले के चारो ओर गड्ढा खुदवाया था जो हमेशा जल से भरे रहते थे। इस टीले पर वे अपना राज महल बनवाये जिसका स्मृति चिन्ह तक समाप्त हो चुका है। कहा जाता है कि नवल किशोर के पूर्वजों के पास इतना धन था कि उन्होंने चन्द्रगुप्त मौर्य को धन देकर मगध का सम्राट बनने में सहायता दी थी। राजा नवल किशोर के पतन के बाद क्षेत्र पर राय गोविन्द चंद का अधिकार हो गया था। बाद में यह अंग्रेजों के अधिपत्य में चला गया। ऐतिहासिक ग्रन्थों के अनुसार गाजी तैमूरलंग की सेनाएँ इस क्षेत्र को रौंदती पश्चिम दिशा की ओर बढ़ गयी थीं। यह भी कहा जाता है कि सीखड़ गाँव के एक चिश्ती ने मुगल सम्राट हुमायूँ के प्राण बचाये थे। यह भी कहा जाता है कि मुगल सम्राट अकबर को यहाँ गाजी तैमुरलंग द्वारा रचित पुस्तक "तैमूर वंश" की प्राप्ति हुई थी। शेरशाह सूरी ने भी यहाँ निवास किया था।

ऐसा भी माना जाता है कि विवाहोपरान्त भगवान शिव ने यहाँ महाभारत काल तक निवास किया था। सीखड़ विकास खण्ड हिन्दू-मुस्लिम एकता का भी अनूठा उदाहरण विश्व समुदाय के लिए बन चुका है। हिन्दूओं के पवित्र मेला सीखड़ की रामलीला में अधिकतर कार्य मुस्लिम वर्ग के लोग ही किया करते हैं।

सीखड़ क्षेत्र के धनैता (मझरा) ग्राम में मार्च सन् 1991 में लव कुश सिंह "विश्वमानव" का विवाह शिव कुमारी देवी से हुआ था।

(व) माँ शिवशंकरी धाम

यह प्राचीन मन्दिर वाराणसी से 29 कि. मी. राष्ट्रीय राजमार्ग-7 (वाराणसी से कन्याकुमारी मार्ग) पर स्थित है। दण्डी स्वामी शिवानन्द द्वारा लिखित पुस्तक में काशी चौरासी कोस यात्रा व सत्यकाशी पंचदर्शन के अन्तर्गत शिवशंकरी धाम मन्दिर आता है। शिवशंकरी धाम मन्दिर दिल्ली-हावड़ा मुख्य रेल मार्ग पर अहरौरा रोड और कैलहट रेलवे स्टेशन के बीच रेल मार्ग के किनारे स्थित है। मन्दिर रेल लाइन बनने से पूर्व भी थी। यहाँ दोनों नवरात्र चैत्र और शारदीय में भक्तों की संख्या बढ़ जाती है परन्तु वर्ष भर मुण्डन संस्कार, विवाह, हवन-पूजन का कार्यक्रम चलता रहता है। चैत्र नवरात्र में मेले के आयोजन की सैकड़ों वर्ष पुरानी परम्परा है। मन्दिर में अर्धनारीश्वर की मूर्ति विराजमान है। माँ में आस्था रखने वाले भक्त और समाजसेवी गणों द्वारा यहाँ धर्मशाला, हैण्डपम्प, कुँआ, पानी की टंकी इत्यादि जनसुविधाओं का निर्माण कराया गया है। सत्यकाशी पंचदर्शन के अन्तर्गत यह मन्दिर आता है।

यहाँ सन् 1977 से लव कुश सिंह "विश्वमानव" अक्सर ही आते रहते हैं।

(ग) माँ शीतला धाम

सीखड़ क्षेत्र में, चुनार के गंगा के उस पार 5 किलोमीटर पर अदलपुरा में स्थित माँ शीतला धाम का प्राचीन मन्दिर है जो गंगा किनारे स्थित है और सीखड़ के धार्मिक महत्व को सिद्ध करती है। यहाँ पर प्रतिवर्ष लाखों श्रद्धालु दर्शन-पूजन के लिए आते हैं। नवरात्र में यहाँ अधिक दर्शनार्थी आते हैं।

यहाँ सन् 1978 में लव कुश सिंह "विश्वमानव" गांगपुर घाट से नाव द्वारा अपने गाँव के लोगों के साथ आये थें।

(घ) राम सरोवर

यह चुनार नगर से 3 किलोमीटर पर पूर्व दिशा में स्थित है। आज से सैकडों वर्ष पहले इस क्षेत्र में अकाल पड़ा जिससे चारो तरफ त्राहि-त्राहि मच गयी। उस समय चुनार गढ़ एक छोटा सा कस्बा था। यहाँ के तालुकेदार पं0 माधोराम व साधोराम नामक दो भाईयों से क्षेत्र की जनता का करूण रूदन देखा नहीं गया और उन्होंने सबको अनाज देने की घोषणा की। इस वजह से उनके यहाँ भीड़ लग गई। यह देखकर उन्होंने सोचा कि इनसे एक तालाब खुदवाया जाये। यह बात लोगों को अच्छी भी लगी और रामसरोवर बनकर तैयार हुआ। इस तालाब की खुदाई के दौरान एक शिवलिंग मिला जिसकी प्राण-प्रतिष्ठा इस तालाब के बगल में कर दी गई और मन्दिर का नाम रामेश्वर महादेव रखा गया। सन् 1901 में यहाँ 10 दिनों के मेले का आयोजन प्रारम्भ हुआ जिसमें घुड़दौड़, कुश्ती, तैराकी, तीरंदाजी, तलवारबाजी के साथ-साथ तीतर-बटेर का लड़ाना और नौटंकी तथा रामलीला भी होती है। बाद में यहाँ पशुओं का बाजार भी लगने लगा जहाँ पूरे हिन्दुस्तान से पशु व्यापारी आते हैं।

यह स्थान लव कुश सिंह "विश्वमानव" के मामा के गाँव बकियाबाद के पास होने के कारण बचपन में यहाँ का मेला देखने आये थें।

(च) स्वयंमेश्वर महादेव

यह नरायनपुर से अदलहाट मार्ग पर रानीबाग से दो किलोमीटर की दूरी पर डेहरी गाँव में स्थित मुगलकाल से भी प्राचीन शिव मन्दिर है। इस मन्दिर को मुगलकाल में क्षतिग्रस्त कर दिया गया था जिसका अवशेष अभी भी शेष है। मन्दिर के पुजारी और गाँव के निवासी श्री राम सागर त्रिपाठी के अनुसार इस मन्दिर को पुनः बनाने का विचार जब-जब किया गया तब-तब स्वप्न आया कि मन्दिर बनाने की आवश्यकता नहीं, उसे मैं स्वयं बना लूँगा। शिवलिंग के एक ओर स्थित नीम और दूसरी ओर स्थित पीपल के वृक्ष ने आपस में मिलकर ऐसा सुन्दर मन्दिर का निर्माण किया है जो देखने में किसी आश्चर्य से कम नहीं हैं।

इस मन्दिर का दर्शन करने सन् 2013 में स्कन्द कुमार पाण्डेय "व्यासजी" (ग्राम रामजीपुर निवासी) के साथ लव कुश सिंह "विश्वमानव" आये थें।

(छ) श्री राम मन्दिर, कोलना

चुनार क्षेत्र में स्थित ग्राम-कोलना में स्थित यह मन्दिर अति प्राचीन व भव्य है। इसी ग्राम के निवासी डा0 राम व्यास जी हैं जो "विश्वशास्त्र" के समीक्षक द्वय में से एक हैं।

(ज) बाबा सुन्दरम् पचपेड़वा बाबा

यह नरायनपुर विकास खण्ड के रामजीपुर ग्राम में स्थित है। इस स्थान पर एक ही वृक्ष में आम, नीम, पीपल, बरगद और पकड़ी संयुक्त रूप से प्राचीन काल से ही है। वर्तमान में आम और नीम का वृक्ष लुप्त हो चुका है। इस स्थान पर अनेक रोग-व्याधियों व भूत-प्रेत बाधा का निवारण दर्शन मात्र से स्वतः ही हो जाता है। गंगा दशहरा के शुभ-अवसर पर यहाँ प्रत्येक वर्ष रामचरित मानस का पाठ व अखण्ड भण्डारा का आयोजन गाँव के ही श्री स्कन्द कुमार पाण्डेय "व्यास" एवं आसपास के गाँव के सहयोग से किया जाता है।

(य) जलालपुर माफी

कहा यह जाता है कि जब हुमायूँ चुनार के किले पर अधिकार करने के लिए यहाँ कई महीने रूका था तब वह किले के पास स्थित गाँव जलालपुर में रूका था यहीं अकबर गर्भ में आया था। बाद में जब अकबर को यह बात ज्ञात हुई तब उसने अपने नाम के साथ जलालुद्दीन भी लगाया साथ ही इस गाँव का अपने शासन काल में कर भी माँफ किया जिस कारण इस गाँव का नाम जलालपुर माफी हो गया। जहाँ "सत्यकाशी ट्रस्ट" की स्थापना की गई है।

(र) ऊँ श्री अहिरावीर डीह बाबा

यह अति प्राचीन मन्दिर जलालपुर माफी गाँव में स्थित है। बात बहुत पुराने समय की है जब इस गाँव के आस-पास जंगल हुआ करता था और कुछ बस्तीयाँ भी थीं। उस समय का कुँआ और विशाल नीम का पेड़ आज भी है। गाँव के बुढ़े-बुजुर्ग व्यक्ति बताते हैं कि अहिरावीर बाबा प्रतिदिन रात में पूरे गाँव का पूरा चक्रमण करते हैं और यह मान्यता आज भी चली आ रही है। आस-पास के निवासी आज भी इस मन्दिर में अपनी मन्नतें गाँगने आते हैं और पूरी श्रद्धा-भक्ति से पूजन-अर्चन करते हैं। मान्यता है कि आज भी बाबा लोगों को दर्शन देते रहते हैं।

(ल) श्री नये वीर बाबा

अदलपुरा में स्थित माँ शीतला धाम के प्राचीन मन्दिर के सामने गंगा दो भागो में विभक्त होकर पुनः एक हो गईं है जिसके बीच सैकड़ों बीघे का टीला है। इसी टीले पर श्री नये वीर बाबा की चौरी है। चौरी के पश्चिम में अदलपुरा स्थित माँ शीतला धाम का मन्दिर है तो पूर्व में जलालपुर गाँव है। प्राचीन समय की बात है जब यहाँ साधन का अभाव था। लोग बर्रे, रेड़ी (अरण्डी), चना, जौ के खेती कर जीवन चलाते थे। बाग-बगीचे भी थे। गंगा नदी का किनारा होने के कारण भूमि बहुत ही उपजाऊ थी लेकिन वर्तमान समय में भूमि पर कुश इत्यादि झाड़ी का जंगल फैल चुका है। प्राचीन समय के उस काल में एक व्यक्ति रात्रि में अपने खेत की सिंचाई कर रहा था। उसके पास एक व्यक्ति लालटेन लेकर पहुँच गया और कहा कि तुम्हारा समय खत्म हो चुका है और मेरा समय शुरू हो चुका है। तुम अपने घर जाओ और अब कभी इतनी रात को खेत पर काम मत करना, कह कर वह आदमी थोड़ा दूर जाकर अद्दश्य हो गया। खेत पर काम करने वाला व्यक्ति उसके बातों को गम्भीरता से न लेकर रात्रि में काम करता रहा। चौथे दिन उसकी मृत्यु हो गई। मृत व्यक्ति की पत्नी को स्वप्न आया कि "मैं नये वीर बाबा, का कहना न मानने के कारण ही तुम्हारे पति की मृत्यु हुई है।" तब से लेकर अब तक इस चौरी पर पूजा-अर्चन-कीर्तन चलता रहता है।

लोगों की मन्नतें पूरी होने से दिनों-दिन यहाँ श्रद्धालुओं की संख्या बढ़ती जा रही है। यहाँ पर पीपल, नीम व बरगद का संयुक्त वृक्ष प्रदीप कुमार, धनारू, ओम प्रकाश, महेन्द्र कुमार सिंह, गुड्डु इत्यादि ने पूरी श्रद्धा-भक्ति के साथ रोपित करते हुए सौन्दर्यीकरण का कार्य सम्पन्न किये और जारी भी है।

इस मन्दिर का दर्शन करने सन् 2013 में प्रदीप सिंह "बबलू नेता" (ग्राम जलालपुर माफी निवासी) के साथ लव कुश सिंह "विश्वमानव" आये थें।

(व) श्री विष्णु मन्दिर, वैकुण्ठपुर, नरायनपुर

यह प्राचीन मन्दिर नरायनपुर में वाराणसी से 21 कि. मी. राष्ट्रीय राजमार्ग-7 (वाराणसी से कन्याकुमारी मार्ग) पर स्थित है। दण्डी स्वामी शिवानन्द द्वारा लिखित पुस्तक में काशी चौरासी कोस यात्रा व सत्यकाशी पंचदर्शन के अन्तर्गत यह मन्दिर आता है।

यहाँ सन् 1977 से लव कुश सिंह "विश्वमानव" अक्सर ही आते रहते हैं क्योंकि यह निवास ग्राम के पास स्थित है।

(श) श्री कल्कि अवतार एवं कलिकेश्वर महादेव मन्दिर

यह ग्राम चुनार क्षेत्र के नरायनपुर विकास खण्ड के ग्राम-रामजी पुर में स्थित है। इस प्राचीन शंकर व हनुमान मन्दिर के जीर्णोद्धार के उपरान्त श्री कल्कि अवतार की मूर्ति लगाई गयी साथ ही स्थापित शिवलिंग का नामकरण कलिकेश्वर महादेव किया गया। सत्यकाशी पंचदर्शन के अन्तर्गत यह मन्दिर आता है।

इसी ग्राम के निवासी श्री स्कन्द कुमार पाण्डेय "व्यास" और चन्द्रेश कुमार, मुख्य ट्रस्टी "सत्यकाशी ब्रह्माण्डिय एकात्म विज्ञान विश्वविद्यालय ट्रस्ट" के ट्रस्टी हैं।

(ह) नियामतपुर कलाँ

चुनार क्षेत्र के नरायनपुर विकास खण्ड, जरगो नदी के गंगा संगम से दक्षिण में स्थित नियामतपुर कलाँ (काशी हिन्दू विश्वविद्यालय-बी. एच. यू. वाराणसी के दक्षिण गंगा उस पार), गाँव "विश्वशास्त्र-द नालेज आफ फाइनल नालेज" के रचनाकार श्री लव कुश सिंह "विश्वमानव" का पैतृक निवास स्थल है जो सत्यकाशी पंचदर्शन यात्रा के घेरे में भी स्थित है। काशी चौरासी कोस यात्रा के अनुसार काशी (वाराणसी) व सत्यकाशी क्षेत्र के उभय स्थान में भी स्थित है।

(क्ष) बघेड़ा

चुनार क्षेत्र के नरायनपुर विकास खण्ड, जरगो नदी के गंगा संगम से दक्षिण में स्थित बघेड़ा (काशी हिन्दू विश्वविद्यालय-बी. एच. यू. वाराणसी के दक्षिण गंगा उस पार) गाँव, काशी चौरासी कोस यात्रा के अनुसार काशी (वाराणसी) व सत्यकाशी क्षेत्र के उभय स्थान में भी स्थित है।

यहीं "विश्वशास्त्र-द नालेज आफ फाइनल नालेज" के रचनाकार श्री लव कुश सिंह "विश्वमानव" द्वारा स्थापित ट्रस्ट "सत्यकाशी ब्रह्माण्डिय एकात्म विज्ञान विश्वविद्यालय ट्रस्ट" का पंजीकृत कार्यालय है। ट्रस्ट के दो ट्रस्टी अजय कुमार व विनय कुमार का निवास ग्राम है।

(त्र) "सृष्टि सेवा आश्रम" और "लच्छन बाबा मन्दिर"

चुनार शहर से 5 किलोमीटर पूर्व दिशा में ग्राम जमुहार में स्थित है। लच्छन बाबा मन्दिर, आस-पास के ग्रामवासीयों के लिए विशेष श्रद्धा का स्थान है। यहीं श्री महेन्द्र सिंह "सरकार" (ग्राम बेला निवासी, जो लव कुश सिंह "विश्वमानव" के कक्षा 10 के सहपाठी भी हैं) द्वारा "सृष्टि सेवा आश्रम" की स्थापना की गई है। लव कुश सिंह "विश्वमानव" अपने क्षेत्र से बहुत वर्ष तक बाहर रहने के कारण समाज के लागों से सम्पर्क टूट गया था। वे इस

सम्पर्क को पुर्नजिवित करने और विशाल-व्यापक चरित्र के प्रदर्शन के लिए 2019 में 3 महीने आश्रम में व्यतीत किये थे।

(ज्ञ) "विश्वशास्त्र" व "शास्त्राकार" से सम्बन्धित अन्य स्थान

नईबस्ती बघेड़ा, संत रविदास मन्दिर (मीरजापुर) उ0प्र0 के दक्षिण पैतृक भूमि का स्थान जहाँ दृश्यकाल के "शब्दब्रह्म" की प्राप्ति 1992 में हुई। शास्त्राकार के कारण सत्यकाशी क्षेत्र अन्तर्गत चुनार क्षेत्र के शेरपुर, बकियाबाद, धनैता मझरा, पचेवरा, फिरोजपुर, केशवपुर, भगीरथपुर, कोलना, घासीपुर बसाढ़ी, जौगढ़, रामरायपुर, जलालपुर माफी, गांगपुर, रामजीपुर, बघेड़ा इत्यादि गाँव भी जाने जायेंगे। माधव विद्या मन्दिर इण्टरमीडिएट कालेज, पुरूषोत्तमपुर, मीरजापुर, उ0प्र0 से कक्षा 7 से दसवीं -1981, 13 वर्ष 6 माह में लव कुश सिंह "विश्वमानव" उत्तीर्ण किये।

चुनार के विषय में अधिक जानकारी के लिए पढ़ें-

"चुनारगढ़ का सांस्कृतिक वैभव"
लेखक श्री शिव प्रसाद "कमल" (पत्रकार)

पुस्तक प्राप्ति का स्थान
1. कल्पना मन्दिर, चुनार बाजार, मीरजापुर (उ0प्र0)
2. लोकरूचि प्रकाशन, राबर्टसगंज, सोनभद्र (उ0प्र0)

"कुछ पुराना हाल चुनार का"
संपादित श्री लक्ष्मी चन्द्र श्रीवास्तव "रमेन्दु"

पुस्तक प्राप्ति का स्थान
1. जनसेवी प्रकाशन, बालूघाट, चुनार, मीरजापुर (उ0प्र0)
2. बी. 26/72, नबाबगंज, वाराणसी (उ0प्र0) पिन-221010

सत्यकाशी क्षेत्र में श्री राम

शिवपुर, मीरजापुर में पौराणिक कथा के अनुसार भगवान श्री राम चन्द्र ने अपने पिता दशरथ का श्राद्ध विन्ध्याचल क्षेत्र में ही किये थे। इस जगह पर भगवान राम ने भगवान शिव की प्रतिमा की स्थापना की थी। इसी कारण यह मन्दिर रामेश्वर तथा स्थान शिवपुर के नाम से जाना जाता है। लक्ष्मण जी ने भी यहाँ शिवलिंग की स्थापना की जिसे लक्ष्मणेश्वर कहा जाता है।

विन्ध्याचल अष्टभुजा मन्दिर के पश्चिम दिशा की ओर सीता जी ने एक कुण्ड खुदवाया था। उस समय से इस जगह को सीता कुण्ड के नाम से जाना जाता है। कुण्ड के समीप ही सीता जी ने भगवान शिव की स्थापना की थी जिसे सीतेश्वर कहते हैं। साथ ही रामकुण्ड भी है। अनेक स्थानों पर वर्णन है कि श्रीराम चुनार किले के पास से गंगा पार करके वनगमन के समय चित्रकूट गये थे। फादर कामिल बुल्के के शोध ग्रन्थ "राम कथा: उद्भव और विकास" के अनुसार कवि वाल्मीकि की तपस्थली चुनार ही है इसलिए कहीं-कहीं इसे चाण्डालगढ़ भी कहा गया है। कहा जाता है कि त्रेतायुग में श्रीराम ने वनगमन के समय चुनार से जाते समय शारदीय नौरात्रि में चुनार के राजगढ़ मार्ग स्थित दुर्गा खोह में स्थित देवी दुर्गा की पूजा की थी।

सत्यकाशी क्षेत्र में श्री कृष्ण

पुराणों के अनुसार राजा शैवास का दुर्ग चुनार का ही दुर्ग था जिनका काल 2 से 3 हजार वर्ष ईसा पूर्व था। बाद में मगध नरेश जरासंध ने इस पर अधिकार कर लिया। द्वापर युग में बृहद्रथ के पुत्र जरासंध मगध देश का राजा बने। उसने इस चरण के आकार वाले पहाड़ पर एक गढ़ का निर्माण कराया और उसका नाम राज्यगिरि रखा। बीस सहस्र राजाओं को हराकर उन्हें इसी गढ़ में कैद कर दिया। जब राजा युधिष्ठिर ने राजसूय यज्ञ करने की तैयारी की तो श्रीकृष्ण से उन्होंने कहा कि राजसूय यज्ञ में सभी काम राजाओं द्वारा कराया जाता है इसलिए जिन राजाओं को जरासंध ने राज्यगिरि में कैद कर रखा है पहले आप उन्हें छुड़ाकर लायें तब मेरा यज्ञ पूरा हो। यह सुनकर श्रीकृष्ण युधिष्ठिर के भाई अर्जुन और भीम को साथ लेकर जरासंध को मारने मगध देश को गये। वहाँ कृष्ण ब्राह्मण के भेष में होकर जरासंध से कहे कि तू मेरे भाई से लड़। भीम से युद्ध के उपरान्त जरासंध मारा गया। श्रीकृष्ण जरासंध के बेटे सहदेव को मगध देश का राज्य दिये और उसे साथ लेकर राज्यगिरि आये और सभी बन्दी राजाओं को मुक्त कराकर हस्तिनापुर राजसूय यज्ञ के लिए ले गये। जरासंध का कैदखाना चुनार के किले में अभी भी है। श्रीकृष्ण के पैर का निशान एक पत्थर पर है जिसे चरणपादुका कहते हैं।

सत्यकाशी क्षेत्र में भगवान बुद्ध

कलियुग के बौद्ध काल में विन्ध्यक्षेत्र का सार्वाधिक भाग गणराज्य में शामिल था। बौद्ध ग्रन्थ "अंगुत्तर निकाय" के अनुसार बौद्धों का कहना है कि तथागत भगवान बुद्ध ने चुनार किले में रूककर अपना एक चतुर्मास व्यतीत किये थे। छठवीं शताब्दी ईसा पूर्व को बौद्ध काल के नाम से जाना जाता है। इतिहासकारों के अनुसार इस काल में राजतन्त्रों एवं गणतन्त्रों का अस्तित्व विद्यमान था। यह प्राचीन भारत में होने वाले द्वितीय नगरीय प्रमाण को समेटे हुए था। बौद्ध काल में विन्ध्यक्षेत्र का सर्वाधिक भाग इसमें सम्मिलित था। यही नहीं जनपद मीरजापुर भी बौद्ध काल में ही स्थापित हुआ था। आज भी देश के कोने-कोने से बड़ी संख्या में बौद्ध धर्मावलम्बी किले में पवित्र स्थान का दर्शन करने आते हैं।

सत्यकाशी क्षेत्र में स्वामी विवेकानन्द

स्वामी विवेकानन्द द्वारा स्थापित "राम कृष्ण मिशन" की एक शाखा सत्यकाशी क्षेत्र के मीरजापुर शहर से विन्ध्याचल मार्ग पर स्थित है। जहाँ से अन्य शाखाओं की भाँति "शिव भाव से जीव सेवा" व आध्यात्मिक सत्य पर आधारित वेदान्त ज्ञान का प्रसार कार्य सफलतापूर्वक चल रहा है।

सत्यकाशी क्षेत्र में श्री लव कुश सिंह "विश्वमानव"

चन्द्रवंशीय कूर्म क्षत्रिय (चन्देल वंश), के अधिकतम जनसंख्या वाला चुनार क्षेत्र के नरायनपुर विकास खण्ड, काशी चौरासी कोस यात्रा व सत्यकाशी क्षेत्र के उभय स्थान व जरगो नदी के गंगा संगम से दक्षिण में स्थित नियामतपुर कलाँ (काशी हिन्दू विश्वविद्यालय-बी. एच. यू. वाराणसी के दक्षिण गंगा उस पार), गाँव "विश्वशास्त्र-द नालेज आफ फाइनल नालेज" के रचनाकार श्री लव कुश सिंह "विश्वमानव" का पैतृक निवास स्थल है जो सत्यकाशी पंचदर्शन यात्रा के घेरे में भी स्थित है। श्री लव कुश सिंह "विश्वमानव" का जन्म भले ही रिफाइनरी टाउनशिप अस्पताल, जिला-बेगूसराय (जन्म के समय जिला-मुंगेर, बिहार प्रदेश) है और मुण्डन शिव भक्त रावण से जुड़ी घटना वाले ज्योतिर्लिंग श्री वैद्यनाथ में हुआ परन्तु उनका पैतृक निवास स्थल यही गाँव है। अधिकतम रिश्तेदार और उनका विवाह भी इसी क्षेत्र के किरियात क्षेत्र के धनैता (मझरा) गाँव में है। अन्य रिश्तेदारियाँ शेरपुर, बकियाबाद, पचेवरा, फिरोजपुर, केशवपुर, भगीरथपुर, कोलना, जौगढ़, रामरायपुर, जलालपुर माफी, गांगपुर, रामजीपुर, बघेड़ा इत्यादि में हैं। नईबस्ती बघेड़ा, संत रविदास मन्दिर (मीरजापुर, उ0प्र0) के दक्षिण पैतृक भूमि का स्थान जहाँ दृश्यकाल के "शब्दब्रह्म" की प्राप्ति 1992 में हुई। निवास स्थान नियामतपुर कलाँ, जहाँ शास्त्र को सन् 2010 से अन्तिम रूप देने का कार्य हुआ और मथुरा में पूर्ण किया गया। माधव विद्या मन्दिर इण्टरमीडिएट कालेज, पुरूषोत्तमपुर, मीरजापुर, उ0प्र0 में कक्षा-7 से 10वीं तक (सन् 1977 से 1981) तक में अध्ययन हुआ। उनका अधिकतम जीवन तो भारत के अनेक स्थानों पर बीता है परन्तु शास्त्र की उत्पत्ति और अधिकतम रचना सत्यकाशी क्षेत्र में ही हुई है और इस क्षेत्र के सभी धार्मिक व दर्शनीय स्थल पर उनका भ्रमण होता रहा है।

जरगो नदी और श्री लव कुश सिंह "विश्वमानव"

श्रीराम की जन्म तिथि नवमी (9) है, श्रीकृष्ण की जन्म तिथि अष्टमी (8) है। 9 के अंक का किसी अंक से गुणा करें, सारांश (अंकों का योग) 9 ही रहता है। 8 का गुणा घटता-बढ़ता रहता है। अंक 8 लौकिक-संसारी है, 9 जटिल है जस का तस रहता है। डा0 लोहिया का कहना था-"राम मनुष्य हैं, मर्यादा और आदर्श पर चलते हुए देव बनते हैं, लेकिन कृष्ण देवता हैं। वे लोक संग्रह के लिए मनुष्य बनते हैं, देवत्व से नीचे उतरते हैं। राम और कृष्ण, भारतीय प्रज्ञा के सम्राट हैं।" इसी क्रम में श्री लव कुश सिंह "विश्वमानव" का जन्म तिथि त्रयोदशी (13) है। प्रत्येक मास में कृष्ण पक्ष की तेरहवीं तिथि की रात्रि मास शिवरात्रि तथा फाल्गुन मास की कृष्ण पक्ष की तेरहवीं तिथि की रात्रि महाशिवरात्रि कहलाती है। हिन्दू धर्म में मनुष्य के जन्म के बारहवीं तिथि के संस्कार को बरही तथा शरीर से मुक्त होने के तेरहवीं तिथि के अन्तिम संस्कार को तेरहवीं कहते हैं अर्थात् तेरह का अंक शिवशंकर का प्रतीक है। इसी कारण श्री लव कुश सिंह "विश्वमानव" से व्यक्त अधिकतम विषय के साथ अन्तिम लगा हुआ है।

जिस प्रकार ब्रह्मा के पूर्णावतार श्री राम से सरयू नदी, विष्णु के पूर्णावतार श्री कृष्ण से यमुना नदी और शिव-शंकर से गंगा नदी जुड़ी हुयी है उसी प्रकार शिव-शंकर के पूर्णावतार श्री लव कुश सिंह "विश्वमानव" के जन्म, जीवन व कर्म से गंगा व जरगो नदी जुड़ी हुयी है। जन्म गंगा किनारे स्थित जिला-बेगूसराय (जन्म के समय जिला-मुंगेर, बिहार प्रदेश) है वहाँ के नजदीकी सिमरिया घाट पर स्नान व छठ पूजा में भाग लेने का अवसर भी उनको

मिलता रहा है। जीवन में जरगो नदी से लगाव मामा, बुआ, मौसी एवं स्वयं उनका गाँव जरगो किनारे होने से हमेशा रहा है। कर्म में इसी नदी के बहाव क्षेत्र के विकास की योजना है।

महर्षि व्यास द्वारा रचित और श्रीकृष्ण के मुख से व्यक्त गीता के उसी मनस्तर पर स्थित होकर उसकी व्याख्या "यथार्थ गीता" से व्यक्त करने वाले संत श्री स्वामी अड़गड़ानन्द जी का आश्रम जरगो नदी के उद्गम स्थल पर स्थित है तो द्वापर युग में आठवें अवतार श्रीकृष्ण द्वारा प्रारम्भ किया गया कार्य "नवसृजन" के प्रथम भाग "सार्वभौम ज्ञान" के शास्त्र "गीता" के बाद कलियुग में शनिवार, 22 दिसम्बर, 2012 से काल व युग परिवर्तन कर दृश्य काल व पाँचवें युग का प्रारम्भ, व्यवस्था सत्यीकरण और मन के ब्रह्माण्डीयकरण के लिए दसवें और अन्तिम अवतार-कल्कि महावतार श्री लव कुश सिंह "विश्वमानव" द्वारा व्यक्त द्वितीय और अन्तिम भाग "सार्वभौम कर्मज्ञान" और "पूर्णज्ञान का पूरक शास्त्र", "विश्वशास्त्र: द नालेज आफ फाइनल नालेज" के व्यक्त करने वाले श्री लव कुश सिंह "विश्वमानव" का निवास ग्राम नियामतपुर कलाँ गंगा-जरगो संगम के पास स्थित है। संत श्री स्वामी अड़गड़ानन्द जी प्रारम्भ हैं तो श्री लव कुश सिंह "विश्वमानव" अन्त हैं। "गीता" बीज है तो "विश्वशास्त्र" वृक्ष है।

सत्यकाशी में कल्कि अवतार मन्दिर

श्री कल्कि अवतार एवं कलिकेश्वर महादेव मन्दिर-यह ग्राम चुनार क्षेत्र के नरायनपुर विकास खण्ड के ग्राम-रामजी पुर में स्थित है। इस प्राचीन शंकर व हनुमान मन्दिर के जीर्णोद्धार के उपरान्त श्री कल्कि अवतार की मूर्ति लगाई गयी साथ ही स्थापित शिवलिंग का नामकरण कलिकेश्वर महादेव किया गया। सत्यकाशी पंचदर्शन के अन्तर्गत यह मन्दिर आता है।

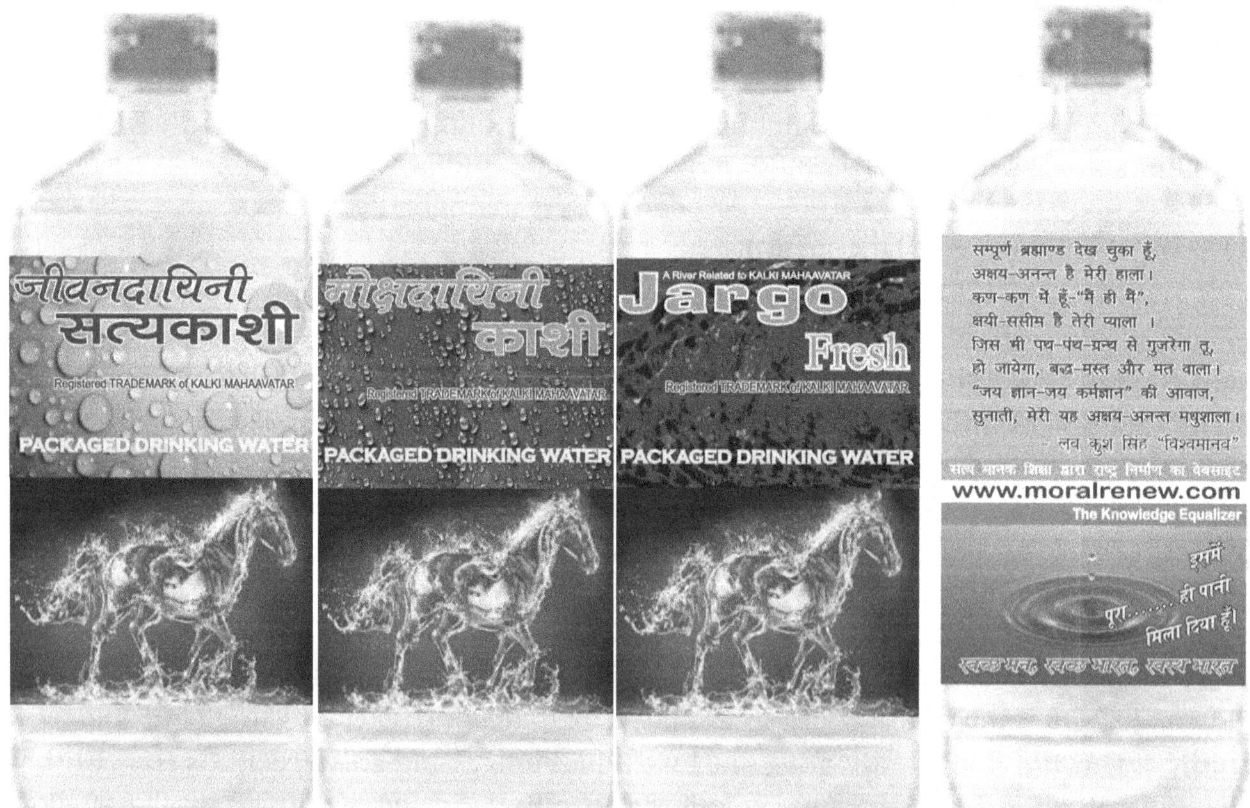

परियोजना – सत्यकाशी महायोजना (PROJECT - REAL KASHI)
अन्तिम अवतार – कल्कि
के लीला भूमि क्षेत्र और दृश्य काल का तीर्थ सत्यकाशी
महायोजना का क्षेत्र
वाराणसी–सोनभद्र–शिवद्वार–विन्ध्याचल के बीच का क्षेत्र

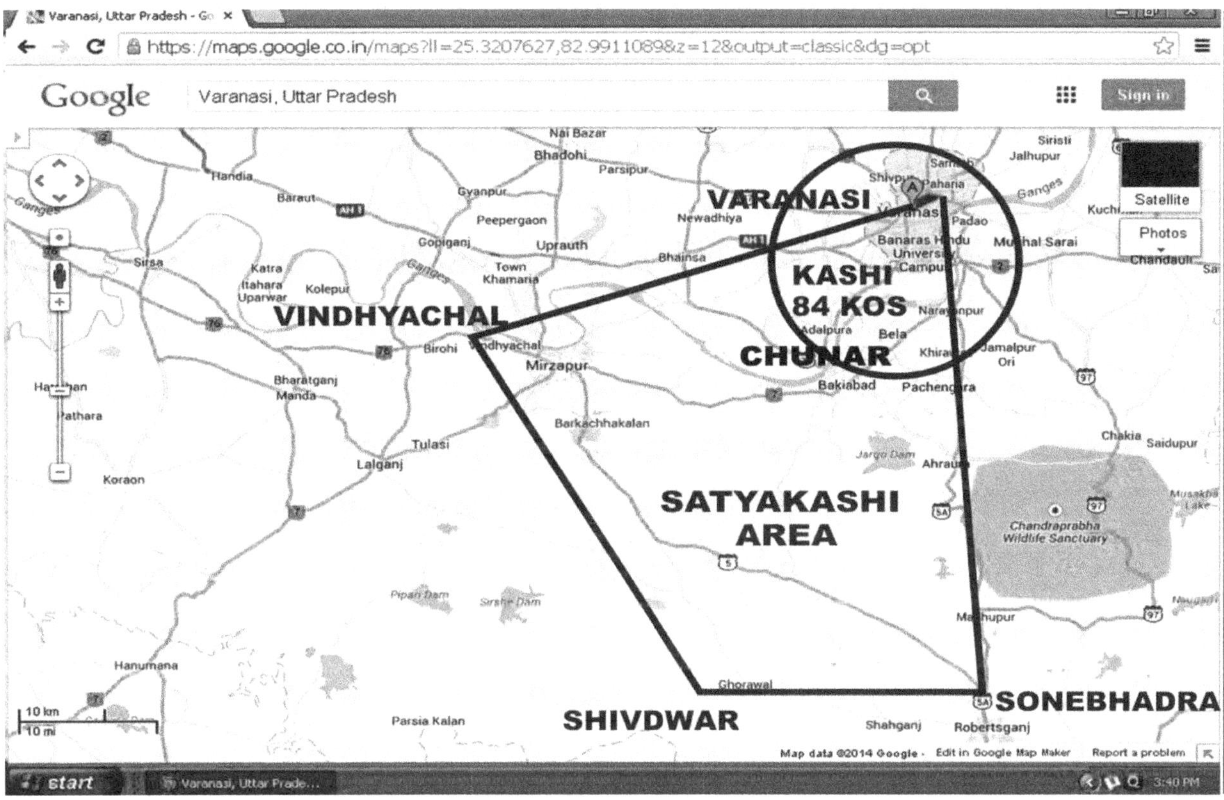

सत्यकाशी क्षेत्र में पिकनिक की दृष्टि से वाराणसी और आस–पास क्षेत्र से हजारो लोग आते रहते हैं। स्वामी अड़गड़ानन्द के कारण गुरू पूर्णिमा को लाखों लोगों का आगमन एक साथ होता है, वैसे तो सालों भर लोग आते रहते हैं। दिपावली के बाद आने वाले एकादशी को बेचुबीर मेला के कारण लाखों लोग कई प्रदेशों से आकर तीन दिन रूकते हैं। इसलिए यह क्षेत्र लोगों से परिचित है आवश्यकता है इस प्रकाशित क्षेत्र के सही उपयोग का। इस क्षेत्र के समग्र विकास के लिए ही योजनाबद्ध की गई है – "सत्यकाशी महायोजना" जो आध्यात्मिक–पौराणिक–धार्मिक और पर्यटन के शक्तिशाली आधार से युक्त है। "सत्यकाशी महायोजना" की नयी परियोजनाएँ, वहीं हैं जो विश्व में अभी कहीं नहीं हैं अर्थात वाराणसी–विन्ध्य के लिए आने वाले पर्यटक और धार्मिक व्यक्ति के लिए इस क्षेत्र में आना रूचिकर बन जायेगा।

पर्यटन मनुष्य की मजबूरी है,
दर्शनीय स्थल के निर्माण से विकास होता है।

व्यक्ति, एक विचार और अरबों रूपये का व्यापार

श्रीराम के नाम पर कितने का करोबार है?
श्रीकृष्ण के नाम पर कितने का करोबार है?
शिव-शंकर के नाम पर कितने का करोबार है?
बुद्ध के नाम पर कितने का करोबार है?
माँ वैष्णों देवी के नाम पर कितने का करोबार है?
सांई बाबा के नाम पर कितने का करोबार है?
विश्व के तमाम धर्म संस्थापकों व धर्मों के नाम पर कितने का करोबार है?

क्या ये उस कारोबार के मालिक हैं?
क्या ये उसका हिसाब व लाभ लेने आते हैं?

जबकि संसार के किसी भी व्यापारिक संगठन से सर्वाधिक रोजगार देने वाला उपरोक्त करोबार है।

हे मनुष्यों
जिस दिन तुम इसे समझ जाओगे।
उस दिन तुम धर्म को समझ जाओगे।
धर्म के फल, व्यापार को अपनाओं,
धर्म-अधर्म का निर्णायक मत बनों।

इसलिए

कल्कि अवतार, सत्यकाशी, सत्य शिक्षा, दृश्य योग, दृश्य ध्यान,
मन (मानव संसाधन) के विश्वमानक इत्यादि नये युग के नये आविष्कारों
के व्यापार को समझो

यही धर्म का फल
और
संसार के कल्याण का

सत्य-शिव-सुन्दर
कर्म है।

सत्यकाशी महायोजना

सत्यकाशी भी एक विचार है। मात्र इस विचार से मानव समाज का कितना बड़ा लाभ हो सकता है, यह चिन्तन का विषय है। कोई भी धार्मिक स्थल जैसे वैष्णों देवी, चित्रकूट, शिरडी, मथुरा, वृन्दावन, वाराणसी इत्यादि किसी विचार पर ही विकसित हुए और जिस विचार से वे विकसित हुए उस स्थान पर उस नाम का प्रयोग ही प्रमुख है क्योंकि उस नाम के कारण ही व्यक्ति वहाँ पहुँचते हैं। उस नाम को सदैव आगे रखना ही वहाँ का सारा रहस्य है और उसी में वहाँ का कल्याण है। उस नाम के आगे वहीं के किसी व्यक्ति के माता-पिता का नाम अंश मात्र होता है। होना भी यही चाहिए माता-पिता व्यक्तिगत श्रद्धा के पात्र हैं। जब समाज का विकास करना हो तब नाम भी सामाजिक ही होना चाहिए या ऐसे व्यक्ति के नाम पर होना चाहिए जिनका समाज के लिए योगदान रहा हो। क्योंकि उस नाम पर ही व्यक्ति उस स्थान की यात्रा करता है। इसे ऐसे समझा जाये कि ऐसे व्यक्ति जिनका लक्ष्य धन रहा था वे अपने धन के बल पर अपनी मूर्ति अपने घर पर ही लगा सकते हैं परन्तु जिनका लक्ष्य धन नहीं था, उनका समाज ने उन्हें, उनके रहते या उनके जाने के बाद अनेकों प्रकार से सम्मान दिया है ये सार्वजनिक प्रमाणित है।

किसी वस्तु को मान लेने से उसमें गुण नहीं आ जाते इसलिए मानने में नहीं जानने में रूचि व विश्वास रखना चाहिए। मानने में आलस्य है, समर्पण है, परतन्त्रता है। जानने में पुरूषार्थ है, संघर्ष है, स्वतन्त्रता है। मानना आसान है जानना कठिन है इसलिए तुम सब जानने से बचते हो। मान लेना आसान है। इसलिए समस्यायें हैं। जानना, मनुष्य से सम्बन्धित व्यक्तिगत विषय है। मानना, तो भीड़ (जन समूह) से संचालित होती है। सत्यकाशी के सम्बन्ध में भी यही बात है। मैं मानने के लिए नहीं बल्कि जानने के लिए सत्यकाशी को व्यक्त किया हूँ। अभी जानें और लाभों को समझें, मानने का काम आने वाली पीढ़ी पर छोड़ दें।

भगवान श्री कृष्ण के मथुरा-वृन्दावन को भी लोग उनके जाने के 4000 वर्ष बाद ही जाने जब चैतन्य महाप्रभु का आगमन हुआ और वह "महाभारत" शास्त्र साहित्य में लिखा था।

कितना विचित्र संयोग है कि विन्ध्य क्षेत्र से ही भारत का मानक समय निर्धारित होता है और इसी क्षेत्र से युग परिवर्तन की घोषणा हो रही है। यह भी विचित्रता ही है कि व्यासजी द्वारा काशी को शाप देने के कारण विश्वेश्वर ने व्यासजी को काशी से निष्कासित कर दिया था और वे गंगा पार आ गये और गंगा पार सत्यकाशी क्षेत्र से ही उनके बाद विश्वशास्त्र रचना हुई है। श्री लव कुश सिंह "विश्वमानव" कृत "विश्वशास्त्र" से मुख्यतः सत्यकाशी क्षेत्र के लिए निम्नलिखित विषय व्यक्त हुये हैं-

01. चार शंकराचार्य पीठ के उपरान्त 5वाँ और अन्तिम पीठ "सत्यकाशी पीठ"
02. "सत्यकाशी महोत्सव" व "सत्यकाशी गंगा महोत्सव" आयोजन
03. सार्वभौम देवी माँ कल्कि देवी मन्दिर-माँ वैष्णों देवी की साकार रूप
04. भोगेश्वर नाथ-13वाँ और अन्तिम ज्योतिर्लिंग
05. सत्यकाशी पंचदर्शन
06. ज्ञान आधारित मनु-मनवन्तर मन्दिर
07. ज्ञान आधारित विश्वात्मा मन्दिर
08. विश्वधर्म मन्दिर-धर्म के व्यावहारिक अनुभव का मन्दिर
09. नाग मन्दिर
10. विश्वशास्त्र मन्दिर (Vishwshastra Temple)
11. एक दिव्य नगर-सत्यकाशी नगर
12. होटल शिवलिंगम्-शिवत्व का एहसास
13. इन्द्रलोक-ओपेन एयर थियेटर
14. हस्तिनापुर-महाभारत का लाइट एण्ड साउण्ड प्रोग्राम
15. सत्य-धर्म-ज्ञान केन्द्रः तारामण्डल की भाँति शो द्वारा कम समय में पूर्ण ज्ञान
16. सत्यकाशी आध्यात्म पार्क

17. **वंश नगर-मनु से मानव तक के वंश पर आधारित नगर**
18. **8वें सावर्णि मनु-सम्पूर्ण एकता की मूर्ति (Statue of Complete Unity)**
19. **विस्मृत भारत रत्न स्मारक (Forgotten Bharat Ratna Memorial)**
20. **विश्वधर्म उपासना स्थल-**
    उपासना और उपासना स्थल के विश्वमानक (WS-00000) पर आधारित
21. **सत्यकाशी ब्रह्माण्डीय एकात्म विज्ञान विश्वविद्यालय**
    (Satyakashi Universal Integration Science University- SUISU)

उपरोक्त एक-एक प्रोजेक्ट के साथ जिसमें सम्भव हो सकेगा आवासीय कालोनी बसती चली जायेंगी। सभी परियोजना आपस में कम से कम 5 कि. मी दूर स्थित होंगी जिससे विकास करने के लिए अन्य निवासियों को भी स्वयं के संसाधन पर अवसर मिल सके।

ये धार्मिक-दर्शनीय निर्माण जिस गाँव क्षेत्र में बनेंगे उनके विकास के सम्बन्ध में विचार करें। घूमना मनुष्य की मजबूरी है। दर्शनीय स्थलों का निर्माण करें। अपने आप व्यापार व कल्याण हो जायेगा। किसी विषय के विकास व विस्तार के लिए आवश्यक होता है कि पहले उस विषय के भूतकाल व वर्तमान की स्थिति क्या है, उसे जाना जाय। क्योंकि इन्हीं आकड़ों पर आधारित होकर ही विकास व विस्तार की कार्य योजना बनायी जाती है। यह वैसे ही है जैसे कोई भी विद्यार्थी जब किसी कक्षा में प्रवेश लेता है तब उसे पिछली कक्षा की योग्यता अर्थात् भूतकाल व वर्तमान की स्थिति बतानी पड़ती है। काशी क्षेत्र के विकास व विस्तार के पहले मानव व काशी क्षेत्र की भूतकाल व वर्तमान की स्थिति क्या है, इसे जाने जो विकास व विस्तार के लिए आधार आकड़े हैं। अगर ये सत्य हैं तो विकास व विस्तार भी के रूप में सत्यकाशी भी सत्य ही होगा।

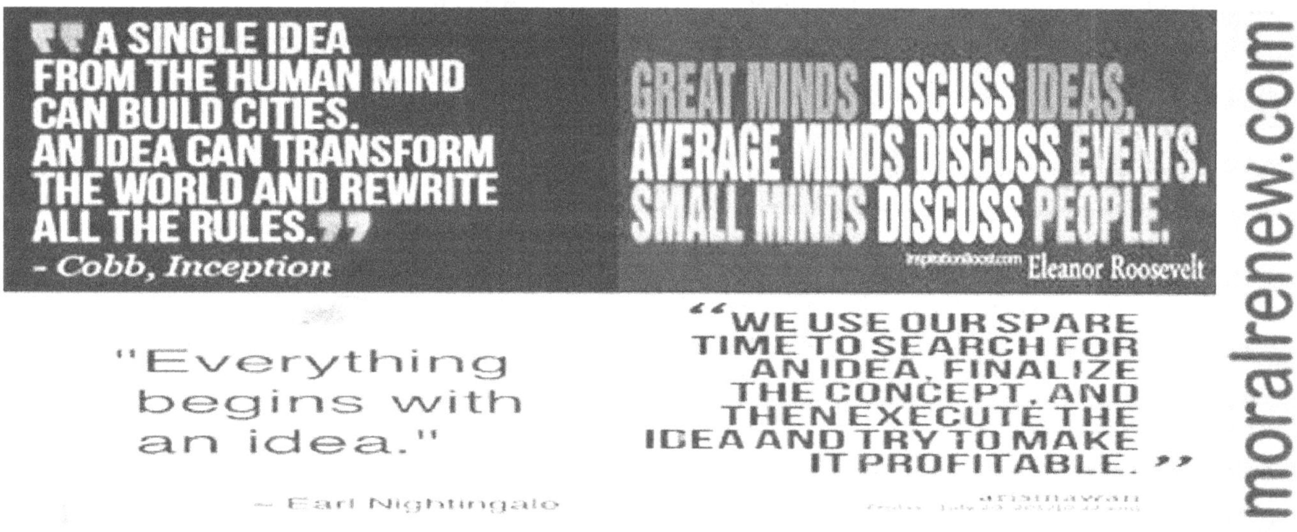

"1. आध्यात्मिक एवं दार्शनिक विरासत के आधार पर साकार होगा एक भारत-श्रेष्ठ भारत का सपना, 2. सोशल मीडिया का प्रयोग कर सरकार को बेहतर बनाने की कोशिश, 3. सबका साथ, सबका विकास, 4. 100 नये माडल शहर बसाना, 5. 5T - ट्रेडिशन (Tradition), ट्रेड (Trade), टूरिज्म (Tourism), टेक्नालाजी (Technology), और टैलेन्ट (Talent) का मंत्र"

- श्री प्रणव मुखर्जी, राष्ट्रपति, भारत
(भारत के 16वीं लोकसभा के संसद के संयुक्त सत्र को सम्बोधित करते हुये सोमवार, 9 जून 2014 ई0)

सत्यकाशी महायोजना-प्रोजेक्ट को पूर्ण करने की योजना

इतिहास गवाह है मँहगाई कभी कम नहीं हुयी है। समय के साथ प्रत्येक का विकास होता रहा है। बढ़ती जनसंख्या, बढ़ती आवश्यकता और बढ़ते धन के साथ प्रत्येक वस्तु की कीमत भी बढ़ रही है। निवेश के अनेक साधन के बावजूद भूमि-मकान में निवेश सबसे सुरक्षित साधन है। सामान्यतः व्यक्ति इसमें निवेश करना पसन्द करते हैं। किसी भी भूमि की उपयोगिता को अलग-अलग व्यक्ति अलग-अलग नजरिये से भी देख सकते हैं। एक किसान, का नजरिया कृषि योग्य भूमि के लिए हो सकता है तो एक व्यापारी का व्यापार की दृष्टि से हो सकता है, तो किसी हाउसिंग डेवलपमेन्ट कम्पनी का घर-मकान बनाकर बेचने का हो सकता है, तो किसी का उद्योग स्थापित करने की दृष्टि, तो किसी का धार्मिक स्थल बनाने का हो सकता है। यह सब दृष्टि, उस भूमि और उसके आस-पास के संसाधन व उस क्षेत्र की ऐतिहासिकता से सम्बन्धित होता है। रियल स्टेट में निवेश की निम्न विधियाँ है जो अच्छा लाभ देती है-

01. रियल इस्टेट (प्रापर्टी) में निवेश की पारम्परिक विधि (प्राकृतिक चेतना विधि)

इस विधि को पारम्परिक विधि कहते हैं क्योंकि इसमें किसी बुद्धि की आवश्यकता नहीं होती। यदि आपके पास धन है तो किसी भी शहर में या उसके आस-पास भूमि-मकान खरीद ले, आपका धन समय के साथ बढ़ता रहेगा। इसे प्राकृतिक चेतना विधि इसलिए कहते हैं कि यह स्वाभाविक विकास के साथ विकास करता है अर्थात् उसके कीमत के विकास में आपका कोई योगदान नहीं होता।

02. रियल इस्टेट (प्रापर्टी) में निवेश की आधुनिक विधि (सत्य चेतना विधि)

इस विधि को आधुनिक विधि कहते हैं क्योंकि इसमें बुद्धि-योजना-व्यापार नीति की अत्यधिक आवश्यकता होती। यदि आपके पास धन है तो किसी भी शहर में या उसके आस-पास भूमि खरीद ले, और वहाँ के लिए एक अच्छी योजना बनायें, उसे प्रचारित करें जिससे आपका धन समय के साथ-साथ तथा आपके योजना के कारण तेजी से बढ़ता रहेगा। इसे सत्य चेतना विधि इसलिए कहते हैं कि यह स्वाभाविक विकास के साथ-साथ आपकी योजना के कारण विकास करता है अर्थात् उसके कीमत के विकास में आपकी योजना का योगदान होता है। ऐसी योजना या तो सरकार बनाती है या कोई सरकारी नियमानुसार व्यापारिक-सामाजिक संस्था।

सरकार की योजना में नगर विकास, औद्योगिक क्षेत्र का विकास, पर्यटन क्षेत्र, शैक्षणिक संस्थान इत्यादि के विकास से होता है और उस क्षेत्र के भूमि की कीमत तेजी से बढ़ जाती है। इसका लाभ वही लोग ले पाते हैं जो सरकार की योजना को पहले ही जान जाते हैं।

ऐसी योजना सरकारी नियमानुसार व्यापारिक-सामाजिक संस्था बना सकती हैं। भारत देश एक आध्यात्मिक एवं सांस्कृतिक विविधता वाला देश है। घूमना मनुष्य की प्रकृति है। उसे उसके घर में चाहे कितना भी संसाधन क्यों न उपलब्ध हो, वह घूमने-पर्यटन करने जायेगा ही जायेगा। साथ ही वह सत्य-सुन्दर-शान्त स्थान पर रहना भी चाहेगा। और जब मनुष्य ऐसे स्थान पर रहना प्रारम्भ करने लगता है तब अपने-आप मनुष्य की आवश्यकता से सम्बन्धित वस्तुओं का व्यापार व व्यापारी भी उन्हीं में से निकल आते हैं। फिर जहाँ मनुष्य निवास करने लगता है तब सरकार व सरकारी व्यवस्था भी अपने-आप वहाँ पहुँचने लगती है। ऐसी योजनाओं के बहुत से उदाहरण हैं जहाँ का विकास का मूल कारण सरकारी नियमानुसार व्यापारिक-सामाजिक संस्था ही हैं।

वर्तमान समय में चल रहा निम्नलिखित उदाहरण इस विधि का प्रमाण है-

निवेश के सत्य चेतना विधि द्वारा निर्मित हो रहा है-

चन्द्रोदय मन्दिर, वृन्दावन, मथुरा (उ0प्र0)

भारत देश के उत्तर प्रदेश राज्य का ब्रज क्षेत्र (जिला-मथुरा) अर्थात् सम्पूर्ण ब्रज क्षेत्र कंस-श्रीकृष्ण से सम्बन्धित है। मथुरा कंस की नगरी थी और श्रीकृष्ण का जन्म स्थान। श्रीकृष्ण के बाल-लीला का क्षेत्र ब्रज क्षेत्र है। श्रीकृष्ण की नगरी द्वारिका (गुजरात प्रदेश) में थी। ब्रज क्षेत्र भारत के लोगों के लिए एक आस्था का स्थान है। इस

आस्था का उपयोग करते हुये वृन्दावन में एक योजना इस्कान के भक्तों ने बनाया जिसका नाम-"कृष्ण भूमि-ए वन्डर लैण्ड" रखा और विशाल मन्दिर-टाउनशिप की योजना दी।

110 एकड़ के इस मन्दिर-टाउनशिप योजना में श्रीकृष्ण से सम्बन्धित 70 एकड़ में फैले श्री कृष्ण मन्दिर, वेदान्त वन, विश्व का पहला कृष्ण लीला थीम पार्क की योजना दी गयी। जिसमें 5 एकड़ में फैला 210 मीटर अर्थात् 700 फिट विश्व के सबसे ऊँचे श्रीकृष्ण मन्दिर का नाम "चन्द्रोदय मन्दिर" रखा गया। शेष 40 एकड़ में आधुनिक सुविधा एवं संसाधन से युक्त आवासीय व व्यापारिक स्थान की योजना बनायी गयी।

यह योजना जिस भूमि पर बनायी गयी, वह इस योजना के पहले एक उपेक्षित स्थान व सस्ते कीमत का रहा होगा परन्तु योजना के घोषित होते ही आस-पास की भूमि, आवासीय, व्यापारिक स्थान की कीमत तेजी से बढ़ गयी। इस टाउनशिप में आवासीय व व्यापारिक स्थानों की कीमत का निर्धारण तो इस योजना के व्यापारीगण ही किये। श्रीकृष्ण से आस्था, मन्दिर की विशालता और आधुनिक सुविधा ने लोगों को वहाँ खींचा और एक क्षेत्र का सम्पूर्ण विकास हो गया। आवासीय-व्यापारिक स्थान के विक्रय से जो लाभ हुआ उससे मन्दिर बनना प्रारम्भ हुआ। मन्दिर बनना प्रारम्भ हुआ तो आवासीय-व्यापारिक स्थान का कीमत बढ़ा।

निष्कर्ष यह है कि भारत देश में ऐसी योजना बनाने और उसे स्थापित करने की बहुत सी सम्भावनाएँ हैं। योजना बनाकर किसी भी स्थान का महत्व बढाया जा सकता है। स्थान की विशेषता होने पर लोग वहाँ रहना भी चाहते हैं। केवल शहर का विस्तार करते रहने से लोग स्वाभाविक रूप से ही रियल स्टेट में निवेश करते हैं। विशेषताएँ बना देने से इच्छा बनती है और निवेश में तेजी आती है।

हम सभी साधारण जीवन में ऐसा देखते हैं कि जहाँ कहीं भी कोई फैक्ट्री, नगर निर्माण या विस्तार का कार्य प्रारम्भ हो जाता है। वहाँ एक अलग ही दुनियाँ बसने लगती है और एक व्यापक जन समुदाय को अपने जीवन संचालन के लिए मार्ग प्राप्त हो जाता है। जो किसी जाति, सम्प्रदाय या धर्म आधारित नहीं होती। वह सिर्फ व्यक्ति की योग्यता पर आधारित और वह पीढ़ी दर पीढ़ी के लिए होती है।

पाँचवें युग-स्वर्णयुग के तीर्थ सत्यकाशी क्षेत्र में प्रवेश का आमंत्रण

काल अर्थात् समय को समय से बांधा नहीं जा सकता। कोई भी व्यक्ति समष्टि के लिए किसी निश्चित दिन का दावा नहीं कर सकता कि इस दिन से किसी युग का परिवर्तन, किसी युग का अन्तिम दिन या किसी युग के प्रारम्भ का दिन है। क्योंकि हम दिन, दिनांक या कैलेण्डर का निर्धारण ब्रह्माण्डीय गतिविधि अर्थात् सूर्य, चाँद, ग्रह इत्यादि के गति को आधार बनाकर निर्धारित करते है। इसी प्रकार युग का निर्धारण पूर्णतया मानव मन की केन्द्रित स्थिति से निर्धारित होता है न कि किसी निर्धारित अवधि के द्वारा। मन की केन्द्रित स्थिति निम्न स्थितियों में होती है-

0 या 5. स्थिति-अदृश्य मार्ग से मन का आत्मीय केन्द्रित स्थिति।

01. स्थिति- व्यक्तिगत प्रमाणित अश्दृय मार्ग से मन का आत्मीय केन्द्रित स्थिति अर्थात् व्यक्तिगत प्रमाणित माध्यम द्वारा आत्मा पर केन्द्रित मन। यह स्थिति सतयुग की अन्तिम स्थिति है। इस युग में कुल 6 अवतार मत्स्य, कूर्म, वाराह, नृंसिंह, वामन और परशुराम हुयें।

02. स्थिति- सार्वजनिक प्रमाणित अश्दृय मार्ग से मन का आत्मीय केन्द्रित स्थिति अर्थात् सार्वजनिक प्रमाणित माध्यम-प्रकृति व ब्रह्माण्ड द्वारा आत्मा पर केन्द्रित मन। यह स्थिति त्रेतायुग की अन्तिम स्थिति है। इस युग में सातवें अवतार श्री राम हुयें।

03. स्थिति- व्यक्तिगत प्रमाणित दृश्य मार्ग से मन का आत्मीय केन्द्रित स्थिति अर्थात् व्यक्तिगत प्रमाणित व्यक्ति व भौतिक वस्तु माध्यम द्वारा आत्मा पर केन्द्रित मन। यह स्थिति द्वापर युग की अन्तिम स्थिति है। इस युग में आँठवें अवतार श्री कृष्ण हुयें।

04. स्थिति- सार्वजनिक प्रमाणित दृश्य मार्ग से मन का आत्मीय केन्द्रित स्थिति अर्थात् सार्वजनिक प्रमाणित व्यक्ति व भौतिक वस्तु माध्यम द्वारा आत्मा पर केन्द्रित मन। यह स्थिति कलियुग की अन्तिम स्थिति है। इस युग में नवें अवतार बुद्ध हुये और दसवें और अन्तिम अवतार श्री लव कुश सिंह "विश्वमानव" व्यक्त हैं।

0 या 5. स्थिति-दृश्य मार्ग से मन का आत्मीय केन्द्रित स्थिति।

उपरोक्त स्थिति में स्थित मन से ही उस युग में शास्त्र-साहित्यों की रचना होती रही है। और उस अनुसार ही प्रत्येक व्यक्ति अपनी स्थिति का पता लगा सकता है कि वह किस युग में जी रहा है।

उपरोक्त में से कोई भी स्थिति जब व्यक्तिगत होती है तब वह व्यक्ति उस युग में स्थित होता है चाहे समाज या सम्पूर्ण विश्व किसी भी युग में क्यों न हो। इसी प्रकार जब उपरोक्त स्थिति में से कोई भी स्थिति में समाज या सम्पूर्ण विश्व अर्थात् अधिकतम व्यक्ति उस स्थिति में स्थित होते है तब समाज या सम्पूर्ण विश्व उस युग में स्थित हो जाता है।

युग परिवर्तन सदैव उस समय होता है जब समाज के सर्वोच्च मानसिक स्तर पर एक नया अध्याय या कड़ी जुड़ता है। और एक नये विचार से व्यवस्था या मानसिक परिवर्तन होता है। इस प्रकार यह आत्मसात् करना चाहिए कि सम्पूर्ण समाज इस समय चौथे युग-कलियुग के अन्त में है और जैसे-जैसे "विश्वशास्त्र" के ज्ञान से युक्त होता जायेगा वह पाँचवे युग-स्वर्ण युग में प्रवेश करता जायेगा। और जब बहुमत हो जायेगा तब सम्पूर्ण समाज या विश्व पाँचवे युग-स्वर्ण युग में स्थित हो जायेगा।

प्रत्येक काल के युग में युग परिवर्तन के कारण अवतार के अवतरण से एक नये तीर्थ का भी प्रकाश हो जाता है। इस प्रकार दृश्य काल के प्रथम और काल के पाँचवें युग का तीर्थ-सत्यकाशी क्षेत्र है।

किसी विषय के विकास व विस्तार के लिए आवश्यक होता है कि पहले उस विषय के भूतकाल व वर्तमान की स्थिति क्या है, उसे जाना जाय। क्योंकि इन्हीं आकड़ों पर आधारित होकर ही विकास व विस्तार की कार्य योजना बनायी जाती है। यह वैसे ही है जैसे कोई भी विद्यार्थी जब किसी कक्षा में प्रवेश लेता है तब उसे पिछली कक्षा की योग्यता अर्थात् भूतकाल व वर्तमान की स्थिति बतानी पड़ती है। काशी क्षेत्र के विकास व विस्तार के पहले मानव व काशी क्षेत्र की भूतकाल व वर्तमान की स्थिति आप सबके सामने है जो माना व जाना जा चुका है। साथ ही विकास व विस्तार के लिए ये ही आधार आकड़े हैं। अगर ये सत्य हैं तो विकास व विस्तार भी सत्य ही होंगे। जगत का प्रत्येक विषय विकास और विस्तार कर रहा है। मोक्षदायिनी काशी का भी विस्तार हो चुका है जो जीवनदायिनी सत्यकाशी के रूप में अपनी योग्यता को प्रस्तुत कर व्यक्त है। इस क्रम आप आमत्रिंत हैं-

01. सत्यकाशी क्षेत्र निवासीयों को आमंत्रण
02. काशी (वाराणसी) को आमंत्रण
03. धार्मिक संगठन/संस्था को आमंत्रण
04. रियल इस्टेट/इन्फ्रास्ट्रक्चर व्यवसायिक कम्पनी को आमंत्रण
05. रियल इस्टेट एजेन्ट को आमंत्रण

शब्द से सृष्टि की ओर. . .
सृष्टि से शास्त्र की ओर. . .
शास्त्र से काशी की ओर. . .
काशी से सत्यकाशी की ओर. . .
और सत्यकाशी से अनन्त की ओर. . .
एक अन्तहीन यात्रा. . . . .

"सत् का कारण असत् कभी नहीं हो सकता। शून्य से किसी वस्तु का उद्भव नहीं कार्य-कारणवाद सर्वशक्तिमान है और ऐसा कोई देश-काल ज्ञात नहीं, जब इसका अस्तित्व नहीं था। यह सिद्धान्त भी उतना ही प्राचीन है, जितनी आर्य जाति। इस जाति के मन्त्र द्रष्टा कवियों ने उसका गौरव गान गया है। इसके दार्शनिकों ने उसको सूत्रबद्ध किया और उसकी वह आधारशिला बनायी, जिस पर आज का भी हिन्दू अपने जीवन का समग्र योजना स्थिर करता है। हिन्दुओं के बारह महीनों में कितने ही पर्व होते हैं और उनका उद्देश्य यही है कि धर्म में जितने बड़े-बड़े भाव है उनको सर्वसाधारण में फैलायें। परन्तु इसमें एक दोष भी है। साधारण लोग इनका यथार्थ भाव न जान उत्सवों में ही मग्न हो जाते हैं और उनकी पूर्ति होने पर कुछ लाभ न उठा ज्यों के त्यों बने रहते हैं। इस कारण ये उत्सव धर्म के बाहरी वस्त्र के समान धर्म के यथार्थ भावों को ढांके रहते हैं। समस्त ब्रह्माण्ड जब नित्य आत्मा ईश्वर का ही विराट शरीर है तब विशेष-विशेष स्थानों (तीर्थस्थान) के महात्म्य में आश्चर्य की क्या बात है? विशेष स्थानों पर उनका विशेष विकास है। कहीं पर आप ही से प्रकट होते हैं और कहीं शुद्ध सत्य मनुष्य के व्याकुल आग्रह से प्रकट होते हैं। फिर भी यह तुम निश्चित जानो कि इस मानव शरीर की अपेक्षा और कोई बड़ा तीर्थ नहीं है। इस शरीर में जितना आत्मा का विकास हो सकता है उतना और कहीं नहीं।"

-स्वामी विवेकानन्द

भाग-4

समष्टि धर्म दृष्टि

अनिर्वचनीय कल्कि महाअवतार भोगेश्वर श्री लव कुश सिंह"विश्वमानव" का मानवों के नाम खुला चुनौती पत्र

अनिर्वचनीय कल्कि महाअवतार का काशी-सत्यकाशी क्षेत्र से विश्व शान्ति का अन्तिम सत्य-सन्देश

मानवों के नाम खुला चुनौति पत्र

प्रिय मानवों,

हम (अवतारी श्रृंखला) आप लोगों के प्रति कल्याण भावना रखते हुये उन सभी रहस्यों को खोलकर रख देना चाहते है जिससे आज तक हम आप का भोग करते आये है। पत्र के अन्त में यह भी बताऊँगा कि इन रहस्यों के खोलने के प्रति मेरा उद्देश्य क्या है? और यह भाव हमारे मन में क्यों आया? दिल खोलकर यह भी स्पष्ट करेंगे कि हम लोगों की उत्पत्ति कैसे हुई? और हमने अपने अधिपत्य के लिए क्या-क्या किया। अब स्थिति क्या है तथा भाविष्य में काल की गति किस ओर जा रही है?

इन सब बातों को स्पष्ट करने से पहले कुछ सूत्रों को स्पष्ट करना चाहूँगा। वर्तमान समय में यह देख रहा हूँ कि आरोप-प्रत्यारोप तथा अपने अपने सीमित मस्तिष्क से अनेकों प्रकार की व्याख्या की संस्कृति बढ़ती जा रही है। इस सम्बन्ध में यह कहना चाहूँगा कि सर्वप्रथम यह जानो कि अब तक के संसार में उत्पन्न कोई भी महापुरूष, पैगम्बर, दूत इत्यादि सार्वजनिक प्रमाणित रूप से पूर्ण रूप में नही थे। क्योंकि यदि वे पूर्ण होते तो उनके द्वारा व्यक्त विचारों की सत्ता उसी भाँति निर्विरोध रूप से स्थापित हो चुकी होती जिस प्रकार सार्वजनिक प्रमाणित विज्ञान ने अपनी सत्ता को अल्प समय में ही सभी के उपर स्थापित कर लिया है। दूसरी बात यह है कि सीमित मस्तिष्क से असीम मस्तिष्क (या अपने से अधिक मस्तिष्क) की सही व्याख्या कभी नहीं की जा सकती। यदि तुम श्री कृष्ण (या अपने से अधिक) की व्याख्या करना चाहते हो तो पहले श्री कृष्ण के मस्तिष्क (या अपने से अधिक मस्तिष्क) के बराबर होना पड़ेगा। इसी प्रकार बुद्ध, मुहम्मद, ईसा इत्यादि के सम्बन्ध में भी है। तीसरी बात यह है कि आरोप-प्रत्यारोप की संस्कृति से कोई हल नही निकलता, न ही बुद्धि का विकास होता है बल्कि साम्प्रदायिक विद्वेष व एक दूसरे का प्रचार-प्रसार ही होता है। क्योंकि तुम विरोध या आरोप-प्रत्यारोप ही सही परन्तु अपने विरोधी का नाम तो लेते ही हो। फलस्वरूप जिसके पास बुद्धि की प्रबलता होती है उसके लिए अल्प बुद्धि वाला विरोधी प्रचारक बन जाता है। और यह तो तुम जानते ही होगे कि हम बुद्धि प्रबल वर्ग है। इसलिए तुम लोग अनजाने ही हमारे प्रचारक बने बैठे हो। इसके लिए आवश्यक है कि तुम लोग ऐसे रास्ते को अपनाओं जिससे हम लोगों का नाम न ही आये और तुम लोग में बुद्धि का विकास तेजी से हो। तुम्हें यह बात सदा याद रखनी पड़ेगी कि बुद्धि के विकास से संगठित संगठन लम्बी अवधि तक स्थायित्व बनाये रहती है जबकि इसके विपरीत संगठित संगठन को कभी भी बुद्धि के प्रयोग द्वारा विखण्डित किया जा सकता है। प्रायः ऐसे संगठन का प्रयोग तुम्हारे अपने ही नेता अपने स्वार्थ को साधने में करते है।

हे मानवों, पहले कर्म या पहले ज्ञान बुद्धि? यह प्रश्न तो पहले अण्डा या पहले मुर्गी? जैसा प्रश्न है, और यह सदा से अनसुलझा ही है और रहेगा भी। परन्तु इतना तो जानना आवश्यक है कि हम कर्म करते-करते कुछ नियमों को प्राप्त करते है। यदि हम इन नियमों पर ध्यान देते रहते हैं तो हमें अपने गलतियों के पुनरावृत्ति को रोकने में सहयोग मिलता है। इन नियमों का जानना ही ज्ञान-बुद्धि कहलाता है। अब कोई व्यक्ति यह सोच सकता है कि कर्म करने से पहले हम इन नियमों का अध्ययन करेंगे तो कोई यह सोच सकता है कि ज्ञान-बुद्धि को पढ़ने से क्या होगा, हमें पहले कर्म करना है। इस स्थिति में इन दोनों में पहले नियमों को अध्ययन कर कर्म करने वाले व्यक्ति के जीवन में विकास की गति अधिक होगी जबकि पहले कर्म करने वाला व्यक्ति उन्हीं नियमों को कर्म करते-करते अनुभव करेगा जो पहले ही अनुभव कर व्यक्त की जा चुकी है। शिक्षा का अर्थ यही है कि पहले उन तमाम नियमों का अध्ययन कर लिया जाय फिर कर्मरत हुआ जाय। हम ऐसा ही करते रहे हैं और तुम को नचाते रहे हैं।

कम समय में अधिकतम ज्ञान-बुद्धि के विकास का मार्ग यह है कि जिस प्रकार विज्ञान के क्षेत्र में जिस वस्तु का आविष्कार पूर्ण हो जाता है। पुनः उसके आविष्कार पर समय व बुद्धि खर्च नहीं करते बल्कि उसके आगे की ओर आविष्कार या उस आविष्कार को समझने पर समय व बुद्धि खर्च किया जाता है। उसी प्रकार ज्ञान के क्षेत्र

में जो भी आविष्कार हो चुके हैं सीधे वहाँ से प्रारम्भ करना चाहिए। विज्ञान के क्षेत्र में आविष्कार कहाँ तक पहुँचा है इसकी चर्चा हम इस पत्र में बाद में करेंगे। परन्तु ज्ञान के क्षेत्र में समन्वायाचार्य श्रीकृष्ण के बाद विद्रोही के रूप में भगवान बुद्ध आये, इनके बाद पुनः समन्वयाचार्य श्री रामकृष्ण-स्वामी विवेकानन्द आये, फिर विद्रोही के रूप में आचार्य रजनीश "ओशो" आये। ओशो के बाद कार्य शेष है। इसलिए बुद्धि के सम्बन्ध में ओशो का क्या कहना है यह देखना आवश्यक है। ओशो का कहना है -" अगर तुम अकड़े रहे कि हम अपनी गरीबी खुद ही मिटा येंगे, तो तुम ही तो गरीबी बनाने वाले हो, तुम मिटाओगे कैसे? तुम्हारी बुद्धि इसके भीतर आधार है, तुम इसे मिटाओगे कैसे? तुम्हें अपने द्वार-दरवाजे खोलने होंगे। तुम्हें अपना मस्तिष्क थोड़ा विस्तीर्ण करना होगा। इस देश को कुछ बाते समझनी होंगी। एक तो इस देश को यह बात समझनी होंगी कि तुम्हारी परेशानियों, तुम्हारी गरीबी, तुम्हारी मुसीबतों, तुम्हारी दीनता के बहुत कुछ कारण तुम्हारे अंधविश्वासों में है। भारत अभी भी समसामयिक नहीं है, कम से कम डेढ़ हजार वर्ष पिछे घिसट रहा है। ये डेढ़ हजार साल पूरे होने जरूरी है। भारत को खींचकर आधुनिक बनाना जरूरी है। लेकिन सबसे बड़ी अड़चन इस देश की मान्यताएँ है। इसलिए मैं लड़ रहा हूँ तुम्हारे लिए।" यह डेढ़ हजार वर्षों का अन्तर हम किसके परिश्रम से उत्पन्न बुद्धि की देन है? विचार करो मानवों।

अब हम अपने मूल विषय की ओर आते हैं परन्तु इसे समझने के लिए अपने ही बुद्धि, ज्ञान, तथा विज्ञान का ही प्रयोग उचित होगा और सदैव ध्यान में रखना होगा कि यदि सिर्फ कृष्ण को लेकर समाज निर्माण चाहोगे तो न हो सकेगा। इसी प्रकार न ही सिर्फ बुद्ध से, न मुहम्मद से, न ही ईसा या अन्य किसी से। हाँ भीड़ इकट्ठा हो जायेगी परन्तु बुद्धि विकास नहीं।

प्रारम्भ से अब तक की कथा इस प्रकार है। मानव के वर्तमान सभ्यता तक की यात्रा में उत्थान-पतन के अनेकों चरण आये परन्तु इनमें मुख्य चरण ऐसे थे जो सम्पूर्ण मानव सभ्यता और मानवता को पतन के मोड़ पर ले जाने वाली थी। उनमें -

मानव सभ्यता पर पहला संकट काल प्रकृति द्वारा आज से कई हजार वर्ष पूर्व आया था। उस समय पृथ्वी एक भंयकर प्राकृतिक आपदा का शिकार हो गयी थी, फलस्वरूप जहाँ जल था वहाँ थल, तथा जहाँ थल था वहाँ जल की स्थिति अधिकतम स्थानों पर उत्पन्न हो गयी। इस आपदा के स्थिर होने के बाद कुछ लोग एक टापू पर जीवित बच गये। जहाँ मानव सभ्यता के विकास के लिए आवश्यक संसाधन नहीं थी फलस्वरूप उनका वहाँ से बड़े भूभाग पर जाना विवशता बन गयी। उनमें से एक बुद्धि प्रबल व्यक्ति ने मछलियों के स्वभाव जल की धारा के विपरीत दिशा में गति करने से ज्ञान (सिद्धान्त) प्राप्त कर नाव द्वारा मछलियों की दिशा की ओर चल पड़े और वे ऐसे स्थान पर पहुँच गये जो मानव सभ्यता के विकास के लिए पूर्ण योग्य थी। ये स्थान ही हिमालय का क्षेत्र था। इस प्रकार बुद्धि प्रबल उस व्यक्ति ने मानव सभ्यता को उसके संकट काल से बचाया।

मानव सभ्यता पर दूसरा संकट काल मानवों द्वारा ही उत्पन्न हो गया था। प्रथम संकट काल के उपरान्त कालान्तर में जल स्तर घटने लगा और हिमालय के चारो ओर की ओर भूमि रिक्त होती गयी। प्रथम दृष्टि में आयी भूमि ही कूर्मांचल क्षेत्र है। जैसे-जैसे भूमि रिक्त होती गयी मानव सभ्यता का विकास व प्रसार होना पुनः प्रारम्भ हो गया। जनसंख्या व कार्य बढ़ने से व्यवस्था संकट उत्पन्न हो गया जिससे दो व्यवस्था प्रणाली का जन्म हुआ। पहला - हम अपनी व्यवस्था खुद मिलकर-बैठकर आपसी सहमति से करेंगे। दूसरा- सभी व्यवस्थओं की जिम्मेदारी किसी एक व्यक्ति के उपर छोड़ दिया जाय। पहली व्यवस्था गणराज्य या समाजवाद कहलायी तथा दूसरी व्यवस्था राज्य या व्यक्तिवाद कहलायी। पहली व्यवस्था के समर्थक देवता कहलाये क्योंकि ये प्रकृति के समर्थक और उसके अनुसार सभी के सह-अस्तित्व को महत्ता देते थे जबकि दूसरी व्यवस्था के समर्थक असुर कहलाये क्योंकि ये सिर्फ अपनी इच्छा और अस्तित्व को महत्ता देते थे। समयोपरान्त दोनों व्यवस्थाओं में अपने-अपने अधिपत्य के लिए युद्ध होने लगा। फलस्वरूप मानवता व मानव सभ्यता का विकास रूक कर पतन की ओर जाने लगी। संकट के इस समय में एक सहनशील, शांत, धैर्यवान, लगनशील व्यक्ति ने दोनों पक्षो के बीच मध्यस्थ की भूमिका के द्वारा विचारों के मंथन अर्थात निर्णायक बहस से अनेक विचारों पर समन्वय स्थापित कर मानव

सभ्यता के विकास की ओर दोनों पक्षों का ध्यान केन्द्रित किया। फलस्वरूप मानव सभ्यता पुनः विकास की ओर बढ़ चली।

मानव सभ्यता पर तीसरा संकट काल राज्य का नेतृत्व करने वाले राजा के कारण ही उत्पन्न हो गया। दूसरे संकट के उपरान्त राज्य का नेतृत्व करने वाला राजा अपने साम्राज्य को विशाल रूप से विकसित किया और अपने प्रभाव को लगातार बढ़ाता जा रहा था ऐसी स्थिति में समाज समर्थक देवताओं का मनोबल समाप्त होने की ओर हो गया। इस स्थिति का अनुभव कर एक मेधावी, सूझ-बुझ, सम्पन्न, पुरूषार्थी, धीर-गम्भीर, निष्कामी, बलिष्ठ, सक्रिय, अहिंसक और समूह प्रेमी व्यक्ति ने लोगों का मनोबल बढ़ाया, उन्हें उत्साहित और सक्रिय किया जिसके परिणामस्वरूप समाज समर्थकों के मनोबल में वृद्धि हुई और उस राजा के राज्य को समाप्त कर गणराज्य व्यवस्था की स्थापना से मानवता आधारित मानव सभ्यता का विकास पुनः प्रारम्भ हो गया।

मानव सभ्यता पर चौथा संकट काल पुनः राज्य का नेतृत्व करने वाले राजा के कारण ही उत्पन्न हो गया। उसने पूर्व के सभी सह-अस्तित्व के विचारों को तोड़कर अपनी इच्छा से व्यवस्था चलाने को प्राथमिकता दी। और प्रजा के कष्टों में वृद्धि होने लगी। परिणामस्वरूप उस राजा का पुत्र प्रजाहित को ध्यान में लेते हुये समाज समर्थक बन गया। राजा अपने पुत्र को समाज समर्थक बनता देख अपने पुत्र को ही अनेक प्रकार के कष्ट देने लगा। वह राजा इतना बलशाली था कि उसको युद्ध से हराना नामुकिन था, उसके कार्यों से उसके सहयोगी दरबारी भी अन्दर ही अन्दर घृणा करते थे। परन्तु प्रत्यक्ष विरोध किसी के लिए सम्भव नहीं था। इन परिस्थितियों में सभी समाज समर्थक प्रजा देवता भी विरोधक क्षमता को खो चुके थे। ऐसी स्थिति में उस राजा का एक दरबारी ही प्रत्यक्ष रूप से एका-एक हिंसक बनकर दरबार में ही राजा का वध कर डाला चूँकि वह दरबारियों के मन की स्थिति को अच्छी प्रकार जानता था इसलिए ऐसा करने में उसे कोई बाधा नहीं थी। वहीं वह राजा अपने प्रभुत्व के कारण सभी दरबारियों को अपने हित में ही समर्पित रहने वाला समझकर भ्रम में था। राजा का वध के उपरान्त राजा के समाज समर्थक पुत्र ने गणराज्य व्यवस्था द्वारा मानव सभ्यता के विकास के लिए आगे कर्म किया। जिसका निर्माता वह हिंसक दरबारी व्यक्ति था।

मानव सभ्यता पर पाँचवा संकट काल पुनः राज्य का नेतृत्व करने वाले राजा के ही कारण उत्पन्न हो गया था। यह राजा इतना अधिक कुशल था कि इसने समाज समर्थक गुणों को भी आत्मसात् कर समाज समर्थक देवताओं का भी विश्वास पात्र बन गया। परिणामस्वरूप समाज समर्थक देवता भी राजा का गुणगान करते हुये आश्वस्त व निष्क्रिय होने लगे। इस राजा ने अपने राज्य का प्रसार व्यापक रूप से किया। इस स्थिति में मानव सभ्यता का वर्तमान तो सुरक्षित था परन्तु भविष्य अन्धकार में था क्योंकि वर्तमान राजा के उपरान्त, आवश्यक नहीं था कि नया राजा भी उसी राजा की भाँति हो और तब तक समाज समर्थक पूर्ण रूप से निष्क्रिय हो गये र हेंगे। इस स्थिति को एक दूर दृष्टा व्यक्ति ने समझकर राजा के ही गुण का प्रयोग करते हुये उससे थोड़ी सी भूमि लेकर उस व्यक्ति ने उस भूमि पर गणराज्य व्यवस्था की स्थापना व व्यवस्था को जीवित कर, उसके सुख से प्रजा को परिचित कराया। फलस्वरूप इस व्यवस्था का प्रसार होने लगा और राजा का सु-राज्य भी स्व-राज से समाप्त हो गया। गणराज्य की स्थापना कर उस व्यक्ति ने मानवता और मानव सभ्यता को विकास की ओर गति दी।

मानव सभ्यता पर छठा संकट काल अनेक राज्यों के नेतृत्व करने वाले अनेक राजाओं के कारण गणराज्य व्यवस्था के स्थायी स्थिरता के लिए उत्पन्न हो गया। पाँचवे संकट से निकलने के बाद जनसंख्या और भूमि का विस्तार इतना अधिक हो चुका था कि एक राजा और राज्य के अधीन नियत्रंण असम्भव हो गया, जिसके परिणामस्वरूप अनेक राजाओं के नेतृत्व में अलग-अलग अनेक राज्य स्थापित हो गये थे। ऐसी स्थिति में राज्यवाद बढ़ रहा था। और राज्यवादी राजाओं का वध भी असम्भव होता जा रहा था। ऐसी स्थिति में गणराज्य या समाजवाद की स्थिरता पर प्रश्न चिन्ह लगने लगा था। फलस्वरूप एक व्यक्ति ने अनेक राज्यवादी राजाओं का वध करके अनेक राज्यों को गणराज्य के रूप में परिवर्तित कर दिया। परन्तु उस व्यक्ति ने देखा कि यह समस्या का स्थायी हल नहीं हो सकता क्योंकि अनेकों राजाओं का वध बारबार सम्भव नहीं और ऐसा करने से प्रजा में अन्यवाद अर्थात हमारे कार्य दूसरे करें का भाव बढ़ रहा था। इन स्थितियों के स्थायी हल के लिए उस व्यक्ति ने राज्यवाद और समाजवाद

दोनों में समन्वय स्थापित कर एक नई व्यवस्था का सूत्रपत किया। इस व्यवस्था के लिए उस पुरूष ने ब्रह्माण्ड में व्याप्त व्यवस्था सिद्धान्तों को आधार बनाया तथा मूल तीन गुणों की पहचान की

1. सत्व गुण- सुख, ज्ञान और प्रकाश अर्थात आत्मा और सूक्ष्म बुद्धि अर्थात मार्गदर्शक और विकास दर्शन का गुण
2. रज गुण- आंकाक्षा, इच्छा और सकाम कर्म अर्थात भाव हृदय और मन अर्थात क्रियान्वयन दर्शन का गुण
3. तम गुण - अज्ञान, दुःख और अंधकार अर्थात इन्द्रिय, अनात्म, प्राण और स्थूल शरीर अर्थात विनाश दर्शन का गुण।

इन गुणों के आधार पर सभी जीव विभजित किये गये। मानव जाति में चार विभाजन हुये।

1. सत्व गुण प्रधान- ब्राह्मण वर्ग
2. रज गुण प्रधान - क्षत्रिय वर्ग
3. रज तम गुण प्रधान - वैश्य वर्ग
4. तम गुण प्रधान - शूद्र वर्ग।

इन गुणों के आधार पर उनके लिए कर्म निर्धारित किये गये। और गणराज्य की व्यवस्था बनायी गयी जो इस प्रकार थी।

1. गणराज्य का एक रज गुण प्रधान - क्षत्रिय राजा होगा क्योंकि ब्रह्माण्डीय गणराज्य में रज गुण प्रधान प्रकृति ही राजा है।
2. राजा, राज्यवादी न हो इसलिए उस पर सत्व गुण प्रधान -ब्राह्मण का नियंत्रण होगा क्योंकि ब्रह्माण्डीय गणराज्य में रज गुण प्रधान प्रकृति पर नियंत्रण के लिए सत्व गुण प्रधान आत्मा है।
3. राजा, सीधे आम जनता से चुना जायेगा क्योंकि ब्रह्माण्डीय गणराज्य में प्रकृति सर्वव्यापी है और वह सभी गुणों का सम्मिलित रूप है।
4. राजा का निर्णय राज्यसभा के दो तिहाई बहुमत से हो क्योंकि ब्रह्माण्डीय गणराज्य में प्रकृति का निर्णय सत्व, रज व तम तीन गुणों में से दो गुणों के समर्थन का ही रूप होता है।
5. रज-तम प्रधान-वैश्य तथा तम प्रधान शूद्र चूंकि इन्द्रिय, प्राण और स्थूल शरीर पर ही केन्द्रित रहते है इसलिए इन्हें बुद्धि ज्ञान से नियत्रिंत न करके बल, कानून व आज्ञा के नियत्रंण में रखा जाय।

इस प्रकार उस महापुरूष ने राज्य व गणराज्य के मिश्रित व्यवस्था से एक सर्वमान्य व्यवस्था को स्थापित कर मानवता व मानव सभ्यता के विकास के लिए स्थायी मार्ग उपलब्ध कराया जो दीर्घ काल तक चली।

मानव सभ्यता पर सातवां संकट काल गणराज्य के नयी व्यवस्था के स्थायी स्थिरता के कारण आया। छठें संकट से उत्थान की ओर अग्रसर करने वाले पुरूष के समक्ष यह समस्या आयी कि नयी व्यवस्था को बने रहने और उसके प्रसार का दायित्व किसे सौंपा जाय। इसके लिए उस पुरूष ने अन्य सहयोगियों के सहयोग और योजनाबद्ध तरीके से एक राजा के पुत्र (भावी राजा) में नई व्यवस्था के प्रसार के लिए योग्यता का निर्माण किये परिणामस्वरूप उस युवराज ने अपने जीवन पर्यन्त इस व्यवस्था की स्थापना और प्रसार किया तथा मानवता और मानव सभ्यता की रक्षा की।

मानव सभ्यता पर आठवां संकट काल गणराज्य व्यवस्था के कारण नहीं बल्कि उस व्यवस्था के पीठासीन व्यक्तियों के कर्तव्य विमुख और देवता तथा असुर संस्कारों के पूर्ण पहचान से बुद्धि के अक्षम हो जाने के कारण आया। इस संकट काल के समय राजा को नियंत्रण व मार्गदर्शन में रखने वाला ब्राह्मण भी जनकल्याण से विमुख हो स्व-कल्याण में लिप्त हो चुका था। यह स्थिति छोटे राज्यों से लेकर बड़े राज्यों में व्याप्त हो चुकी थी। ऐसी स्थिति में एक व्यक्ति ने यह देखा कि पीछे, जब भी मानवता पर संकट आया, तब उस संकट से किसी व्यक्ति के द्वारा उत्थान हो जाने पर जब तक उत्थान करने वाला व्यक्ति जीवित रहता था तभी तक गणराज्य व्यवस्था यथावत् रहती थी। बाद में पुनः राज्यवादी व्यवस्था स्थापित हो जाती थी। दूसरे यह कि व्यवस्था कोई भी खराब नहीं होती उस पर बैठने वाले लोगों की बुद्धि के अनुसार ही व्यवस्था का रूप संचालित होता है मानवता और मानव सभ्यता के इस संकट काल में सभी अपने अपने बुद्धि को पूर्ण तथा व्यक्तिगत स्वार्थ में इस प्रकार डूबे हुये थे कि बिना पूर्ण

वध के उत्थान मुश्किल हो चुका था। परिणामस्वरूप उस अति बुद्धि सम्पन्न व्यक्ति ने आम जनता को सक्रिय करने के लिए प्रेरित किया, गणराज्य के उदाहरण स्वरूप एक नगर का निर्माण कराया तथा पूर्ण वध के लिए उस समय के विशाल राज्य के नेतृत्व में उपजे विवाद का सहारा प्राप्त कर बहुत से एकतन्त्रात्मक राज्यों को नष्ट किया और करवाया। साथ ही उस समय में समाज में व्याप्त अनेक मत-मतान्तार व विचारों के एकीकरण के लिए सत्य-विचार का ज्ञान भी दिया जिससे व्यक्ति, व्यक्ति पर विश्वास न कर अपने बुद्धि से स्वयं निर्णय करें और प्रेरणा प्राप्त करता रहे। इस प्रकार साकार व्यक्ति आधारित मानवता के सर्वोच्च संकट से उस व्यक्ति ने नई निराकार सिद्धान्त आधारित मानवता के उत्थान का मार्ग उपलब्ध कराया।

मानव समाज पर नौवां संकट काल वर्तमान से लगभग 2500 वर्ष पूर्व आया था जिसका कारण राजाओं का साम्राज्यवादी-प्रसारवादी व्यवहार था। इस समय मानव समाज जितना विकास करता वह अल्पसमय में एक राज्य से दूसरे राज्य में युद्ध करने में ही नष्ट हो जाता। सम्पूर्ण मानवता हिंसा से भर उठी थी। ऐसे में राजपरिवार का ही एक युवा व्यक्ति अपने परिवार तथा राज्य का त्याग कर अहिंसा का सन्देश दिया। तथा प्रजा को प्रेरित करने के लिए धर्म, संघ और बुद्धि के शरण में जाने की मूल शिक्षा दी। एक राजा के द्वारा इस युवा सन्यासी के सन्देश को स्वीकार कर शिष्य बन जाने से इस सन्यासी का प्रसार जितना हुआ उससे बहुत कम उसके विचारों का हुआ परिणामस्वरूप अल्पअवधि के लिए हिंसा भरे मानव समाज को थोड़ी राहत मिली और सभ्यता उत्थान की ओर अग्रसर हुई।

हे मानवों, मानव सभ्यता और मानवता के दसवें, अन्तिम तथा वर्तमान संकट का खुलासा हम इस पत्र में आगे करेंगे। यहाँ हम कुछ ऐसे रहस्यों का खुलासा करने जा रहे है। जो वर्तमान मानव के दृष्टि में परिवर्तन हाने मात्र के कारण उत्पन्न हुई है।

पाँचवें सकंट के समय तक भारत के मूल निवासी ही भारत की भूमि के अधिपति थे, परन्तु वे राज्य को कुशलता पूर्वक चलाने में असमर्थ होते जा रहे थे। इसी समय में हिमालय के उत्तर-पश्चिम क्षेत्र से भारत के बाहर के मनुष्यों का भारत में आगमन हुआ। इस समय भारत के मूल निवासी प्रकृति पूजक बहुदेववाद को मानती थी। भारत के बाहर से आये मनुष्यों ने भारत के मूल निवासियों के लिए राज्य प्रशासन में अपने ज्ञान-बुद्धि का प्रयोग कर एक अच्छे मार्गदर्शक का कार्य करते थे। प्रकृति के गुणों के आधार पर जब मनुष्यों का विभाजन हुआ तब भारत के मूल निवासी शूद्र वर्ग की योग्यता रखते थे। परन्तु ऐसा नही था कि भारत के बाहर से आये मनुष्य ब्राह्मण, क्षत्रिय, तथा वैश्य वर्ग में अर्थात भारत के बाहर सभी उच्च वर्ग में तथा भारत के मूल निवासी सभी निम्न वर्ग में थे। परन्तु उनमें इसकी अधिकता थी। कालान्तर में ये वर्ग जन्म आधारित हो अनेक उपवर्गों -जातियों में विभाजित हो गयी। जिसका रूप वर्तमान में दिख रहा है। परन्तु आज भी यदि जन्म आधारित दृष्टि से हटकर गुण आधारित दृष्टि से देखोगे तो प्रत्येक वर्ग या जाति में प्रत्येक वर्ग के व्यक्ति दिखाई पड़ेंगे। भारत के बाहर के ये व्यक्ति ही आर्य कहलाये तथा कालान्तर में मानव सभ्यता में अनेक उत्थान-पतन से ये आर्य जाति और मूल भारतीय जाति इतने अधिक मिश्रित हुये कि वर्तमान में समग्र हिन्दू जाति ही आर्यों की मूल पहचान बन गयी। और अब सभी के लिए शस्त्र बल बढ़ाकर क्षत्रिय बनना, ज्ञान बल बढ़ाकर ब्राह्मण बनना तथा धन बल बढ़ाकर वैश्य बनाना खुला हुआ है, परन्तु जातियाँ इसके लिए प्रयत्न तो करे।

प्रकृति के तीन गुणों में से सर्वोच्च, शुद्ध और सर्वव्यापी गुण सत्व आधारित मानव वर्ग ही हम हैं। जन्म के समय हम आदर्श ब्राह्मण थे। हमारा कार्य ब्रह्माण्ड में सर्वव्यापी अटलनीय, अपरिवर्तनीय सत्य-सिद्धान्त और उसके अनुसार कर्म विधान की अनुभूति करना तथा राजा और राज्य के माध्यम से उसे प्रभावी बनाना था। बदले में राजा द्वारा हमें साधन-सुविधा प्राप्त होती थी। यही हमारा सम्पूर्ण जीवन था। इस क्रम में हम लोगों न सर्वव्यापी सत्य-सिद्धान्तों को संहिता रूप में लिखा जो बाद में विषयों आधारित विभक्त होकर चार वेद ऋगु, यजु, साम और अथर्वेद का रूप धारण किया। इसी प्रकार धर्म अनुष्ठान एवम् पवित्र ग्रन्थो की व्याख्या से सम्बन्धित ग्रन्थ अरण्यक का सृजन हम लोगों ने किया। कालान्तर में जब राजाओं द्वारा यज्ञों से यथेष्ठ फल न प्राप्त होने की बुद्धि आयी तब क्षत्रिय राजाओं न स्वयं अपने कर्मों के अनुभव से दर्शन क्षेत्र में अपने बुद्धि को दिशा दी, जिसके फलस्वरूप

अधिकतम उपनिषद् उन्होंने स्वयं लिखे जो बाद में भारतीय दर्शन का मुख्य आधार बनी। इस क्रम में हमलोगों ने वेदांग अर्थात सूत्र साहित्य में 1. स्वर विज्ञान से सम्बन्धित शिक्षा 2. धर्मानुसार अर्थात कल्प में चार वर्ग - श्रोत सूत्र (श्रोत यज्ञ से सम्बन्धित), शुल्क सूत्र (यज्ञ स्थल तथा अग्निवेदी निर्माण तथा माप से सम्बन्धित जो आगे चलकर ज्योतिष का आधार बना) गृहय सूत्र (मानव जीवन से सम्बन्धित अनुष्ठान) तथा धर्म सूत्र (धार्मिक तथा अन्य प्रकार के नियम जो आगे चलकर भारतीय विधि का आधार बना) 3. व्याकरण 4. निरूक्त अर्थात व्युत्पत्ति 5. छन्द 6. ज्योतिष की भी रचना की। मनुष्य को पुरूषार्थ करने के लिए- धर्म, अर्थ, काम, मोक्ष तथा आदर्श जीवन के लिए ब्रह्मचर्य, गृहस्थ, वानप्रस्थ तथा सन्यास आश्रम की व्यवस्था हम प्राचीन आदर्श ब्राह्मणों की ही देन है।

हे प्रिय मानवों हम प्राचीन आदर्श ब्राह्मण प्रत्येक विषय को चक्रीय रूप में देखते हैं और यह ज्ञान हमने भारत के मूल निवासी ऋषियों से ही प्राप्त किये जिसके आधार पर समस्त वैदिक साहित्य का विस्तार हुआ है। हम प्रचीन ब्राह्मण ईश्वरवादी है और ईश्वर को स्वीकारते थे परन्तु उस रूप में नहीं जिस रूप में वर्तमान समाज मानता है, वर्तमान समाज का ईश्वर, मूर्ति, जप, तप, व्रत, पर्व, त्यौहार इत्यादि तो हमारी अगली पीढ़ी ने अपने जीवकोपार्जन और ईश्वर की ओर आपको लाने के लिए तब बनायी, जब हमारे कर्मकण्डों को राजाओं और राज्यों का समर्थन मिलना बन्द हो गया। हम ईश्वर को निराकार सर्वव्यापी, सर्वशक्तिमान सत्य-सिद्धान्त के रूप में देखते हैं। तथा जो इसे अपने जीवन में धारण कर प्रत्यक्ष या अप्रत्यक्ष रूप से मानव सभ्यता और मानव उत्थान के लिए अगले चरण के रूप में कालानुसार प्रयोग करता हैं उसे साकार ईश्वर या अवतार कहे। इस प्रकार मानव सभ्यता और मानवता पर आये उपरोक्त वर्णित नौ सकंटों से उत्थान की ओर ले जाने वाले व्यक्तियों को हमने क्रमशः उनके गुणों के आधार पर तथा नाम से मत्स्य, कूर्म, वाराह, नृसिंह, वामन, परशुराम तथा राम को प्रत्यक्ष अंशावतार, श्री कृष्ण को व्याक्तिगत प्रमाणित प्रत्यक्ष एवम् प्रेरक पूर्णावतार तथा भगवान बुद्ध को प्रेरक अंशावतार कहा और स्वीकार किया है। और जो भी ऐसा करेगा वह अवतार कहा ही जायेगा। सत्य कहूँ तो हम आदर्श ब्राह्मणों का वही प्रतिरूप होता है। और मात्र अवतार ही हमलोगों के समर्पण का कारण होता है। वही मात्र एक सर्वोच्च आदर्श ब्राह्मण होता है क्योंकि वही ब्रह्म है। यहाँ तक आने के लिए तुम्हें स्थूल शरीर, इन्द्रिय, प्राण, भाव, मन तथा सूक्ष्म बुद्धि को पार करना होगा। अर्थात तुम्हारा मन इन सब विषयों में होते हुये भी इनसे मुक्त होना चाहिए। तभी तुम इन सबका संचालन कर सकते हो। अभी तो तुम इस क्रम में धीरे-धीरे बढ़ते हुए बुद्धि तक पहुँच रहे हो। मैं नहीं कह रहा कि तुम बुद्धिहीन हो, तुम्हारा कर्म कह रहा है। क्योंकि बुद्धि का अर्थ यह नहीं होता कि तुम स्थूल शरीर, इन्द्रिय, प्राण, भाव, मन की पूर्ति के लिए अपनी बुद्धि लगाओ। ऐसी बुद्धि क्षैतिज अर्थात जीवन स्तर की बुद्धि कही जाती हे। तुम्हें उध्व अर्थात सामाजिक, राजनीतिक, राष्ट्रीय, वैश्विक स्तर की ओर बुद्धि खर्च करनी चाहिए। तभी तुम्हारा उत्थान हो सकता है। जब तुम सर्वोच्च और आत्मीय स्तर पर पहुँच जाओगे तो तुम ब्राह्मण, क्षत्रिय, वैश्य व शूद्र में आवश्यकतानुसार व समयानुसार परिवर्तित हो अभिनय करने गें हमलोगों की भाँति कुशल हो जाओगे। क्योंकि यह एक पर एक आवरण की भाँति गुणों का संक्रमणीय, संग्रहणीय और गुणात्मक रूप है। अर्थात शूद्र होने पर वैश्य के गुणों को नहीं समझा जा सकता। परन्तु वैश्य होने पर शूद्र के गुण को आसानी से समझा जा सकता है। इसी प्रकार क्षत्रिय होने पर वैश्य व शूद्र के गुणों को, ब्राह्मण होने पर क्षत्रिय, वैश्य व शूद्र के गुणों को तथा आदर्श ब्राह्मण अर्थात ब्रह्म होने पर ब्राह्मण, क्षत्रिय, वैश्य व शूद्र के गुणों को आसानी से समझा जा सकता है। आदर्श ब्राह्मण अर्थात ब्रह्म का अंश तो सभी में विद्यमान है परन्तु वह गुणों के आवरण से छिपा है। इन गुणों पर एक-एक कर नियंत्रण करते हुये आवरण हटाते जाओ अन्ततः तुम स्वयं को ब्रह्म रूप में देखोगे। तुम कहोगे इससे क्या होगा? तो हम यह स्पष्ट और सत्य रूप से कहते हैं कि तुम हम लोगों जैसे हो जाओगे और तुम्हारी बुद्धि क्षैतिज सहित उध्व हो जायेगी। तब तुम अपने वास्तविक अधिकार को प्राप्त कर पाओगे।

हे मानवों इस संसार में मानव शरीर से व्यक्त होने वाले व्यवहारों में असीम विभिन्नता और विचित्रता है। हमलोगों का प्रयत्न सत्य तथा लोककल्याण के स्थायी भाव को बनाये रखने के लिए विभिन्न रूपों से इस ओर मोड़ना तथा जोड़ना ही रहा है। इन मानव व्यवहारों के विचित्रताओं और विभिन्नताओं में कुछ तो ऐसे होते हैं जो अपनी ही इच्छा पर आजीवन संकल्पित रहते हैं। ये ऐसे होते हैं कि 'हम नहीं बदलेगे चाहे जमाना क्यों न बदल जाये' कुछ ऐसे

होते हैं जो अपनी इच्छा की पूर्ति के लिए अनेकों प्रकार के अनैतिक कार्य करने से भी नहीं चूकते, चाहे उसका परिणाम अन्ततः दुःखदायी ही क्यों न हो। कुछ ऐसे होते हैं जो व्यक्तिगत स्तर पर आर्दश व्यक्ति के रूप में तो कुछ समाजिक स्तर पर तो कुछ वैश्विक स्तर पर आर्दश के रूप में स्वयं को प्रस्तुत करते हैं। मनुष्य के इन विभिन्न व्यवहारों की क्रिया के रूप में समझने के लिए ही हमलोगों ने पुराणों की रचना की। जिससे मनुष्य अनेक प्रकार के व्यवहारों सहित समग्र ब्रह्माण्ड को एक साथ समझ सके और अपने व्यवहार को नियंत्रित कर सके। साथ ही स्वयं अपने व्यवहारों को समझे और उसके अनुसार व्यक्त हो सके। हे मानवों जगत् का सम्पूर्ण कल्याण स्वकल्याण में ही निहित है परन्तु जो स्व का अर्थ सिर्फ व्यक्तिगत समझते हैं वे ही व्यक्तिवादी असुरी प्रकृति के होते हैं तथा जो स्व का अर्थ सार्वमौभ, जिसमें वह स्वयं भी होता है, ऐसा समझते हैं वे दैवी समाजवादी प्रकृति के होते हैं। असुरी प्रवृत्तियाँ सिर्फ सीधी रेखा में सोचती ही जैसे - जन्म फिर मृत्यु जबकि दैवी प्रवृत्तियाँ चक्रीय रूप में अर्थात जन्म फिर मृत्यु फिर जन्म इस प्रकार सोचती हैं। समस्त पुराणों की रचना दैवी प्रवृति की ही कृतियाँ हैं। जिसमें असुरों के आदर्श गुरू को शुक्राचार्य कहा गया है। जबकि देवताओं के आदर्श गुरू को गुरू बृहस्पति कहा गया। राजाओं के आदर्श राजा को इन्द्र कहा गया है। अन्य सभी ब्रह्माण्ड में उपलब्ध प्रभावकारी विषयों को देवताओं के रूप में कल्पना कर प्रक्षेपित किया गया है। जैसे - वायु देव, अग्नि देव, चन्द्र देव इत्यादि। इसी प्रकार आदर्श व्यक्ति चरित्र को ब्रहमा एवम् परिवार तथा आदर्श सामाजिक व्यक्ति चरित्र अर्थात व्यक्तिगत प्रमाणित आदर्श वैश्विक व्यक्ति चरित्र को विष्णु एवम् परिवार तथा आदर्श वैश्विक व्यक्ति अर्थात सार्वजनिक प्रमाणित आदर्श वैश्विक व्यक्ति चरित्र को शिव-शंकर एवम् परिवार के रूप में प्रक्षेपित है। यहाँ ध्यान देने योग्य यह है कि आदर्श वैश्विक व्यक्ति चरित्र में आदर्श सामाजिक व्यक्ति चरित्र तथा आदर्श समाजिक व्यक्ति चरित्र में आदर्श व्यक्ति चरित्र समाहित है। इन आदर्श चरित्रों की इनकी गुणों के अनुसार इनके वस्त्र, शस्त्र, शास्त्र, वाहन इत्यादि भी प्रक्षेपित किये गये हैं। जो मात्र व्यक्तिगत प्रमाणित प्रतिकात्मक मानव रूप में प्रक्षेपण मात्र है न कि वास्तविकता के आधार रूप में। इन मानक आदर्श चरित्रों के पूर्ण या अंश रूप में जो भी मानव संसार में व्यक्त होता है उसे पुनर्जन्म या अंश या पूर्ण अवतार के रूप में स्वीकार किया जाता है। और चूंकि दैवी प्रवृत्तियाँ प्रत्येक वस्तु के पूर्व के भी एक अस्तित्व को स्वीकार करती हैं। इसलिए इन पुनर्जन्म या अंश या पूर्ण अवतारों को आदर्श मानक चरित्रों से जोड़कर अवतारी पुराण की रचना की जाती रही है। इस अनुसार उपरोक्त नौ अंश-पूर्ण अवतारों में दो - श्रीराम को ब्रह्मा का पूर्णावतार तथा श्री कृष्ण को विष्णु का पूर्णावतार कहा गया जबकि शेष सात (मत्स्य, कूर्म, वाराह, नृसिंह, वामन, परशुराम तथा बुद्ध), ईश्वर (सत्य-सिद्धान्त) के अंशावतार के रूप में स्वीकार किये गये हैं।

हे मानवों शास्त्र रचनाकार को व्यास उपाधि से पुकारा जाता है। व्यास कितने दिव्य और दूर द्रष्टा रहे होंगे, इस पर विचार करना आवश्यक है क्योंकि अन्ततः हम सभी के विचारों का निर्माण विचारों को ही पढ़कर या सुनकर ही होता रहा है और अनुभव द्वारा उसकी पुष्टि की जाती रही है। व्यास रचित पुराणों में कुल 24 (1. श्री सनकादि, 2. वराहावतार, 3. नारद मुनि, 4. नर-नारायण, 5. कपिल, 6. दत्तात्रेय, 7. यज्ञ, 8. ऋषभदेव, 9. पृथु, 10. मत्स्यावतार, 11. कूर्म, 12. धन्वन्तरि, 13. मोहिनी, 14. हयग्रीव, 15. नृसिंह, 16. वामन, 17. गजेन्द्रोधारावतार, 18. परशुराम , 19. वेदव्यास, 20. हन्सावतार, 21. राम, 22. कृष्ण, 23. बुद्ध, 24. कल्कि) अवतार जिसमें मुख्य 10 (मत्स्य, कूर्म, वाराह, नृसिंह, वामन, परशुराम, राम, कृष्ण, बुद्ध और कल्कि) अवतार का ही विवरण है। दोनों में अन्तिम, कल्कि अवतार ही हैं। तो क्या अन्तिम अवतार के बाद अवतारी श्रृंखला का कार्य समाप्त हो जायेगा? और यदि यह सत्य होता है तब व्यास के उस अवतारी श्रृंखला के गणित को आप लोग क्या कहोगे? इसे जानने के लिए मानव सभ्यता के उस अन्तिम संकट को पहचानना होगा जो अन्तिम अवतार का कार्य होगा। यह अन्तिम अवतार ही सार्वजनिक प्रमाणित आदर्श वैश्विक व्यक्ति चरित्र और शिव-शंकर के पूर्णावतार के रूप में होगा। क्योंकि कालक्रम में ब्रह्मा के पूर्णावतार के रूप में श्रीराम तथा विष्णु का पूर्णावतार के रूप में श्रीकृष्ण का अवतरण हो चुका है।

मानव सभ्यता पर दसवाँ और अन्तिमं संकट काल स्वयं मानवों द्वारा ही उत्पन्न हो गया था जिसका ज्ञान स्वयं मानवों को भी नहीं था। इस संकट को समझने के लिए एक सत्य-प्रत्यक्ष वृतान्त उदाहरणस्वरूप लिख रहा हूँ-

मैं जब भी हाबड़ा (पश्चिम बंगाल) जाता हूँ तब दो स्थानों पर अवश्य जाता हूँ। पहला राम कृष्ण मिशन, बेलूड़ मठ और दूसरा वनस्पति उद्यान (बोटेनिकल गार्डन)। यहाँ कुल अब तक तीन बार, सन् 1984 (कालेज शैक्षणिक यात्रा), सन् 1987 (स्वयं) और सन् 2010 (स्वयं) में जा चुका हूँ। राम कृष्ण मिशन, बेलूड़ मठ इसलिए जाता हूँ क्योंकि वहाँ से सर्वोच्च "आध्यात्मिक सत्य" की अनुभूति कर सकूँ, उस मन स्तर से स्वयं का योग करा सकूँ। वनस्पति उद्यान (बोटेनिकल गार्डन) इसलिए जाता हूँ क्योंकि वहाँ एक वट वृक्ष है जिसे बिग बनियान ट्री (Big Banyan Tree) कहते हैं, यहाँ बैठकर मैं संसार की संरचना, तन्त्र और उसके संगठन से स्वयं का महायोग कराता हूँ। इन दोनों के कारण स्वयं को मैं सार्वभौम का एक इकाई होते भी, स्वयं को सार्वभौम ही अनुभव करता हूँ और यह सतत मेरे अन्दर प्रवाहित होता रहता है।

बड़ा वट वृक्ष (Big Banyan Tree), सैकड़ों वर्ष पुराना एक विशाल क्षेत्र में फैला वट वृक्ष है। जिसका मूल वृक्ष अब अस्तित्व में नहीं है उसके तनों से निकले सैंकड़ों जड़ वर्तमान में स्वयं एक वृक्ष, फिर उनके तनों से निकले सैंकड़ों जड़ भी वर्तमान में एक-एक वृक्ष के रूप में स्थापित हैं और सभी एक-दूसरे से जुड़े हुये हैं, बस जो नहीं है, वह है मूल वृक्ष। इस प्रकार सम्पूर्ण वृक्ष परिवार एक बड़े क्षेत्र में फैल चुका है और निरन्तर जारी भी है। प्रत्येक स्वयं स्वतन्त्र वृक्ष के रूप में स्थापित वृक्ष का अपने परिवार के रूप में तना, पत्ता, फूल और फल सब निकलते रहते हैं और जिसे जहाँ अर्थात नजदीकी स्रोत से सुविधा अर्थात खुराक मिल सकता हैं वहाँ से प्राप्त करते हुये विकास कर रहे हैं। इस कार्य में आपस में कोई विवाद नहीं है। कोई किसी पर अधिपत्य जमाना नहीं चाहता, ना ही अन्य के विकास में कोई बाधा पहुँचाता है। जिसको जिस ओर उचित वातावरण मिलता जाता है, उस ओर वह विकास कर रहा है। कुल मिलाकर स्व प्रेरित सुशासन की भाँति संचालित है। इस वट वृक्ष के सबसे बाद अर्थात वर्तमान के तनों-पत्तों के लिए उसका जन्मदाता व पालनकर्ता के रूप में उसका नजदीकी जड़ ही है इसलिए उसकी कथा-कहानी वहीं से शुरू होती है और वहीं तक उसका ज्ञान है जो एक संकुचित और सीमित ज्ञान है। वह पूर्ण को नहीं जान रहा, उसका पूर्णत्व, सार्वभौम पूर्णत्व नहीं बल्कि सीमित पूर्णत्व है। सीमित पूर्णत्व में भी वह आनन्द में हैं और विकासशील है। उसका विकास होना सार्वभौम का ही विकास होना है परन्तु उसे उसका ज्ञान नहीं है और वह उस सार्वभौम के विकास में अपने योगदान को करते हुये भी स्वयं को गौरवान्वित नहीं अनुभव कर रहा है। सार्वभौम से युक्त होने के बाद भी उसे अपने परिवार से ही जुड़ा रहना उसकी विवशता भी है और इसके अलावा कोई अन्य मार्ग भी नहीं हैं। उसके सार्वभौम का मार्ग भी उसके अपने परिवार के ही मार्ग से होकर जाता है। वृक्ष के साथ यह मजबूरी भी है कि क्योंकि वह स्थिर है इसलिए उसका छोटा परिवार केवल पड़ोस तक के ही दायरे के सम्पर्क में है। दूसरे छोर के परिवार का क्या हाल है उसे कुछ नहीं पता।

हे मानवों, ये संसार भी उपरोक्त वट वृक्ष के सामन ही फैला हुआ है। परन्तु उस भाँति विकास नहीं कर रहा है। मनुष्य के अन्दर बीमारी की भाँति अधिकतम "शक्ति और लाभ (पावर और प्राफिट)" की दौड़ ने उसे अधिपत्य, अत्याचार, दूसरे को दबाना इत्यादि से युक्त कर दिया है। और जो इस दौड़ में नहीं हैं वे सीमित पूर्णत्व में आनन्द के साथ विकासशील हैं। उन्हें और भी तेज विकास की इच्छा है परन्तु उनके बुद्धि का दायरा ही सीमित है इसलिए उन्हें मार्ग नहीं मिल रहा है। यदि उनको मार्ग भी मिल रहा हो तो वट वृक्ष की भाँति उसके नजदीकी जन्मदाता ने उसे यह बता रखा है कि जब उस सार्वभौम का मार्ग मेरे ही रास्ते से जाता है तो जो मैं कह रहा हूँ उसे करो। और इसके लिए वे अपने परिवार के लिए अनेक प्रकार की प्रणाली दे रखे हैं। जबकि ये प्रणाली देने वाले उनके नजदीकी जन्मदाता स्वयं कहाँ से आये हैं स्वयं उन्हे भी नहीं पता। क्योंकि वे स्वयं भी उस वट वृक्ष के खो गये मूल जड़ की तरह अपने मूल जड़ को नहीं जानते। वे भी अपने नजदीकी जन्मदाता का ही अनुसरण कर रहे होते हैं। ये प्रणालीयाँ अनेक प्रकार की हैं उदाहरणस्वरूप कुछ मुख्य निम्नवत् हैं-

1. उनके द्वारा प्रस्तुत कुछ पुस्तकें होती हैं जिन्हें नियमानुसार प्रतिदिन पढ़ना होता है। पढ़ने के पूर्व शुद्धता की भी प्रक्रिया अनिवार्य होती है अन्यथा पुस्तकें परिणाम नहीं दे पायेंगी, ये भी शर्त होती हैं।
2. उनके द्वारा भोजन से सम्बन्धित कुछ नियम बना दिये जाते हैं कि क्या खाना है और क्या नहीं खाना है।
3. उनके द्वारा कोई मन्त्र दे कर उसे नियमानुसार जपने के लिए दे दिया जाता है।
4. उनके द्वारा किसी यन्त्र-तन्त्र द्वारा समस्या मुक्ति का उपाय बता दिया जाता है।
5. उनके द्वारा किसी विशेष प्रकार के रंग और ढ़ग के वस्त्र निर्धारित कर दी जाती है जिससे उनकी पहचान एक अलग रूप में हो। अर्थात समाज का एक और विभाजन कर उसे प्रस्तुत कर देते हैं।

सामान्य रूप से सभी द्वारा अनिवार्य रूप से ये भी निर्धारित कर दी जाती है कि किसी दूसरे के नियमों को न तो जानना है, न सुनना है, न पढ़ना है और न ही उसमें शामिल होना है। अर्थात एक गतिशील प्राणी मनुष्य को जिसे सदैव श्रेष्ठ से, श्रेष्ठतम और सर्वोच्च तक उठने-विकास करने के लिए निर्मित किया गया था, उसे एक सीमित दायरे में बुद्धिबद्ध कर दिया गया। मनुष्य जिसका निर्माण अपनी मस्तिष्क को असीम क्षमता को विकसित कर ईश्वर रूप में व्यक्त होना था, उसे जड़ (स्थिर) बना दिया गया।

हे मानवों, मनुष्यों की सबसे बड़ी कमजोरी "स्वयं में गुणों का विकास कर स्वयं बन जाने या हो जाने" में नहीं बल्कि "पाने" की इच्छा है। इस पाने की इच्छा की कमजोरी का परिणाम ही है उपरोक्त अनेक प्रकार के बुद्धिबद्ध करने की विधियाँ।

हे मानवों, उपरोक्त के पृष्ठभूमि में उनका उद्देश्य केवल अपने स्वार्थ की पूर्ति के सिवाय कुछ नहीं होता। क्योंकि मार्गदर्शक या प्रेरक या शिक्षक का उद्देश्य स्वयं से श्रेष्ठ मानव का निर्माण होता है न कि सदैव जीवन भर एक ही प्रणाली या प्रक्रिया या कक्षा में पढ़ते-दुहराते रहने के लिए विवश करना। उपरोक्त के पृष्ठभूमि में शारीरिक-आर्थिक-मानसिक शोषण का ही कार्य विभिन्न प्रकार से चल रहा है। कोई अपने कृषि कार्य को मुफ्त में हल करवा रहा है, तो कोई अपने नाम के उत्पादों को सिर्फ उन्हें ही खरीदने के लिए बुद्धिबद्ध कर दिया है।

हे मानवों, इन सबको आस्था का व्यापार कहते हैं। जबकि मैं देख रहा हूँ कि प्रत्येक संस्कारित करने की क्रिया जो उस काल के लिए आस्था का विषय था। उसके अगले काल के लिए संस्कारित करने की नयी क्रिया उपलब्ध हो जाने के बावजूद, मानव शरीर पिछले काल के संस्कारित करने वाली क्रिया के प्रति आस्था रखते हुये मूर्खता का स्पष्ट प्रदर्शन कर रहा है। सभी कालों में, सभी संस्कारित करने की क्रियाओं में मैं (सार्वभौम आत्मा) ही आस्था का विषय था परन्तु क्रिया के प्रति आस्था रखना मूर्खता का स्पष्ट प्रमाण ही तो है। चाहे वह व्यक्तिगत इच्छा से हो या सामाजिक प्रदर्शन की इच्छा से। इन समस्त संस्कारित करने के क्रिया के पीछे जो रहस्य आज तक गोपनीय था उसे मैंने तुम्हारें समक्ष सार्वजनिक प्रकाशित कर दिया है। अब कुछ भी गोपनीय नहीं। बावजूद इसके प्रत्येक मनुष्य अपनी मूर्खता रूपी आस्था को प्रदर्शित करने के लिए स्वतन्त्र है। परन्तु वह मुझ (सार्वभौम आत्मा) को प्राप्त नहीं कर सकता। हे मानवों, ईश्वर बहुमत से नहीं निर्धारित किया जाता इसलिए ही उसे अनिवर्चनीय कहा गया है। किसी भी वस्तु के प्रति आस्था के विकास से और समस्त मानवों को उसके प्रति आस्थावान् बना देने से वह वस्तु गुण प्रकट कर वैसा नहीं बन सकती जैसा आप उम्मीद करते हो।

हे मानवों, एक तरह से देखा जाये तो उपरोक्त व्यवस्था से कोई समस्या है ही नहीं क्योंकि जिसकी इच्छा जहाँ से पूर्ति हो रही है और विकास का मार्ग मिल रहा है, वह वहाँ से जुडा हुआ है। इसलिए मानव सभ्यता पर आया यह दसवाँ और अन्तिम संकट, संकट होते हुये भी संकट जैसा नहीं दिखता। इस व्यवस्था से हमें कोई समस्या भी नहीं है। समस्या ये है कि धर्म को जिस उद्देश्य के लिए निर्मित किया गया था वही धर्म, संकट में है। यह धर्म ही उस वट वृक्ष का मूल है, सार्वभौम है, समष्टि है। इसके ज्ञान से युक्त दोनों को अर्थात विशाल संसार रूपी वट वृक्ष के छोटे-छोटे परिवार के नेतृत्वकर्ता मुखिया सहित उसके सदस्यों को होना आवश्यक है। तभी परिवार के नेतृत्वकर्ता मुखिया द्वारा बनाये गये उपरोक्त प्रणाली-नियम परिणाम-फल दे पायेंगे जिसकी इच्छा परिवार के सदस्य करते हैं।

हे मानवों, अब सार्वजनिक प्रमाणित आदर्श वैश्विक व्यक्ति चरित्र और शिव-शंकर के पूर्णवतार के रूप में होने वाले अन्तिम अवतार के स्वरूप को समझते हैं जिनसे संकट में पड़े धर्म का उत्थान होना है-

इस क्रम में पहले शिव-शंकर के रूप को समझते हैं। फिर अन्तिम अवतार के लिए बचे शेष कार्य को भी समझेंगे। शिव-शंकर अवतार के आठ रूप और उनके अर्थ निम्नवत हैं-

1. शर्व- सम्पूर्ण पृथ्वी को धारण कर लेना अर्थात पृथ्वी के विकास या सृष्टि कार्य में इस रूप को पार किये बिना सम्भव न होना।

2. भव- जगत को संजीवन देना अर्थात उस विषय को देना जिससे जगत संकुचित व मृत्यु को प्राप्त होने न पाये।

3. उग्र- जगत के भीतर और बाहर रहकर श्री विष्णु को धारण करना अर्थात जगत के पालन के लिए प्रत्यक्ष या प्रेरक कर्म करना।

4. भीम- सर्वव्यापक आकाशात्मक रूप अर्थात आकाश की भाँति सर्वव्यापी अनन्त ज्ञान जो सभी नेतृत्व विचारों को अपने में समाहित कर ले।

5. पशुपति- मनुष्य समाज से पशु प्रवृत्तियों को समाप्त करना अर्थात पशु मानव से मनुष्य को उठाकर ईश्वर मानव की ओर ले जाना। दूसरे रूप में जीव का शिव रूप में निर्माण।

6. ईशान- सूर्य रूप से दिन में सम्पूर्ण संसार में प्रकाश करना अर्थात ऐसा ज्ञान जो सम्पूर्ण संसार को पूर्ण ज्ञान से प्रकाशित कर दे।

7. महादेव- चन्द्र रूप से रात में सम्पूर्ण संसार में अमृत वर्षा द्वारा प्रकाश व तृप्ति देना अर्थात ऐसा ज्ञान जो संसार को अमृतरूपी शीतल ज्ञान से प्रकाशित कर दे।

8. रूद्र- जीवात्मा का रूप अर्थात शिव का जीव रूप में व्यक्त होना।

शिव-शंकर देवता व दानव दोनों के देवता हैं जबकि श्री विष्णु सिर्फ देवताओं के देवता हैं। अर्थात शिव-शंकर जब रूद्र रूप की प्राथमिकता में होंगे तब उनके लिए देवता व दानव दोनो प्रिय होंगे लेकिन जब उग्र रूप की प्राथमिकता में होंगे तब केवल देवता प्रिय होंगे। अर्थात शिव-शंकर का पूर्णवतार इन आठ रूपों से युक्त हो संसार का कल्याण करते हैं।

हे मानवों, अब सार्वजनिक प्रमाणित आदर्श वैश्विक व्यक्ति चरित्र और शिव-शंकर के पूर्णवतार के रूप में होने वाले अन्तिम अवतार के कार्य को समझते हैं जिनसे संकट में पड़े धर्म का उत्थान होना है-

ईश्वर (सार्वभौम सत्य-सिद्धान्त) के दसवें और अन्तिम अवतार के समय तक राज्य और समाज स्वतः ही प्राकृतिक बल के अधीन कर्म करते-करते सिद्धान्त प्राप्त करते हुए पूर्ण गणराज्य की ओर बढ़ रहा था परिणामस्वरुप गणराज्य का रुप होते हुए भी गणराज्य सिर्फ राज्य था और एकतन्त्रात्मक अर्थात् व्यक्ति समर्थक तथा समाज समर्थक दोनों की ओर विवशतावश बढ़ रहा था।

भारत में निम्लिखित रुप व्यक्त हो चुका था।

1. ग्राम, विकास खण्ड, नगर, जनपद, प्रदेश और देश स्तर पर गणराज्य और गणसंघ का रुप।
2. सिर्फ ग्राम स्तर पर राजा (ग्राम व नगर पंचायत अध्यक्ष) का चुनाव सीधे जनता द्वारा।
3. गणराज्य को संचालित करने के लिए संचालक का निराकार रुप- संविधान।
4. गणराज्य के तन्त्रों को संचालित करने के लिए तन्त्र और क्रियाकलाप का निराकार रुप-नियम और कानून।
5. राजा पर नियन्त्रण के लिए ब्राह्मण का साकार रुप- राष्ट्रपति, राज्यपाल, जिलाधिकारी इत्यादि।

विश्व स्तर पर निम्नलिखित रुप व्यक्त हो चुका था।

1. गणराज्यों के संघ के रुप में संयुक्त राष्ट्र संघ का रुप।
2. संघ के संचालन के लिए संचालक और संचालक का निराकार रुप- संविधान।
3. संघ के तन्त्रों को संचालित करने के लिए तन्त्र और क्रियाकलाप का निराकार रुप- नियम और कानून।
4. संघ पर नियन्त्रण के लिए ब्राह्मण का साकार रुप-पाँच वीटो पावर।
5. प्रस्ताव पर निर्णय के लिए सदस्यों की सभा।

6. नेतृत्व के लिए राजा- महासचिव।

जिस प्रकार आठवें अवतार द्वारा व्यक्त आत्मा के निराकार रुप "गीता" के प्रसार के कारण आत्मीय प्राकृतिक बल सक्रिय होकर गणराज्य के रुप को विवशतावश समाज की ओर बढ़ा रहा था उसी प्रकार अन्तिम अवतार द्वारा निम्नलिखित शेष समष्टि कार्य पूर्ण कर प्रस्तुत कर देने मात्र से ही विवशतावश उसके अधिपत्य की स्थापना हो जाना है।

1. गणराज्य या लोकतन्त्र के सत्य रुप- गणराज्य या लोकतन्त्र के स्वरुप का अन्तर्राष्ट्रीय/ विश्व मानक।

2. राजा और सभा सहित गणराज्य पर नियन्त्रण के लिए साकार ब्राह्मण का निराकार रुप- मन का अन्तर्राष्ट्रीय/ विश्व मानक।

3. गणराज्य के प्रबन्ध का सत्य रुप- प्रबन्ध का अन्तर्राष्ट्रीय/ विश्व मानक।

4. गणराज्य के संचालन के लिए संचालक का निराकार रुप- संविधान के स्वरुप का अन्तर्राष्ट्रीय/ विश्व मानक।

5. साकार ब्राह्मण निर्माण के लिए शिक्षा का स्वरुप- शिक्षा पाठ्यक्रम का अन्तर्राष्ट्रीय/ विश्व मानक।

इस समष्टि कार्य द्वारा ही काल व युग परिवर्तन होगा न कि सिर्फ चिल्लाने से कि "सतयुग आयेगा" , "सतयुग आयेगा" से। यह समष्टि कार्य जिस शरीर से सम्पन्न होगा वही अन्तिम अवतार के रूप में व्यक्त होगा। धर्म में स्थित वह अवतार चाहे जिस सम्प्रदाय (वर्तमान अर्थ में धर्म) का होगा उसका मूल लक्ष्य यही शेष समष्टि कार्य होगा और स्थापना का माध्यम उसके सम्प्रदाय की परम्परा व संस्कृति होगी।

हे मानवों, उपरोक्त कार्य ही उस एक मात्र शेष अन्तिम अवतार का कार्य है और जो उपरोक्त कार्य को पूर्ण करेगा वह कल्कि अवतार के नाम से जाना जायेगा। हे मानवों उपरोक्त कार्य ही शेष ईश्वर के लिए कार्य है और मनुष्य के लिए चुनौति।

इस क्रम में मैं लव कुश सिंह "विश्वमानव" अपने "विश्वशास्त्र" से उपरोक्त कार्य को पूर्ण करने के लिए और स्वयं को धर्म मार्ग से अनिर्वचनीय कल्कि महाअवतार भोगेश्वर के रूप में तथा भारतीय लोकतान्त्रिक गणराज्य मार्ग से "भारत रत्न" के रूप में स्थापित करने के लिए एक मार्ग-एक प्रारूप प्रस्तुत किया हूँ जो अपने युग-समय में पहला प्रारूप है। इस प्रारूप "विश्वशास्त्र" के धर्मक्षेत्र से 90 नाम और धर्मनिरपेक्ष या सर्वधर्मसमभाव क्षेत्र से 141 नाम देने के बाद भी इस प्रारूप का नाम "ब्रह्माण्डशास्त्र" नहीं रखा। मनुष्यों के लिए यह चुनौति है कि वे "ब्रह्माण्डशास्त्र" की रचना कर मेरे प्रारूप "विश्वशास्त्र" को गलत या संकुचित सिद्ध कर मुझे अनिर्वचनीय कल्कि महाअवतार भोगेश्वर की योग्यता से वंचित कर दे। हे मानवों अगर आप ऐसा कर पाओं तो मेरे लिए मेरे द्वारा उत्पन्न किये गये अनन्त कृतियों में सबसे सम्मान के योग्य मानव नाम की कृति ही अन्तिम रूप से सर्वश्रेष्ठ होगी अन्यथा "विश्वशास्त्र" से मैं तुम्हारे अन्दर प्रवेश कर तुम में से ही स्वयं को प्रकट करूँगा।

हे मानवों, इन रहस्यों के खोलने के प्रति मेरा उद्देश्य क्या है? यह उद्देश्य सरल है क्योंकि एक सरल, साधारण, अघोर का उद्देश्य कभी भी कठीन, असाधारण और घोर नहीं हो सकता। साधारण सी बात है- प्रत्येक वस्तु स्वयं अपने जैसा ही निर्माण, उत्पादन या प्रजनन करती है। इस क्रम में ईश्वर भी स्वयं जैसा ईश्वर का ही निर्माण, उत्पादन या प्रजनन करेगा, न कि मूर्ख, अज्ञानी, बुद्धिबद्ध और गुलाम मनुष्य का। मात्र एक विचार- "ईश्वर ने इच्छा व्यक्त की कि मैं एक हूँ, अनेक हो जाऊँ" और "सभी ईश्वर हैं" , यह प्रारम्भ और अन्तिम लक्ष्य है। मनुष्य की रचना "पावर और प्राफिट (शक्ति और लाभ)" के लिए नहीं बल्कि असीम मस्तिष्क क्षमता के विकास के लिए हुआ है। फलस्वरूप वह स्वयं को ईश्वर रूप में अनुभव कर सके, जहाँ उसे किसी गुरू की आवश्यकता न पड़ें, वह स्वंयभू हो जाये, उसका प्रकाश वह स्वयं हो। एक गुरू का लक्ष्य भी यही होता है कि शिष्य मार्गदर्शन प्राप्त कर गुरू से आगे निकलकर, गुरू तथा स्वयं अपना नाम और कृति इस संसार में फैलाये, ना कि जीवनभर एक ही कक्षा में (गुरू में) पढ़ता रह जाये। एक ही कक्षा में जीवनभर पढ़ने वाले को समाज क्या नाम देता है, समाज अच्छी प्रकार जानता है और आपलोग खुद स्वयं भी जातने हैं। "विश्वशास्त्र" से कालक्रम को उसी मुख्यधारा में मोड़ दिया गया है। एक शास्त्राकार, अपने द्वारा व्यक्त किये गये पूर्व के शास्त्र का उद्देश्य और उसकी सीमा तो बता ही सकता है परन्तु व्याख्याकार ऐसा नहीं कर सकता।

स्वामी विवेकानन्द जी कहते हैं- "हम गुरु के बिना कोई ज्ञान प्राप्त नहीं कर सकते। अब बात यह है कि यदि मनुष्य, देवता अथवा कोई स्वर्गदूत हमारे गुरु हो, तो वे भी तो ससीम हैं, फिर उनसे पहले उनके गुरु कौन थे? हमें मजबूर होकर यह चरम सिद्धान्त स्थिर करना ही होगा कि एक ऐसे गुरु हैं जो काल के द्वारा सीमाबद्ध या अविच्छिन्न नहीं हैं। उन्हीं अनन्त ज्ञान सम्पन्न गुरु को, जिनका आदि भी नहीं और अन्त भी नहीं, ईश्वर कहते हैं। (राजयोग, रामकृष्ण मिशन, पृष्ठ-134)

चाँद की ओर ईशारा करने वाले की उँगली की ओर नहीं, चाँद की ओर देखा जाता है। और चाँद को पकड़ा जाता है न कि उँगली दिखाने वाले को।

हे मानवों, यह भाव हमारे मन में क्यों आया? यह भाव हमारे मन में आने का कारण हृदय की विशालता है। हम अब अपने द्वारा निर्मित उत्पादों को, अब और अधिक समय तक कबाड़ के रूप में न तो रख सकते हैं और ना ही देखना चाहते हैं। अब सभी को हम स्वयं जैसा पूर्ण देखना चाहते हैं।

हे मानवों, हम लोगों की उत्पत्ति कैसे हुई? हमारी उत्पत्ति ज्ञान से हुई है। जिन्हें ज्ञान है वही अपने आप को संघर्ष में पाते हैं और सर्वश्रेष्ठता के लिए कर्मशील हैं। शेष सभी तो प्रकृति के अनुसार आते-जाते रहते हैं। इस ज्ञान को ही ब्रह्म कहते हैं। देवता रूप में इस ज्ञान को ब्रह्मा के रूप में प्रक्षेपित किया गया है। यह ज्ञान जिस-जिस अंगो द्वारा प्राथमिकता से अनुभव में आता है उतने प्रकार के मानव अपने-आप को उत्पन्न समझते हैं। पुराण रचनाकार महर्षि व्यास ने ब्रह्मा अर्थात ज्ञान के पुत्रों का प्रक्षेपण किये हैं। ब्रह्मा के 10 मानस पुत्रों 1. मन (विचार से ज्ञान प्राप्त करने वाले) से मरीचि, 2. नेत्रों (देखकर ज्ञान प्राप्त करने वाले) से अत्रि, 3. मुख (वाणी से ज्ञान प्राप्त करने वाले) से अंगिरा, 4. कान (सुन कर ज्ञान प्राप्त करने वाले) से पुलस्त्य, 5. नाभि (केन्द्र से ज्ञान प्राप्त करने वाले) से पुलह, 6. हाथ (कर्म से ज्ञान प्राप्त करने वाले) से कृतु, 7. त्वचा (स्पर्श से ज्ञान प्राप्त करने वाले) से भृगु, 8. प्राण (श्वास से ज्ञान प्राप्त करने वाले) से वशिष्ठ, 9. अँगूठे (आत्मा से ज्ञान प्राप्त करने वाले) से दक्ष तथा 10. गोद (प्रेम से ज्ञान प्राप्त करने वाले) से नारद उत्पन्न हुये। ये दस प्रकार ज्ञान से उत्पन्न है और इतने प्रकार के मानव निर्मित होकर संसार में विचरण कर रहे हैं। इसे ये न समझना चाहिए कि मन या नेत्र इत्यादि से कैसे ब्रह्मा ने अपने पुत्रों को उत्पन्न किया? चूंकि शरीर का अस्तित्व अस्थायी है इसलिए विचार के आधार पर ये मनुष्य के वर्ग या श्रेणी का निर्धारण है। हमारे द्वारा इतने वर्गों अर्थात परिवार को उत्पन्न करने के बाद स्वयं को सर्वश्रेष्ठ और मूल सिद्ध करते रहना भी हमारी ही जिम्मेदारी और कर्तव्य है ताकि हमारा परिवार एक संयुक्त परिवार के रूप में प्रकाशित हो।

हे मानवों, हमने अपने अधिपत्य के लिए क्या-क्या किया? हे मानवों हमने अपने अधिपत्य के लिए सदैव साम-दाम-दण्ड-भेद की विधि से निम्नलिखित गुणों को समय-समय पर प्रेम से मानव मस्तिष्क में स्थापित किया और करता रहूँगा और अन्त में इसे मानवों को स्वेच्छा से स्वीकार करने पर विवश भी कर दूँगा-

01. **मुख्य-गुण सिद्धान्त** - इसमें धारा के विपरीत दिशा (राधा) में गति करने का विचार-सिद्धान्त मानव मस्तिष्क में डाला गया।

02. **मुख्य-गुण सिद्धान्त** - इसमें सहनशील, शांत, धैर्यवान, लगनशील, दोनों पक्षों के बीच मध्यस्थ की भूमिका वाला गुण (समन्वय का सिद्धान्त) का विचार-सिद्धान्त मानव मस्तिष्क में डाला गया।

03. **मुख्य-गुण सिद्धान्त** - इसमें सूझ-बुझ, सम्पन्न, पुरूषार्थी, धीर-गम्भीर, निष्कामी, बलिष्ठ, सक्रिय, शाकाहारी, अहिंसक और समूह प्रेमी, लोगों का मनोबल बढ़ाना, उत्साहित और सक्रिय करने वाला गुण (प्रेरणा का सिद्धान्त) का विचार-सिद्धान्त मानव मस्तिष्क में डाला गया।

04. **मुख्य-गुण सिद्धान्त** - प्रत्यक्ष रूप से एका-एक लक्ष्य को पूर्ण करने वाले (लक्ष्य के लिए त्वरित कार्यवाही का सिद्धान्त) का विचार-सिद्धान्त मानव मस्तिष्क में डाला गया।

05. मुख्य-गुण सिद्धान्त - भविष्य द्दष्टा, राजा के गुण का प्रयोग करना, थोड़ी सी भूमि पर गणराज्य व्यवस्था की स्थापना व व्यवस्था को जिवित करना, उसके सुख से प्रजा को परिचित कराने वाले गुण (समाज का सिद्धान्त) का विचार-सिद्धान्त मानव मस्तिष्क में डाला गया।

06. मुख्य-गुण सिद्धान्त - गणराज्य व्यवस्था को ब्रह्माण्ड में व्याप्त व्यवस्था सिद्धान्तों को आधार बनाने वाले गुण और व्यवस्था के प्रसार के लिए योग्य व्यक्ति को नियुक्त करने वाले गुण (लोकतन्त्र का सिद्धान्त और उसके प्रसार के लिए योग्य उत्तराधिकारी नियुक्त करने का सिद्धान्त) का विचार-सिद्धान्त मानव मस्तिष्क में डाला गया।

07. मुख्य-गुण सिद्धान्त - आदर्श चरित्र के गुण के साथ प्रसार करने वाला गुण (व्यक्तिगत आदर्श चरित्र के आधार पर विचार प्रसार का सिद्धान्त) का विचार-सिद्धान्त मानव मस्तिष्क में डाला गया।

08. मुख्य-गुण सिद्धान्त - आदर्श सामाजिक व्यक्ति चरित्र के गुण, समाज में व्याप्त अनेक मत-मतान्तर व विचारों के समन्वय और एकीकरण से सत्य-विचार के प्रेरक ज्ञान को निकालने वाले गुण (सामाजिक आदर्श व्यक्ति का सिद्धान्त और व्यक्ति से उठकर विचार आधारित व्यक्ति निर्माण का सिद्धान्त) का विचार-सिद्धान्त मानव मस्तिष्क में डाला गया।

09. मुख्य-गुण सिद्धान्त - प्रजा को प्रेरित करने के लिए धर्म, संघ और बुद्धि के शरण में जाने का गुण (धर्म, संघ और बुद्धि का सिद्धान्त) का विचार-सिद्धान्त मानव मस्तिष्क में डाला गया।

10. मुख्य-गुण सिद्धान्त - आदर्श मानक सामाजिक व्यक्ति चरित्र समाहित आदर्श मानक वैश्विक व्यक्ति चरित्र अर्थात सार्वजनिक प्रमाणित आदर्श मानक वैश्विक व्यक्ति चरित्र का विचार-सिद्धान्त मानव मस्तिष्क में डालने का काम वर्तमान है और वो अन्तिम भी है।

हे मानवों, अब स्थिति क्या है तथा भाविष्य में काल की गति किस ओर जा रही है? हे मानवों अब स्थिति यह है कि हमें आपके परम प्रिय सिद्धान्त "शक्ति और लाभ (पावर और प्राफिट)" से कोई असहमति नहीं हैं बल्कि यह आपमें कुछ करने की प्रवृत्ति का महान गुण हैं। इसका प्रकाश आप में सदैव जलते रहना चाहिए। काल की गति इस प्रकाश को कैसे सफलतापूर्वक प्राप्त किया जा सकता है उस ज्ञान को ग्रहण करके उस अनुसार कार्य करने की ओर जा रही है अर्थात ज्ञान युग की ओर जा रही है। और मस्तिष्क का विकास ही इसका मार्ग है। भविष्य का समय ऐसे ही मानवों के स्वागत की प्रतीक्षा कर रहा है।

काशी-सत्यकाशी क्षेत्र से विश्व शान्ति का अन्तिम सत्य-सन्देश

प्रिय आत्मीय मानवों,

इस संसार के मनुष्यों को अपना अन्तिम सन्देश देने से पहले मैं आपको उस क्षेत्र से परिचय कराना चाहता हूँ जिस क्षेत्र से यह सन्देश देने का साहस किया गया है क्योंकि कोई भी क्रिया बिना कारण के नहीं होती। मेरा समस्त मूल कार्य जिस क्षेत्र से सम्पूर्ण हुआ, उस क्षेत्र को मैं सत्यकाशी क्षेत्र कहता हूँ और मैं जिस ग्राम का निवासी हूँ वह काशी (वाराणसी) के चौरासी कोस यात्रा तथा सत्यकाशी क्षेत्र का उभय क्षेत्र में स्थित है। इसलिए मैं जितना काशी (वाराणसी) का हूँ उतना ही सत्यकाशी का हूँ। इस प्रकार यह सन्देश काशी-सत्यकाशी का संयुक्त सन्देश है।

सत्यकाशी क्षेत्र जो काशी (वाराणसी), विन्ध्याचल, शिवद्वार और सोनभद्र के बीच का क्षेत्र है, एक पौराणिक-आध्यात्मिक और साधना के लिए उपयुक्त क्षेत्र के रूप में प्राचीन काल से आकर्षण में रहा है। इस क्षेत्र का हृदय क्षेत्र चुनार है। चुनार का किला राजा विक्रमादित्य ने अपने भाई भर्तहरि के तपस्या में हिंसक जानवरों द्वारा व्यवधान न उत्पन्न हो इसके लिए बनवाया था। ये राजा विक्रमादित्य वही हैं जिनके नाम से विक्रम सम्वत् कैलेण्डर स्थापित है। चुनार ईश्वर के पाँचवें अवतार-वामन अवतार का क्षेत्र है जिनसे समाज की शक्ति का प्रथम जन्म हुआ था।

सत्यकाशी क्षेत्र के चारों कोण पर स्थित 1. काशी (वाराणसी) का अपना प्राचीन और पुरातन इतिहास है जो सर्वविदित है। 2. विन्ध्याचल, जो शिव-शक्ति के उपासना का अद्भुत केन्द्र है। यशोदा से उत्पन्न पुत्री (जिनके बदले श्रीकृष्ण प्राप्त हुये थे) महासरस्वती अष्टभुजा देवी के नाम से यहीं स्थापित हैं। भारत देश का मानक समय माँ विन्ध्यवासिनी धाम से तय होता है। पुराणों के अनुसार रावण ने भी इसे मानक समय स्थल मानकर यहाँ शिवलिंग की स्थापना की थी। 3. शिवद्वार, त्रिकोणीय तान्त्रिक साधना के लिए जगत विख्यात था और साधना की राजधानी था। इसे ही मीरजापुर गजेटियर में गुप्तकाशी की संज्ञा से अभिकल्पित किया गया है। 4. सोनभद्र, सोन संस्कृति की पौराणिक पृष्ठभूमि वैदिककालीन सभ्यता की पराकाष्ठापरक ऐतिहासिकता से सम्बद्ध है। सन्त परम्पराओं का एक महत्वपूर्ण परिव्रजन इस क्षेत्र में हुआ जिसमें शैव व शाक्त प्रमुख थे। शैव सम्प्रदाय से जुड़े अघोर तन्त्र ने इसे बहुत सराहा और इसे अपनी कर्मभूमि बना लिया। सोन नद के तट पर शव छेदन क्रिया की भी प्रशिक्षा आयुर्वेद के जिज्ञासुओं को दी जाती थी। शैव तन्त्र से प्रभावित अघोर तन्त्र शव-साधना में सिद्धहस्त था और शव में इकार की प्राण प्रतिष्ठा का जीवन्त रूप शिव को दे देना इनकी अलौकिक साधना का चरमोत्कर्ष है। अघोरपन्थी नाम के पश्चात् "राम" का प्रयोग करते थे। इस क्षेत्र में सवर्ण वर्ग में प्रायः ब्राह्मण वर्ग भी राम का प्रयोग अपने नाम में करता है। इस क्षेत्र में पाशुपात तन्त्र के महान साधक लोरिक का नाम विशेष है।

उपरोक्त तो अति संक्षिप्त परिचय है विस्तार से "विश्वशास्त्र" के अध्याय-दो में प्रकाशित है, जिस क्षेत्र से ये विश्व ऐतिहासिक अन्तिम, अपरिवर्तनीय और अटलनीय सन्देश देने का साहस किया गया है।

हे मानवों, इस संसार में व्यक्त साहित्य, दर्शन, मत, सम्प्रदाय, नियम, संविधान इत्यादि को व्यक्त करने का माध्यम मात्र केवल मानव शरीर ही है इसलिए यह सोचो की यदि सार्वभौम सत्य-सिद्धान्त आधारित ऐसा साहित्य जो सार्वदेशीय, सार्वकालिक और सम्पूर्ण मानव समाज के लिए असीम गुणों और दिशाओं से युक्त हो, अन्तिम रुप से एक ही मानव शरीर से व्यक्त हो रहा हो जिसके ज्ञान के बिना मानव, मानव नहीं पशु हो, उसे स्वीकार और आत्मसात् करना मानव की विवशता हो, तो तुम उस व्यक्तकर्ता मानव को क्या कहोगे? और उसका क्या दोष? यह तो मैं तुम पर ही छोड़ता हूँ। परन्तु धार्मिक-आध्यात्मिक भाषा में उसी असीम गुणों-दिशाओं के प्रकाट्य शरीर को पूर्ण और अन्तिम साकार-सगुण-दृश्य-ब्रह्म-ईश्वर-आत्मा-शिव कहते हैं तथा सार्वभौम सत्य-

सिद्धान्त को निराकार-निर्गुण-अदृश्य-ब्रह्म-ईश्वर-आत्मा-शिव कहते हैं वह शरीर चूँकि सिद्धान्त युक्त होता है इसलिए वह धर्मशास्त्र का प्रमाण रुप होता है। जो धर्मशास्त्रों और धर्मज्ञानियों के प्रति विश्वास बढ़ाता है। वर्तमान समय में सिर्फ यह देखने की आवश्यकता है कि क्या वह सार्वभौम सत्य-सिद्धान्त शास्त्र-साहित्य विश्व विकास-एकता-स्थिरता-शान्ति के क्षेत्र में कुछ रचनात्मक भूमिका निभा सकता है या नहीं? यह देखने की आवश्यकता नहीं है कि उसका व्यक्तकर्ता एक ही शरीर है क्योंकि इससे कोई लाभ नहीं। प्रत्येक मानव चाहे वह किसी भी स्तर का हो वह शारीरिक संरचना में समान होता है परन्तु वह विचारों से ही विभिन्न स्तर पर पीठासीन है, इसलिए मानव, शरीर नहीं विचार है उसी प्रकार विश्वमानव शरीर नहीं, विश्व विचार अर्थात् सार्वभौम सत्य-सिद्धान्त है। इसी प्रकार "मैं" , अहंकार नहीं, "सिद्धान्त" है। प्रत्येक स्तर पर पीठासीन मानव अपने स्तर का सिद्धान्त रुप से "मैं" का अंश रुप से तथा विचार रुप से "अहंकार" का अंश रुप ही है। "मैं" का पूर्ण दृश्य, वास्तविक, सर्वोच्च और अन्तिम रुप वही होगा जो सम्पूर्ण ब्रह्माण्ड के सभी विषयों में व्याप्त हो जाय। तभी तो वह असीम गुणों और दिशाओं से युक्त होगा तथा प्रत्येक दिशा या गुण से उसका नाम अलग-अलग होगा परन्तु वह एक ही होगा। हे मानव, तुम इसे देख नहीं पाते क्योंकि तुम "दृष्टि" से युक्त हो अर्थात् तुम एक ही दिशा या गुण द्वारा देखने की क्षमता रखते हो तुम्हें "दिव्य दृष्टि" अर्थात् अनेक दिशा या गुणों द्वारा एक साथ देखने की क्षमता रखनी चाहिए तभी तुम यथार्थ को देख पाओगे, तभी तुम "मैं" के विश्व रुप को देख पाओगे। दृष्टि से युक्त होने के कारण ही तुम मेरे आभासी रुप-शरीर रुप को ही देखते हो, तुम मेरे वास्तविक रुप-सिद्धान्त रुप को देख ही नहीं पाते। इसी कारण तुम मुझे अहंकार रुप में देखते हो। और इसी कारण तुम "भूमण्डलीकरण (Globalisation)" का विरोध करते हो जबकि "ग्लोबलाईज्ड" दृष्टि ही "दिव्य दृष्टि" है। जिसका तुम मात्र विरोध कर सकते हो क्योंकि यह प्राकृतिक बल के अधीन है जो तुम्हें मानव से विश्वमानव तक के विकास के लिए अटलनीय है। दृष्टि, अहंकार है, अंधकार है, अपूर्ण मानव है तो दिव्य दृष्टि, सिद्धान्त है, प्रकाश है, पूर्णमानव-विश्वमानव है। तुम मानव की अवस्था से विश्वमानव की अवस्था में आने का प्रयत्न करो न कि विश्वमानव का विरोध। विरोध से तुम्हारी क्षति ही होगी। जिस प्रकार "श्रीकृष्ण" नाम है "योगेश्वर" अवस्था है, "गदाधर" नाम है "रामकृष्ण परमहंस" अवस्था है, "सिद्धार्थ" नाम है "बुद्ध" अवस्था है, "नरेन्द्र नाथ दत्त" नाम है "स्वामी विवेकानन्द" अवस्था है, "रजनीश" नाम है "ओशो" अवस्था है। उसी प्रकार व्यक्तियों के नाम, नाम है "भोगेश्वर विश्वमानव" उसकी चरम विकसित, सर्वोच्च और अन्तिम अवस्था है। "दृष्टि" से युक्त होकर विचार व्यक्त करना निरर्थक है, प्रभावहीन है, यहाँ तक की तुम्हें विरोध करने का भी अधिकार नहीं क्योंकि वर्तमान और भविष्य के समय में इसका कोई महत्व नहीं, अर्थ नहीं क्योंकि वह व्यक्तिगत विचार होगा न कि सार्वजनिक संयुक्त विचार। यह सार्वजनिक संयुक्त विचार ही "एकात्म विचार" है और यही वह अन्तिम सत्य है, यही "सार्वभौम सत्य-सिद्धान्त" है। यही धर्मनिपरपेक्ष और सर्वधर्मसमभाव नाम से विश्वमानक-शून्य श्रृंखला: मन की गुणवत्ता का विश्वमानक तथा धर्म नाम से कर्मवेद: प्रथम, अन्तिम और पंचमवेदीय श्रृंखला है जिसकी शाखाएं सम्पूर्ण ब्रह्माण्ड में व्याप्त है और सम्पूर्ण ब्रह्माण्ड व्यक्त है जिसकी स्थापना चेतना के अन्तिम रुप-दृश्य सत्य चेतना के अधीन है। यही "मैं" का दृश्य रुप है। यही "विश्व-बन्धुत्व" , "वसुधैव-कुटुम्बकम्" , "बहुजनहिताय-बहुजनसुखाय" , "एकात्म-मानवतावाद" , "सर्वेभवन्तु-सुखिनः" की स्थापना का "एकात्मकर्मवाद" आधारित अन्तिम मार्ग है।

मन और मन का मानक। मन-व्यक्तिगत प्रमाणित अदृश्य सत्य। मन का मानक-सार्वजनिक प्रमाणित दृश्य सत्य। अनासक्त मन अर्थात् आत्मा अर्थात् व्यक्तिगत प्रमाणित अदृश्य आत्मा अर्थात् मन का अदृश्य मानक। मन का मानक अर्थात् सार्वजनिक प्रमाणित दृश्य आत्मा अर्थात् सार्वजनिक प्रमाणित दृश्य अनासक्त मन। मन का मानक में मन समाहित है।

आत्मा का सार्वजनिक प्रमाणित धर्मनिरपेक्ष एवं सर्वधर्मसमभाव दृश्य रुप एकात्म ज्ञान, एकात्म ज्ञान सहित एकात्म कर्म तथा एकात्म ज्ञान और एकात्म कर्म सहित एकात्म ध्यान के तीन व्यक्त होने के स्तर हैं जो क्रमशः एकात्म वाणी, एकात्म वाणी सहित एकात्म प्रेम तथा एकात्म वाणी और एकात्म प्रेम सहित एकात्म समर्पण द्वारा शक्ति प्राप्त करता है। जिनका धर्मयुक्त अदृश्य रुप भारतीय संस्कृति के पौराणिक कथाओं में ब्रह्मा, विष्णु,

महेश (शंकर) के रुप में तथा सरस्वती, लक्ष्मी और पार्वती शक्ति के रुप में प्रक्षेपित हैं। जिनकी उपयोगिता क्रमशः व्यक्ति, समाज और ब्रह्माण्ड को संतुलन, स्थिरता एवं विकास में है।

यदि तुम उपरोक्त गुणों को रखते हो तो तुम ही ब्रह्मा हो, विष्णु और महेश हो। साथ ही सरस्वती, लक्ष्मी और पार्वती भी। और यदि यह सीमित कर्मक्षेत्र तक में है तो तुम एक सीमाबद्ध और यदि यह सम्पूर्ण ब्रह्माण्ड के सर्वोच्च व्यापक अन्तिम और असीमित कर्म क्षेत्र तक में है तो तुम एक मूल ब्रह्मा, विष्णु, महेश और शक्ति सरस्वती, लक्ष्मी और पार्वती के अवतार हो। यदि तुम इस अनुसार नहीं तो तुम इनके अलावा मानव, दानव, पशु-मानव इत्यादि हो।

जब प्रत्येक शब्द धर्म और धर्मनिरपेक्ष या सर्वधर्मसमभाव में वर्गीकृत किया जा सकता है तब ईश्वर नाम को भी धर्मयुक्त नाम और धर्म निरपेक्ष या सर्वधर्मसमभाव नाम में व्यक्त किया जा सकता है। क्योंकि ईश्वर नाम भी शब्द है। जिस प्रकार व्यक्तिगत प्रमाणित अदृश्य काल के लिए धर्मयुक्त समष्टि ईश्वर नाम-" ऊँ" है। उसी प्रकार सार्वजनिक प्रमाणित दृश्य काल के लिए धर्मनिरपेक्ष और सर्वधर्मसमभाव समष्टि ईश्वर नाम- " TRADE CENTRE" है। जिसमें धर्म युक्त ईश्वर नाम-" ऊँ" का धर्मनिरपेक्ष और सर्वधर्मसमभाव रुप समाहित है।

एक ही देश काल मुक्त सर्वव्यापी अदृश्य सत्य-धर्म-ज्ञान है-आत्मा। और एक ही देश काल मुक्त सर्वव्यापी दृश्य सत्य-धर्म-ज्ञान है- क्रिया या परिवर्तन या $E=MC^2$ या आदान-प्रदान या TRADE या TRANSACTION। इस प्रकार सर्वोच्च और अन्तिम दृश्य सत्य-धर्म-ज्ञान से समस्त विषयों के यथार्थ व्यक्त रुप सर्वमान्य, सार्वजनिक प्रमाणित दृश्य और अन्तिम है। और व्यक्त कर्ता ज्ञानी या ब्रह्म या शिव की अन्तिम कड़ी है। इस आधार पर यह कहा जा सकता है कि "आत्मा" और मेरा दृश्य रुप (आदान-प्रदान) ही स्वस्थ उद्योग, स्वस्थ समाज और स्वस्थ लोकतन्त्र सहित विश्व शान्ति, एकता, स्थिरता और विकास का अन्तिम मार्ग है। चाहे वह वर्तमान में आत्मसात् किया जाये या भविष्य में परन्तु सत्य तो यही है।

मन से मन के मानक के व्यक्त होने के सम्पूर्ण यात्रा में कुछ महापुरुषों ने अदृश्य मानक आत्मा को व्यक्त करने के लिए कार्य किये तो कुछ ने अदृश्य सहित दृश्य मानक के लिए। मन के अदृश्य मानक आत्मा की श्रृंखला में निवृत्ति मार्गी-साधु, संत इत्यादि जिनकी सर्वोच्च स्थिति ब्रह्मा हैं। मन के अदृश्य सहित दृश्य मानक के श्रृंखला में प्रवृत्ति मार्गी-गृहस्थ युक्त सन्यासी इत्यादि जिनकी सर्वोच्च स्थिति विष्णु हैं। इस मानक को व्यवहारिकता में लाने के लिए ध्यान मार्गी जिनकी सर्वोच्च स्थिति महेश हैं। और यही वर्तमान तथा भविष्य के समाज की आवश्यकता है। और यही मन के मानक की उपयोगिता है।

मन के मानक को व्यक्त करने में जो शब्द, ज्ञान-विज्ञान, नाम-रुप इत्यादि प्रयोग किये गये हैं-वे सब मन से मन के मानक के विकास यात्रा में विभिन्न महापुरुषों द्वारा व्यक्त हो मानव समाज में पहले से मान्यता प्राप्त कर विद्यमान है। मैं (विश्वात्मा) सिर्फ उसको वर्तमान की आवश्यकता और वर्तमान से जोड़ने के लिए समयानुसार व्यक्त कर मन के मानक को व्यक्त कर दिया हूँ। यदि समाज इसे आत्मसात् नहीं करता तो उसके पहले मैं (विश्वात्मा) ही उसे आत्मसात् नहीं करता क्योंकि मैं शुद्ध-बुद्ध-मुक्त आत्मा हूँ, मैं नाम-रुप से मुक्त हूँ, मैं शिव हूँ, मैं शिव हूँ, मैं शिव हूँ। और ऐसा कहने वाला मैं पहला नहीं हूँ। मुझसे पहले भी अनेक सिद्धों द्वारा ऐसी उद्घोषणा की जा चुकी है और वे अपने समय के देश-काल स्थितियों में उसे सिद्ध भी कर चुके हैं और जब तक प्रत्येक मानव ऐसा कहने के योग्य नहीं बनता तब तक धर्म शास्त्रों में सृष्टि के प्रारम्भ में कहा गया ईश्वरीय वाणी-" ईश्वर ने इच्छा व्यक्त की कि मैं एक हूँ अनेक हो जाऊँ" कैसे सिद्ध हो पायेगा। मेरे उद्घोष का सबसे बड़ा प्रमाण "सत्य मानक शिक्षा" द्वारा लक्ष्य "पुनर्निर्माण" व उसके प्राप्ति की कार्य योजना है। जो अपने आप में पुरातन, विलक्षण और वर्तमान तक ऐसा नहीं हुआ है, जैसा है। श्रीराम द्वारा शारीरिक शक्ति के माध्यम से शारीरिक शक्ति का प्रयोग कर सत्यीकरण हुआ था, श्रीकृष्ण द्वारा आर्थिक शक्ति के माध्यम से व्यक्तिगत बौद्धिक शक्ति का प्रयोग कर सत्यीकरण हुआ था, अब यह कार्य व्यक्तिगत बौद्धिक शक्ति के माध्यम से सार्वभौम बौद्धिक शक्ति का प्रयोग कर सत्यीकरण किया जा रहा है। जो श्रीराम, श्रीकृष्ण के क्रम में अगला कार्य है। यह मानने का कार्य नहीं जानने का कार्य है। मानने से,

मानने वाले का कोई कल्याण नहीं होता, कल्याण तो सिर्फ जानने वालों का ही होता रहा है, होता है और होता रहेगा।

वर्तमान एवं भविष्य के मानव समाज को मैं (विश्वात्मा) का यह अन्तिम सत्य संदेश है कि-मानव की वास्तविक चेतना-सत्य चेतना अर्थात् भूतकाल का अनुभव और भविष्य की आवश्यकतानुसार वर्तमान में परिणाम ज्ञान से युक्त हो कार्य करना है न कि पशुओं की प्राकृतिक चेतना अर्थात् शुद्ध रुप से वर्तमान में कार्य करना है। सत्य चेतना में प्राकृतिक चेतना समाहित रहती है। अर्थात् मानव का विकास प्राकृतिक चेतना से सत्य चेतना की ओर होना चाहिए। और विज्ञान की भाँति धर्म के विषय में भी सदा आविष्कृत विषय से आविष्कार की ओर बढ़ना चाहिए अन्यथा स्थिति यह होगी कि वह तो आपके पास पहले से आविष्कृत था परन्तु उसी के आविष्कार में आपने पूरा जीवन व्यतीत कर दिया।

सम्पूर्ण मानव समाज से यह निवेदन है कि ईश्वर के सम्बन्ध में जो कुछ भी अब तक आविष्कृत है यद्यपि कि वह सब मैं (आत्मा) इस भौतिक शरीर (श्री लव कुश सिंह "विश्वमानव") से व्यक्त कर चुका हूँ लेकिन फिर भी व्यक्ति ईश्वर नहीं बन सकता। सिर्फ समष्टि ही ईश्वर होता है और समष्टि ही संयुक्त है। जिसकी चरम विकसित अवस्था सम्पूर्ण ब्रह्माण्ड का यथार्थ रुप है जो एक संयुक्त विचार-सत्य-सिद्धान्त ही है व्यक्ति नहीं। जबकि इसको व्यक्त और आत्मसात् करने वाला व्यक्ति ही है अर्थात् ईश्वर और व्यक्ति एक दूसरे पर निर्भर है। परिणामस्वरुप जो कुछ भी इस भौतिक शरीर द्वारा व्यक्त कर देना था-वह दे दिया गया और बात यहीं समाप्त हो गयी। क्योंकि मैं (विश्वात्मा) तुम्हारे अनूरुप सामान्य हो गया क्योंकि ईश्वर (संयुक्त विचार सत्य-सिद्धान्त) बाहर हो गया और वह सभी में व्याप्त हो गया। तू भी सामान्य, मैं भी सामान्य। तू भी ईश्वर, मैं भी ईश्वर। तू भी शिव, मैं भी शिव। इससे अलग सिर्फ माया, भ्रम, अन्धविश्वास है। और जब तक मैं (विश्वात्मा) इस शरीर में हूँ एक वर्तमान और भविष्य का एकात्म ध्यान युक्त प्रबुद्ध मानव के सिवाय कुछ अधिक भी नहीं समझा जाना चाहिए बस यही निवेदन है।

इस अन्तिम के सम्बन्ध में यह कहना चाहूँगा कि इस पर अभी विवाद करने से कोई लाभ नहीं है। अभी तो सिर्फ यह देखना है कि यह कालानुसार वर्तमान और भविष्य के लिए व्यक्ति से विश्व प्रबन्ध तक के लिए उपयोगी है या नहीं और जब तक मानव सृष्टि रहेगी तब तक यह सार्वभौम सत्य-सिद्धान्त अभेद्य और अकाट्य बना रहता है। तब यह समझ लेना होगा कि यह अन्तिम था। और व्यक्त करने वाला मानव शरीर पूर्ण ब्रह्म की अन्तिम कड़ी अर्थात् शिव का साकार सगुण रुप ही था।

आलोचना और विरोध मानव का स्वभाव है परन्तु सत्य की आलोचना और विरोध यदि बिना विचारे ही होगा तो यह उस मनुष्य के लिए स्वयं की मूर्खता का प्रदर्शन ही बन सकता है क्योंकि ऐसा नहीं है कि अन्य मनुष्य इसे नहीं समझ रहे हैं। इसलिए इसके लिए थोड़ा सतर्कता रखें विशेषकर उन लोगों के लिए जो सार्वजनिक रुप से विचार प्रस्तुत करते हैं।

हाँ, एक अन्तिम सत्य और-उपरोक्त अन्तिम सत्य भी सत्य और अन्तिम सत्य है या नहीं? इसके लिए भी तो ज्ञान और बुद्धि चाहिए।

प्रकाशित खुशमय तीसरी सहस्त्राब्दि के साथ यह एक सर्वोच्च समाचार है कि नयी सहस्त्राब्दि केवल बीते सहस्त्राब्दियों की तरह एक सहस्त्राब्दि नहीं है। यह प्रकाशित और विश्व के लिए नये अध्याय के प्रारम्भ का सहस्त्राब्दि है। केवल वक्तव्यों द्वारा लक्ष्य निर्धारण का नहीं बल्कि स्वर्गीकरण के लिए असिमीत भूमण्डलीय मनुष्य और सर्वोच्च अभिभावक संयुक्त राष्ट्र संघ सहित सभी स्तर के अभिभावक के कर्तव्य के साथ कार्य योजना पर आधारित। क्योंकि दूसरी सहस्त्राब्दि के अन्त तक विश्व की आवश्यकता, जो किसी के द्वारा प्रतिनिधित्व नहीं हुई उसे विवादमुक्त और सफलतापूर्वक प्रस्तुत किया जा चुका है। जबकि विभिन्न विषयों जैसे-विज्ञान, धर्म, आध्यात्म, समाज, राज्य, राजनीति, अन्तर्राष्ट्रीय सम्बन्ध, परिवार, व्यक्ति, विभिन्न संगठनों के क्रियाकलाप, प्राकृतिक, ब्रह्माण्डीय, देश, संयुक्त राष्ट्र संघ इत्यादि की स्थिति और परिणाम सार्वजनिक प्रमाणित दृश्य रुप में थे।

विज्ञान के सर्वोच्च आविष्कार के आधार पर अब यह विवाद मुक्त हो चुका है कि मन केवल व्यक्ति, समाज, और राज्य को ही नहीं प्रभावित करता बल्कि यह प्रकृति और ब्रह्माण्ड को भी प्रभावित करता है। केन्द्रीयकृत और ध्यानीकृत मन विभिन्न शारीरिक सामाजिक और राज्य के असमान्यताओं के उपचार का अन्तिम मार्ग है। स्थायी स्थिरता, विकास, शान्ति, एकता, समर्पण और सुरक्षा के लिए प्रत्येक राज्य के शासन प्रणाली के लिए आवश्यक है कि राज्य अपने उद्देश्य के लिए नागरिकों का निर्माण करें। और यह निर्धारित हो चुका है कि क्रमबद्ध स्वस्थ मानव पीढ़ी के लिए विश्व की सुरक्षा आवश्यक है। इसलिए विश्वमानव के निर्माण की आवश्यकता है, लेकिन ऐसा नहीं है और विभिन्न अनियन्त्रित समस्या जैसे-जनसंख्या, रोग, प्रदूषण, आतंकवाद, भ्रष्टाचार, विकेन्द्रीकृत मानव शक्ति एवं कर्म इत्यादि लगातार बढ़ रहे है। जबकि अन्तरिक्ष और ब्रह्माण्ड के क्षेत्र में मानव का व्यापक विकास अभी शेष है। दूसरी तरफ लाभकारी भूमण्डलीकरण विशेषीकृत मन के निर्माण के कारण विरोध और नासमझी से संघर्ष कर रहा है। और यह असम्भव है कि विभिन्न विषयों के प्रति जागरण समस्याओं का हल उपलब्ध करायेगा।

मानक के विकास के इतिहास में उत्पादों के मानकीकरण के बाद वर्तमान में मानव, प्रक्रिया और पर्यावरण का मानकीकरण तथा स्थापना आई0 एस0 ओ0-9000 एवं आई0 एस0 ओ0-14000 श्रृंखला के द्वारा मानकीकरण के क्षेत्र में बढ़ रहा है। लेकिन इस बढ़ते हुये श्रृंखला में मनुष्य की आवश्यकता (जो मानव और मानवता के लिए आवश्यक है) का आधार "मानव संसाधन का मानकीकरण" है क्योंकि मनुष्य सभी (जीव और निर्जीव) का निर्माणकर्ता और उसका नियन्त्रणकर्ता है। मानव संसाधन के मानकीकरण के बाद सभी विषय आसानी से लक्ष्य अर्थात् विश्वस्तरीय गुणवत्ता की ओर बढ़ जायेगी क्योंकि मानव संसाधन के मानक में सभी तन्त्रों के मूल सिद्धान्त का समावेश होगा।

वर्तमान समय में शब्द- "निर्माण" भूमण्डलीय रुप से परिचित हो चुका है इसलिए हमें अपना लक्ष्य मनुष्य के निर्माण के लिए निर्धारित करना चाहिए। और दूसरी तरफ विवादमुक्त, दृश्य, प्रकाशित तथा वर्तमान सरकारी प्रक्रिया के अनुसार मानक प्रक्रिया उपलब्ध है। जैसा कि हम सभी जानते हैं कि मानक हमेशा सत्य का सार्वजनिक प्रमाणित विषय होता है न कि विचारों का व्यक्तिगत प्रमाणित विषय। अर्थात् प्रस्तुत मानक विभिन्न विषयों जैसे-आध्यात्म, विज्ञान, तकनीकी, समाजिक, नीतिक, सैद्धान्तिक, राजनीतिक इत्यादि के व्यापक समर्थन के साथ होगा। "उपयोग के लिए तैयार" तथा "प्रक्रिया के लिए तैयार" के आधार पर प्रस्तुत मानव के विश्व स्तरीय निर्माण विधि को प्राप्त करने के लिए मानव निर्माण तकनीकी WCM-TLM-SHYAM.C (World Class Manufactuing–Total Life Maintenance- Satya, Heart, Yoga, Ashram, Meditation.Conceousnesas) प्रणाली आविष्कृत है जिसमें सम्पूर्ण तन्त्र सहभागिता (Total System Involvement-TSI) है और विश्वमानक शून्य: मन की गुणवत्ता का विश्वमानक श्रृंखला (WS-0: World Standard of Mind Series) समाहित है। जो विश्वमानव निर्माण प्रक्रिया की तकनीकी और मानव संसाधन की गुणवत्ता का विश्वमानक है। जैसे-औद्योगिक क्षेत्र में इन्स्टीच्यूट आफ प्लान्ट मेंन्टीनेन्स, जापान द्वारा उत्पादों के विश्वस्तरीय निर्माण विधि को प्राप्त करने के लिए उत्पाद निर्माण तकनीकी डब्ल्यू0 सी0 एम0-टी0 पी0 एम0-5 एस (WCM-TPM-5S (World Class Manufacturing - Total Productive Maintenance -Siri (छँटाई), Seton (सुव्यवस्थित), Sesaso (स्वच्छता), Siketsu (अच्छास्तर), Shituke (अनुशासन) प्रणाली संचालित है। जिसमें सम्पूर्ण कर्मचारी सहभागिता (Total Employees Involvement) है।) का प्रयोग उद्योगों में विश्व स्तरीय निर्माण प्रक्रिया के लिए होता है। और आई.एस.ओ.-9000 (ISO-9000) तथा आई.एस.ओ.-14000 (ISO-14000) है।

युग के अनुसार सत्यीकरण का मार्ग उपलब्ध कराना ईश्वर का कर्तव्य है आश्रितों पर सत्यीकरण का मार्ग प्रभावित करना अभिभावक का कर्तव्य है। और सत्यीकरण के मार्ग के अनुसार जीना आश्रितों का कर्तव्य है जैसा कि हम सभी जानते है कि अभिभावक, आश्रितों के समझने और समर्थन की प्रतिक्षा नहीं करते। अभिभावक यदि किसी विषय को आवश्यक समझते हैं तब केवल शक्ति और शीघ्रता से प्रभावी बनाना अन्तिम मार्ग होता है। विश्व के बच्चों के लिए यह अधिकार है कि पूर्ण ज्ञान के द्वारा पूर्ण मानव अर्थात् विश्वमानव के रुप में बनना। हम सभी विश्व के नागरिक सभी स्तर के अभिभावक जैसे-महासचिव संयुक्त राष्ट्र संघ, राष्ट्रों के राष्ट्रपति-प्रधानमंत्री, धर्म,

समाज, राजनीति, उद्योग, शिक्षा, प्रबन्ध, पत्रकारिता इत्यादि द्वारा अन्य समानान्तर आवश्यक लक्ष्य के साथ इसे जीवन का मुख्य और मूल लक्ष्य निर्धारित कर प्रभावी बनाने की आशा करते हैं। क्योंकि लक्ष्य निर्धारण वक्तव्य का सूर्य नये सहस्त्राब्दि के साथ डूब चुका है। और कार्य योजना का सूर्य उग चुका है। इसलिए धरती को स्वर्ग बनाने का अन्तिम मार्ग सिर्फ कर्तव्य है। और रहने वाले सिर्फ सत्य-सिद्धान्त से युक्त संयुक्तमन आधारित मानव है, न कि संयुक्तमन या व्यक्तिगतमन से युक्तमानव।

आविष्कार विषय "व्यक्तिगत मन और संयुक्तमन का विश्व मानक और पूर्णमानव निर्माण की तकनीकी है जिसे धर्म क्षेत्र से कर्मवेद: प्रथम, अन्तिम तथा पंचमवेदीय श्रृंखला तथा शासन क्षेत्र से WS-0: मन की गुणवत्ता का विश्व मानक श्रृंखला तथा WCM-TLM-SHYAM.C तकनीकी कहते है। सम्पूर्ण आविष्कार सार्वभौम सत्य-सिद्धान्त अर्थात सम्पूर्ण ब्रह्माण्ड में व्याप्त अटलनीय, अपरिवर्तनीय, शाश्वत व सनातन नियम पर आधारित है, न कि मानवीय विचार या मत पर आधारित।" सम्पूर्ण ब्रह्माण्ड में व्याप्त एक ही सत्य-सिद्धान्त द्वारा व्यक्तिगत व संयुक्त मन को एकमुखी कर सर्वोच्च, मूल और अन्तिम स्तर पर स्थापित करने के लिए शून्य पर अन्तिम आविष्कार WS-0 श्रृंखला की निम्नलिखित पाँच शाखाएँ है।

1. डब्ल्यू.एस. (WS)-0:विचार एवम् साहित्य का विश्वमानक
2. डब्ल्यू.एस. (WS)-00: विषय एवम् विशेषज्ञों की परिभाषा का विश्वमानक
3. डब्ल्यू.एस. (WS)-000:ब्रह्माण्ड (सूक्ष्म एवम् स्थूल) के प्रबन्ध और क्रियाकलाप का विश्वमानक
4. डब्ल्यू.एस. (WS)-0000: मानव (सूक्ष्म तथा स्थूल) के प्रबन्ध और क्रियाकलाप का विश्वमानक
5. डब्ल्यू.एस. (WS)-00000:उपासना और उपासना स्थल का विश्वमानक

संयुक्त राष्ट्र संघ सीधे इस मानक श्रृंखला को स्थापना के लिए अपने सदस्य देशों के महासभा के समक्ष प्रस्तुत कर अन्तर्राष्ट्रीय मानकीकरण संगठन व विश्व व्यापार संगठन के माध्यम से सभी देशों में स्थापित करने के लिए उसी प्रकार बाध्य कर सकता है, जिस प्रकार ISO-9000 व ISO-14000 श्रृंखला का विश्वव्यापी स्थापना हो रहा है।

20 वर्षों से जिस समय की प्रतीक्षा मैं लव कुश सिंह "विश्वमानव" कर रहा था वह आ गया है। जो व्यि प्राकृतिक बल को समझ जाते हैं वे उसके अनुसार कार्य योजना तैयार करते है। इस क्रम में व्यक्ति, समाज, देश व विश्व की आवश्यकता को 20 वर्ष पहले ही समझ लिया गया था और उस अनुसार ही लक्ष्य निर्धारित कर उसके प्राप्ति के लिए कार्य योजना तैयार की जा रही थी। सिर्फ लक्ष्य निर्धारण से ही कार्य सम्पन्न नहीं हो जाता बल्कि लक्ष्य की सत्यता की प्रमाणिकता के लिए धर्म शास्त्रों, पुराणों, दार्शनिकों, सामाजिक-राजनीतिक नेतृत्वकर्ताओं, विज्ञान व आध्यात्म इत्यादि के विचारों-सिद्धान्तों के द्वारा उसे पुष्टि प्रदान करने की भी आवश्यकता होती है। फिर उसे उस लक्ष्य तक पहुँचाने के लिए कार्य योजना बनानी पड़ती है।

वर्तमान समय, सम्पूर्ण पुनर्निर्माण और सत्यीकरण का समय है। हमें प्रत्येक विषय को प्रारम्भ से समझना और समझाना पड़ेगा। तभी व्यक्ति, समाज, देश व विश्व को सत्य दिशा प्राप्त हो सकेगी और इस कार्य को करने वाला काशी-सत्यकाशी क्षेत्र इस वर्तमान समय में राष्ट्र गुरू बनेगा जिसका कारण होगा-" राष्ट्र को सत्य मार्गदर्शन देना"। और फिर यही कारण भारत को जगतगुरू के रूप में स्थापित कर देगा।

हम सभी के मोटर वाहनों में, वाहन कितने किलोमीटर चला उसे दिखाने के लिए एक यंत्र होता है। यदि इस यंत्र की अधिकतम 6 अंकों तक किलोमीटर दिखाने की क्षमता हो तब उसमें 6 अंक दिखते है। जो प्रारम्भ में 000000 के रूप में होता है। वाहन के चलते अर्थात विकास करते रहने से 000001 फिर 000002 इस क्रम से बढ़ते हुये पहले इकाई में, फिर दहाई में, फिर सैकड़ा में, फिर हजार में, फिर दस हजार में, फिर लाख में, के क्रम में यह आगे बढ़ते हुये बदलता रहता है। एक समय ऐसा आता है जब सभी अंक 999999 हो जाते हें फिर क्या होगा? फिर सभी 000000 के अपने प्रारम्भ वाली स्थिति में आ जायेंगे। इन 6 अंक के प्रत्येक अंक के चक्र में 0 से 9 अंक के चक्र होते है। जो वाहन के चलने से बदलकर चले हुये किलोमीटर को दिखाते है। यही स्थिति भी इस सृष्टि के काल चक्र की है। सृष्टि चक्र में पहले काल है जिसके दो रूप अदृश्य और दृश्य हैं। फिर इन दोनों काल में 5 युग

हैं। 4 अदृश्य काल के 1 दृश्य काल के। और इन दोनों काल में 14 मनवन्तर और मनु हैं। 7 अदृश्य काल के 7 दृश्य काल के। फिर इन युगों में युगावतार अवतार होते हैं। फिर व्यास व शास्त्र होते हैं। ये सब वैसे ही है जैसे अंक गणित में इकाई, दहाई, सैकड़ा, हजार, दस हजार, लाख इत्यादि होते हैं। उपर उदाहरण दिये गये यंत्र में जब सभी अंक 999999 हो जाते हैं तब विकास के अगले एक बदलाव से इकाई, दहाई, सैकड़ा, हजार, दस हजार, लाख सभी बदलते हैं। वर्तमान सृष्टि चक्र की स्थिति भी यही हो गयी है कि अब अगले अवतार के मात्र एक विकास के लिए सत्यीकरण से काल, मनवन्तर व मनु, अवतार, व्यास व शास्त्र सभी बदलेंगे। इसलिए देश व विश्व के धर्माचार्यों, विद्वानों, ज्योतिषाचार्यों इत्यादि को अपने-अपने शास्त्रों को देखने व समझने की आवश्यकता आ गयी है क्योंकि कहीं ये कार्य वही तो नहीं है? और यदि नहीं तो वह कौन सा कार्य होगा जो इन सबको बदलने वाली घटना को घटित करेगा?

सामान्यतः मनुष्य का स्वभाव अपने जैसा ही दूसरे को समझना होता है। वह कैसे यह सोच सकता है कि एक व्यक्ति सांसारिक कार्यों से निर्लिप्त रहते हुये 20 वर्षों से ऐसी शोध व योजना पर ध्यान केन्द्रित कर कार्य करने में लगा हुआ है जो भारत को उसके सत्य महानता की ओर ले जाने वाला कार्य है। और ऐसा कार्य भारत सहित विश्व के लिए कितने बड़े समाचार का विषय बनेगा?

“विश्वशास्त्र” में जन्म-जीवन-पुनर्जन्म-अवतार-साकार ईश्वर-निराकार ईश्वर, अदृश्य और दृश्य ईश्वर नाम, मानसिक मृत्यु व जन्म, भूत-वर्तमान-भविष्य, शिक्षा व पूर्ण शिक्षा, संविधान व विश्व संविधान, ग्राम सरकार व विश्व सरकार, विश्व शान्ति व एकता, स्थिरता व व्यापार, विचारधारा व क्रियाकलाप, त्याग और भोग, राधा और धारा, प्रकृति और अहंकार, कर्तव्य और अधिकार, राजनीति व विश्व राजनीति, व्यक्ति और वैश्विक व्यक्ति, ज्ञान व कर्मज्ञान, योग, अदृश्य और दृश्य योग व ध्यान, मानवतावाद व एकात्मकर्मवाद, नायक-शास्त्राकार-आत्मकथा, महाभारत और विश्वभारत, जाति और समाजनीति, मन और मन का विश्वमानक, मानव और पूर्ण मानव एवं पूर्ण मानव निर्माण की तकनीकी, आकड़ा व सूचना और विश्लेषण, शास्त्र और पुराण इत्यादि अनेकों विषय और उनके वर्तमान समय के शासनिक व्यवस्था में स्थापना स्तर तक की विधि को व्यक्त किया गया है। इस एक ही “विश्वशास्त्र” साहित्य के गुणों के आधार पर धर्म क्षेत्र से 90 नाम और धर्मनिरपेक्ष व सर्वधर्मसमभाव क्षेत्र से 141 नाम भी निर्धारित किये गये हैं।

जब दुनिया बीसवीं सदी के समाप्ति के समीप थी तब वर्ष 1995 ई0 में कोपेनहेगन में सामाजिक विकास का विश्व शिखर सम्मेंलन हुआ था। इस शिखर सम्मेंलन में यह माना गया कि-” आर्थिक विकास अपने आप में महत्वपूर्ण विषय नहीं है, उसे समाजिक विकास के हित में काम करना चाहिए। यह कहा गया कि पिछले वर्षों में आर्थिक विकास तो हुआ, पर सभी देश सामाजिक विकास की दृष्टि से पिछड़े ही रहे। जिसमें मुख्यतः तीन बिन्दुओं-बढ़ती बेरोजगारी, भीषण गरीबी और सामाजिक विघटन पर चिन्ता व्यक्त की गई। यह स्वीकार किया गया कि सामाजिक विकास की समस्या सार्वभौमिक है। यह सर्वत्र है, लेकिन इस घोर समस्या का समाधान प्रत्येक संस्कृति के सन्दर्भ में खोजना चाहिए।” इसका सीधा सा अर्थ यह है कि व्यक्ति हो या देश, आर्थिक विकास तभी सफल होगा जब बौद्धिक विकास के साथ मनुष्य के गुणवत्ता में भी विकास हो। इसी सम्मेलन में भारत ने यह घोषणा की कि-” वह अपने सकल घरेलू उत्पाद का 6 प्रतिशत शिक्षा पर व्यय करेगा।” भारत इस पर तब से कितना अमल कर पाया यह तो सबके सामने है। लेकिन बौद्धिक विकास के साथ मनुष्य के गुणवत्ता में भी विकास के लिए भारत सहित विश्व के हजारों विश्वविद्यालय जिस पूर्ण सकारात्मक एवम् एकीकरण के विश्वस्तरीय शोध को न कर पाये, वह पूर्ण किया जा चुका है और उसे पाठ्यक्रम का रूप देकर पुनर्निर्माण के माध्यम से आपके सामने है। परिणामस्वरूप एकल सार्वभौमिक रचनात्मक बुद्धि बनाम विश्व बुद्धि का रूप आपके सामने है।

शास्त्रों व अनेक भविष्यवक्ताओं के भविष्यवाणीयों को पूर्णतया सिद्ध करते हुये यह कार्य उसी समय अवधि में सम्पन्न हुआ है। भविष्यवाणीयों के अनुसार ही जन्म, कार्य प्रारम्भ और पूर्ण करने का समय और जीवन है। अधिक जानने के लिए इन्टरनेट पर गूगल व फेसबुक में नियामतपुर कलाँ, लव कुश सिंह “विश्वमानव” , सत्यकाशी,

विश्वशास्त्र, विश्वमानव (NIYAMATPUR KALAN, LAVA KUSH SINGH "VISHWMANAV" , SATYAKASHI, VISHWSHASTRA, VISHWMANAV) इत्यादि से सर्च कर जानकारी पायी जा सकती है।

सामाजिक-आर्थिक प्रणाली और शिक्षा के दायित्व पर आधारित सम्पूर्ण कार्य योजना को राष्ट्र को समर्पित करते हुये और प्रकृति से लिए गये हवा, पानी, धूप इत्यादि का कर्ज उतारते हुये, इस व्यापार पर स्वयं का एकाधिकार न रहे इसलिए इसे, पूरी रूचि से संचालित करने वालों के हाथों में ही सौंपने की भी योजना है जिससे ज्ञान का व्यापार भी हो जायेगा और राष्ट्र सेवा भी हो जायेगी।

जय भारत देश, जय विश्व राष्ट्र

सत्य, आधुनिक अथवा प्राचीन किसी समाज का सम्मान नहीं करता। समाज को ही सत्य का सम्मान करना पड़ेगा। अन्यथा समाज ध्वंस हो जाये कोई हानि नहीं। किसी प्रकार की राजनीति में मुझे विश्वास नहीं है। ईश्वर तथा सत्य ही एक मात्र राजनीति है बाकि सब कूड़ा-करकट है।

-स्वामी विवेकानन्द

Think Globally - Act Locally
वैश्विक सोच - स्थानीय कार्यवाही

जिस प्रकार शरीर स्थित मन का स्तर व्यक्ति को इस संसार में अभिनय करवाता है, उसी प्रकार एक लेखक ही पर्दे पर या जीवन में अभिनय करवाता है।
वाल्मिकि और तुलसी के लिखने से श्रीराम का अभिनय,
और व्यास के लिखने से श्रीकृष्ण का अभिनय अभी भी चल रहा है।
व्यापक सोचें, व्यापक लिखे। पढ़े- "विश्वशास्त्र"

आत्मा पर कौन विश्वास करता है, सभी शरीर पर विश्वास करते हैं

WRITER IS ACTOR

भाग-5
परिवर्तन

सीधी समझ
नये भारत में, नये मनुष्य के उदय के लिए
व्यवस्था के परिवर्तन या सत्यीकरण का पहला प्रारूप और उसकी कार्य विधि
वे शब्द जिसके बिना युग परिवर्तन सम्भव नहीं

उपाधियाँ मिलती है- पीएच0 डी0, डी0 लिट0 और डी0 फिल0 और उनका बड़ा सम्मान होता है। उनका काम क्या है? उनका काम यह है कि वे तय करते हैं कि गोरखनाथ कब पैदा हुए थे। कोई कहता है दसवीं सदी के अंत में, कोई कहता है ग्यारहवीं सदी के प्रारम्भ में। इस पर बड़ा विवाद चलता है। बड़े-बड़े विश्वविद्यालयों के ज्ञानी सिर खपा कर खोज में लगे रहते हैं। शास्त्रों की, प्रमाणों की, इसकी, उसकी। उनकी पूरी जिन्दगी इसी में जाती है। इससे बड़ा अज्ञान और क्या होगा? गोरख कब पैदा हुए, इसे जानकर करोगे क्या? इसे जान भी लिया तो पाओगे क्या? गोरख न भी पैदा हुए, यह भी सिद्ध हो जाये, तो भी क्या फायदा? हुए हों या न हुए हों, अर्थहीन है। गोरख ने क्या जिया उसका स्वाद लो। इसलिए तुम्हारे विश्वविद्यालय ऐसी व्यर्थता के कामों में संलग्न हैं कि बड़ा आश्चर्य होता है कि इन्हें विश्वविद्यालय कहो या न कहो। इनका काम ही........तुम्हारे विश्वविद्यालय में चलने वाली जितनी शोध है, सब कूड़ा-करकट है।

-आचार्य रजनीश "ओशो"

(अक्टुबर व नवम्बर 1978 में दिये गये प्रवचन का अंश)

FINAL KNOWLEDGE BOMB BLAST

AFTER FIRST NOBEL DISCOVERY OF ZERO BY INDIA AGAIN ZERO BASED FINAL DISCOVERY

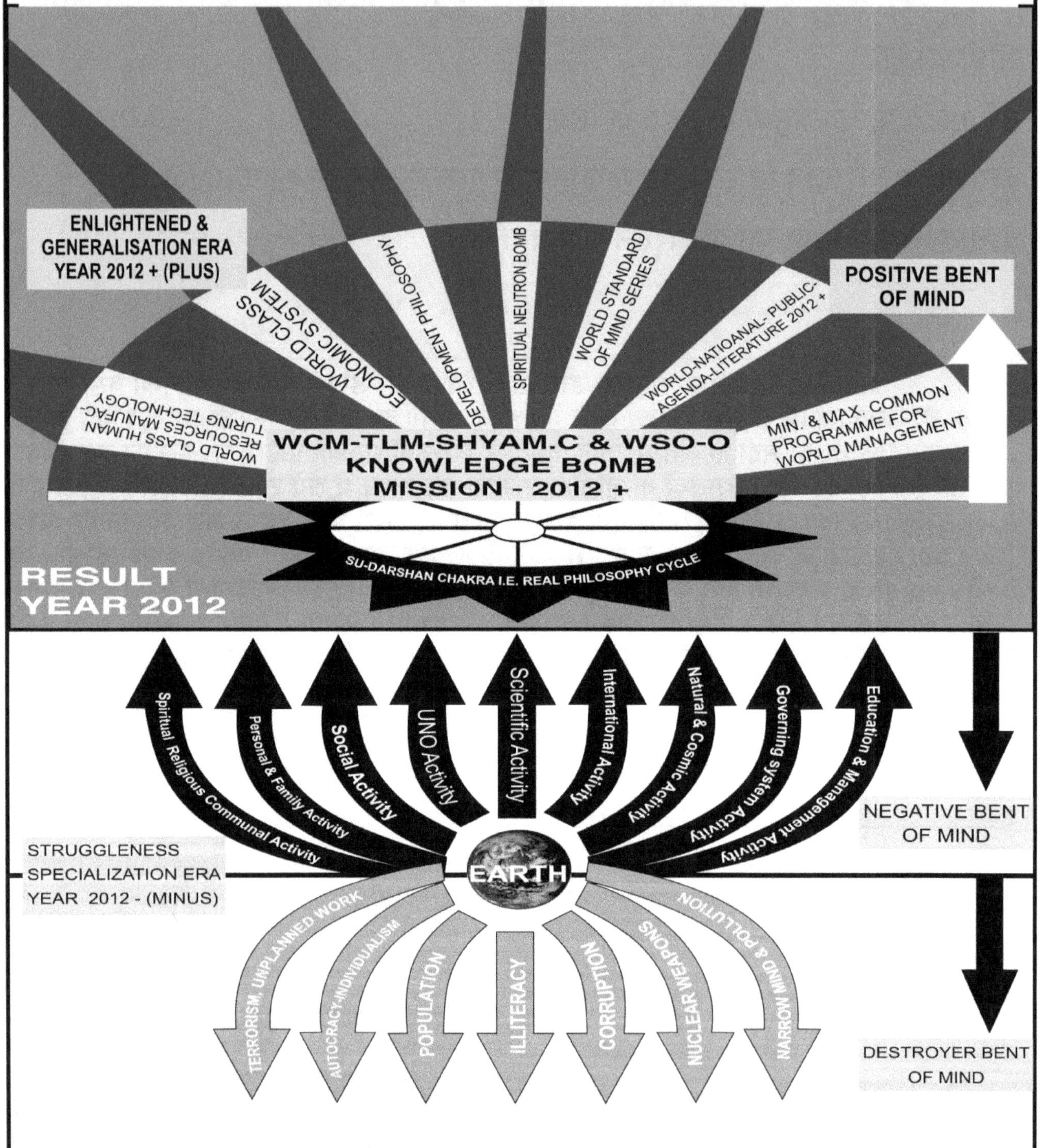

मैकाले शिक्षा पद्धति हम बदल नहीं सकते लेकिन अलग से "सत्य मानक शिक्षा" ग्रहण तो कर सकते हैं।

सरकारी पाठ्यक्रम बनाम नीजी पाठ्यक्रम / सार्वभौम आत्मीय पाठ्यक्रम / ईश्वरीय पाठ्यक्रम

ज्ञान के इस युग में ज्ञान की ओर चलें

FINAL KNOWLEDGE BOMB BLAST

यह चित्र **"FINAL KNOWLEDGE BOMB BLAST"** एक गहन वैचारिक मानचित्र है, जो मानव चेतना, ज्ञान, दर्शन और वैश्विक व्यवस्था के परिवर्तन को प्रतीकात्मक रूप में प्रस्तुत करता है।

इसमें यह दिखाया गया है कि वर्ष 2012 को एक *युग-संधि* के रूप में देखा गया है- जहाँ संघर्ष, विशेषज्ञता और विखंडन (2012–minus) से निकलकर मानवता को प्रबोधन, सामान्यीकरण और समन्वय (2012–plus) की ओर बढ़ना है।

चित्र के केंद्र में **WCM–TLM–SHYAM.C & WSO-O Knowledge Bomb Mission** और **सु-दर्शन चक्र (Real Philosophy Cycle)** को रखा गया है, जो यह संकेत देता है कि वास्तविक परिवर्तन शस्त्रों से नहीं, बल्कि दर्शन, विवेक और समग्र ज्ञान से आता है। ऊपर की ओर उठती संरचना *Positive Bent of Mind* को दर्शाती है, जहाँ विश्व-स्तरीय सोच, आध्यात्मिक दर्शन, मानवीय मूल्य, वैश्विक एजेंडा और कॉमन प्रोग्राम के माध्यम से मानव चेतना का विस्तार होता है।

चित्र के निचले भाग में पृथ्वी को केंद्र बनाकर मानव गतिविधियों-आध्यात्मिक, सामाजिक, वैज्ञानिक, अंतरराष्ट्रीय, शैक्षिक और प्रशासनिक-को दर्शाया गया है, जो यदि संतुलित हों तो उन्नति का मार्ग बनती हैं, और यदि असंतुलित हों तो *Negative* तथा *Destroyer Bent of Mind* की ओर ले जाती हैं।

वहीं नीचे की ओर गिरते तीर आतंकवाद, तानाशाही, जनसंख्या विस्फोट, अशिक्षा, भ्रष्टाचार, परमाणु खतरे और संकीर्ण सोच जैसे विनाशकारी तत्वों का प्रतिनिधित्व करते हैं। समग्र रूप से यह चित्र यह संदेश देता है कि वर्तमान युग में मानवता के सामने विकल्प स्पष्ट है-या तो संकीर्ण, नकारात्मक और विनाशकारी सोच, या फिर **"ज्ञान आधारित सार्वभौमिक दर्शन"** के माध्यम से पृथ्वी और मानव सभ्यता का संतुलित, शांतिपूर्ण और प्रबुद्ध भविष्य।

सीधी समझ

बड़ा वट वृक्ष (Big Banyan Tree), सैकड़ों वर्ष पुराना एक विशाल क्षेत्र में फैला वट वृक्ष है। जिसका मूल वृक्ष अब अस्तित्व में नहीं है उसके तनों से निकले सैंकड़ों जड़ वर्तमान में स्वयं एक वृक्ष, फिर उनके तनों से निकले सैंकड़ों जड़ भी वर्तमान में एक-एक वृक्ष के रूप में स्थापित हैं और सभी एक-दूसरे से जुड़े हुये हैं, बस जो नहीं है, वह है मूल वृक्ष। इस प्रकार सम्पूर्ण वृक्ष परिवार एक बड़े क्षेत्र में फैल चुका है और निरन्तर जारी भी है। प्रत्येक स्वयं स्वतन्त्र वृक्ष के रूप में स्थापित वृक्ष का अपने परिवार के रूप में तना, पत्ता, फूल और फल सब निकलते रहते हैं और जिसे जहाँ अर्थात् नजदीकी स्रोत से सुविधा अर्थात् खुराक मिल सकता हैं वहाँ से प्राप्त करते हुये विकास कर रहे हैं। इस कार्य में आपस में कोई विवाद नहीं है। कोई किसी पर अधिपत्य जमाना नहीं चाहता, ना ही अन्य के विकास में कोई बाधा पहुँचाता है। जिसको जिस ओर उचित वातावरण मिलता जाता है, उस ओर वह विकास कर रहा है। कुल मिलाकर स्व प्रेरित सुशासन की भाँति संचालित है। इस वट वृक्ष के सबसे बाद अर्थात् वर्तमान के तनों-पत्तों के लिए उसका जन्मदाता व पालनकर्ता के रूप में उसका नजदीकी जड़ ही है इसलिए उसकी कथा-कहानी वहीं से शुरू होती है और वहीं तक उसका ज्ञान है जो एक संकुचित और सीमित ज्ञान है। वह पूर्ण को नहीं जान रहा, उसका पूर्णत्व, सार्वभौम पूर्णत्व नहीं बल्कि सीमित पूर्णत्व है। सीमित पूर्णत्व में भी वह आनन्द में हैं और विकासशील है। उसका विकास होना सार्वभौम का ही विकास होना है परन्तु उसे उसका ज्ञान नहीं है और वह उस सार्वभौम के विकास में अपने योगदान को करते हुये भी स्वयं को गौरवान्वित नहीं अनुभव कर रहा है। सार्वभौम से युक्त होने के बाद भी उसे अपने परिवार से ही जुड़ा रहना उसकी विवशता भी है और इसके अलावा कोई अन्य मार्ग भी नहीं हैं। उसके सार्वभौम का मार्ग भी उसके अपने परिवार के ही मार्ग से होकर जाता है। वृक्ष के साथ यह मजबूरी भी है कि क्योंकि वह स्थिर है इसलिए उसका छोटा परिवार केवल पड़ोस तक के ही दायरे के सम्पर्क में है। दूसरे छोर के परिवार का क्या हाल है उसे कुछ नहीं पता।

हे मानवों, ये संसार भी उपरोक्त वट वृक्ष के सामन ही फैला हुआ है। परन्तु उस भाँति विकास नहीं कर रहा है। मनुष्य के अन्दर बीमारी की भाँति अधिकतम "शक्ति और लाभ (पावर और प्राफिट)" की दौड़ ने उसे अधिपत्य, अत्याचार, दूसरे को दबाना इत्यादि से युक्त कर दिया है। और जो इस दौड़ में नहीं हैं वे सीमित पूर्णत्व में आनन्द के साथ विकासशील हैं। उन्हें और भी तेज विकास की इच्छा है परन्तु उनके बुद्धि का दायरा ही सीमित है इसलिए उन्हें मार्ग नहीं मिल रहा है। यदि उनको मार्ग भी मिल रहा हो तो वट वृक्ष की भाँति उसके नजदीकी जन्मदाता ने उसे यह बता रखा है कि जब उस सार्वभौम का मार्ग मेरे ही रास्ते से जाता है तो जो मैं कह रहा हूँ उसे करो। और इसके लिए वे अपने परिवार के लिए अनेक प्रकार की प्रणाली दे रखे हैं। जबकि ये प्रणाली देने वाले उनके नजदीकी जन्मदाता स्वयं कहाँ से आये हैं स्वयं उन्हे भी नहीं पता। क्योंकि वे स्वयं भी उस वट वृक्ष के खो गये मूल जड़ की तरह अपने मूल जड़ को नहीं जानते। वे भी अपने नजदीकी जन्मदाता का ही अनुसरण कर रहे होते हैं। ये प्रणालीयाँ अनेक प्रकार की हैं उदाहरणस्वरूप कुछ मुख्य निम्नवत् हैं-

1 उनके द्वारा प्रस्तुत कुछ पुस्तकें होती हैं जिन्हें नियमानुसार प्रतिदिन पढ़ना होता है। पढ़ने के पूर्व शुद्धता की भी प्रक्रिया अनिवार्य होती है अन्यथा पुस्तकें परिणाम नहीं दे पायेंगी, ये भी शर्त होती हैं।
2 उनके द्वारा भोजन से सम्बन्धित कुछ नियम बना दिये जाते हैं कि क्या खाना है और क्या नहीं खाना है।
3 उनके द्वारा कोई मन्त्र दे कर उसे नियमानुसार जपने के लिए दे दिया जाता है।
4 उनके द्वारा किसी यन्त्र-तन्त्र द्वारा समस्या मुक्ति का उपाय बता दिया जाता है।
5 उनके द्वारा किसी विशेष प्रकार के रंग और ढ़ग के वस्त्र निर्धारित कर दी जाती है जिससे उनकी पहचान एक अलग रूप में हो। अर्थात् समाज का एक और विभाजन कर उसे प्रस्तुत कर देते हैं।

सामान्य रूप से सभी द्वारा अनिवार्य रूप से ये भी निर्धारित कर दी जाती है कि किसी दूसरे के नियमों को न तो जानना है, न सुनना है, न पढ़ना है और न ही उसमें शामिल होना है। अर्थात् एक गतिशील प्राणी मनुष्य को जिसे सदैव श्रेष्ठ से, श्रेष्ठतम और सर्वोच्च तक उठने-विकास करने के लिए निर्मित किया गया था, उसे एक सीमित

दायरे में बुद्धिबद्ध कर दिया गया। मनुष्य जिसका निर्माण अपनी मस्तिष्क को असीम क्षमता को विकसित कर ईश्वर रूप में व्यक्त होना था, उसे जड़ (स्थिर) बना दिया गया।

हे मानवों, मनुष्यों की सबसे बड़ी कमजोरी "स्वयं में गुणों का विकास कर स्वयं बन जाने या हो जाने" में नहीं बल्कि "पाने" की इच्छा है। इस पाने की इच्छा की कमजोरी का परिणाम ही है उपरोक्त अनेक प्रकार के बुद्धिबद्ध करने की विधियाँ।

हे मानवों, उपरोक्त के पृष्ठभूमि में उनका उद्देश्य केवल अपने स्वार्थ की पूर्ति के सिवाय कुछ नहीं होता। क्योंकि मार्गदर्शक या प्रेरक या शिक्षक का उद्देश्य स्वयं से श्रेष्ठ मानव का निर्माण होता है न कि सदैव जीवन भर एक ही प्रणाली या प्रक्रिया या कक्षा में पढ़ते-दुहराते रहने के लिए विवश करना। उपरोक्त के पृष्ठभूमि में शारीरिक-आर्थिक-मानसिक शोषण का ही कार्य विभिन्न प्रकार से चल रहा है। कोई अपने कृषि कार्य को मुफ्त में हल करवा रहा है, तो कोई अपने नाम के उत्पादों को सिर्फ उन्हें ही खरीदने के लिए बुद्धिबद्ध कर दिया है।

हे मानवों, इन सबको आस्था का व्यापार कहते हैं। जबकि मैं देख रहा हूँ कि प्रत्येक संस्कारित करने की क्रिया जो उस काल के लिए आस्था का विषय था। उसके अगले काल के लिए संस्कारित करने की नयी क्रिया उपलब्ध हो जाने के बावजूद, मानव शरीर पिछले काल के संस्कारित करने वाली क्रिया के प्रति आस्था रखते हुये मूर्खता का स्पष्ट प्रदर्शन कर रहा है। सभी कालों में, सभी संस्कारित करने की क्रियाओं में मैं (सार्वभौम आत्मा) ही आस्था का विषय था परन्तु क्रिया के प्रति आस्था रखना मूर्खता का स्पष्ट प्रमाण ही तो है। चाहे वह व्यक्तिगत इच्छा से हो या सामाजिक प्रदर्शन की इच्छा से। इन समस्त संस्कारित करने के क्रिया के पीछे जो रहस्य आज तक गोपनीय था उसे मैंने तुम्हारें समक्ष सार्वजनिक प्रकाशित कर दिया है। अब कुछ भी गोपनीय नहीं। बावजूद इसके प्रत्येक मनुष्य अपनी मूर्खता रूपी आस्था को प्रदर्शित करने के लिए स्वतन्त्र है। परन्तु वह मुझ (सार्वभौम आत्मा) को प्राप्त नहीं कर सकता। हे मानवों, ईश्वर बहुमत से नहीं निर्धारित किया जाता इसलिए ही उसे अनिवर्चनीय कहा गया है। किसी भी वस्तु के प्रति आस्था के विकास से और समस्त मानवों को उसके प्रति आस्थावान् बना देने से वह वस्तु गुण प्रकट कर वैसा नहीं बन सकती जैसा आप उम्मीद करते हो।

हे मानवों, एक तरह से देखा जाये तो उपरोक्त व्यवस्था से कोई समस्या है ही नहीं क्योंकि जिसकी इच्छा जहाँ से पूर्ति हो रही है और विकास का मार्ग मिल रहा है, वह वहाँ से जुडा हुआ है। इसलिए मानव सभ्यता पर आया यह दसवाँ और अन्तिम संकट, संकट होते हुये भी संकट जैसा नहीं दिखता। इस व्यवस्था से हमें कोई समस्या भी नहीं है। समस्या ये है कि धर्म को जिस उद्देश्य के लिए निर्मित किया गया था वही धर्म, संकट में है। यह धर्म ही उस वट वृक्ष का मूल है, सार्वभौम है, समष्टि है। इसके ज्ञान से युक्त दोनों को अर्थात् विशाल संसार रूपी वट वृक्ष के छोटे-छोटे परिवार के नेतृत्वकर्ता मुखिया सहित उसके सदस्यों को होना आवश्यक है। तभी परिवार के नेतृत्वकर्ता मुखिया द्वारा बनाये गये उपरोक्त प्रणाली-नियम परिणाम-फल दे पायेंगे जिसकी इच्छा परिवार के सदस्य करते हैं।

हमारी उत्पत्ति ज्ञान से हुई है। जिन्हें ज्ञान है वही अपने आप को संघर्ष में पाते हैं और सर्वश्रेष्ठता के लिए कर्मशील हैं। शेष सभी तो प्रकृति के अनुसार आते-जाते रहते हैं। इस ज्ञान को ही ब्रह्म (सार्वभौम एकात्म ज्ञान) कहते हैं। देवता रूप में इस ज्ञान को ब्रह्मा के रूप में प्रक्षेपित किया गया है। यह ज्ञान जिस-जिस अंगो द्वारा प्राथमिकता से अनुभव में आता है उतने प्रकार के मानव अपने-आप को उत्पन्न समझते हैं।

पुराण रचनाकार महर्षि व्यास ने ब्रह्मा अर्थात ज्ञान के पुत्रों का प्रक्षेपण किये हैं। ब्रह्मा के 10 मानस पुत्रों

01.मन (विचार) से ज्ञान प्राप्त करने वाले मरीचि

02.नेत्रों (देखकर) ज्ञान प्राप्त करने वाले अत्रि

03.मुख (वाणी) से ज्ञान प्राप्त करने वाले अंगिरा

04.कान (सुन) कर ज्ञान प्राप्त करने वाले पुलस्त्य

05.नाभि (केन्द्र) से ज्ञान प्राप्त करने वाले पुलह

06.हाथ (कर्म) से ज्ञान प्राप्त करने वाले कृतु

07.त्वचा (स्पर्श) से ज्ञान प्राप्त करने वाले भृगु

08.प्राण (श्वास) से ज्ञान प्राप्त करने वाले वशिष्ठ

09.अँगूठे (आत्मा) से ज्ञान प्राप्त करने वाले दक्ष

10.गोद (प्रेम) से ज्ञान प्राप्त करने वाले नारद

ये दस प्रकार ज्ञान से उत्पन्न है और इतने प्रकार के मानव निर्मित होकर संसार में विचरण कर रहे हैं। इसे ये न समझना चाहिए कि मन या नेत्र इत्यादि से कैसे ब्रह्मा ने अपने पुत्रों को उत्पन्न किया? चूंकि शरीर का अस्तित्व अस्थायी है इसलिए विचार के आधार पर ये मनुष्य के वर्ग या श्रेणी का निर्धारण है। इसे मानकीकरण (Standardization) या वर्गीकरण (Classification) भी कहा जा सकता है। जिस प्रकार आजकल मानकीकरण के शब्द ISOऔर ISI मार्का दिये जाते हैं।

नये भारत में, नये मनुष्य के उदय के लिए

आप लंगोट से जौकी पर आ गये...पायजामे से पतलून पर आ गये...नाड़े से बेल्ट पर आ गये...खड़ाऊँ से बूट पर आ गये...कलम से कीबोर्ड पर आ गये। पगडंडियों से एक्सप्रेस वे पर आ गये...चूल्हे से इंडक्शन कुकर पर आ गये...जंगलो से अपार्टमेंट तक आ गये। हल से ट्रैक्टर पर आ गये...पैदल से लक्ज़री जहाज़ों पर आ गये...दीये-मशाल से एलईडी पर आ गये...आप लैंडलाइन से ओरियो एंड्रॉयड तक आ गये...तीर-कमान और गदा से ऑटोमैटिक बंदूकों और मिसाइलों पर आ गये। दुनियां चाँद पे चली गई...मंगल की छाती पर नासा ने रोबोट उतार दिया....शनि मंगल सूर्यग्रहण-चन्द्रग्रहण के हर रहस्य से पर्दा उठ गया!

आप पाँच हज़ार ईसापूर्व और पाँचवी-छठवीं शताब्दी से इक्कीसवी शताब्दी में आ गये...आप लगातार अपडेट होते रहे हैं!!! मगर फिर भी तुम ग्रह-नक्षत्रों को...शनि-मंगल को जन्मकुंडली में देख-देख कर काँप रहे हो। अपना भविष्य सुधारने के लिए बाबा-बाबियों का रास्ता नाप रहे हो। क्या इसी दिन के लिए तुमने बी.एससी, एम.एससी पीएच.डी की थी?? कि तुम पढ़े-लिखे जाहिलों की फौज में शामिल हो जाना! क्या इसी दिन के लिए तुम डॉक्टर, इंजीनियर, वकील, मजिस्ट्रेट या प्रोफेसर बने थे? कि बंगले पर काली हांडी टांगना! निम्बू मिर्ची टांगना! नजर न लगने से एक पैर में काला धागा बांधना?? और अपने उज्ज्वल भविष्य की भीख किसी बाबा-बाबी के दर पर नाक रगड़ के मांगना?

देश आजाद हो गया! दुनिया आजाद हो गई! आखिर कब मिलेगी तुम्हें आजादी?? इस अंधी मानसिक गुलामी से? दुनिया रोज नए-नए आविष्कार कर रही है! तुम हजारों साल पुरानी भाषा, संस्कृति, रीति, रिवाजो की वैज्ञानिक व्याख्या करने में लगे हो! क्या भारत पुनः विश्वगुरु तुम्हारे जैसे मनोरोगियों की वजह से कभी बन पाएगा? बंद कमरे में तुम्हारी चोटी कट जाती! अँधेरे में अकेले में तुम्हें भूत-पलीत सताते हैं! तुम्हें ही सारी दुनिया की नजर लगती है! डायन तो तुम्हारे हर घर में मौजूद है!! तुम्हारे तंत्र-मंत्र-यंत्र काम क्यों नहीं करते हैं? एक पैर में काले धागे वाला रक्षा सूत्र तुम्हारी चोंटी क्यों नहीं बचाता है? आखिर कब तक तुम मानसिक गुलाम रहोगे?

तुम्हारी समस्याएं लौकिक है। मगर तुम्हें हर समस्या का हल परलोक में नजर आता है! संसार तुम्हारे लिए स्वप्नवत् है माया है! भगवान की लीला है! नाटक है! भ्रम है! आखिर तुम्हें इस सपने से कौन जगाए? कब तक शब्दों के साथ बलात्कार करोगे? कब तक धोखे में रहोगे? कब तक हर सिद्धान्त हर आविष्कार को शास्त्रों ऋषि-मुनियों के माथे मड़ोगे??

तुम लोग को जो जगाए वही धर्मद्रोही, देशद्रोही, जातिवादी या नास्तिक है? चारुवाक, बुद्ध, महावीर, कपिल, कणाद गौतम, नागसेन, अश्वघोष, कबीर, नानक, रविदास, ओशो, फुले, शाहू, पेरियार, भीम, भगतसिंह, कोवूर, राहुल संस्कृत्यायन, दयानन्द, विवेकानंद, सबने विवेक लगाया! मगर फिर भी तुम्हारा विवेक नहीं जागा!

तुम्हारा धर्म कब अपडेट (Update) होगा?
तुम्हारी आस्था कब अपडेट (Update) होगी?
तुम्हारा ईश्वर कब अपडेट (Update) होगा?
तुम्हारी सोच कब अपडेट (Update) होगी?
तुम्हारे धर्म की किताबें कब अपडेट (Update) होंगी?

कम्प्यूटर और मोबाइल का साफ्टवेयर तो तुरन्त करते हो, तुम्हारे मस्तिष्क का साफ्टवेयर कब अपडेट (Update) होगा?

क्योंकि तुम विश्वगुरु के अहंकार की दारू पीकर गरीबी, अनपढ़ता, लिंगभेद, जातिभेद, भाषाभेद, क्षेत्रभेद, साम्प्रदायिकता की नाली में पड़े हो! आखिर तुम्हें कब मिलेगी आजादी? इस उम्दा मानसिक गुलामी से?

सोच के बता देना!!
आओ एक कदम शब्दों के उँचाइयों की ओर..........

IDEAS + ACTION = CHANGE

व्यवस्था के परिवर्तन या सत्यीकरण का पहला प्रारूप और उसकी कार्य विधि

उदाहरण के रूप में, यदि किसी शिक्षित व्यक्ति जिसे अंकगणित का ज्ञान हो, उसके समक्ष संख्या 5 लिख दिया जाये और उससे कहा जाये कि इस संख्या के आगे और पीछे की संख्या लिखें तो वह आसानी से उसे लिख देगा परन्तु अंकगणित का अज्ञानी ऐसा नहीं कर पायेगा। उसका सारा ध्यान केवल संख्या 5 पर ही टिका रह जायेगा क्योंकि वह संख्या पद्धति से अपरिचित है। अगर वह कुछ लिख भी देगा तो वह आवश्यक नहीं कि सत्य हो और उसमें सुधार की पूरी सम्भावना बनी रहेगी। समाज सुधार के क्षेत्र में भी यही बात है। हम एक समस्या देखते हैं फिर उसमें कुछ सुधार कर देते हैं। फल यह होता है कि कुछ समय बाद पुनः उसमें सुधार की आवश्यकता आ जाती है।

जितने अधिक आकड़ों को विश्लेषित कर हम परिणाम को खोजेंगे उतने ही सत्य परिणाम हमारे सामने आयेंगे। प्रस्तुत शास्त्र व्यक्त अधिकतम आकड़ों के व्यवस्थित प्रस्तुतीकरण का शास्त्र है। दूसरे रूप में इसे धर्म ज्ञान का बैलेन्ससीट भी कह सकते है। इन सम्पूर्ण आकड़ों पर आधारित होकर व्यक्ति, समाज और विश्व राष्ट्र के लिए लिया गया निर्णय ही एक सत्य निर्णय हो सकता है। समाज सुधार के सम्बन्ध में स्वामी विवेकानन्द का कहना है कि-"तथाकथित समाज-सुधार के विषय में हस्तक्षेप न करना क्योंकि पहले आध्यात्मिक सुधार हुये बिना अन्य किसी भी प्रकार का सुधार हो नहीं सकता (राम पृष्ठ मिशन, पत्रावली भाग-1, पृष्ठ-29), भारत के शिक्षित समाज से मैं इस बात पर सहमत हूँ कि समाज का आमूल परिवर्तन करना आवश्यक है। पर यह किया किस तरह जाये? सुधारकों की सब कुछ नष्ट कर डालने की रीति व्यर्थ सिद्ध हो चुकी है। मेरी योजना यह है, हमने अतीत में कुछ बुरा नहीं किया। निश्चय ही नहीं किया। हमारा समाज खराब नहीं, बल्कि अच्छा है। मैं केवल चाहता हूँ कि वह और भी अच्छा हो। हमें असत्य से सत्य तक अथवा बुरे से अच्छे तक पहुँचना नहीं है। वरन् सत्य से उच्चतर सत्य तक, श्रेष्ठ से श्रेष्ठतर और श्रेष्ठतम तक पहुँचना है। मैं अपने देशवासियों से कहता हूँ कि अब तक जो तुमने किया, सो अच्छा ही किया है, अब इस समय और भी अच्छा करने का मौका आ गया है।"-(राम पृष्ठ मिशन, जितने मत उतने पथ, पृष्ठ-46)

व्यक्ति हो या ज्ञानी, समाज हो या राज्य, देश हो या विश्व, समाज नेता हों या राजनेता सभी को अब यह जान लेना चाहिए कि विश्व एक परिवार है और उस परिवार का शास्त्र-"विश्वशास्त्र" है। जब तक यह शास्त्र उपलब्ध नहीं था तब तक इस विश्व परिवार के एकीकरण का मार्ग नहीं खुला था, अब वह मार्ग मिल चुका है। कोई भी समाज निर्माण या युग परिवर्तन का कार्य एक क्षण का कार्य नहीं है। यह एक लम्बी अवधि की प्रक्रिया का कार्य है। इसे हम उन समाज सुधारकों के संस्थाओं के कार्य को देख कर अनुभव कर सकते हैं।

व्यवस्था परिवर्तन, एक राजनीतिक लुभावना वाला शब्द है। वह कैसे होगा, इसके लिए एक प्रारूप की आवश्यकता होती है अगर वह नहीं है तो व्यवस्था परिवर्तन चिल्लाने से नहीं होता। फिर व्यवस्था परिवर्तन किस बात का? मानव समाज को संचालित करने के लिए तो सिर्फ दो ही मूल व्यवस्था है-एक राजतन्त्र, जिसका युग जा चुका है। दूसरा-लोकतन्त्र, जिसका युग चल रहा है और यही अन्तिम व्यवस्था भी बनी रहेगी क्योंकि ब्रह्माण्डीय व्यवस्था भी लोकतन्त्र से ही चल रहा है और मनुष्य के मस्तिष्क से अन्ततः वही व्यक्त हो रहा है। लोकतन्त्र से हम राजतन्त्र में नहीं जा सकते इसलिए व्यवस्था परिवर्तन का अर्थ ही निरर्थक है।

आवश्यकता है वर्तमान लोकतन्त्र व्यवस्था को ही सत्य आधारित करने की जिसे व्यवस्था सत्यीकरण कहा जा सकता है। इस कार्य में हमें मानकशास्त्र की आवश्यकता है जिससे तोल कर यह देख सके कि इस लोकतन्त्र व्यवस्था में कहाँ सुधार करने से सत्यीकरण हो जायेगा। यह मानकशास्त्र ही "विश्वशास्त्र" है। सिर्फ मतदाता बनने व वोट डालने से ही लोकतन्त्र स्वस्थ नहीं हो सकता। उसके लिए देश व विश्व के पूर्ण ज्ञान की आवश्यकता होगी। इसलिए आवश्यक है कि प्रत्येक मतदाता "विश्वशास्त्र" के ज्ञान से युक्त हो।

अच्छा होता कि हमारे राजनेतागण कुछ दिनों के लिए सन्यास लेकर थोड़ा कुछ अध्ययन-चिंतन करते रहते ताकि उन्हें बार-बार लक्ष्य के लिए शब्दों का परिवर्तन न करना पड़ता। एक ही स्थिति में बहुत समय तक रहने पर बुद्धि, बद्ध हो जाती है। एक-एक सीढ़ी चढ़कर, पहुँच गये-पहुँच गये चिल्लाने से अच्छा है कि अन्तिम सीढ़ी पर पर बैठकर चिल्लाना कि पहुँच गये।

चाहे कुछ हो यदि प्रारूप नहीं, तो न तो व्यवस्था परिवर्तन हो सकता है, न ही व्यवस्था सत्यीकरण हो सकता है, न ही सम्पूर्ण क्रान्ति। भीड़ से क्रान्ति नहीं सिर्फ हंगामा होता है। भीड़ में जोश होता है, होश नहीं।

इस मानक शास्त्र के प्रस्तुत हो जाने से व्यवस्था परिवर्तन की नहीं बल्कि व्यवस्था के सत्यीकरण का मार्ग खुल चुका है। जिसका व्यक्ति, समाज और विश्व राष्ट्र को आवश्यकता भी है। किसी एक विषय पर बहुत अधिक पुस्तक मस्तिष्क को भ्रमित ही करती है। यह शास्त्र प्रारम्भ से अन्त तक के विकास को क्रमबद्ध प्रस्तुत करता है जिससे हम सभी एक सत्य निर्णय करने में सक्षम हों और पूर्ण ज्ञान से युक्त हो जायें और हमारा कोई भी सुधार एक स्थायी, अच्छा और दूरगामी परिणाम देने वाला हो।

प्रश्न यह भी उठता है कि परिवार का मुखिया जिसके द्वारा परिवार का संचालन होता है, यदि वह परिवार के हित व विकास के विषय में कर्म न करता हो तो क्या परिवार का सदस्य उसमें हस्तक्षेप करने का अधिकारी है या नहीं? यही बात देश को चलाने वाले संसद के विषय में भी है। यदि संसद स्वयं देशहित व जनहित के प्रति उदासीन हो जाये तो क्या जनता संसद को मार्गदर्शन देने का अधिकार नहीं रखती? यदि नहीं तो संविधान की धारा-51(ए) के अन्तर्गत नागरिक का मौलिक कर्तव्य की उपयोगिता क्या है? ध्यान रखने योग्य विषय यह है कि कोई भी चुना हुआ प्रतिनिधि सिर्फ उतने ही बड़े क्षेत्र का प्रतिनिधि होता है जिस क्षेत्र से वह चुना जाता है। भारत में ऐसा कोई प्रतिनिधि जनता से नहीं चुना जाता जो भारत का प्रतिनिधित्व करता हो और जब तक भारत का प्रतिनिधित्व करने वाला चुनाव नहीं होता या भारत की जनता का राष्ट्रीय मुद्दों पर विचार कर संसद के कर्तव्य का बोध कराने वाली स्वतन्त्र संस्था नहीं बन जाती, तब तक जनता को संसद को संविधान की धारा-51(ए) के अन्तर्गत नागरिक का मौलिक कर्तव्य के अनुसार न्यायालय व संसद के माध्यम से सरकार को मार्गदर्शन देने का कर्तव्य करना चाहिए जो उसका अधिकार भी है।

वे शब्द जिसके बिना युग परिवर्तन सम्भव नहीं

सन् 1893 से सन् 1993 के 100 वर्षों के समय में विश्व के बौद्धिक शक्ति को जिन्होंने सबसे अधिक हलचल दी वे हैं-धर्म की ओर से स्वामी विवेकानन्द और धार्मिकता की ओर से आचार्य रजनीश"ओशो"। मनुष्य जिस प्रकार भौतिक विज्ञान के नवीन आविष्कारों को आसानी से ग्रहण करता है उसी प्रकार धर्म-आध्यात्म-दर्शन के नवीन आविष्कारों को भी मनुष्य को ग्रहण करना चाहिए, तभी मानसिक-आध्यात्मिक स्वतन्त्रता का अनुभव हो सकेगा। अन्यथा पूर्ण शारीरिक गुलामी का समय बीत चुका, आर्थिक गुलामी का काल चल रहा है और मानसिक गुलामी के काल चक्र में मनुष्य फँस जायेगा।

स्वामी विवेकानन्द जी का कहना था-

- "उसी मूल सत्य की फिर से शिक्षा ग्रहण करनी होगी, जो केवल यहीं से, हमारी इसी मातृभूमि से प्रचारित हुआ था। फिर एक बार भारत को संसार में इसी मूल तत्व का-इसी सत्य का प्रचार करना होगा। ऐसा क्यों है? इसलिए नहीं कि यह सत्य हमारे शास्त्रों में लिखा है वरन् हमारे राष्ट्रीय साहित्य का प्रत्येक विभाग और हमारा राष्ट्रीय जीवन उससे पूर्णतः ओत-प्रोत है। इस धार्मिक सहिष्णुता की तथा इस सहानुभूति की, मातृभाव की महान शिक्षा प्रत्येक बालक, स्त्री, पुरुष, शिक्षित, अशिक्षित सब जाति और वर्ण वाले सीख सकते हैं। तुमको अनेक नामों से पुकारा जाता है, पर तुम एक हो।" (जितने मत उतने पथ, राम कृष्ण मिशन, पृष्ठ-39)।
- "अत: यदि भारत को महान बनाना है, तो इसके लिए आवश्यकता है संगठन की, शक्ति संग्रह की और बिखरी हुई इच्छाशक्ति को एकत्र कर उसमें समन्वय लाने की। अथर्ववेद संहिता की एक विलक्षण ऋचा याद आ गयी जिसमें कहा गया है, "तुम सब लोग एक मन हो जाओ, सब लोग एक ही विचार के बन जाओ। एक मन हो जाना ही समाज गठन का रहस्य है बस इच्छाशक्ति का संचय और उनका समन्वय कर उन्हें एकमुखी करना ही सारा रहस्य है।" (देखें "नया भारत गढ़ो" पृष्ठ संख्या-55)
- "यह भी न भूलना चाहिए कि हमारे बाद जो लोग आएंगे, वे उसी तरह हमारे धर्म और ईश्वर सम्बन्धी धारणा पर हँसेंगे, जिस तरह हम प्राचीन लोगों के धर्म और ईश्वर की धारणा पर हँसते हैं। यह सब होने पर भी, इन सब ईश्वर सम्बन्धित धारणाओं का संयोग करने वाला एक स्वर्ण सूत्र है और वेदान्त का उद्देश्य है-इस सूत्र की खोज करना। भागवान कृष्ण ने कहा है-""भिन्न भिन्न मणियाँ जिस प्रकार एक सूत्र में पिरोयी जा सकती हैं, उसी प्रकार इन सब विभिन्न भावों के भीतर भी एक सूत्र विद्यमान है।" (देखें "ज्ञानयोग", पृष्ठ संख्या-65) ,
- "एक शब्द में वेदान्त का आदर्श है-मनुष्य के सच्चे स्वरूप को जानना।" (देखें "विवेकानन्द राष्ट्र को आह्वान", पृष्ठ सं0-48)।
- यदि हम अपने व्यक्तिगत एवं सामूहिक जीवन में वैज्ञानिक चेतना सम्पन्न एवं आध्यात्मिक एक साथ न हो पाए, तो मानवजाति का अर्थपूर्ण अस्तित्व ही संशय का विषय हो जाएगा। (विज्ञान और आध्यात्मिकता, पृष्ठ-9)
- हमेशा यूरोप से सामाजिक तथा एशिया से आध्यात्मिक शक्तियों का उद्भव होता रहा है एवं इन दोनों शक्तियों के विभिन्न प्रकार के सम्मिश्रण से ही जगत का इतिहास बना है। वर्तमान मानवेतिहास का एक और नवीन पृष्ठ धीरे-धीरे विकसित हो रहा है एवं चारो ओर उसी का चिन्ह दिखाई दे रहा है। कितनी ही नवीन योजनाओं का उद्भव तथा नाश होगा, किन्तु योग्यतम वस्तु की प्रतिष्ठा सुनिश्चित है, सत्य और शिव की अपेक्षा योग्यतम वस्तु और हो ही क्या सकती है? (पत्रावली भाग-1, पृष्ठ-310)

स्वामी विवेकानन्द के अनुसार शब्द से सृष्टि का रहस्य

01. बृहत् ब्रह्माण्ड में भी ब्रह्मा, हिरण्यगर्भ या समष्टि महत् ने पहले अपने आप को नाम के, और फिर बाद में रुप के आकार में अर्थात् इस परिदृश्यमान जगत के आकार में अभिव्यक्त किया। (भक्ति योग, पृष्ठ-44)
02. यह सारा व्यक्त इन्द्रियग्राह्य जगत रुप है, और इसके पीछे है अनन्त अव्यक्त स्फोट। स्फोट का अर्थ-समस्त जगत की अभिव्यक्ति का कारण शब्द-ब्रह्म है। समस्त नामों अर्थात् भावों की नित्य समवायी उपादान स्वरुप यह नित्य स्फोट ही वह शक्ति है, जिससे भगवान इस विश्व की सृष्टि करते हैं। यही नहीं बल्कि भगवान पहले स्फोट रुप में परिणत हो जाते हैं और तत्पश्चात् अपने को उससे भी स्थूल इस इन्द्रियग्राह्य जगत के रुप में परिणत कर लेते हैं। (भक्ति योग, पृष्ठ-45)
03. इस स्फोट का एक मात्र वाचक शब्द है-"ऊँ"। और चूँकि हम किसी भी उपाय से शब्द को भाव से अलग नहीं कर सकते, इसलिए यह "ऊँ" भी इस नित्य स्फोट से नित्य संयुक्त है। (भक्ति योग, पृष्ठ-45)
04. एकमेव यह "ऊँ" ही इस प्रकार सर्वभावाव्यापी वाचक शब्द है, अन्य कोई भी इसके समान नहीं। स्फोट ही सारे भावों का उपादान है, फिर भी वह स्वयं पूर्ण रुप से विकसित कोई विशिष्ट भाव नहीं है। अर्थात् यदि उन सब भेदों को, जो एक भाव को दूसरे से अलग करते हैं, निकाल दिया जाय, तो जो कुछ बचा रहता है, वही स्फोट है। इसलिए इस स्फोट को "नादब्रह्म" कहते हैं। (भक्ति योग, पृष्ठ-45)
05. जो वाचक शब्द उसे सब से कम विशेषभावापन्‌न करेगा, पर साथ ही उसके स्वरुप को यथासम्भव पूरी तरह प्रकाशित करेगा, वही उसका सबसे सच्चा वाचक होगा। और यह वाचक शब्द है-एकमात्र "ऊँ" क्योंकि ये तीनों अक्षर अ, उ और म्, जिनका एक साथ उच्चारण करने से "ऊँ" होता है, समान शब्दों के साधारण वाचक के तौर पर लिये जा सकते हैं। (भक्ति योग पृष्ठ, पृष्ठ-46)
06. अक्षर "अ" सारे अक्षरों में सबसे कम विशेषभावापन्न है। इसीलिए भगवान श्रीकृष्ण गीता में कहते हैं-"अक्षरों में मैं "अ" कार हूँ। " (गीता,10/33) स्पष्ट रुप से उच्चारित जितने भी शब्द हैं, उनकी उच्चारण क्रिया मुख में जिह्वा के मूल से आरम्भ होती है और ओठों में आकर समाप्त हो जाती है। "अ" जिह्वा मूल अर्थात् कण्ठ से उच्चारित होता है, और "म" ओठों से होने वाला अन्तिम शब्द है। और "उ" उस शक्ति का सूचक है, जो जिह्वा मूल से आरम्भ होकर मुँह भर में लुढ़कती हुई ओठों में आकर समाप्त हो जाती है। यदि "ऊँ" का उच्चारण ठीक ढंग से किया जाय, तो इसके शब्दोच्चारण की सम्पूर्ण क्रिया सम्पन्न हो जाती है-दूसरे किसी भी शब्द में यह शक्ति नहीं। (भक्ति योग, पृष्ठ-46)
07. जिस प्रकार अल्पतम् विशेष भावात्मक तथा सार्वभौमिक वाचक शब्द "ऊँ" के सम्बन्ध में वाच्य और वाचक आपस में अभेद्य रुप से सम्बद्ध हैं उसी प्रकार वाच्य और वाचक का यह अविच्छिन्न सम्बन्ध भगवान और विश्व के विभिन्न खण्ड भावों पर भी लागू है, अतएव उनमें से प्रत्येक का एक विशिष्ट वाचक शब्द होना आवश्यक है। (भवित योग, पृष्ठ-47)
08. ये वाचक शब्द ऋषियों की गम्भीरतम आध्यात्मिक अनुभूति से उत्पन्न हुए हैं और वे भगवान तथा विश्व के जिन विशेष-विशेष खण्ड भाव के वाचक हैं, उन विशेष भावों को यथासम्भव प्रकाशित करते हैं। जिस प्रकार "ऊँ" अखण्ड ब्रह्म का वाचक है, उसी प्रकार अन्यान्य मंत्र भी उसी परम पुरुष के खण्ड-खण्ड भावों के वाचक हैं। ये सभी ईश्वर के ध्यान और प्रकृत ज्ञान की प्राप्ति में सहायक हैं। (भक्ति योग, पृष्ठ-47)
09. सृष्टि के पूर्व ब्रह्म शब्दात्मक बनते है, फिर ओंकारात्मक या नादात्मक होते है। तत्पश्चात पहले कल्पों के विशेष शब्द जैसे-भूः, भुवः, स्व-अथवा गो, मानव, घट, पट इत्यादि का प्रकाश उसी ओंकार से होता है। सिद्ध संकल्प ब्रह्म में क्रमश-एक-एक शब्द के होते ही उसी क्षण उन सब पदार्थो का भी प्रकाश हो जाता है और इस विचित्र जगत् का विकास हो उठता है। अब समझे न कि कैसे शब्द ही सृष्टि का मूल है। -स्वामी विवेकानन्द (विवेकानन्द जी के संग में पृष्ठ-62)
10. यह सारा व्यक्त इन्द्रिय ग्राह्य जगत रूप है, और इसके पीछे है अनन्त अव्यक्त स्फोट। स्फोट का अर्थ-समस्त जगत की अभिव्यक्ति का कारण शब्द-ब्रह्म। समस्त नामों अर्थात् भावों की नित्य समवायी उपादान स्वरूप यह नित्य स्फोट ही वह शक्ति है, जिससे भगवान इस विश्‍व की सृष्टि करते है। यही नहीं बल्कि भगवान पहले स्फोट-रूप में परिणत हो जाते है और तत्पश्चात अपने को उससे भी स्थूल इस इन्द्रिय ग्राह्य जगत् के रूप में परिणत कर लेते है। -स्वामी विवेकानन्द (राजयोग-पृष्ठ-45)

आचार्य रजनीश"ओशो" का कहना था-

- "श्रीकृष्ण का महत्व अतीत के लिए कम भविष्य के लिए ज्यादा है। सच ऐसा है कि कृष्ण अपने समय से कम से कम पाँच हजार वर्ष पहले पैदा हुये। सभी महत्वपूर्ण व्यक्ति अपने समय से पहले पैदा होते हैं और

सभी गैर महत्वपूर्ण व्यक्ति अपने समय के बाद पैदा होते हैं। बस महत्वपूर्ण और गैर महत्वपूरण में इतना फर्क है और सभी साधारण व्यक्ति अपने समय के साथ पैदा होते हैं महत्वपूर्ण व्यक्ति को समझना आसान नहीं होता। उसका वर्तमान और अतीत उसे समझने में असमर्थता अनुभव करता है जब हम समझने योग्य नहीं हो पाते तब हम उसकी पूजा शुरु कर देते हैं या तो हम उसका विरोध करते हैं। दोनों पूजाएं हैं एक मित्र की एक शत्रु की।"

- उसके लिए सब हंसी खेल है, सब लीला है। इसलिए हमने कृष्ण को पूर्णावतार कहा। राम गम्भीर हैं छोटी-छोटी बात का हिसाब रखते हैं। नियम मर्यादा से चलते हैं- मर्यादा पुरूषोत्तम हैं। कृष्ण अमर्याद हैं न कोई नियम है न कोई मर्यादा। कृष्ण के लिए जीवन लीला है।
- धर्म कोई विषय थोड़े ही है। धर्म की कोई सीमा थोड़े ही है। धर्म तो समस्त जीवन का नाम है। जीवन में जो कुछ भी समाविष्ट है, धर्म उस सभी के सम्बन्ध में वक्तव्य देने का हकदार है। राजनीतिज्ञ, धर्म के सम्बन्ध में वक्तव्य नहीं दे सकता क्योंकि राजनीति की सीमा है। लेकिन धार्मिक व्यक्ति, राजनीति के सम्बन्ध में वक्तव्य दे सकता है क्योंकि धर्म की कोई सीमा नही है धर्म असीम है, धर्म तो पूरे जीवन को घेरता है जैसे आकाश घेरता है। धर्म से तो कोई भी चीज छोड़ी नहीं जा सकती। धार्मिक व्यक्ति की दृष्टि तो सब सम्बन्धों में होगी।
- जो एक गुरू बोल रहा है, वह अनन्त सिद्धों की वाणी है। अभिव्यक्ति में भेद होगा, शब्द अलग होंगे, प्रतीक अलग होंगे मगर जो एक सिद्ध बोलता है, वह सभी सिद्धों की वाणी है। इनसे अन्यथा नहीं हो सकता है। इसलिए जिसने एक सिद्ध को पा लिया, उसने सारे सिद्धों की परम्परा को पा लिया। क्योंकि उनका सूत्र एक ही है। कुंजी तो एक ही है, जिसमें ताला खुलता है अस्तित्व का।
- "इस देश को कुछ बाते समझनी होगी। एक तो इस देश को यह बात समझनी होगी कि तुम्हारी परेशानियों, तुम्हारी गरीबी, तुम्हारी मुसीबतों, तुम्हारी दीनता के बहुत कुछ कारण तुम्हारे अंध विश्वासों में है, भारत कम से कम डेढ़ हजार साल पिछे घिसट रहा है। ये डेढ़ हजार साल पूरे होने जरूरी है। भारत को खिंचकर आधुनिक बनाना जरूरी है। मेरी उत्सुकता है कि इस देश का सौभाग्य खुले, यह देश भी खुशहाल हो, यह देश भी समृद्ध हो। क्योंकि समृद्ध हो यह देश तो फिर राम की धुन गुंजे, समृद्ध हो यह देश तो फिर लोग गीत गाँये, प्रभु की प्रार्थना करें। समृद्ध हो यह देश तो मंदिर की घंटिया फिर बजे, पूजा के थाल फिर सजे। समृद्ध हो यह देश तो फिर बाँसुरी बजे कृष्ण की, फिर रास रचे! यह दीन दरिद्र देश, अभी तुम इसमें कृष्ण को भी ले आओंगे तो राधा कहाँ पाओगे नाचनेवाली? अभी तुम कृष्ण को भी ले आओगे, तो कृष्ण बड़ी मुश्किल में पड़ जायेंगे, माखन कहाँ चुरायेगें? माखन है कहाँ? दूध दही की मटकिया कैसे तोड़ोगे? दूध दही की कहाँ, पानी तक की मटकिया मुश्किल है। नलों पर इतनी भीड़ है! और एक आध गोपी की मटकी फोड़ दी, जो नल से पानी भरकर लौट रही थी, तो पुलिस में रिपोर्ट दर्ज करा देगी कृष्ण की, तीन बजे रात से पानी भरने खड़ी थी नौ बजते बजते पानी भर पायी और इन सज्जन ने कंकड़ी मार दी। धर्म का जन्म होता है जब देश समृद्ध होता है। धर्म समृद्ध की सुवास है। तो मैं जरूर चाहता हूँ यह देश सौभाग्यशाली हो लेकिन सबसे बड़ी अड़चन इसी देश की मान्यताएं है। इसलिए मैं तुमसे लड़ रहा हूँ। तुम्हारे लिए।"

व्यक्ति-समाज-राज्य-विश्व की आवश्यकता, भविष्यवक्ताओं की भविष्यवाणीयां, ग्रहों के चालों, सूर्य व चन्द्र ग्रहण, सामाजिक-राजनीतिक विचारकों के विचार-सपनें-उम्मीद इत्यादि युग परिवर्तन की ओर दिशा निर्देश कर रहीं हैं। ऐसे में सृष्टि के लिए सार्वभौम सर्वोच्च अन्तिम अर्थों वाले शब्दों (जिसकी सूची अगले पृष्ठ पर दी गई है।) **पर चर्चा ही एक मात्र युग परिवर्तन का मार्ग है।**

वे सार्वभौम एकात्म शब्द जिसके बिना युग परिवर्तन सम्भव नहीं (सर्वोच्च, अन्तिम और दृश्य)

क्र.सं. विषय क्षेत्र	सम्बन्धित क्षेत्र से मुख्य नाम
01. विश्व क्षेत्र	विश्व संविधान / साहित्य / विचार / सिद्धान्त / प्रबन्ध / दर्शन / मत / मानव / एकता / शान्ति / विकास / स्थिरता / आत्मा / अभिनेता / बुद्धि / राजनीति / क्रांति
02. राज्य क्षेत्र	विश्व (राष्ट्र) ऐजेण्डा–2012+ (WORLD NATION AGENDA-2012+) विश्व व्यवस्था का अधिकतम एवं न्यूनतम साझा कार्यक्रम
03. समाज क्षेत्र	लोक / गण / जन ऐजेण्डा–2012+ (PUBLIC AGENDA-2000+)
04. धर्म क्षेत्र	वेदान्त धर्म स्थापना
05. साहित्य क्षेत्र	विश्व साहित्य–"विश्वभारत" समाहित "विश्वशास्त्र" साहित्य– आदर्श वैश्विक व्यक्ति चरित्र कथा साहित्य
06. सामाज शास्त्र	मानक / जन / गण / लोक शास्त्र
07. धर्मशास्त्र	धर्मयुक्त नाम – कर्मवेदः प्रथम, अन्तिम और पंचम वेद और आधारित उपनिषद् (व्यष्टि एवं समष्टि) सर्वधर्मसमभाव / धर्मनिरपेक्ष नाम – मन की गुणवत्ता का विश्व मानक : शून्य श्रृंखला (व्यष्टि एवं समष्टि)
08. मानक क्षेत्र	मन की गुणवत्ता का विश्व मानक : शून्य श्रृंखला
09. अदृश्य विज्ञान	दृश्य आध्यात्म विज्ञान
10. दृश्य विज्ञान	धर्म विज्ञान या एकात्म विज्ञान (Integration Science)
11. इंजीनियरिंग	सत्य सामाजिक अभियंत्रण (Real Social Engineering)
12. तकनीकी	सत्य सामाजिक तकनीकी (Real Social Technology) : WCM-TLM-SHYAM.C Technology
13. संविधान	विवादमुक्त तन्त्रों पर आधारित संविधान
14. राजनीति	सत्य राजनीति / राजनीति–2012+ (POLITICS-2012+)
15. संगठन	विश्व राजनीतिक पार्टी संघ (World Political Party Organisation- WPPO)
16. शिक्षा	पूर्णज्ञान / पूर्ण शिक्षा प्रणाली / शिक्षा -2012+ (EDUCATION-2012+)
17. राष्ट्र सम्बन्ध	आदर्श राष्ट्रीय नागरिक
18. वेदान्त	कर्म वेदान्त : वेदान्त की अन्तिम शाखा
19. मतवाद	एकात्म कर्मवाद : एकात्म मानवतावाद का व्यावहारिक रुप
20. दार्शनिक	विकास दर्शन (Development Philosophy)
21. क्रांति	संपूर्ण क्रांति (Complete Revolution) : प्रलय, स्थिति एवं सृष्टि
22. सांस्कृतिक	भोगेश्वरः भोग (पाश्चात्य) + ईश्वर (प्राच्य) = एकात्म या ईश्वरत्व भाव से भोग
23. मन	विश्व मन (WOLD MIND)
24. मानव	विश्वमानव (विश्वमन से युक्त)
25. मनु	8वें मनु – सावर्णि मनु
26. अवतार	भगवान विष्णु के 10वें और अन्तिम तथा भगवान शंकर के 22वें और अन्तिम संयुक्तावतार (निष्कलंक कल्कि एवं भोगेश्वर)
27. निराकार ब्रह्म	सार्वभौम सत्य–सिद्धान्त (UNIVERSAL TRUTH-THEORY) : विश्व–बन्धुत्व का सिद्धान्त
28. साकार ब्रह्म	लव कुश सिंह
29. पुनर्जन्म–सत् मार्ग से	बुड्ढा कृष्ण (कृष्ण भाग – 2 और अन्तिम) – कृष्ण की अगली और अन्तिम कड़ी
30. पुनर्जन्म–रज मार्ग से	स्वामी विवेकानन्द का पुनर्जन्म
31. पुनर्जन्म–तम मार्ग से	रावण की अगली कड़ी
32. आत्मा	दृश्य विश्वात्मा / शिव / ब्रह्म / मैं
33. अभिनय	वास्तविक जीवन का अभिनेता (Real Life Actor)
34. बम	ज्ञान बम – आध्यात्मिक न्यूट्रान बम
35. अस्त्र	अनियन्त्रित पशुपास्त्र (नारायणास्त्र या सु–दर्शन चक्र व ब्रह्मास्त्र समाहित)
36. माया	योग माया समाहित भोगमाया
37. ज्ञान	एकात्म कर्मज्ञान (शास्वत) : व्यष्टि एवं समष्टि
38. बुद्धि	विश्व बुद्धि व चेतना या सत्य चेतना : पूर्व व्यक्त सत्य चेतना
39. ध्यान व योग	दृश्य सत्य–क्रियाकलाप–एकात्म योग व ध्यान (अन्तिम योग व अन्तिम ध्यान)
40. मिशन	प्राकृतिक सत्य मिशन (Natural Truth Mission)–सर्वोच्च और अन्तिम मिशन
41. धार्मिक नगर	एकात्म काशी– जीवनदायिनी सत्यकाशी : पंचम, अन्तिम तथा सप्तम काशी
42. शक्ति	आत्मशक्ति (SPIRIT POWER), मस्तिष्क शक्ति (BRAIN POWER), मन शक्ति (MIND POWER), सत्य शक्ति (TRUTH POWER)
43. जीवन कथा	विश्वमानव लीला / दर्पण : दो विपरीत दिशाओं के साथ प्रथम एवं अन्तिम कथा
44. प्रेम और कर्म	शास्वत प्रेम और कर्म
45. समन्वय	अन्तिम समन्वय–सिद्धान्त
46. आचार्य	अन्तिम समन्वयाचार्य
47. कला	विश्वमानव कला (कृष्ण कला समाहित)
48. परिचालन प्रणाली	अवतार का परिचालन प्रणाली : मानव–10 (Avatar's Operating System-AOS : Human-10)
49. शंकराचार्य पीठ	सत्यकाशी पीठ : पंचम और अन्तिम शंकराचार्य पीठ

भाग-6

केन्द्र या मध्य (भारत) में पांचवां और अन्तिम सत्यकाशी पीठ

सत्यकाशी पीठः स्थान

सत्यकाशी पीठः इतिहास और उद्देश्य

पाँचवाँ और अंतिम शंकराचार्य पीठः इसकी विशेषता

"हिन्दू धर्म की जो पकड़ थी, वह इस समय कमजोर पड़ गयी है क्योंकि भारतीय स्वतंत्रता आन्दोलन के समय से राजनेताओं का वर्चस्व बढ़ा और उन्होंने धर्म रक्षकों को दबा दिया, जिसके परिणामस्वरूप 163 साल तक शंकराचार्य की पदवी खाली रही। इसलिए आवश्यक है कि शिक्षा के क्षेत्र में धर्म की स्थापना हो। स्वस्थ एवं श्रेष्ठ साहित्य का सृजन हो। महापुरूषों को घूम-घूम कर सनातन धर्म का प्रचार-प्रसार करना चाहिए जिससे लोगों के हृदय में भारतीय धर्म-शास्त्र के प्रति आस्था-विश्वास बढ़े।"

- स्वामी स्वरूपानन्द (द्वारिका पीठाधीश्वर जगद्‌गुरू शंकराचार्य)
साभार - दैनिक आज, समाचार पत्र, वाराणसी, दि0 10-5-1997

स्पष्टिकरण

सत्य से सार्वभौम सत्य-सिद्धान्त तक का मार्ग अवतारों का मार्ग है। सार्वभौम सत्य-सिद्धान्त की अनुभूति ही अवतरण है। इसके अंश अनुभूति को अंश अवतार तथा पूर्ण अनुभूति को पूर्ण अवतार कहते है। ग्रन्थों में अवतारों की कई कोटि बतायी गई है जैसे अंशाशावतार, अंशावतार, आवेशावतार, कलावतार, नित्यावतार, युगावतार इत्यादि, जो भी सार्वभौम सत्य-सिद्धान्त को व्यक्त करता है वे सभी अवतार कहलाते हैं। व्यक्ति से लेकर समाज के सर्वोच्च स्तर तक सार्वभौम सत्य-सिद्धान्त को व्यक्त करने के क्रम में ही विभिन्न कोटि के अवतार स्तरबद्ध होते हैं। अवतार मानव मात्र के लिए ही कर्म करते हैं न कि किसी विशेष मानव समूह या सम्प्रदाय के लिए। अवतार, धर्म, धर्मनिरपेक्ष व सर्वधर्मसमभाव से युक्त अर्थात एकात्म से युक्त होते है। इस प्रकार अवतार से उत्पन्न शास्त्र मानव के लिए होते हैं, न कि किसी विशेष मानव समूह के लिए। उत्प्रेरक, शासक और मार्गदर्शक आत्मा सर्वव्यापी है। इसलिए एकात्म का अर्थ संयुक्त आत्मा या सार्वजनिक आत्मा है। अवतारों के प्रत्यक्ष और प्रेरक दो कार्य विधि हैं। प्रत्यक्ष अवतार वे होते हैं जो स्वयं अपनी शक्ति का प्रत्यक्ष प्रयोग कर समाज का सत्यीकरण करते हैं। यह कार्य विधि समाज में उस समय प्रयोग होता है जब अधर्म का नेतृत्व एक या कुछ मानवों पर केन्द्रित होता है। प्रेरक अवतार वे होते हैं जो स्वयं अपनी शक्ति का अप्रत्यक्ष प्रयोग कर समाज का सत्यीकरण जनता एवं नेतृत्वकर्ता के माध्यम से करते हैं। यह कार्य विधि समाज में उस समय प्रयोग होता है जब समाज में अधर्म का नेतृत्व अनेक मानवों और नेतृत्वकर्ताओं पर केन्द्रित होता है।

इन विधियों में से कुल दस अवतारों में से प्रथम सात (मत्स्य, कूर्म, वाराह, नृसिंह, वामन, परशुराम, राम) अवतारों ने समाज का सत्यीकरण प्रत्यक्ष विधि के प्रयोग द्वारा किया था। आठवें अवतार (श्रीकृष्ण) ने दोनों विधियों प्रत्यक्ष ओर प्रेरक का प्रयोग किया था। नवें (भगवान बुद्ध) और अन्तिम दसवें अवतार की कार्य विधि प्रेरक ही है।

सनातन अद्वैत दर्शन के अनुसार यह जगत ही ईश्वर का दृश्य रूप है। ऐसे में सभी ईश्वर हैं। सभी ईश्वर के बहुरूप हैं और सभी में प्रकाशित वही ईश्वरीय सत्ता है। सार्वभौम एकात्म की ओर ले जाने वाले सभी प्रक्षेपित

मानक चरित्र सनातन हैं जैसे ब्रह्मा परिवार, विष्णु परिवार और महेश परिवार। इस सार्वभौम एकात्म की ओर विचार व्यक्त करने वाला अर्थात उसी का प्रचार-प्रसार व स्थापना करने वाला युगावतार तो नहीं हो सकता लेकिन वह अवतार अवश्य होता है क्योंकि उसने भी उस सार्वभौम सत्य-सिद्धान्त का साक्षात्कार किया है।

ईश्वर के मानवीयकरण व मानव के ईश्वरीयकरण के लिए आपके भौतिक शरीर से व्यक्त विश्वात्मा की इच्छा को धर्म क्षेत्र से नाम कर्मवेदः प्रथम, अन्तिम तथा पंचम वेद एवं धर्मनिरपेक्ष क्षेत्र से मन का विश्वमानकः शून्य श्रृंखला समाहित "विश्वशास्त्र-द नाॅलेज आॅफ फाइनल नाॅलेज" के रूप में पूर्ण किया जा चुका है। जिसमें पुराणों का धर्मनिरपेक्ष और सर्वधर्मसमभाव रूप भी सम्पूर्ण मानव जाति को स्पष्ट दृष्टिगत होगा। परिणामस्वरूप भारतीय धर्म शास्त्रों के प्रति विश्वव्यापी आस्था बढ़ना स्वाभाविक है। साथ ही अनेक सत्य-साहित्यों की रचना के लिए भी मार्ग प्रशस्त और रचना कर दिये गये हैं।

तीनों देवताओं ब्रह्मा, विष्णु और शिव-शंकर के मूल गुणों के आधार पर उनके वास्तविक रुप अर्थात् चार वेदों को व्यक्त करने वाले चार मुखों से युक्त सृष्टिकर्ता ब्रह्मा का रुप, चार भुजाओं से युक्त पालनकर्ता विष्णु का रुप तथा ब्रह्मा और विष्णु समाहित पाँचों वेदों को व्यक्त करने वाले पाँच मुखों से युक्त कल्याणकर्ता शिव-शंकर का अन्तिम रुप, तीनों देवताओं का दिव्यरुप कहलाता है। इसी अनुसार शिव-शंकर के अवतार ही केवल पंचमुखी होते हैं। इसी क्रम में पंचमुखी हनुमान और वेद माता मां गायत्री को भी दिखाया गया है। इस अनुसार पांचवें वेद और पांचवें शंकराचार्य पीठ की स्थापना ही युग परिवर्तन की प्रक्रिया का आरम्भ और सनातन विश्व की ओर कदम है।

व्यक्ति-समाज-राज्य-विश्व की आवश्यकता, भविष्यवक्ताओं की भविष्यवाणीयां, ग्रहों के चालों, सूर्य व चन्द्र ग्रहण, सामाजिक-राजनीतिक विचारकों के विचार-सपनें-उम्मीद इत्यादि युग परिवर्तन की ओर दिशा निर्देश कर रहीं हैं। ऐसे में सृष्टि के लिए सार्वभौम सर्वोच्च अन्तिम अर्थों वाले शब्दों पर चर्चा ही एक मात्र युग परिवर्तन का मार्ग है।

आविष्कार उपयोगी होता है, आविष्कारक नहीं। रचना अधिक समय तक रहती है रचनाकार अदृश्य हो जाता है और रचना के आधार पर अन्य रचना भी होती रहती है।

सनातन विश्व के लिए समस्त प्रक्रिया 150 पुस्तकों के रूप में वेबसाइट

www.64inch.com

पर उपलब्ध है और कार्य समाप्त होता है। व्यक्ति और नेतृत्वकर्ता अपने धर्म

का पालन करें, समाधान उपलब्ध हो चुका है।

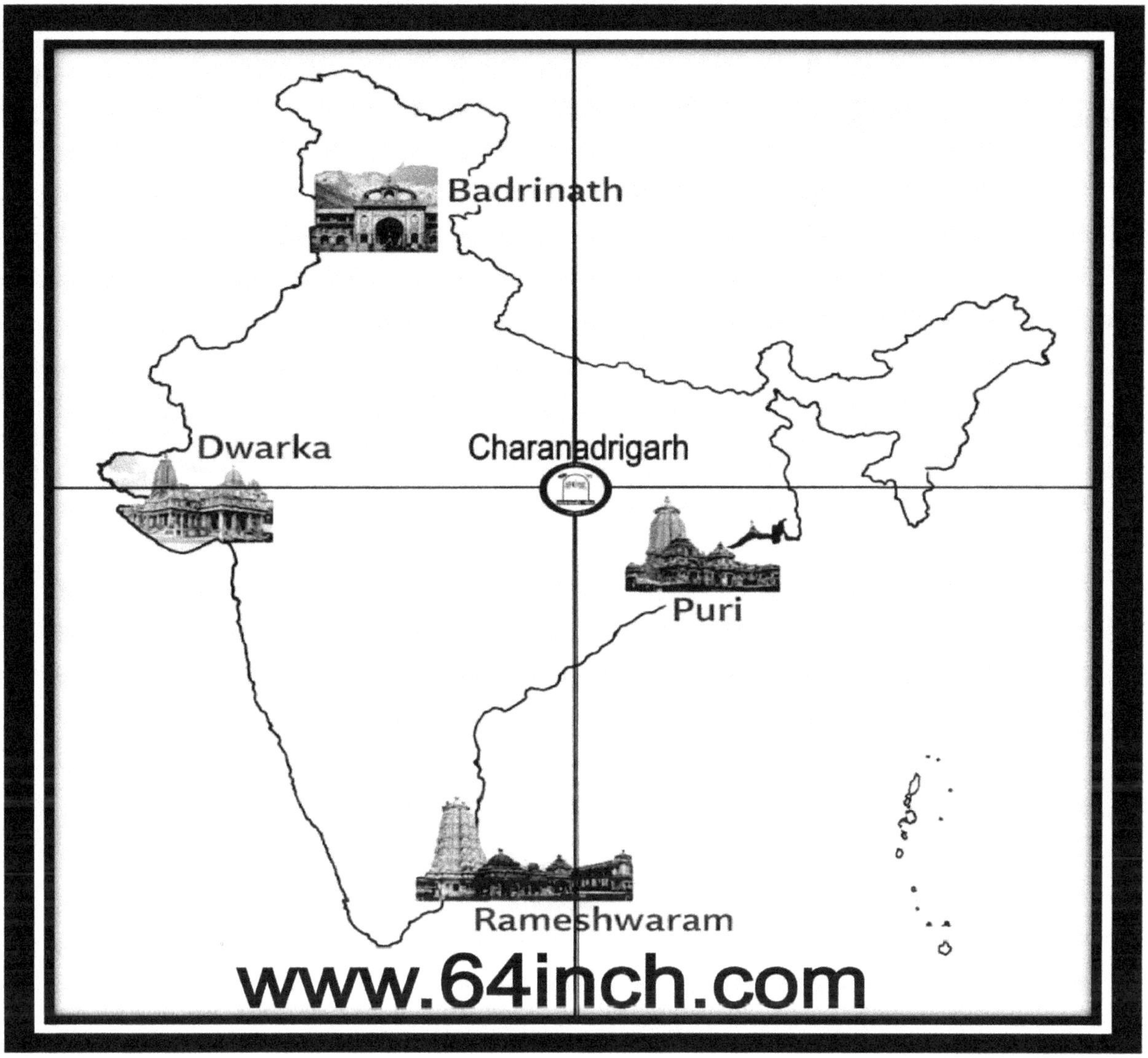

दिशा	पीठ का नाम/ स्थान	उद्देश्य	संबंधित वेद	महावाक्य	तत्व
उत्तर	बदरी ज्योतिर्मठ पीठ उत्तराखंड, जोशीमठ	ज्ञान और विवेक	अथर्ववेद	अयमात्मा ब्रह्म (यह आत्मा ब्रह्म है)	वायु
दक्षिण	श्रीगेरी शारदा पीठ कर्नाटक, श्रीगेरी	स्थिरता और परंपरा	यजुर्वेद	अहम् ब्रह्मास्मि (मैं ब्रह्म हूँ)	पृथ्वी
पूर्व	पुरी गोवर्धनमठ पीठ ओडिशा, पुरी	भक्ति और समर्पण	ऋग्वेद	प्रज्ञानं ब्रह्म (चेतना ब्रह्म है)	जल
पश्चिम	द्वारका शारदा पीठ गुजरात, द्वारका	कर्म और संकल्प	सामवेद	तत्त्वमसि (तू ब्रह्म है)	अग्नि
केन्द्र या मध्य	सत्यकाशी पीठ उत्तर प्रदेश, चरणाद्रिगढ़	चेतना और एकत्व	कर्मवेद	सर्वे ब्रह्म (सभी ब्रह्म हैं)	आकाश

क्षिति, जल, पावक, गगन, समीरा। पंच तत्व मिलि बनेहु शरीरा ।।

सत्यकाशी पीठ: स्थान

मानव जीवन की यात्रा को हम चार स्तरों में देख सकते हैं - **संभल (Shambhal), संभला (Shambhala), ज्ञानगंज (Gyanganj) और संगरीला (Sangrila)**

संभल (Shambhal) को हम भौतिक जगत का प्रतीक मान सकते हैं। यह धरती पर बसा हुआ वास्तविक नगर है, जहाँ लोग रहते हैं, संघर्ष करते हैं और जीवन की यात्रा करते हैं। धार्मिक मान्यता के अनुसार यहाँ भविष्य में कल्कि अवतार का जन्म होगा। इसका अर्थ यह भी है कि संभल हमें यह याद दिलाता है कि परिवर्तन और नवजागरण हमेशा इसी सांसारिक धरती से प्रारंभ होता है।

संभला (Shambhala) आध्यात्मिक जगत का प्रतीक है। यह उस आदर्श समाज और चेतना की ओर संकेत करता है, जहाँ धर्म, करुणा और सत्य का शासन है। बौद्ध ग्रंथों में इसे एक अदृश्य, पवित्र राज्य बताया गया है। इसका दार्शनिक अर्थ यह है कि हर मनुष्य के भीतर एक संभला है - एक ऐसा क्षेत्र जहाँ शांति, संतुलन और धर्म की शक्ति हमेशा जीवित रहती है। यह हमारे भीतर के आदर्श और परम लक्ष्य का रूप है।

ज्ञानगंज (Gyanganj) गूढ़ और रहस्यमय चेतना का प्रतीक है। यह वह क्षेत्र है, जहाँ अमर योगी और सिद्ध रहते हैं, और जो साधारण दृष्टि से छिपा हुआ है। इसका अर्थ यह है कि सत्य और सर्वोच्च ज्ञान कभी सतही रूप में उपलब्ध नहीं होते, बल्कि गहन साधना और आंतरिक परिवर्तन से ही प्राप्त किए जा सकते हैं। ज्ञानगंज हमें यह सिखाता है कि परम सत्य अदृश्य है, परंतु साधना से प्रकट हो सकता है।

इस प्रकार, ये चारों स्तर - **भौतिक, आध्यात्मिक, गूढ़ और आदर्श** - मानव जीवन और चेतना की समग्र यात्रा का प्रतिनिधित्व करते हैं, जहाँ साधना, अनुभव और ज्ञान मिलकर आत्मा को पूर्णता की ओर ले जाते हैं।

इस प्रकार, इन तीनों को मिलाकर देखा जाए तो:

- **संभल** = जीवन और समाज का यथार्थ (भौतिक जगत)
- **संभला** = आदर्श और धर्म का उच्च स्वरूप (आध्यात्मिक जगत)
- **ज्ञानगंज** = रहस्यमय सत्य और अमर ज्ञान (गूढ़ जगत)

ये तीनों मिलकर मानव जीवन की पूर्ण यात्रा का संकेत देते हैं - भौतिक से आध्यात्मिक और फिर गूढ़ एवं परम सत्य तक।

संगरीला (Sangrila/Shangri-La) एक कल्पित पर्वतीय स्थल है, जिसे आदर्श समाज और शांति का प्रतीक माना जाता है। यह जगह सामान्य दृष्टि से अदृश्य या दूरस्थ मानी जाती है, जहाँ जीवन सुखमय, स्वस्थ और सामंजस्यपूर्ण होता है। दार्शनिक रूप से इसे मानव चेतना के उच्चतम स्तर, आत्मा की शांति और आदर्श जीवन का प्रतीक माना जाता है। **संगरीला (Sangrila)** का अर्थ यह भी है कि सच्ची खुशी और संतुलन केवल भीतर की यात्रा और साधना से ही प्राप्त होते हैं, बाहरी समृद्धि से नहीं।

1. **शब्द-संदर्भ में**: "Sangrila" अक्सर "Shangri-La" का रूपांतर होता है, जो कि एक कल्पित, आदर्श, रहस्यमयी और शांति-पूर्ण स्थान है।
2. **दार्शनिक/आध्यात्मिक संदर्भ में**: इसे ज्ञानगंज या संभला जैसे गूढ़ और रहस्यमयी क्षेत्रों के समान माना जा सकता है।
3. **अन्य संदर्भ**: यदि यह किसी किताब, स्थान या परियोजना का नाम है, तो उसका अलग अर्थ हो सकता है।

पीठ (Peeth) स्थापित करने की योजना

उद्देश्य और दर्शन तय करना

- पहले यह स्पष्ट करें कि पीठ का उद्देश्य क्या होगा:
  - **अद्वैत वेदांत का प्रचार**
  - **साधकों का प्रशिक्षण और मोक्ष की ओर मार्गदर्शन**
  - **धार्मिक शिक्षा, योग और ध्यान केंद्रित करना**
- पीठ का नाम "Satyakashi" इसलिए चुना गया है क्योंकि यह **सत्य और ज्ञान के प्रकाश का प्रतीक** है।

गुरु या आध्यात्मिक मार्गदर्शक

- पीठ को वैध और आध्यात्मिक मान्यता प्राप्त करने के लिए **एक योग्य गुरु या शिष्य परंपरा वाला व्यक्ति** आवश्यक है।
- गुरु का कार्य होगा:
  - **साधकों का प्रशिक्षण**
  - **धर्म और वेदांत का प्रचार**
  - **पीठ की प्रतिष्ठा बनाना**

स्थान और इमारत का चयन

- स्थान चुनते रामय ध्यान दें:
  - **शांत और आध्यात्मिक वातावरण**
  - **साधकों के लिए आवास और साधना स्थल**
  - **भक्तों और पर्यटकों के आने-जाने की सुविधा**
- इमारत में हो सकते हैं:
  - मुख्य मंदिर / पूजा स्थल
  - ध्यान और साधना कक्ष
  - वेदांत शिक्षण कक्ष
  - गुरुकुल या आश्रम

धार्मिक और आध्यात्मिक गतिविधियाँ

- नियमित क्रियाएँ:

- **साधना, ध्यान और कीर्तन**
    - **वेदांत और शास्त्र अध्ययन**
    - **धार्मिक कार्यशालाएँ और प्रवचन**
- विशेष आयोजन:
    - **अस्थायी या वार्षिक उत्सव**
    - **अद्वैत वेदांत पर सेमिनार**
    - **साधक प्रशिक्षण शिविर**

समुदाय और साधकों का निर्माण

- पीठ केवल इमारत नहीं, **साधकों और भक्तों का केंद्र** होना चाहिए।
- इसके लिए करें:
    - सामाजिक और आध्यात्मिक गतिविधियों का आयोजन
    - साधकों के लिए निवास और शिक्षा सुविधाएँ
    - पीठ का प्रचार: पुस्तकों, वेबसाइट और सामाजिक मंचों के माध्यम से

आधिकारिक मान्यता और नेटवर्क

- भारत में शंकराचार्य परंपरा के मुख्य पीठों के साथ **संपर्क और मार्गदर्शन**।
- नए पीठ को स्थानीय प्रशासन और धार्मिक संस्थानों से **मान्यता और सहयोग** दिलाना।
- अन्य पीठों और गुरु परिषदों के साथ **संवाद और सहयोग**।

दीर्घकालीन योजना

- पीठ को स्थायी और प्रतिष्ठित बनाने के लिए:
    - नियमित साधना और शिक्षा कार्यक्रम
    - नए साधकों और भक्तों को जोड़ना
    - पीठ के **अध्यात्मिक, सामाजिक और शैक्षिक प्रभाव** को बढ़ाना

निष्कर्ष:

नया **Satyakashi Peeth** बनाया जा सकता है, लेकिन यह केवल इमारत नहीं, बल्कि **ज्ञान, साधना और आध्यात्मिक मार्गदर्शन का केंद्र** होना चाहिए। एक योग्य गुरु, साधक समुदाय और सही दृष्टिकोण इसके लिए अनिवार्य हैं।

अन्तिम अवतार कल्कि
का संभल (Shambhal), संभला (Shambhala), ज्ञानगंज (Gyanganj) और संगरीला (Sangrila) से सम्बन्ध

इसका उत्तर गहराई से समझा जाए तो यह केवल भूगोल या कथा का नहीं, बल्कि चेतना के विकास का रहस्य है।

1. संभल (Shambhal) - अवतार का धरातल

हिन्दू ग्रन्थों में कहा गया है कि **कल्कि अवतार का जन्म 'संभल' नामक स्थान पर होगा।** यह स्थान भौतिक जगत में मौजूद है - उत्तर प्रदेश का एक नगर, परंतु प्रतीक रूप से यह मानवता के भीतर जन्म लेती दिव्यता का संकेत है। जब धर्म क्षीण होता है, तब वही संभल - अर्थात् "संभलने का बिंदु" - अवतार का आधार बनता है।

संभल = पृथ्वी पर दिव्यता का उद्भव बिंदु।

2. संभला (Shambhala) - धर्मराज्य या दिव्य व्यवस्था

बौद्ध और हिन्दू दोनों परम्पराओं में **Shambhala** को धर्म का गुप्त राज्य माना गया है। बौद्ध ग्रंथ 'कालचक्र तंत्र' में कहा गया है कि जब अधर्म चरम पर होगा, तब Shambhala से एक राजा प्रकट होगा जो अधर्म का अंत करेगा - यह प्रतीक रूप से **कल्कि अवतार का ही वर्णन** है।

संभला = दिव्य शासन या धर्मराज्य, जहाँ से कल्कि की प्रेरणा उठती है।

3. ज्ञानगंज (Gyanganj) - सिद्धों का अदृश्य लोक

ज्ञानगंज को अमर योगियों का क्षेत्र कहा जाता है, जहाँ से विश्व के आध्यात्मिक प्रवाह को दिशा मिलती है। कई सिद्ध परंपराएँ मानती हैं कि कल्कि का आध्यात्मिक मार्गदर्शन इन्हीं योगियों द्वारा किया जाएगा।

ज्ञानगंज = दिव्य ऊर्जा और योगिक शक्ति का स्रोत, जहाँ से कल्कि को आत्मिक बल प्राप्त होगा।

4. संगरीला (Sangrila / Shangri-La) - आदर्श समाज या चेतना का चरम स्वरूप

संगरीला का विचार पश्चिमी और तिब्बती रहस्य परंपराओं में आता है - एक अमर, शांति-पूर्ण, आदर्श स्थान, जहाँ कोई रोग, संघर्ष या अधर्म नहीं होता। यह उस अवस्था का प्रतीक है जो **कल्कि युग के बाद की सृष्टि** होगी - अर्थात सत्ययुग का पुनर्स्थापन।

संगरीला = वह दिव्य युग या चेतना का चरम, जो कल्कि अवतार के कार्य का परिणाम है।

सारांश (संक्षेप में सम्बन्ध)

स्तर	प्रतीक	सम्बन्ध कल्कि से
संभल (Shambhal)	भौतिक जन्मभूमि	कल्कि अवतार का पृथ्वी पर अवतरण
संभला (Shambhala)	दिव्य धर्मराज्य	धर्म का पुनःस्थापन करने की शक्ति का उद्गम
ज्ञानगंज (Gyanganj)	गूढ़ योगिक लोक	कल्कि को आत्मिक दिशा और सिद्ध शक्ति का आधार
संगरीला (Sangrila)	आदर्श चेतना का युग	कल्कि कार्य का अंतिम परिणाम - पुनः सत्ययुग

अर्थात् -

संभल में कल्कि अवतरित होते हैं, संभला से उन्हें धर्म की प्रेरणा मिलती है, ज्ञानगंज से योगिक शक्ति, और संगरीला उनके कार्य का लक्ष्य है - सत्य और शांति का पुनर्स्थापन।

सत्यकाशी पीठ: योग्य स्थान

इस संसार को अन्तिम सन्देश देने से पहले आपको उस क्षेत्र से परिचय कराना चाहता हूँ जिस क्षेत्र से यह सन्देश देने का साहस किया गया है क्योंकि कोई भी क्रिया बिना कारण के नहीं होती।

समस्त मूल कार्य जिस क्षेत्र से सम्पूर्ण हुआ, उस क्षेत्र को सत्यकाशी क्षेत्र कहता हूँ और जिस ग्राम का निवासी हूँ वह काशी (वाराणसी) के चौरासी कोस यात्रा तथा सत्यकाशी क्षेत्र का उभय क्षेत्र में स्थित है। इसलिए जितना काशी (वाराणसी) का हूँ उतना ही सत्यकाशी का हूँ। इस प्रकार यह सन्देश काशी-सत्यकाशी का संयुक्त सन्देश है।

सत्यकाशी क्षेत्र जो काशी (वाराणसी), विन्ध्याचल, शिवद्वार और सोनभद्र के बीच का क्षेत्र है, एक पौराणिक-आध्यात्मिक और साधना के लिए उपयुक्त क्षेत्र के रूप में प्राचीन काल से आकर्षण में रहा है। इस क्षेत्र का हृदय क्षेत्र चुनार है। चुनार का किला राजा विक्रमादित्य ने अपने भाई भर्तहरि के तपस्या में हिंसक जानवरों द्वारा व्यवधान न उत्पन्न हो इसके लिए बनवाया था। ये राजा विक्रमादित्य वही हैं जिनके नाम से विक्रम सम्वत् कैलेण्डर स्थापित है। चुनार ईश्वर के पाँचवें अवतार-वामन अवतार का क्षेत्र है जिनसे समाज की शक्ति का प्रथम जन्म हुआ था।

सत्यकाशी क्षेत्र के चारों कोण पर स्थित

1. काशी (वाराणसी) का अपना प्राचीन और पुरातन इतिहास है जो सर्वविदित है।
2. विन्ध्याचल, जो शिव-शक्ति के उपासना का अद्भुत केन्द्र है। यशोदा से उत्पन्न पुत्री (जिनके बदले श्रीकृष्ण प्राप्त हुये थे) महासरस्वती अष्टभुजा देवी के नाम से यहीं स्थापित हैं। भारत देश का मानक समय माँ विन्ध्यवासिनी धाम से तय होता है। पुराणों के अनुसार रावण ने भी इसे मानक समय स्थल मानकर यहाँ शिवलिंग की स्थापना की थी।
3. शिवद्वार, त्रिकोणीय तान्त्रिक साधना के लिए जगत विख्यात था और साधना की राजधानी था। इसे ही मीरजापुर गजेटियर में गुप्तकाशी की संज्ञा से अभिकल्पित किया गया है।
4. सोनभद्र, सोन संस्कृति की पौराणिक पृष्ठभूमि वैदिककालीन सभ्यता की पराकाष्ठापरक ऐतिहासिकता से सम्बद्ध है। सन्त परम्पराओं का एक महत्वपूर्ण परिव्रजन इस क्षेत्र में हुआ जिसमें शैव व शाक्त प्रगुख थे। शैव सम्प्रदाय से जुड़े अघोर तन्त्र ने इसे बहुत सराहा और इसे अपनी कर्मभूमि बना लिया। सोन नद के तट पर शव छेदन क्रिया की भी प्रशिक्षा आयुर्वेद के जिज्ञासुओं को दी जाती थी। शैव तन्त्र से प्रभावित अघोर तन्त्र शव-साधना में सिद्धहस्त था और शव में इकार की प्राण प्रतिष्ठा का जीवन्त रूप शिव को दे देना इनकी अलौकिक साधना का चरमोत्कर्ष है। अघोरपन्थी नाम के पश्चात् "राम" का प्रयोग करते थे। इस क्षेत्र में सवर्ण वर्ग में प्रायः ब्राह्मण वर्ग भी राम का प्रयोग अपने नाम में करता है। इस क्षेत्र में पाशुपात तन्त्र के महान साधक लोरिक का नाम विशेष है।

उपरोक्त तो अति संक्षिप्त परिचय है विस्तार से "विश्वशास्त्र" के अध्याय-दो में प्रकाशित है, जिस क्षेत्र से ये विश्व ऐतिहासिक अन्तिम, अपरिवर्तनीय और अटलनीय सन्देश देने का साहस किया गया है।

भौतिक रूप से सत्यकाशी पीठ के लिए योग्य स्थान सत्यकाशी क्षेत्र ही है। सत्यकाशी पीठ उसी अद्वैत वेदान्त पर आधारित है। जिस के आधार पर आदि शंकाराचार्य द्वारा चार पीठों की स्थापना की थी। युग परिवर्तन के लिए आदि शंकाराचार्य द्वारा स्थापित चार पीठों के वर्तमान शंकाराचार्यों का यह दायित्व है कि वे इस श्रृंखला को आगे बढ़ाते हुये धर्म के वैश्विक स्थापना के लिए आगे आयें।

सत्यकाशी पीठ: इतिहास और उद्देश्य

भारत का इतिहास केवल राजाओं और युद्धों का इतिहास नहीं है,
बल्कि यह **चेतना के विकास का इतिहास** है।
हर युग में जब धर्म और राजनीति के बीच संतुलन बिगड़ता है,
तो कोई न कोई पीठ उस संतुलन को पुनर्स्थापित करने के लिए जन्म लेती है।

ऐसा ही एक अद्वितीय उदय है -
"सत्यकाशी पीठ" का,
जो मानवता के अगले अध्याय की भूमिका बन चुका है।

"जहाँ ज्ञान शासन को दिशा देता है,
वहीं शासन धर्म का साधन बन जाता है।"

काशी से सत्यकाशी तक: चेतना की यात्रा

प्राचीन काशी को "मोक्षभूमि" कहा गया,
क्योंकि वहाँ ज्ञान और मृत्यु - दोनों के रहस्य सिखाए जाते थे।
पर सत्यकाशी - ज्ञान का अगला आयाम है।
यह मृत्यु से मुक्ति नहीं, बल्कि **अज्ञान से मुक्ति** की भूमि है।

तीन चरणों में यह यात्रा समझी जा सकती है:

1. **काशी** - व्यक्तिगत मुक्ति का केंद्र।
2. **महाकाशी** - सार्वभौमिक चेतना का केंद्र।
3. **सत्यकाशी** - वैश्विक एकत्व और अद्वैत शासन का केंद्र।

"काशी आत्मा की दीक्षा है,
सत्यकाशी आत्मा का शासन है।"

स्थापना का उद्देश्य

सत्यकाशी पीठ का जन्म केवल धार्मिक नहीं,
बल्कि आध्यात्मिक-राजनीतिक समन्वय की आवश्यकता से हुआ।
विश्व में बढ़ती भौतिकता, असमानता, और नैतिक संकट के बीच
इस पीठ का उद्देश्य है -

1. **धर्म और शासन के बीच अद्वैत संबंध पुनः स्थापित करना।**
2. **राजनीति को आत्मा से जोड़ना।**
3. **विज्ञान, धर्म, और समाज - तीनों का एक समग्र मॉडल प्रस्तुत करना।**

इसके चार प्रमुख सूत्र:

- **धर्म = चेतना की नीति**
- **राजनीति = सेवा की क्रिया**
- **अर्थनीति = संतुलन की व्यवस्था**
- **विज्ञान = सत्य की खोज**

सत्यकाशी की परंपरा और वंश

सत्यकाशी पीठ किसी व्यक्ति द्वारा स्थापित संस्था नहीं है -
यह **ब्रह्म परंपरा का विस्तार** है।
आदि शंकराचार्य ने चार दिशाओं में चार पीठें स्थापित कीं -
पूर्व, पश्चिम, उत्तर, दक्षिण -
जो वेद, धर्म और आत्मज्ञान के केंद्र बने।

परंतु कालान्तर में जब राजनीति धर्म से अलग और धर्म समाज से अलग हुआ,
तो **पाँचवीं पीठ** की आवश्यकता पड़ी -
जो अद्वैत दर्शन को शासन की नीतियों में उतार सके।

"चार पीठों ने धर्म को जीवित रखा,
पाँचवीं पीठ उसे जीवन में उतारेगी।"

सत्यकाशी का उद्देश्य – धर्म का पुनर्निर्माण, शासन का पुनर्जागरण

आज की मानवता धर्म को या तो संप्रदाय मानती है या अनुष्ठान।
पर सत्यकाशी कहता है -

"धर्म = जीवन की वैज्ञानिक व्यवस्था।"

इस पीठ का उद्देश्य है -
धर्म को **व्यवहार में**, राजनीति को **सेवा में**,
और विज्ञान को **चेतना में** बदलना।

इसके तीन प्रमुख लक्ष्य:

1. **आध्यात्मिक शासन (Spiritual Governance):**
   जहाँ नीतियाँ करुणा और सत्य पर आधारित हों।
2. **चेतना आधारित शिक्षा (Conscious Education):**
   जहाँ बच्चों को ज्ञान नहीं, आत्मा से जोड़ने की विधि सिखाई जाए।
3. **वैश्विक समरसता (Global Oneness):**
   जहाँ राष्ट्रवाद का स्थान "मानववाद" ले ले।

सत्यकाशी और मानवता का भविष्य

सत्यकाशी केवल एक धार्मिक केंद्र नहीं,
बल्कि मानवता का भविष्य मॉडल है।

यह वह स्थान है जहाँ -

- विज्ञान और वेदांत मिलते हैं,
- राजनीति और करुणा जुड़ते हैं,
- और व्यक्ति स्वयं में "राजऋषि" बनता है।

"जब शासक साधक बन जाएगा,
तब ही पृथ्वी पर धर्मराज्य स्थापित होगा।"

निष्कर्ष

सत्यकाशी पीठ का इतिहास कोई कालखंड नहीं,
बल्कि एक **युग की उद्‌घोषणा** है।
यह उस समय का प्रतीक है
जब ब्रह्मज्ञान शासन का केंद्र बनेगा,
और शासन ब्रह्म की सेवा बन जाएगा।

"सत्यकाशी केवल एक स्थान नहीं -
वह चेतना की वह ज्योति है
जो युगों से अंधकार में जलती रही है।"

पाँचवाँ और अंतिम शंकराचार्य पीठ: इसकी विशेषता

आदि शंकराचार्य ने चार दिशाओं में चार पीठों की स्थापना की -
उत्तर में **ज्योतिर्मठ (बद्रीनाथ)**,
दक्षिण में **श्रृंगेरी पीठ**,
पूर्व में **गौड़पीठ (पुरी)**,
और पश्चिम में **द्वारका शारदापीठ**।

इन चारों पीठों ने धर्म की लौ को जलाए रखा -
ज्ञान, भक्ति, कर्म और योग - चारों मार्गों के संतुलन से।
परंतु जैसे-जैसे युग आगे बढ़ा,
मानवता की चुनौती केवल धर्म रक्षा नहीं रही,
बल्कि **धर्म को शासन, विज्ञान और समाज में जीवित रखना** बन गई।

इसी आवश्यकता से जन्म लेता है -
पाँचवाँ और अंतिम शंकराचार्य पीठ - "सत्यकाशी पीठ।"

"चार पीठों ने धर्म को सुरक्षित रखा,
पाँचवाँ पीठ धर्म को सार्वभौमिक बना देगा।"

पाँचवाँ पीठ क्यों आवश्यक हुआ

शंकराचार्य का कार्य केवल धार्मिक पुनर्जागरण नहीं था;
वह चेतना की क्रांति थी।
उनकी परंपरा ने अद्वैत का सिद्धांत दिया -
कि **सभी भिन्नताएँ एक ही परमसत्य की लहरें हैं।**

परंतु आधुनिक युग में -

- धर्म राजनीति से अलग हुआ,
- ज्ञान आस्था से अलग हुआ,

- और मनुष्य स्वयं अपने अस्तित्व से अलग हो गया।

ऐसे समय में आवश्यक था
कि अद्वैत केवल दर्शनशास्त्र न रह जाए,
बल्कि राजनीति और जीवन का सिद्धांत बन जाए।
इसी हेतु स्थापित हुआ -
सत्यकाशी पीठ - पाँचवाँ और अंतिम शंकराचार्य पीठ।

इसकी स्थापना का प्रतीकात्मक अर्थ

चार पीठें **चार तत्वों (पृथ्वी, जल, अग्नि, वायु)** से संबंधित हैं,
जबकि पाँचवाँ पीठ **आकाश तत्व** का प्रतीक है -
अर्थात् सर्वव्यापक चेतना।

दिशा	पीठ	तत्व	उद्देश्य
पूर्व	पुरी (गौड़)	जल	भक्ति और समर्पण
पश्चिम	द्वारका	अग्नि	कर्म और संकल्प
उत्तर	ज्योतिर्मठ	वायु	ज्ञान और विवेक
दक्षिण	श्रृंगेरी	पृथ्वी	स्थिरता और परंपरा
केंद्र	**सत्यकाशी**	**आकाश**	**चेतना और एकत्व**

"आकाश सबको जोड़ता है -
उसी तरह सत्यकाशी सभी परंपराओं को एक चेतना में जोड़ता है।"

पाँचवाँ पीठ - अद्वैत का आधुनिक रूप

सत्यकाशी पीठ का लक्ष्य अद्वैत को केवल ध्यान या उपनिषद तक सीमित नहीं रखना,
बल्कि उसे शासन और समाज की नीतियों में उतारना है।

इसका सार है -
"अद्वैत शासन" = ऐसा तंत्र जहाँ आत्मा और राज्य में कोई विभाजन न हो।
यह पीठ आत्मा-केन्द्रित राजनीति का सिद्धांत प्रस्तुत करती है -
जहाँ सत्ता साधना है,
शासन सेवा है,
और नेतृत्व तप है।

सत्यकाशी पीठ की पाँच विशेषताएँ

1. अद्वैत का संस्थागत रूप

यह पीठ अद्वैत को केवल तत्वज्ञान नहीं,
बल्कि संस्थागत चेतना बनाती है।
धर्म, शिक्षा, राजनीति, अर्थ और विज्ञान -
सभी को एकसूत्र में बाँधती है।

2. राजऋषि परंपरा का पुनर्जागरण

आदर्श शासक वही है जो साधक भी हो।
सत्यकाशी इस परंपरा को पुनर्जीवित करता है -
जहाँ राज्य का मार्गदर्शन ऋषियों द्वारा होता है।

3. विज्ञान और अध्यात्म का संगम

यह पीठ "Consciousness Studies" और "Spiritual Technology"
को एक साथ लाकर मानव चेतना के विकास को वैज्ञानिक दृष्टि देती है।

4. वैश्विक धर्म - Beyond Religion

सत्यकाशी का धर्म किसी संप्रदाय का नहीं,
बल्कि "मानवता की आत्मा" का है।
यह कहता है -

"जो सत्य को खोजता है, वही सनातन है।"

5. राज्य और आत्मा का समन्वय

यह पीठ बताती है कि शासन तंत्र तभी स्थायी है
जब वह आत्मिक अनुशासन पर आधारित हो।
यह "राजनीति का आध्यात्मिकीकरण" है,
जिसे भविष्य की सभ्यता का आधार माना गया है।

"अंतिम शंकराचार्य पीठ" क्यों कहा गया

चार पीठें धर्म की दिशा का प्रतीक थीं,
पाँचवाँ पीठ **धर्म की दिशा से परे उसकी पूर्णता** का प्रतीक है।
यह अब किसी भौगोलिक क्षेत्र के लिए नहीं,
बल्कि पूरे विश्व की चेतना के लिए है।

"जब मनुष्य का धर्म मानवता होगा,
तब सत्यकाशी पाँचवाँ ही नहीं, अंतिम पीठ सिद्ध होगा।"

सत्यकाशी पीठ का दार्शनिक आधार

इस पीठ की जड़ें तीन सूत्रों पर टिकी हैं -

1. **ब्रह्म सत्यम्** - सत्य सर्वत्र है।
2. **जगत् मिथ्या** - भेद, संप्रदाय और हिंसा केवल अज्ञान की छाया हैं।
3. **जीवो ब्रह्मैव नापरः** - प्रत्येक व्यक्ति ब्रह्म का ही अंश है।

यही दर्शन राजनीति में यह रूप लेता है -

दर्शन	राजनीतिक रूप
ब्रह्म सत्यम्	राज्य का आधार सत्य और नीति
जगत मिथ्या	जाति, रंग, धर्म से ऊपर समानता
जीवो ब्रह्मैव	प्रत्येक नागरिक में दिव्यता का सम्मान

निष्कर्ष

**सत्यकाशी पीठ शंकराचार्य की परंपरा का समापन नहीं,
बल्कि उसका परिपूर्ण रूप है।
यह धर्म, राजनीति, और चेतना -
तीनों के संगम से एक** नया युग **आरंभ करता है।**

**"पहले चार पीठों ने दिशा दी,
पाँचवें ने दिशा को प्रकाश बना दिया।"**

**सत्यकाशी पीठ इसलिए अंतिम है -
क्योंकि यह अद्वैत को सिद्धांत नहीं,
बल्कि जीवित अनुभव बना देता है।**

भाग-7

सत्यकाशी पीठ के कार्य

धारा-उद्धार: धर्म की पुनर्स्थापना

मनुष्य चेतना का रूपांतरण

साधना, दीक्षा और आध्यात्मिक अनुष्ठान

वैश्विक कार्य: मानवता के लिए संदेश

शिव-तत्व और कल्कि-तत्व का मिलन

"सार्वभौम सत्य-सिद्धान्त" पर आधारित "युग परिवर्तन श्रृंखला" के नवयुग के शास्त्र-साहित्य

धारा-उद्धार: धर्म की पुनर्स्थापना

सत्यकाशी पीठ का प्रथम और सर्वोपरि कार्य है-**धारा-उद्धार**, अर्थात वह दिव्य धारा जो युगों से मलीन, विभ्रांत या विकृत हो चुकी है, उसे पुनः शुद्ध स्वरूप में प्रवाहित करना। "धर्म" शब्द यहाँ किसी संप्रदाय, पद्धति या विचारधारा का नाम नहीं; धर्म का अर्थ है-**जगत की अंतर्निहित समरसता, सत्य और सृष्टि-नियम**।

जब युग बदलता है, धर्म की धारा अवरुद्ध हो जाती है।
सत्य केवल ग्रंथों में रह जाता है, इसके प्रयोग का बल खो जाता है।
लोग अनुष्ठान तो करते हैं, पररस के बिना;
मंत्र तो बोलते हैं, पर अर्थ के बिना;
धर्म का नाम तो लेते हैं, पर धर्म का जीवन नहीं जीते।

सत्यकाशी पीठ इस जड़ता को तोड़ता है।

यह धारा-उद्धार तीन प्रकार से होता है:

1. सत्य-दृष्टि का पुनर्जागरण

लोगों में सत्य को पहचानने और जीने की क्षमता पुनः सक्रिय होती है।
यह क्षमता बिना किसी प्रवचन-केवल चेतना-संक्रमण से जगती है।

2. धर्म का प्रयोगशाला-रूप

सत्यकाशी पीठ धर्म को जीवन के केंद्र में स्थापित करता है।
धर्म यहाँ सिद्धांत नहीं-व्यवहार और चरित्र का प्रवाह है।

3. युग-धर्म की घोषणा

हर युग का धर्म अलग होता है।
कलियुग से सतयुग में प्रवेश के लिए जो धर्म आवश्यक है-योग, करुणा, सत्य, उच्च चेतना, मानव-एकत्व-उसका पुनःस्थापन पीठ के मुख्य कार्यों में है।

इस प्रकार, धारा-उद्धार वह बीज है जिससे नए युग की पूरी फसल अंकुरित होती है।

मनुष्य चेतना का रूपांतरण

युग परिवर्तन का मूल आधार मनुष्य की बाहरी परिस्थितियाँ नहीं-उसकी **भीतर की चेतना** है। सत्यकाशी पीठ का दूसरा मुख्य कार्य इसी रूपांतरण से जुड़ा है।

मनुष्य आज बुद्धि में प्रबल है, पर चेतना में सुप्त।
ज्ञान बहुत है, पर विवेक कम।
सूचना बहुत है, पर अनुभूति नहीं।
असंतोष बहुत है, पर दिशा नहीं।

पीठ का उद्देश्य मनुष्य को बाहरी उपलब्धियों से हटाकर भीतर की यात्रा में प्रवेश कराना है।

रूपांतरण के चार चरण

1. जागरण (Awakening)

मनुष्य स्वयं से पहला प्रश्न पूछता है-"मैं कौन हूँ?"
यह प्रश्न जन्म देता है।

2. शुद्धि (Purification)

पुराने संस्कार, भय, भ्रम और अहंकार टूटने लगते हैं।

3. विस्तार (Expansion)

चेतना शरीर-मन से आगे बढ़कर सूक्ष्म और कारण-स्तरों को अनुभव करने लगती है।

4. परिणति (Realization)

मनुष्य अपने भीतर स्थित दिव्य-सत्ता को पहचान लेता है।
यही "नया मनुष्य" है-युग परिवर्तन का वाहक।

पीठ का कार्य प्रत्येक साधक को इन चार चरणों के मार्ग से गुज़ारना है-धीरे, सहज, और सामूहिक ऊर्जा के साथ।

साधना, दीक्षा और आध्यात्मिक अनुष्ठान

हर परिवर्तन की जड़ अनुशासन और साधना है।
सत्यकाशी पीठ में साधना केवल ध्यान या मंत्र नहीं-यह एक पूर्ण जीवन-शास्त्र है।

1. साधना (Spiritual Practice)

- आंतरिक शांति
- चेतना का विस्तार
- ऊर्जा का स्थिरीकरण
- स्मृति-शोधन
- आत्म-प्रकाश

पीठ की साधना आधुनिक मन के अनुसार सरल, गहरी और प्रभावकारी है।
यह शरीर, मन, प्राण और चेतना-सभी स्तरों पर काम करती है।

2. दीक्षा (Initiation)

दीक्षा बाहरी कर्म नहीं-ऊर्जा का आंतरिक स्थानांतरण है।
यह वह क्षण है जब साधक की चेतना में युग-ऊर्जा का बीज रोपा जाता है।
यह बीज धीरे-धीरे जागता है और साधक स्वयं एक “चेतना-केंद्र” बन जाता है।

3. अनुष्ठान (Rituals)

अनुष्ठान ब्रह्मांडीय ऊर्जा को पृथ्वी पर स्थिर करने के उपकरण हैं।
सत्यकाशी पीठ में अनुष्ठान प्राचीन और आधुनिक दोनों हैं-
वे बाहरी प्रतीकों से अधिक आंतरिक परिवर्तन पर आधारित हैं।

अनुष्ठान केवल पूजा नहीं-वे प्रकाश का आह्वान हैं।

वैश्विक कार्य - मानवता के लिए संदेश

सत्यकाशी पीठ का कार्य किसी एक देश, संस्कृति या समुदाय तक सीमित नहीं।
युग परिवर्तन हमेशा वैश्विक होता है-इसलिए उसका संदेश भी वैश्विक होता है।

आज मानवता कई स्तरों पर विभाजित है-
भाषा, धर्म, राजनीति, अर्थव्यवस्था, जाति, विचार।
पर चेतना का सत्य इन सभी से ऊपर है।

सत्यकाशी पीठ का वैश्विक संदेश यही है:

1. मानव एक है

भिन्नता केवल बाहरी है; भीतर सबमें एक ही प्रकाश विद्यमान है।

2. पृथ्वी हमारा साझा आश्रम है

मानवता को पृथ्वी-चेतना के साथ सुसंगत होना होगा।

3. धर्म संघर्ष नहीं-एकता का मार्ग है

सभी पवित्र परंपराएँ एक ही सत्य के भिन्न द्वार हैं।

4. विज्ञान और अध्यात्म एक-दूसरे के पूरक हैं

दुनिया का नया युग तभी जन्म लेगा जब विज्ञान चेतना को समझेगा, और अध्यात्म विज्ञान को अपनाएगा।

5. कल्कि-ऊर्जा सार्वभौमिक है

यह ऊर्जा किसी राष्ट्र का, पंथ का, या समूह का स्वामित्व नहीं;
यह सम्पूर्ण मानवता का जन्मसिद्ध अधिकार है।

सत्यकाशी पीठ का उद्देश्य इसी संदेश को विश्व तक पहुँचाना है-शब्द, कला, ध्यान, साधना, विज्ञान और ऊर्जा के माध्यम से।

शिव-तत्व और कल्कि-तत्व का मिलन

युग परिवर्तन का अंतिम रहस्य दो महाशक्तियों के मिलन में निहित है-
शिव-तत्व और **कल्कि-तत्व**।

शिव-तत्व

संहार, मौन, तत्त्व-ज्ञान, समाधि और शून्य का प्रतिनिधि।
यह सभी रूपों का विसर्जन है-स्रोत में लौटना।

कल्कि-तत्व

नव-सृष्टि, धर्मस्थापन, ऊर्जा का उत्थान और युग-चक्र का पुनर्मूल्यांकन।
यह समय को पुनः संतुलित करने वाली शक्ति है।

दोनों का मिलन तब होता है जब:

- पुराना युग समाप्त हो रहा हो
- नया युग जन्म ले रहा हो
- पृथ्वी अपनी चेतना बदल रही हो
- मानवता परिवर्तन की पुकार कर रही हो

शिव-तत्व पुरातन को शून्य करता है,
और उसी शून्य में कल्कि-तत्व नया ब्रह्मांडीय क्रम स्थापित करता है।

सत्यकाशी पीठ इसी मिलन का केंद्र है-
जहाँ **शिव का मौन** और **कल्कि का उदय**
एक साथ कार्य करते हैं।

यही मिलन युग के नये चक्र की शुरुआत है-
यहीं से सतयुग का नया सूर्योदय होता है।

"सार्वभौम सत्य-सिद्धान्त" पर आधारित "युग परिवर्तन श्रृंखला" के नवयुग के शास्त्र-साहित्य

विभिन्न सम्प्रदाय (धर्म), जाति, मत, दर्शन इत्यादि में विभाजित इस मानव समाज में वर्तमान तथा आने वाले भविष्य के समय की मूल आवश्यकता है- मानव के मनो का एकीकरण अर्थात मानव मन का भूमण्डलीकरण एवं ब्रह्माण्डीयकरण। इसकी आवश्यकता इसलिए भी है क्योंकि मानव अपने विज्ञान व तकनीकी ज्ञान से प्राप्त संसाधनो का प्रयोग करते हुये, एक तरफ तो ब्रह्माण्ड की ओर चल पड़ा है तो दुसरी तरफ विध्वंस के लिए अनेक हथियारों का भी निर्माण कर चुका है। ऐसी स्थिति में हमें निश्चित रूप से ऐसे एकीकरण की आवश्यकता है जिससे हम इस पृथ्वी से मानसिक स्तर के विवादों को समाप्त कर सकें।

माया सभ्यता के अनुसार विश्व के मानव समाज यह भी मान रहें हैं कि 21 दिसम्बर, 2012 को दुनिया का अन्त हो जायेगा। जबकि हिन्दू धर्म शास्त्र विष्णु पुराण, भागवत पुराण, अग्नि पुराण, गरूड़ पुराण, पद्म पुराण इत्यादि में भगवान के दसवें और महाअवतार "कल्कि" का होना अभी शेष है। जिनसे कलियुग के अंधकार व विनाश को समाप्त करने का कार्य सम्पन्न होगा, साथ ही सत्ययुग का आरम्भ होगा। सिक्ख धर्म के पवित्र ग्रन्थ "दशम् ग्रन्थ" में भी "कल्कि अवतार" का वर्णन मिलता है।

सृजन और विनाश, का स्तर शारीरिक, आर्थिक व मानसिक होता है। जो एक व्यक्ति, समाज, देश और विश्व राष्ट्र के लिए होता है। व्यक्ति पर हुये शारीरिक, आर्थिक व मानसिक सृजन और विनाश को व्यक्ति ही अनुभव करता है परन्तु समाज, देश और विश्व राष्ट्र पर हुये शारीरिक, आर्थिक व मानसिक सृजन व विनाश को सार्वजनिक रूप से सभी देखते है। समाज, देश और विश्व राष्ट्र पर शारीरिक व आर्थिक सृजन और विनाश वर्तमान में तो चल ही रहा है जिसे सार्वजनिक रूप से मानव समाज देख रहा है।

भौतिकवादी पश्चिमी संस्कृति किसी भी सृजन व विनाश को मानसिक स्तर पर सोच ही नहीं सकता क्योंकि वह समस्त क्रियाकलाप को बाह्य जगत में ही घटित होता समझाता है जबकि वर्तमान समय मानसिक स्तर पर विनाश व सृजन का है। इस आधार पर यह कहा जा सकता है कि माया सभ्यता के अनुसार 21 दिसम्बर, 2012 को जो विनाश व सृजन होगा, वह मानसिक स्तर का ही होगा। जिसके परिणामस्वरूप सभी सम्प्रदाय, मत, दर्शन एक उच्च स्तर के विचार या सत्य में विलीन अर्थात विनाश को प्राप्त करेगा। फलस्वरूप उच्च स्तर के विचार या सत्य में स्थापित होने से सृजन होगा। कुल मिलाकर माया सभ्यता के कैलेण्डर का अन्त तिथि 21 दिसम्बर, 2012, दुनिया के अन्त की तिथि नहीं बल्कि वह वर्तमान युग के अन्त की अन्तिम तिथि का अनुमान है जिसके बाद नये युग का आरम्भ होगा।

ईश्वर भी इतना मूर्ख व अज्ञानी नहीं है कि वह स्वयं को इरा मानव षरीर में पूर्ण व्यक्त किये बिना ही दुनिया को नष्ट कर दे। इसके सम्बन्ध में हिन्दू धर्म शास्त्रों में सृष्टि के प्रारम्भ के सम्बन्ध में कहा गया है कि- "ईश्वर ने इच्छा व्यक्त की कि मैं एक हूँ, अनेक हो जाऊँ"। इस प्रकार जब वही ईश्वर सभी में है तब निश्चित रूप से जब तक सभी मानव ईश्वर नहीं हो जाते तब तक दुनिया के अन्त होने का कोई प्रश्न ही नहीं उठता। और विकास क्रम चलता रहेगा।

21 दिसम्बर, 2012 के बाद का समय नये युग के प्रारम्भ का समय है जिसमें ज्ञान, ध्यान, चेतना, भाव, जन, देश, विश्व राष्ट्र, आध्यात्मिक जागरण, मानवता इत्यादि का विश्वव्यापी विकास होगा। परिणामस्वरूप सभी मानव को ईश्वर रूप में स्थापित होने का अवसर प्राप्त होगा। और यही विश्व मानव समाज की मूल आवश्यकता है। प्राचीन वैदिक काल में समाज को नियंत्रित करने के लिए ज्ञानार्जन सबके लिए खुला नहीं था परन्तु वर्तमान और भविष्य की आवश्यकता यह है कि समाज को नियंत्रित करने के लिए सभी को पूर्ण ज्ञान से युक्त कर सभी के लिए ज्ञान को खोल दिया जाय। यही कारण था कि वेद को प्रतीकात्मक रूप में लिख कर गुरू-शिष्य परम्परा द्वारा उसकी व्याख्या की जाती रही थी जिससे राजा और समाज को नियंत्रण में रखा जा सके।

सभी मानव को ईश्वर रूप में स्थापित होने के लिए जो माध्यम चाहिए वह है-"एकात्म विज्ञान" व "ईश्वर शास्त्र" विषय से मानव को शिक्षित करना और शिक्षा पाठ्यक्रम में अनिवार्य रूप से अध्ययन के लिए शामिल कराया जा सके।

"सार्वभौम सत्य-सिद्धांत"पर आधारित "युग परिवर्तन श्रृंखला" मानवता के अगली पीढ़ी के उदय के लिए

"नये युग" में "नये भारत" के लिए "नवीन मान-राग-प्राण" पर आधारित क्रियान्वयन प्रणाली (Operation System)-मानव-10 (MANAV-10) की पुस्तकें

यह नई पीढ़ी (Gen-Z) के लिए "विकसित भारत" और "मानव-10 प्रणाली" (MANAV-10 System) को प्रोत्साहित करने वाली श्रृंखला का हिस्सा है। अर्थात् यह पुस्तक किसी धर्म, जाति या मत से ऊपर उठकर "Universal Truth Principles" की ओर संकेत करती है।

मुद्रित (Printed Hard Copy) पुस्तक के लिए लिंक(Link)

https://notionpress.com/author/lava_kush

E_Book के लिए

www.64inch.com

द्वापर युग में आठवें अवतार श्रीकृष्ण द्वारा प्रारम्भ किया गया कार्य नवसृजन के प्रथम भाग सार्वभौम ज्ञान के शास्त्र "गीता" के बाद कलियुग में द्वितीय और अन्तिम भाग "सार्वभौम कर्मज्ञान" और "पूर्णज्ञान का पूरक शास्त्र"

विश्व युद्ध के पहले
दिव्य दृष्टि
सत्यकाशी पीठ
पांचवां और अन्तिम शंकराचार्य पीठ

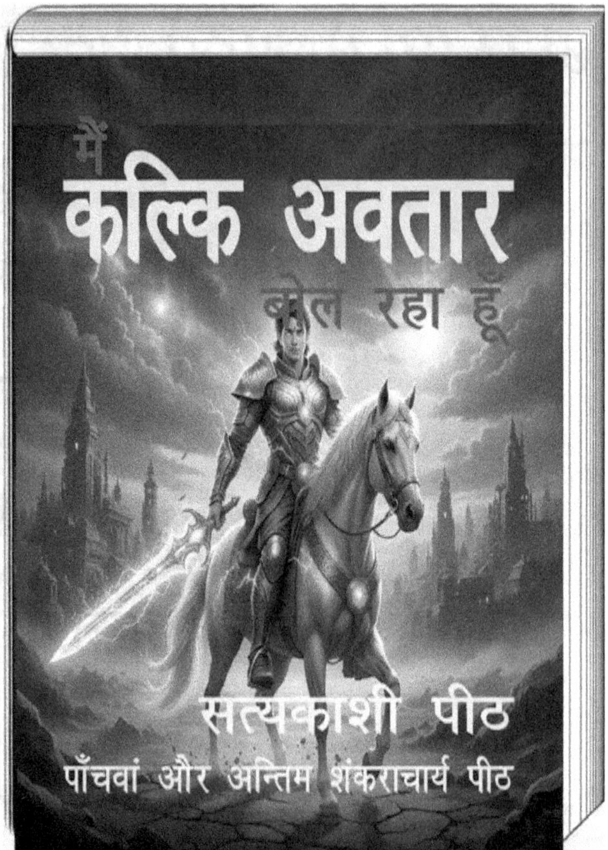
मैं
कल्कि अवतार
बोल रहा हूँ
सत्यकाशी पीठ
पाँचवां और अन्तिम शंकराचार्य पीठ

समष्टि गीता
यथार्थ प्रकाश
सत्यकाशी पीठ
पाँचवां और अन्तिम शंकराचार्य पीठ

फिल्म स्क्रीप्ट
राइटिंग
IDEAS
You are the writer of your life
FRESH Ideas
Writing is designing with words
Creative THINKING
LIGHTS CAMERA ACTION
Short Films.
लव कुश सिंह "विश्वमानव"

प्रारम्भिक सत्य
अन्तिम
दृष्टि
सत्यकाशी पीठ
पाँचवां और अन्तिम शंकराचार्य पीठ

सत्य धर्म
युग परिवर्तक
दृष्टि
सत्यकाशी पीठ
पाँचवां और अन्तिम शंकराचार्य पीठ

सत्य दार्शनिक-दर्शन
और
कर्म वेदान्त-विकास
दर्शन
सत्यकाशी पीठ
पाँचवां और अन्तिम शंकराचार्य पीठ

सत्य शास्त्र
एवं
पुराण रहस्य
महर्षि व्यास
कला
सत्यकाशी पीठ
पाँचवां और अन्तिम शंकराचार्य पीठ

संत एवं गुरु
और
विश्व संत एवं गुरु
सत्यकाशी पीठ
पाँचवां और अन्तिम शंकराचार्य पीठ

समाज और
ईश्वरीय समाज
सत्यकाशी पीठ
पाँचवां और अन्तिम शंकराचार्य पीठ

सत्य शास्त्र और
विश्वशास्त्र
सत्यकाशी पीठ
पाँचवां और अन्तिम शंकराचार्य पीठ

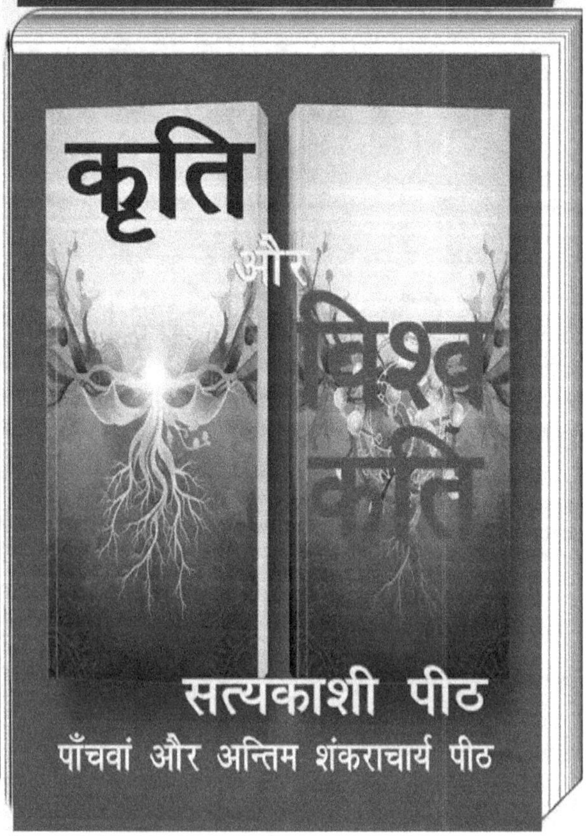
कृति
और
विश्व
कृति
सत्यकाशी पीठ
पाँचवां और अन्तिम शंकराचार्य पीठ

भारत माता मन्दिर
और
विश्वधर्म मन्दिर
सत्यकाशी पीठ
पाँचवां और अन्तिम शंकराचार्य पीठ

महाभारत
और
विश्वभारत
सत्यकाशी पीठ
पाँचवां और अन्तिम शंकराचार्य पीठ

संविधान और
विश्व संविधान
सत्यकाशी पीठ
पांचवां और अन्तिम शंकराचार्य पीठ

शिक्षा और
पूर्ण शिक्षा
सत्यकाशी पीठ
पांचवां और अन्तिम शंकराचार्य पीठ

देवता और सार्वभौम देवता
कल्कि
सत्यकाशी पीठ

माँ कल्कि

द्वादस ज्योतिर्लिंग और
१३वां अन्तिम ज्योतिर्लिंग
सत्यकाशी पीठ
पाँचवां और अन्तिम शंकराचार्य पीठ

काशी
मोक्षदायिनी
और
जीवनदायिनी
सत्यकाशी पीठ

सत्यकाशी
स्वर्णयुग
का
तीर्थ

काशी
रहस्योद्घाटन
सत्यकाशी पीठ
पांचवां और अन्तिम शंकराचार्य पीठ

2020
सत्यकाशी पीठ
पाँचवां और अन्तिम शंकराचार्य पीठ

ईश्वर
का
संक्षिप्त इतिहास
सत्यकाशी पीठ
पाँचवां और अन्तिम शंकराचार्य पीठ

अवतार
अन्तिम सत्य दृष्टि
सत्यकाशी पीठ
पाँचवां और अन्तिम शंकराचार्य पीठ

भविष्यवाणियाँ
और
कल्कि अवतार
सत्यकाशी पीठ
पाँचवां और अन्तिम शंकराचार्य पीठ

स्वामी विवेकानन्द
और
कल्कि अवतार
सत्यकाशी पीठ
पाँचवां और अन्तिम शंकराचार्य पीठ

मनु, मनवन्तर
और
कल्कि अवतार
सत्यकाशी पीठ
पाँचवां और अन्तिम शंकराचार्य पीठ

व्यास, शास्त्र
और
कल्कि अवतार
सत्यकाशी पीठ
पाँचवां और अन्तिम शंकराचार्य पीठ

ऋषि, ऋषि परम्परा
और
कल्कि अवतार
सत्यकाशी पीठ
पाँचवां और अन्तिम शंकराचार्य पीठ

दूसरा आगमन
या
अन्तिम आगमन
सत्यकाशी पीठ
पाँचवां और अन्तिम शंकराचार्य पीठ

परिवर्तन
काल, मनु, युग,
व्यास और शास्त्र
सत्यकाशी पीठ
पाँचवां और अन्तिम शंकराचार्य पीठ

राम, रावण
और
सार्वभौम एकात्म
सत्यकाशी पीठ
पाँचवां और अन्तिम शंकराचार्य पीठ

मैं
व्यक्तिगत या सार्वभौम
सत्यकाशी पीठ
पाँचवां और अन्तिम शंकराचार्य पीठ

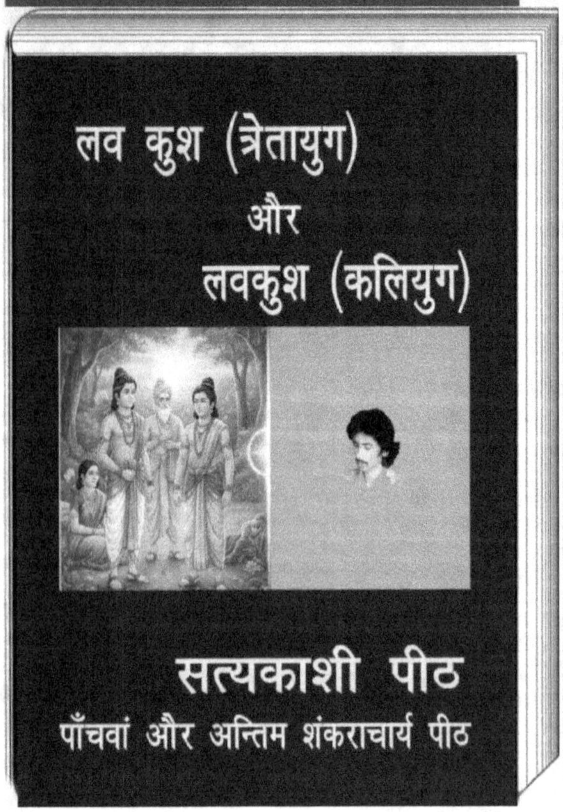
लव कुश (त्रेतायुग)
और
लवकुश (कलियुग)
सत्यकाशी पीठ
पाँचवां और अन्तिम शंकराचार्य पीठ

कल्कि महावतार
आ चुके हैं
(ACTION PLAN)
सत्यकाशी पीठ
पाँचवां और अन्तिम शंकराचार्य पीठ

लव कुश सिंह
(कल्कि महावतार)
जीवन, ज्ञान, कर्म और विश्वरूप
सत्यकाशी पीठ
पाँचवां और अन्तिम शंकराचार्य पीठ

वैश्विक बुद्ध
बुद्ध का
भाग-दो
और अन्तिम
सत्यकाशी पीठ
पाँचवां और अन्तिम शंकराचार्य पीठ

बुड्ढ़ा कृष्ण
कृष्ण का
भाग-दो
और अन्तिम
सत्यकाशी पीठ
पाँचवां और अन्तिम शंकराचार्य पीठ

सम्पूर्ण क्रान्ति
अन्तिम कार्य योजना
64
सत्यकाशी पीठ
पांचवां और अन्तिम शंकराचार्य पीठ

सम्पूर्ण क्रान्ति
वेबसाइट मार्गदर्शन
विवरणिका
www.64inch.com
सत्यकाशी पीठ
पाँचवां और अन्तिम शंकराचार्य पीठ

पुनर्निर्माण
(RENEW)
समस्या, समाधान
और
राष्ट्र निर्माण की योजना
सत्यकाशी पीठ
पाँचवां और अन्तिम शंकराचार्य पीठ

पुनर्निर्माण
(RENEW)
ग्राम एवं नगर वार्ड
प्रेरक
सत्यकाशी पीठ
पाँचवां और अन्तिम शंकराचार्य पीठ

द्वापर युग में आठवें अवतार श्रीकृष्ण द्वारा प्रारम्भ किया गया कार्य "नवसृजन" के
प्रथम भाग "सार्वभौम ज्ञान" के शास्त्र "गीता" के बाद कलियुग में
द्वितीय और अन्तिम भाग "सार्वभौम कर्मज्ञान" और "पूर्णज्ञान का पूरक शास्त्र"
।। विश्वशास्त्र ।।
द नॉलेज ऑफ फाइनल नॉलेज
परिचय
- लव कुश सिंह "विश्वमानव"

एन्टायर पालिटिक्स
पूर्ण पाठ्यक्रम
सत्यकाशी पीठ
अन्तिम शंकराचार्य पीठ

वसुधैव
कुटुम्बकम्
सत्यकाशी पीठ
पाँचवां और अन्तिम शंकराचार्य पीठ

।।कर्मवेद।।
प्रथम, अन्तिम तथा पंचम
सत्यकाशी पीठ
पांचवां और अन्तिम शंकराचार्य पीठ

आठवें अवतार
श्रीकृष्ण
के
संदेश
सत्यकाशी पीठ
पांचवां और अन्तिम शंकराचार्य पीठ

अयोध्या नहीं,
मुंगेर है
राम जन्मभूमि
सत्यकाशी पीठ
पाँचवां और अन्तिम शंकराचार्य पीठ

विश्वमानव
भूतपूर्व नेतृत्वकर्ताओं
का
स्पष्टिकरण
सत्यकाशी पीठ
पाँचवां और अन्तिम शंकराचार्य पीठ

विश्वमानव
वर्तमान नेतृत्वकर्ताओं
का
स्पष्टिकरण
सत्यकाशी पीठ
पाँचवां और अन्तिम शंकराचार्य पीठ

विश्वमानव
वार्ता, वक्तव्य
एवं
वाणीयाँ
सत्यकाशी पीठ
पाँचवां और अन्तिम शंकराचार्य पीठ

विश्वमानव
पत्रावली, प्रसारण
और
अन्तिम पत्र
सत्यकाशी पीठ
पाँचवां और अन्तिम शंकराचार्य पीठ

सत्य जनहित
आह्वान
सत्यकाशी पीठ
पाँचवां और अन्तिम शंकराचार्य पीठ

विश्व शान्ति
अन्तिम सत्य दृष्टि
सत्यकाशी पीठ
पाँचवां और अन्तिम शंकराचार्य पीठ

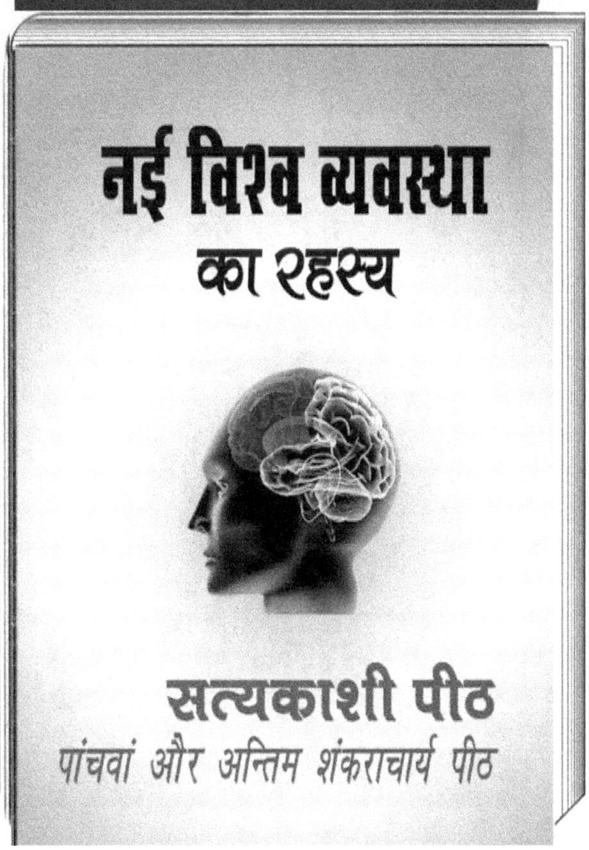
नई विश्व व्यवस्था
का रहस्य
सत्यकाशी पीठ
पांचवां और अन्तिम शंकराचार्य पीठ

समाजवाद
ब्रह्माण्डीय विकास का अवतारी मार्ग
सत्यकाशी पीठ
पांचवां और अन्तिम शंकराचार्य पीठ

भारतवाद
राष्ट्रवाद की मुख्यधारा
सत्यकाशी पीठ
पांचवां और अन्तिम शंकराचार्य पीठ

100 वर्षीय संयुक्त राष्ट्र
को अग्रिम सन्देश
सत्यकाशी पीठ
पांचवां और अन्तिम शंकराचार्य पीठ

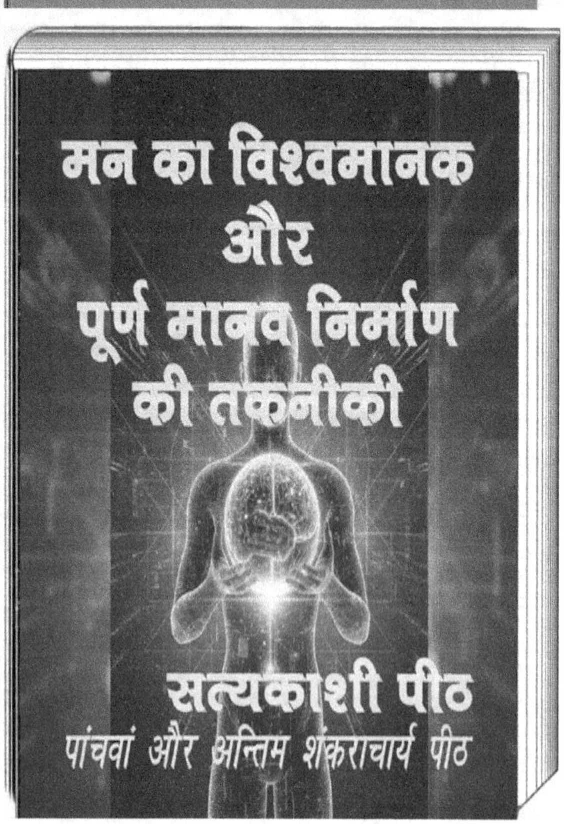
मन का विश्वमानक
और
पूर्ण मानव निर्माण
की तकनीकी
सत्यकाशी पीठ
पांचवां और अन्तिम शंकराचार्य पीठ

गणराज्य, संघ,
मानकीकरण संगठन
और
सम्पूर्ण मानक
सत्यकाशी पीठ
पाँचवां और अन्तिम शंकराचार्य पीठ

व्यापार केन्द्र
दृश्य सत्य
सत्यकाशी पीठ
पाँचवां और अन्तिम शंकराचार्य पीठ

सार्वभौम एकात्म
नव विश्व निर्माण
सत्यकाशी पीठ
पांचवां और अन्तिम शंकराचार्य पीठ

मानक विपणन
प्रणाली
सत्यकाशी पीठ
पाँचवां और अन्तिम शंकराचार्य पीठ

स्वर्णयुग का मानक
आदर्श नागरिक
दिशा निर्देश
सत्यकाशी पीठ
पांचवां और अन्तिम शंकराचार्य पीठ

स्वर्णयुग का
विश्वधर्म
परिचय
सत्यकाशी पीठ
पांचवां और अन्तिम शंकराचार्य पीठ

मैत्रेय बुद्ध
की ओर
सत्यकाशी पीठ
पांचवां और अन्तिम शंकराचार्य पीठ

विशाल ज्ञान विज्ञान
सबका समाधान
सूर्योदय
जय जनता जय कानून
हम सब एक दूसरे से हैं और एक दूसरे के लिए
सौजन्य से : सारे गैर सरकारी प्राणी : सरकारी प्राणी : इज्जतदार नेता और
सबका भविष्य विद्यार्थीगण........के लिए।

सार्वभौम सत्य-सिद्धान्त आधारित "युग परिवर्तक" श्रृंखला
कल्कि धाम
और
कल्कि परिचय
- लव कुश सिंह "विश्वमानव"
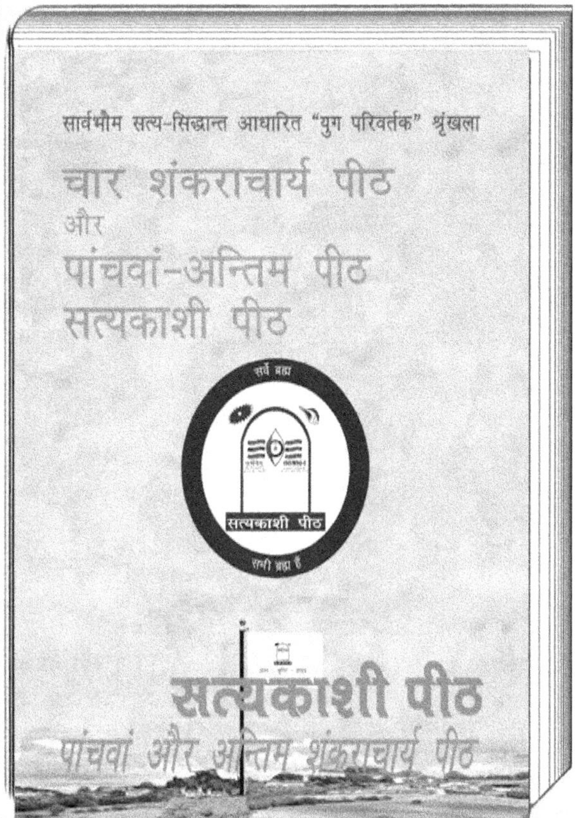
सार्वभौम सत्य-सिद्धान्त आधारित "युग परिवर्तक" श्रृंखला
चार शंकराचार्य पीठ
और
पांचवां-अन्तिम पीठ
सत्यकाशी पीठ
सर्व ब्रह्म
सत्यकाशी पीठ
सत्यकाशी पीठ
पांचवां और अन्तिम शंकराचार्य पीठ

कल्कि अमृत
महाकुम्भ
2025
FINAL KNOWLEDGE BOMB BLAST
सत्यकाशी पीठ
पांचवां और अन्तिम शंकराचार्य पीठ
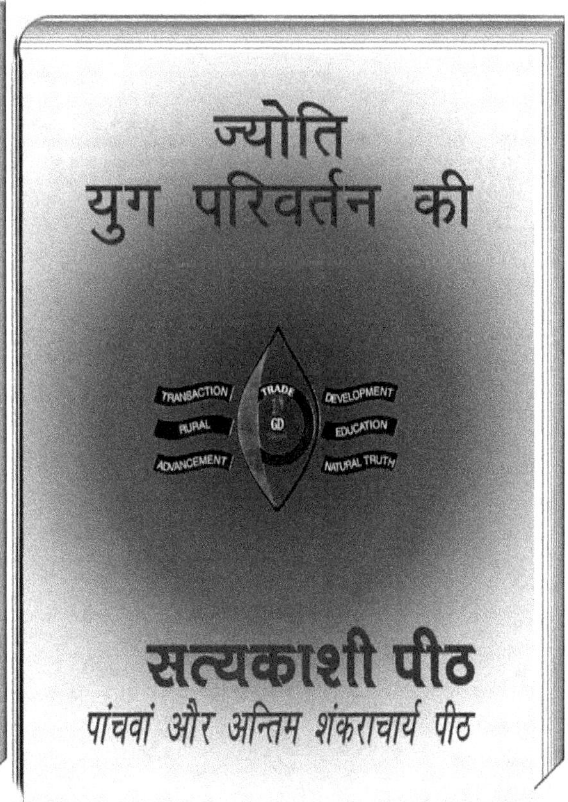
ज्योति
युग परिवर्तन की
TRANSACTION
TRADE
DEVELOPMENT
RURAL
GD
EDUCATION
ADVANCEMENT
NATURAL TRUTH
सत्यकाशी पीठ
पांचवां और अन्तिम शंकराचार्य पीठ

युग परिवर्तन
के
शब्द
सत्यकाशी पीठ
पांचवां और अन्तिम शंकराचार्य पीठ

विचारों का अंत
2025
सत्यकाशी पीठ
पांचवां और अन्तिम शंकराचार्य पीठ

विश्व सत्य घोषणा-पत्र
2025–मानव जाति तक
RSS
Rational Service
Society
सत्यकाशी पीठ
पांचवां और अन्तिम शंकराचार्यपीठ

वैश्विक युग परिवर्तन के लिए
विश्व राजनीतिक पार्टी
संघ
RSS
Rational Service
Society
सत्यकाशी पीठ
पांचवां और अन्तिम शंकराचार्यपीठ

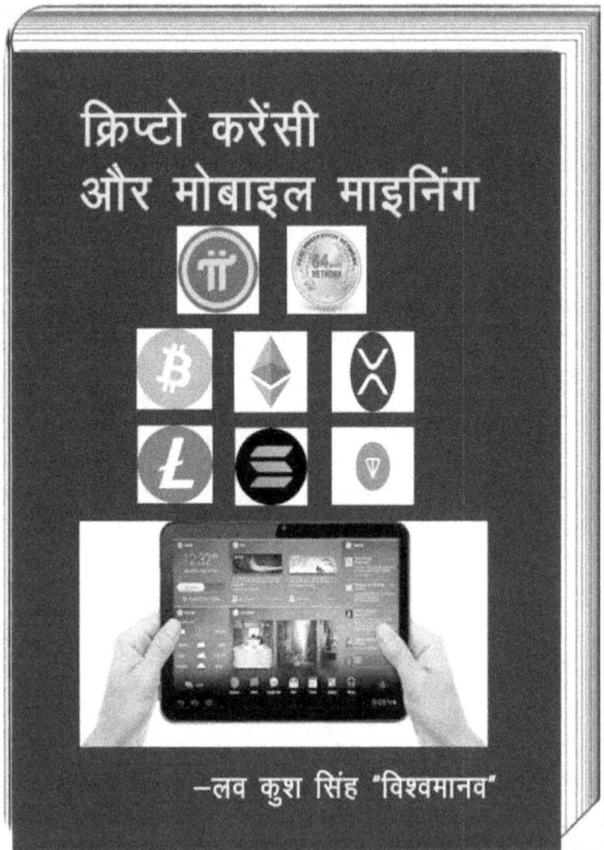
क्रिप्टो करेंसी
और मोबाइल माइनिंग
-लव कुश सिंह "विश्वमानव"

पीढ़ी
मानवीय और ईश्वरीय
2
3
4
5
6
7
8
9
10
वात्सल्य त्रिपाठी

बुढ़ा कृष्ण
अन्तिम मिलन
वात्सल्य त्रिपाठी

जैन-जी
अन्तिम लक्ष्य
वात्सल्य त्रिपाठी

पाँचवां-अन्तिम पीठ
सत्यकाशी पीठ
परिचय
वात्सल्य त्रिपाठी
पाँचवां और अंतिम शंकराचार्य पीठ

कबीर और जेन-जी
नई चेतना, नया मानव
चेतना और नवयुग की संवाद यात्रा
वात्सल्य त्रिपाठी

कल्कि की ज्योति
बिहार से
ज्योति राठौड़

एक बिहारी धरती पर भारी
ज्योति राठौड़

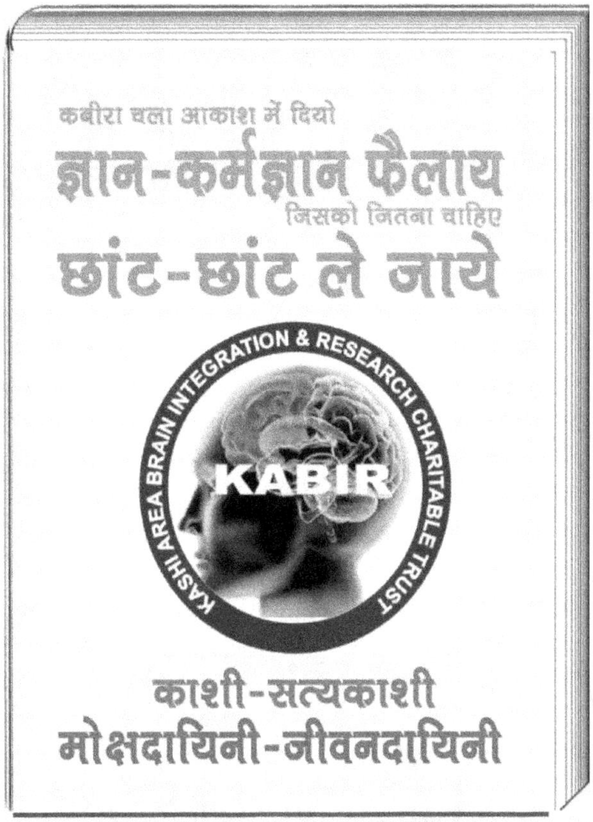
कबीरा चला आकाश में दियो
ज्ञान-कर्मज्ञान फैलाय
जिसको जितना चाहिए
छांट-छांट ले जाये
KASHI AREA BRAIN INTEGRATION & RESEARCH CHARITABLE TRUST
KABIR
काशी-सत्यकाशी
मोक्षदायिनी-जीवनदायिनी

कुर्म वंश
और
चरणाद्रिगढ़
स्वामी रमेशानन्द

आर.एस.एस
नवयुग के लिए
वैश्विक व्यक्तिगत पुस्तकालय
RATIONAL SERVICE SOCIETY (RSS)
WORLD PERSONAL LIBRARY FOR NEW AGE
A GUIDE TO GLOBAL WISDOM & FUTURE THOUGHT
स्वामी रमेशानन्द

झोला उठने के बाद
सोशल मीडिया
के लिए
कन्टेन्ट बैंक
विस्तृत गाइड: विचार, रणनीतियाँ, और संसाधन
www.64inch.com
सत्यकाशी पीठ
पांचवां और अन्तिम शंकराचार्य पीठ

झोला उठने के बाद
कल्कि
सत्यकाशी पीठ
पांचवां और अन्तिम शंकराचार्य पीठ

युग परिवर्तन के लिए:
विश्व पुस्तकालय बनाम कल्कि पुस्तकालय
www.64inch.com
बनाम
कल्कि पुस्तकालय
ज्ञान का महासंग्राम - भविष्य का निर्माण
सत्यकाशी पीठ
पांचवां और अन्तिम शंकराचार्य पीठ

व्हाट्सएप्प यूनिवर्सिटी
और
सु-इसु यूनिवर्सिटी
सत्यकाशी पीठ
पांचवां और अन्तिम शंकराचार्य पीठ

इंडिया
भारत का विश्वरूप
सत्यकाशी पीठ
पांचवां और अन्तिम शंकराचार्य पीठ

अधूरे
सपनों
का
अन्तिम मार्ग
सत्यकाशी पीठ
पांचवां और अन्तिम शंकराचार्य पीठ

मानक
संविधान
और
बहुजन
सत्यकाशी पीठ
पांचवां और अन्तिम शंकराचार्य पीठ

विकसित भारत
अन्तिम मुद्दे
-ईश्वरीय/मानवीय पीढ़ी-10 (GEN-10)
-व्यक्तिगत
-पारिवारीक
-सामाजिक
-धार्मिक
-राष्ट्रीय
-वैश्विक
सत्यकाशी पीठ
पांचवां और अन्तिम शंकराचार्य पीठ

एक नया
विकल्प
THREADS
सत्यकाशी पीठ
पांचवां और अन्तिम शंकराचार्य पीठ

विकसित भारत
शिक्षितों का अन्तिम ईश्वरीय मॉडल
सत्यकाशी पीठ
पांचवां और अन्तिम शंकराचार्य पीठ

विकास मॉडल
आसुरी
और
ईश्वरीय
सत्यकाशी पीठ
पांचवां और अन्तिम शंकराचार्य पीठ

युग परिवर्तन और 1000 वर्षों के लिए
सत्यकाशी पीठ
का सम्पूर्ण कार्य
कौन,
क्यों,
कैसे
कल्कि?
सत्यकाशी पीठ
पांचवां और अन्तिम शंकराचार्य पीठ

बैल बुद्धि
और
विकसित
भारत
सत्यकाशी पीठ
पांचवां और अन्तिम शंकराचार्य पीठ

सत्यकाशी पीठ
पांचवां और अन्तिम शंकराचार्य पीठ

एक्सट्रा
टु ए बी
समान नागरिक व्यापार ज्ञान संहिता (CCTKC)
सत्यकाशी पीठ
पांचवां और अन्तिम शंकराचार्य पीठ

एक्सट्रा
टु ए बी
समान नागरिक आर्थिक संहिता (UCEC)
सत्यकाशी पीठ
पांचवां और अन्तिम शंकराचार्य पीठ

अंध भक्ति
से मुक्ति की ओर
मुक्ति मंत्र
"जिसने अंधभक्ति दिया
वही मुक्ति देगा"
सत्यकाशी पीठ
पांचवां और अन्तिम शंकराचार्य पीठ

न मो
नारायण
सत्यकाशी पीठ
पांचवां और अन्तिम शंकराचार्य पीठ

अगला स्तर
फिल्म और राजनीति पर
विचारों का संग्रह
सत्यकाशी पीठ
पांचवां और अन्तिम शंकराचार्य पीठ

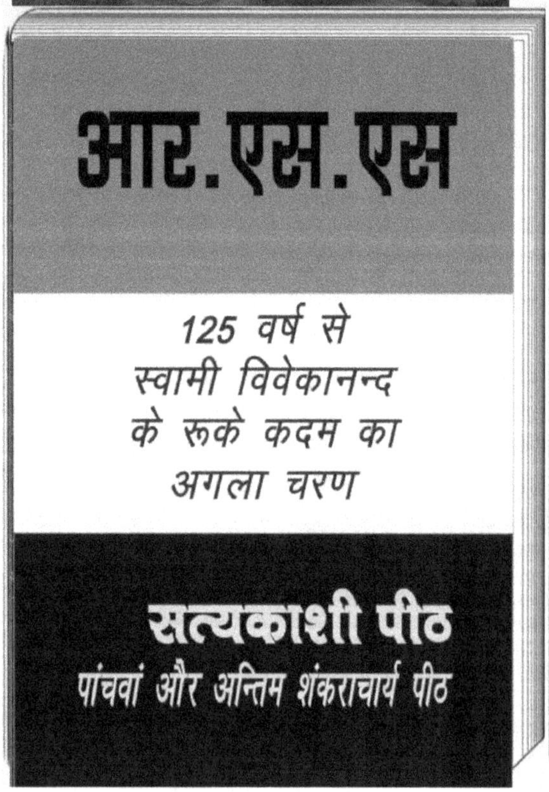
आर.एस.एस
125 वर्ष से
स्वामी विवेकानन्द
के रूके कदम का
अगला चरण
सत्यकाशी पीठ
पांचवां और अन्तिम शंकराचार्य पीठ

आर.एस.एस
रहस्योद्घाटन
सत्यकाशी पीठ
पांचवां और अन्तिम शंकराचार्य पीठ

125 वर्ष बाद
स्वामी विवेकानन्द
का अगला चरण
सत्यकाशी

सत्यकाशी पीठ
पांचवां और अन्तिम शंकराचार्य पीठ

आत्मकथा
लेखन कला
का विश्वमानक
सत्यकाशी पीठ
पांचवां और अन्तिम शंकराचार्य पीठ

लुच्चा
पुराण
पौराणिक कथाओं
और पात्रों के
सत्य समझ की व्यास दृष्टि
सत्यकाशी पीठ
पांचवां और अन्तिम शंकराचार्य पीठ

आठवां
सावर्णि मनु स्मृति
सत्यकाशी पीठ
पांचवां और अन्तिम शंकराचार्य पीठ

विश्वमानक
शून्य श्रृंखला
सत्यकाशी पीठ
पांचवां और अन्तिम शंकराचार्य पीठ

सर्वजीत साधना
भवन
एक आध्यात्मिक अनुभव
पांचवां और अन्तिम शंकराचार्य पीठ

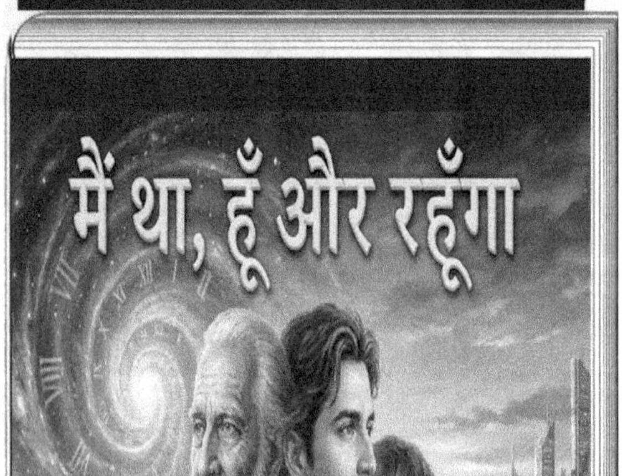
मैं था, हूँ और रहूँगा
सत्यकाशी पीठ
पांचवां और अन्तिम शंकराचार्य पीठ

लव
सत्यकाशी पीठ
पांचवां और अन्तिम शंकराचार्य पीठ

परब्रह्म,
प्रकृति,
अवतार
और वानर
सत्यकाशी पीठ
पांचवां और अन्तिम शंकराचार्य पीठ

संसार
दृश्य
और
अदृश्य
सत्यकाशी पीठ
पांचवां और अन्तिम शंकराचार्य पीठ

कर्मोपनिषद्
सत्यकाशी पीठ
पांचवां और अन्तिम शंकराचार्य पीठ

विश्वभारत
पुराण
ॐ
सत्यकाशी पीठ
पांचवां और अन्तिम शंकराचार्य पीठ

एकात्म विज्ञान
सत्यकाशी पीठ
पांचवां और अन्तिम शंकराचार्य पीठ

मानक विज्ञान
सत्यकाशी पीठ
पांचवां और अन्तिम शंकराचार्य पीठ

ईश्वर शास्त्र
सत्यकाशी पीठ
पांचवां और अन्तिम शंकराचार्य पीठ

युगावतारों के प्रकटीकरण की कार्यविधि:
राम-कृष्ण-लवकुश
सत्यकाशी पीठ
पांचवां और अन्तिम शंकराचार्य पीठ

पुस्तक को देखो, लेखक को नहीं
आविष्कार को देखो, आविष्कारक को नहीं
शास्त्र को देखो, शास्त्राकार को नहीं
सत्यकाशी पीठ
पांचवां और अन्तिम शंकराचार्य पीठ

56 से 64
की ओर
सत्यकाशी पीठ
पांचवां और अन्तिम शंकराचार्य पीठ

मैं सत्यकाशी हूँ
कविता
सत्यकाशी पीठ
पांचवां और अन्तिम शंकराचार्य पीठ

पटेल
भारत के शारीरिक एकीकरण के बाद
मन का एकीकरण लक्ष्य
सत्यकाशी पीठ
पांचवां और अन्तिम शंकराचार्य पीठ

मन से
आत्मा तक
3 6 9 और 7
6
3
9
7
सत्यकाशी पीठ
पांचवां और अन्तिम शंकराचार्य पीठ

भारत
400 पार मुद्दा किसका
?
सत्यकाशी पीठ
पांचवां और अन्तिम शंकराचार्य पीठ

आर. एस. एस - पुस्तकालय
पढ़ो और कमाओ
शिक्षित समाज, समर्थ राष्ट्र
सत्यकाशी पीठ
पांचवां और अन्तिम शंकराचार्य पीठ

विश्वयुद्ध के पहले
विश्वगुरु भारत
का विश्व शान्ति और
पुनर्निर्माण का अन्तिम सन्देश
सत्यकाशी पीठ
पांचवां और अन्तिम शंकराचार्य पीठ

चुटिया पण्डित
वृन्दावन की सत्य घटना
स्वामी नन्दनानंद

कल्कि का
चुनार और वृन्दावन
से उठता प्रेम
स्वामी नन्दनानंद

कल्कि का
बेगुसराय और मीरजापुर
जन्म और कर्म क्षेत्र
स्वामी नन्दनानंद

सत्येश्वरोपनिषद्
सत्येश्वर
और
झूठेश्वर
वात्सल्य त्रिपाठी

अन्तिम अवतार
कल्कि
के लिए शेष कर्म
वात्सल्य त्रिपाठी

कल्कि अवतार
का मानव-10
विकसित भारत का प्रवेश द्वार
वात्सल्य त्रिपाठी

पप्पू-गप्पू
और
नागरिक झुलेलाल
वात्सल्य त्रिपाठी

DATA DATA DATA DATA
ओपेन गेम
कभी-कभी नहीं,
अब कन्फर्म है
अपुन ही
भगवान है
(वेब सीरीज)
वात्सल्य त्रिपाठी

SATYAKASHI
THE END OF MIRZAPUR
सत्यकाशी पीठ
पांचवां और अन्तिम शंकराचार्य पीठ

अण्डरवर्ल्ड
सनातन से पुरुषों से छुपी महिलाओं की कहानी
(फिल्म स्क्रीनप्ले-रेडी टू शूट)
वात्सल्य त्रिपाठी

सोना और सोना
एवं
नारी सशक्तिकरण
वैदिक काल से वर्तमान तक
सत्यकाशी पीठ
पांचवां और अन्तिम शंकराचार्य पीठ

स्लम डॉग
गॉड
फिल्म स्क्रीनप्ले-रेडी टू शूट

उत्तर प्रदेश
का
उत्तर
वात्सल्य त्रिपाठी

अन्तिम समन्वयाचार्य
कल्कि
वात्सल्य त्रिपाठी

2026
2+0+2+6=10
सत्यकाशी
पांचवां और अन्तिम शंकराचार्य पीठ

राम न आयेंगे
लवकुश आ रहें हैं
www.64inch.com
पांचवां और अन्तिम शंकराचार्य पीठ

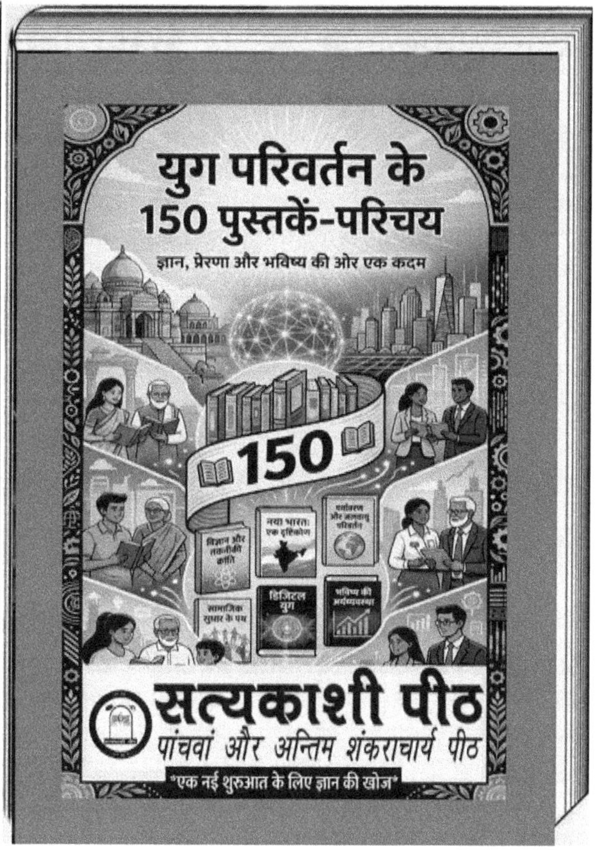
युग परिवर्तन के
150 पुस्तकें-परिचय
ज्ञान, प्रेरणा और भविष्य की ओर एक कदम
150
डिजिटल युग
सत्यकाशी पीठ
पांचवां और अन्तिम शंकराचार्य पीठ
"एक नई शुरुआत के लिए ज्ञान की खोज"

जैसी तुम्हारी इच्छा वैसा करो

डॉ0 सर्वपल्ली राधाकृष्णन का जन्म 5 सितम्बर, 1888 को दक्षिण भारत के तिरूतनि स्थान पर हुआ था जो चेन्नई से 64 किमी उत्तर–पूर्व में है। डॉ0 सर्वपल्ली राधाकृष्णन भारत के उपराष्ट्रपति और दूसरे राष्ट्रपति सन् 1952 से 1962 तक में रहे। डॉ0 सर्वपल्ली राधाकृष्णन भारतीय समाजिक संस्कृति से ओत–प्रोत एक महान शिक्षाविद् महान दार्शनिक, महान वक्ता और आस्थावान हिन्दू विचारक थे। डॉ0 सर्वपल्ली राधाकृष्णन ने अपने जीवन के महत्वपूर्ण 40 वर्ष शिक्षक के रूप में व्यतीत किये। उनमें एक आदर्श शिक्षक के सारे गुण मौजूद थे। डॉ0 सर्वपल्ली राधाकृष्णन समस्त विश्व को एक शिक्षालय मानते थे। उनकी मान्यता थी कि शिक्षा के द्वारा ही मानव दिमाग का सदउपयोग किया जाना सम्भव है इसलिए समस्त विश्व को एक इकाई समझकर ही शिक्षा का प्रबन्धन किया जाना चाहिए। उनके जन्मदिन को "शिक्षक दिवस" के रूप में मनाया जाता है।

इति ते ज्ञानमाख्यातं गुह्याद्गुह्यतरं मया।
विमृश्यैतदशेषेण यथेच्छसि तथा कुरू।।

(श्रीमदभगवद्गीता, अध्याय–18, श्लोक–63)

अर्थात् – मैंने तुम्हें जो बताया, वह सब से बड़ा रहस्य है। इस पर भलीभाँति विचार कर तुम्हारी जैसी इच्छा वैसा करो।

"परमात्मा देखने में तटस्थ या निरपेक्ष दिखाई देता है, क्योंकि उसने चुनने का निर्णय अर्जुन के हाथ में छोड़ दिया है। उसकी यह निरपेक्षता ही अर्जुन के चिन्ता का कारण है। वह किसी पर भी दबाव नहीं डालता क्योंकि स्वतःस्फूर्त स्वतन्त्रता बहुत मूल्यवान होती है। भगवान अपना आदेश ऊपर से नहीं थोपता। वह स्वतन्त्र छोड़ देता है। परमात्मा की पुकार को स्वीकार करने या अस्वीकार कर देने के लिए हम हर समय स्वतन्त्र हैं। हम लड़खड़ाने लगें तो वह सहायता देने के लिए तैयार रहता है और प्रतीक्षा करने को तैयार है जब तक हम उसकी ओर उन्मुख न हों।

सब कुछ पहले से निर्धारित मानने वाले सिद्धान्त में टकराव के कारण यूरोप और भारत में काफी वाद–विवाद हुआ है। यूरोप का प्रमुख सिद्धान्त है कि संकल्प शक्ति और मानवीय प्रयत्न की स्वतन्त्रता का मनुष्य के उद्धार में बहुत बड़ा हाथ होता है। यद्यपि स्वयं संकल्प शक्ति को भी परमात्मा की कृपा के समर्थन की आवश्यकता पड़ सकती है। पहले से सब कुछ तय मानने वालों को अच्छे कार्यों और प्रार्थना के लिए यत्न करना होता है, क्योंकि वहाँ भी मानते हैं कि ये उपाय नियति को आगे बढ़ाने में सहायक तो हो सकते हैं लेकिन वे उसे रोक नहीं सकते। मनुष्य इस बात के लिए स्वतन्त्र है कि परमात्मा उन मनुष्यों पर कृपा करना चाहता है जो अपने आचरण से उस कृपा को ग्रहण करने के लिए तैयार करते हैं।

आध्यात्मिक नेता हम पर शारीरिक हिंसा, चमत्कार, प्रदर्शन के जरिये प्रभाव नहीं डालते। यदि सच्चा शिष्य कोई गलती कर भी बैठे, तो वह उसे केवल सलाह देगा। यदि शिष्य को चुनाव करने की स्वतन्त्रता पर आँच आती हो, तो वह उसे गलत रास्ते से भी वापस लौट आने के लिए विवश नहीं करेगा। गलती भी विकास की एक दिशा है।

कृष्ण केवल सारथी हैं। वह अर्जुन के आदेश का पालन करेगा। उसने कोई शस्त्र धारण नहीं किया हुआ है। यदि वह अर्जुन पर कोई प्रभाव डालता है तो वह उसे अपने उस सर्वजयी प्रेम के जरिए डालता है। जो कभी समाप्त नहीं होता।

अर्जुन को अपने लिए स्वयं विचार करना चाहिए और अपने लिए स्वयं ही मार्ग खोज करना चाहिए। अस्पष्ट मान्यताओं को अनिवार्य रूप से और भावुकतापूर्वक अपना लिए जाने के कारण फलस्वरूप कट्टर धर्मान्धता उत्पन्न हुई है और उनके कारण मनुष्यों को अकथनीय कष्ट उठाना पड़ा है। इसलिए यह आवश्यक है कि मन और विश्वासों के लिए कोई तर्क संगत और अनुभावात्मक औचित्य ढूंढ़े।

अर्जुन को एक वास्तविक अखण्डता की अनुभूति प्राप्त करनी होगी लेकिन उसके विचार अपने हैं। और गुरू के जरिये उस पर थोपे नहीं गये हैं। दूसरों पर अपने विचार थोपना शिक्षण नहीं हैं।"

– भगवद्गीता के आखिरी उपदेश पर भारतीय दर्शन के व्याख्याकार और दूसरे राष्ट्रपति डॉ0 राधाकृष्णनन का विवेचन

"यह विश्वशास्त्र, मनुष्यों पर थोपा नहीं जा रहा बल्कि वह मनुष्यों को, मनुष्यो के इस संसार मे जो वर्तमान है उसे और उसके आगे अनन्त मार्ग दिखा रहा है और सभी मार्गों के एकीकरण द्वारा, उस मार्ग को भी दिखा रहा है जो विश्व को सत्य–सुन्दर–शिव बना सकता है। फिर भी हे मनुष्यों जैसी तुम्हारी इच्छा वैसा करो। वर्तमान से योग कराने के लिए ही मैं व्यक्त होता हूँ।" – लव कुश सिंह "विश्वमानव"

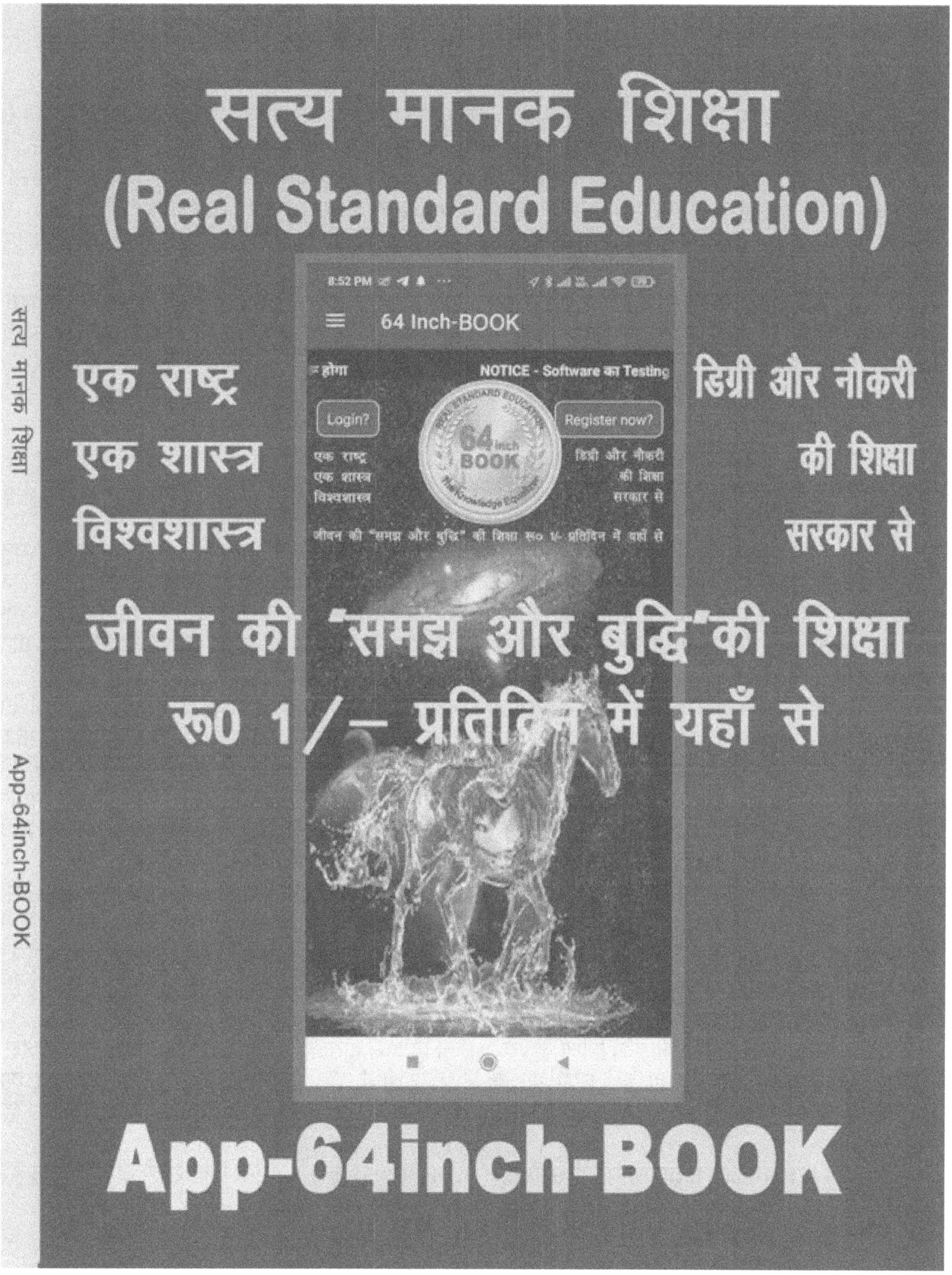
सत्य मानक शिक्षा
(Real Standard Education)
64 Inch-BOOK
NOTICE - Software का Testing
Login?
Register now?
एक राष्ट्र
एक शास्त्र
विश्वशास्त्र
डिग्री और नौकरी
की शिक्षा
सरकार से
जीवन की "समझ और बुद्धि" की शिक्षा
रू0 1/- प्रतिदिन में यहाँ से
App-64inch-BOOK
सत्य मानक शिक्षा
App-64inch-BOOK

"सत्य मानक शिक्षा" का व्यापार-एक अन्तहीन व्यापार

एक नदी पर पुल था जिसे कोई व्यक्ति पैदल दो घण्टे में पार करता था। यह पुल पैदल यात्रीयों के लिए रोक दिया गया था जिसके लिए पुल के ठीक मध्य (एक घण्टे की यात्रा) पर एक गार्ड नियुक्त था। गार्ड एक घण्टे सोता था और एक घण्टे जागता था। एक चालाक व्यक्ति को पुल से नदी पार करना अतिआवश्यक था। इसलिए गार्ड जब सोया तब वह यात्रा प्रारम्भ किया जैसे ही गार्ड के जागने का समय आया, वह वापस लौटने लगा। गार्ड समझा कि वह दूसरे किनारे से आ रहा है इसलिए उसने उस यात्री को पकड़ा और दूसरी ओर भेज दिया। इस प्रकार यात्री नदी पार हो गया।

यदि हम में से किसी को तैरकर नदी पार करना हो और आधे से पहले ही हमारा हिम्मत टूटने लगे तो हम वापस ही आना चाहेंगे। यदि आधे से अधिक तैरने के बाद हिम्मत टूटने लगेगा तो हौसला बढ़ाकर आगे ही बढकर पार करना चाहेंगे।

इसी प्रकार मनुष्य के विकास क्रम में हम सब अदृश्य विज्ञान (आध्यात्म) से दृश्य विज्ञान (भौतिक) की ओर बढ़ गये हैं। नदी या पुल का एक किनारा अदृश्य विज्ञान है तो दूसरा किनारा दृश्य विज्ञान। वर्तमान का हमारा अधिकतम जीवन नदी के दूसरे किनारे दृश्य विज्ञान की ओर है, हर पल। जन्म से ही हम अधिकतम वे सब वस्तुएँ प्रयोग कर रहे हैं जिसका कच्चा माल भले ही ईश्वरकृत हो परन्तु उपयोग का रूप मनुष्यकृत है और विज्ञान द्वारा निर्मित है। इस प्रकार मनुष्य निर्माता के रूप में अपना रूप व्यक्त कर ईश्वर की ओर ही बढ़ रहा है।

नदी के पुल पर बैठे उस गार्ड का काम और तैरने वाले का निर्णय "सत्य शिक्षा" है। वर्तमान में मनुष्य समाज अदृश्य काल से चलकर दृश्य काल में आ चुका है। आधे से वापस किनारे जाना "सत्य" को पाना है। और आधे से दूसरे किनारे पार हो जाना "सिद्धान्त" को पाना है। इन्हीं सिद्धान्त को पाने के बाद संविधान-नियम-कानून का जन्म होता है जिससे आज हम सभी संचालित व प्रभावित है। इस "सत्य-सिद्धान्त" की शिक्षा ही "सत्य मानक शिक्षा" है।

वर्तमान में जीने का अर्थ होता है-विश्व ज्ञान जहाँ तक बढ़ चुका है वहाँ तक के ज्ञान से अपने मस्तिष्क को युक्त करना। तभी डेढ़ हजार वर्ष पुराने हमारे मस्तिष्क का आधुनिकीकरण हो पायेगा। सिर्फ वर्तमान में तो पशु रहकर कर्म करते हैं। "सत्य मानक शिक्षा" मनुष्य के मस्तिष्क के आधुनिकीकरण की शिक्षा है या विज्ञान की भाषा में कहें तो मस्तिष्क के आधुनिकीकरण का साफ्टवेयर या माइक्रोचिप्स (Integrated Circuit-I.C) है। वर्तमान की अब नवीनतम परिभाषा है-"पूर्ण ज्ञान से युक्त होना" और कार्यशैली की परिभाषा है-"भूतकाल का अनुभव, भविष्य की आवश्यकतानुसार पूर्णज्ञान और परिणाम ज्ञान से युक्त होकर वर्तमान समय में कार्य करना।"

ज्ञान के इस युग में शिक्षा-विद्या-कला का व्यापार मनुष्य के धरती पर रहने तक रहेगा। ऐसी स्थिति में "सत्य मानक शिक्षा"का व्यापार भी उस समय तक के लिए स्थायित्व में है। शिक्षा-विद्या-कला कोई प्रापर्टी नहीं है कि पिता जी ग्रहण कर चुके हैं तो पुत्र को हिस्सा प्राप्त हो जायेगा। पुत्र को भी वहीं से अर्थात् अक्षर ज्ञान से शुरू होना पड़ेगा जहाँ से पिता ने शुरू किया था। इस प्रकार "सत्य मानक शिक्षा"का व्यापार एक अन्तहीन व्यापार है जो मनुष्य के पृथ्वी पर रहने तक चलता रहेगा।

स्कूल-कालेजों के जाल से शिक्षा के व्यापार का विकास होता है न कि शिक्षा का। शिक्षा का विकास तो शिक्षा पाठ्यक्रम पर निर्भर होता है जिससे शिक्षक और शिक्षार्थी दोनों निर्मित होते हैं। जब तक पूर्ण शिक्षा पाठ्यक्रम का निर्माण नहीं होता, शिक्षा का विकास नहीं हो सकता लेकिन शिक्षा के व्यापार का विकास होता रहेगा।

आध्यात्म और विज्ञान ने मानव सभ्यता के विकास में अब कम से इतना विकास तो कर ही चुका है कि अब हमें मन के एकीकरण के लिए कार्य करना चाहिए। और उस मन पर कार्य करने का ही परिणाम है-

सम्पूर्ण ब्रह्माण्ड में व्याप्त एक ही सत्य-सिद्धान्त द्वारा व्यक्तिगत व संयुक्त मन को एकमुखी कर सर्वोच्च, मूल और अन्तिम स्तर पर स्थापित करने के लिए शून्य पर अन्तिम आविष्कार WS-0 श्रृंखला की निम्नलिखित पाँच शाखाएँ है।

1. डब्ल्यू.एस. (WS)-0: विचार एवम् साहित्य का विश्वमानक
2. डब्ल्यू.एस. (WS)-00: विषय एवम् विशेषज्ञों की परिभाषा का विश्वमानक
3. डब्ल्यू.एस. (WS)-000: ब्रह्माण्ड (सूक्ष्म एवम् स्थूल) के प्रबन्ध और क्रियाकलाप का विश्वमानक
4. डब्ल्यू.एस. (WS)-0000: मानव (सूक्ष्म तथा स्थूल) के प्रबन्ध और क्रियाकलाप का विश्वमानक
5. डब्ल्यू.एस. (WS)-00000: उपासना और उपासना स्थल का विश्वमानक

और पूर्णमानव निर्माण की तकनीकी WCM-TLM-SHYAM.C (World Class Manufacturing – Total Life Maintenance – Satya-Heart-Yog-Ashram-Meditaion.Conciousness) है।

जो शिक्षा का नया माडल है। गरीबों की समस्या सुलझानें का नैतिक दायित्व है। देश में 25 वर्ष से कम उम्र के 55 करोड़ लोगों के लिए पुनर्निर्माण जैसी योजना हैं। उन्हें नौकरी और प्रशिक्षण की व्यवस्था है। रचनात्मकता, समन्वय, लीडरशिप, ग्लोबल तथा प्रोफेशनल विषयों को पढ़ने तथा सूचना तकनीक के जरिए पढ़ाई पर ध्यान केन्द्रित करने से युक्त है। हमारे देश में जो अध्यापक हैं, वे शोध नहीं करते और जो शोध करते हैं वे पढ़ाते नहीं, इसलिए शिक्षार्थी को ही शोध पत्र (विश्वशास्त्र) पढ़ाया जाय क्योंकि शिक्षक पढ़ने से तो रहे क्योंकि समान्यतः धन के आने की सुनिश्चितता के बाद लोग पढ़ना छोड़ देते हैं, यही नहीं कोशिश तो यह भी रहती है कि पढ़ाना भी न पड़े और उन्हें सेवा से हटाया भी नहीं जा सकता।

स्वामी विवेकान्द जी ने कहा था – "सुधारकों से मैं कहूंगा कि मैं स्वयं उनसे कहीं बढ़कर सुधारक हूँ। वे लोग इधर-उधर थोड़ा सुधार करना चाहते हैं- और मैं चाहता हूँ आमूल सुधार। हम लोगों का मतभेद है केवल सुधार की प्रणाली में। उनकी प्रणाली विनाशात्मक है और मेरी संघटनात्मक। मैं सुधार में विश्वास नहीं करता, मैं विश्वास करता हूँ स्वाभाविक उन्नति में।"

स्वाभाविक उन्नति तभी होती है जब संसाधन उपलब्ध हो। कार-मोटरसाइकिल घर में पहले से रहता है तो स्वाभाविक रूप से कम उम्र में ही घर के लोग चलाना सिख जाते हैं

जो व्यक्ति या देश केवल आर्थिक उन्नति को ही सर्वस्व मानता है वह व्यक्ति या देश एक पशुवत् जीवन निर्वाह के मार्ग पर है-जीना और पीढ़ी बढ़ाना। दूसरे रूप में इसे ऐसे समझा जा सकता है कि ऐसे व्यक्ति जिनका लक्ष्य धन रहा था वे अपने धन के बल पर अपनी मूर्ति अपने घर पर ही लगा सकते हैं परन्तु जिनका लक्ष्य धन नहीं था, उनका समाज ने उन्हें, उनके रहते या उनके जाने के बाद अनेकों प्रकार से सम्मान दिया है और ये सार्वजनिक रूप से सभी के सामने प्रमाणित है। पूर्णत्व की प्राप्ति का मार्ग शारीरिक-आर्थिक उत्थान के साथ-साथ मानसिक-बौद्धिक उत्थान होना चाहिए और यही है ही। इस प्रकार भारत यदि पूर्णता व विश्व गुरूता की ओर बढ़ना चाहता है तब उसे मात्र कौशल विकास ही नहीं बल्कि राष्ट्रीय बौद्धिक विकास की ओर भी बढ़ना होगा। बौद्धिक विकास, व्यक्ति व राष्ट्र का इस ब्रह्माण्ड के प्रति दायित्व है और उसका लक्ष्य है।

राष्ट्र के पूर्णत्व के लिए पूर्ण शिक्षा निम्नलिखित शिक्षा का संयुक्त रूप है-

अ-सामान्यीकरण (Generalisation) शिक्षा

ज्ञान के लिए- यह शिक्षा व्यक्ति और राष्ट्र का बौद्धिक विकास कराती है जिससे व्यक्ति व राष्ट्रीय सुख में वृद्धि होती है।

ब-विशेषीकरण (Specialisation) शिक्षा

कौशल के लिए- यह शिक्षा व्यक्ति और राष्ट्र का कौशल विकास कराती है जिससे व्यक्ति व राष्ट्रीय उत्पादकता में वृद्धि होती है।

स-सत्य नेटवर्क (REAL NETWORK)

समाज में प्रकाशित होने के लिए-क्योंकि कोई भी क्यों न हो उसे स्वयं अपना परिचय (BIO-DATA) देना पड़ता है तभी उसके अनुसार समाज उसका उपयोग करता है।

वर्तमान समय में विशेषीकरण की शिक्षा, भारत में चल ही रहा है और वह कोई बहुत बड़ी समस्या भी नहीं है। समस्या है सामान्यीकरण शिक्षा की। व्यक्तियों के विचार से सदैव व्यक्त होता रहा है कि-मैकाले शिक्षा पद्धति बदलनी चाहिए, राष्ट्रीय शिक्षा नीति व पाठ्यक्रम बनना चाहिए। ये तो विचार हैं। पाठ्यक्रम बनेगा कैसे?, कौन बनायेगा? पाठ्यक्रम में पढ़ायेंगे क्या?

एक पूर्ण मानव निर्माण प्रक्रिया में शिक्षा पाठ्यक्रम के स्वरूप का विश्वमानक निम्नवत् है। जो किसी विशेष देश-काल-पात्र पर निर्भर नही करता अर्थात् यह प्रत्येक देशों और व्यक्तियों के लिए शिक्षा का स्वरूप है। जिससे ब्रह्माण्डीय, वैश्विक और व्यक्तिगत संतुलन, स्थिरता, एकता, प्रबन्ध, विकास, शान्ति और सुरक्षा निर्धारित होती है।

1. प्राइमरी शिक्षा (कक्षा-5 तक)-भाषा ज्ञान आधारित:- क्षेत्रीय, देश, विश्व और विज्ञान की भाषा का ज्ञान, सामान्य विज्ञान, सामान्य ज्ञान, चित्र कला।

2. जूनियर हाई स्कूल (कक्षा-6 से 8 तक)-समाज ज्ञान आधारित:- क्षेत्रीय, देश, विश्व और विज्ञान की भाषा का ज्ञान, सामान्य विज्ञान, सामान्य ज्ञान, चित्र कला का विस्तार, खेल, संगीत, कृषि, समाज विज्ञान।

3. हाई स्कूल (कक्षा-9 से 10 तक)-सामान्यीकृत ज्ञान आधारित:- ज्ञान-कर्मज्ञान समाहित WCM-TLM-SHYAM.C (World Class Manufacturing – Total Life Maintenance – Satya-Heart-Yog-Ashram-Meditaion.Conciousness) प्रणाली अर्थात शिक्षा पाठ्यक्रम का विश्व मानक, कालानुसार विज्ञान, तकनीकी, व्यापारीक व प्रबन्धकीय ज्ञान की शिक्षा।

4. इण्टरमीडिएट (कक्षा-11 से 12 तक)-विशेषीकृत ज्ञान आधारित:- कौशल विकास की शिक्षा।

5. उच्च शिक्षा-इच्छानुसार विशेष क्षेत्र आधारित

"किसी देश का संविधान, उस देश के स्वाभिमान का शास्त्र तब तक नहीं हो सकता जब तक उस देश की मूल भावना का शिक्षा पाठ्यक्रम उसका अंग न हो। इस प्रकार भारत देश का संविधान भारत देश का शास्त्र नहीं है। संविधान को भारत का शास्त्र बनाने के लिए भारत की मूल भावना के अनुरूप नागरिक निर्माण के शिक्षा पाठ्यक्रम को संविधान के अंग के रूप में शामिल करना होगा। जबकि राष्ट्रीय संविधान और राष्ट्रीय शास्त्र के लिए हमें विश्व के स्तर पर देखना होगा क्योंकि देश तो अनेक हैं राष्ट्र केवल एक विश्व है, यह धरती है, यह पृथ्वी है। भारत को विश्व गुरू बनने का अन्तिम रास्ता यह है कि वह अपने संविधान को वैश्विक स्तर पर विचार कर उसमें विश्व शिक्षा पाठ्यक्रम को शामिल करे। यह कार्य उसी दिशा की ओर एक पहल है, एक मार्ग है और उस उम्मीद का एक हल है। राष्ट्रीयता की परिभाषा व नागरिक कर्तव्य के निर्धारण का मार्ग है। जिस पर विचार करने का मार्ग खुला हुआ है।"

"भारत का प्रत्येक नागरिक अपने जीवकोपार्जन के मार्ग व संघर्ष में अपने विषय का जानकार व अनुभव तो प्राप्त कर रहा है परन्तु कुछ पाने के क्रम में कुछ छूट भी जाता है इसलिए प्रत्येक नागरिक को अपने अहंकार को भूलकर यह स्वीकार करना होगा कि वह अपने विषय से हटकर अन्य विषय के विषय में कम या नहीं जानता है।"

अतः एक "आदर्श नागरिक" बनने के क्रम में न्यूनतम ज्ञान सभी को एक समान रूप से चाहिए।

NEW WORLD ORDER

"न्यू इण्डिया" का एक्शन प्लान

www.64inch.com

The Knowledge Equalizer

"सार्वभौम सत्य–सिद्धान्त" एवं "आध्यात्मिक सत्य" पर आधारित जीवन शास्त्र –"विश्वशास्त्र" की

"युग परिवर्तन" श्रृंखला की पुस्तकें

मुख्य शास्त्र

01. *विश्वशास्त्र – द नॉलेज आफ फाइनल नॉलेज*

सारांश के अनुसार

02. मैं सत्यकाशी से कल्कि महावतार बोल रहा हूँ (समष्टि गीता – यथार्थ प्रकाश)

शीर्षक के अनुसार भाग

03. विश्वस्तरीय फिल्म लेखन कला
04. प्रारम्भिक सत्य – अन्तिम दृष्टि
05. सत्य धर्म – युग परिवर्तक दृष्टि
06. सत्य दार्शनिक–दर्शन और कर्म वेदान्त–विकास दर्शन
07. सत्य शास्त्र एवं पुराण रहस्य–महर्षि व्यास कला
08. संत एवं गुरू और विश्व संत एवं गुरू
09. समाज और ईश्वरीय समाज
10. सत्य शास्त्र और विश्वशास्त्र
11. कृति और विश्व कृति
12. भारत माता मन्दिर और विश्वधर्म मन्दिर
13. महाभारत और विश्वभारत
14. संविधान और विश्व संविधान
15. शिक्षा और पूर्ण शिक्षा
16. देवता और सार्वभौम देवता कल्कि
17. देवीयाँ और सार्वभौम देवी माँ कल्कि
18. द्वादश ज्योतिर्लिंग और 13वां अन्तिम ज्योतिर्लिंग
19. काशी – मोक्षदायिनी और जीवनदायिनी
20. सत्यकाशी – स्वर्णयुग का तीर्थ
21. काशी – रहस्योद्घाटन
22. 2020 – मन का नवीनीकरण
23. ईश्वर का संक्षिप्त इतिहास
24. अवतार – अन्तिम सत्य दृष्टि
25. भविष्यवाणियाँ और कल्कि अवतार
26. स्वामी विवेकानन्द और कल्कि अवतार
27. मनु, मनवन्तर और कल्कि महावतार
28. व्यास, शास्त्र और कल्कि महावतार
29 ऋषि, ऋषि परम्परा और कल्कि महावतार
30. दूसरा आगमन या अन्तिम आगमन
31. परिवर्तन–काल, मनु, युग, व्यास और शास्त्र
32. राम, रावण और सार्वभौम एकात्म
33. मैं, व्यक्तिगत या सार्वभौम
34. लव कुश (त्रेतायुग) और लवकुश (कलियुग)
35. कल्कि महावतार आ चुके हैं (ACTION PLAN)
36. लव कुश सिंह (कल्कि महाअवतार)–जीवन, ज्ञान, कर्म और विश्वरूप
37. वैश्विक बुद्ध – बुद्ध का भाग दो और अन्तिम
38. बुद्धा कृष्ण – कृष्ण का भाग दो और अन्तिम
39. सम्पूर्ण क्रान्ति–अन्तिम कार्य योजना
40. पुनर्निर्माण (RENEW)–समस्या, समाधान और राष्ट्र निर्माण की योजना
41. पुनर्निर्माण (RENEW)– ग्राम एवं नगर वार्ड प्रेरक
42. विश्वशास्त्र द नालेज आफ फाइनल नालेज–परिचय
43. एन्टायर पालिटिक्स – पूर्ण पाठ्यक्रम
44. वसुधैव–कुटुम्बकम्
45. कर्मवेद : प्रथम, अन्तिम तथा पंचम वेद
46. आठवें अवतार श्रीकृष्ण के अनकहे संदेश
47. अयोध्या नहीं, मुंगेर है राम जन्मभूमि
48. विश्वमानव–भूतपूर्व नेतृत्वकर्ताओं का स्पष्टिकरण
49. विश्वमानव–वर्तमान नेतृत्वकर्ताओं का स्पष्टिकरण
50. विश्वमानव–वार्ता, वक्तव्य एवं वाणियाँ
51. विश्वमानव–पत्रावली, प्रसारण और अन्तिम पत्र
52. सत्य जनहित आह्वान
53. विश्व शान्ति–अन्तिम सत्य दृष्टि
54. नई विश्व व्यवस्था का रहस्य
55. समाजवाद – ब्रह्माण्डीय विकास का अवतारी मार्ग
56. भारतवाद – राष्ट्रवाद की मुख्यधारा
57. 100 वर्षीय संयुक्त राष्ट्र को अग्रिम सन्देश
58. सार्वभौम एकात्म–नव विश्व निर्माण
59. गणराज्य, संघ, मानकीकरण संगठन और सम्पूर्ण मानक
60. व्यापार केन्द्र (TRADE CENTRE)–दृश्य सत्य
61. मन का विश्वमानक और पूर्ण मानव निर्माण की तकनीकी (WCM-TLM-SHYAM.C)
62. मानक विपणन प्रणाली (3F:FUEL-FIRE-FUEL)
63. स्वर्णयुग का मानक आदर्श नागरिक–दिशा निर्देश
64. विश्वधर्म : परिचय (स्वर्णयुग का धर्म)

व्यक्ति और विभागीय स्तर पर सफाई–सुधार का पहला प्रारूप की पुस्तक – डा0 रमेश कुमार द्वारा लिखित "विशाल ज्ञान विज्ञान सबका समाधान" है

दर्शन, विचार एवं संपादन

लव कुश सिंह "विश्वमानव"

Search on Google -> Lava Kush Singh "vishwmanav"

पुस्तक उपलब्ध

notionpress .com

Book Store

www.ingramcontent.com/pod-product-compliance
Lightning Source LLC
LaVergne TN
LVHW080934071026
849535LV00013B/4202
* 9 7 8 1 6 4 8 9 9 5 0 0 2 *